大 学 问

始 于 问 而 终 于 明

守望学术的视界

柯胜雨 著

夏王朝

天崇拜与华夏之变

广西师范大学出版社
·桂林·

夏王朝：天崇拜与华夏之变
XIA WANGCHAO: TIAN CHONGBAI YU HUAXIA ZHI BIAN

图书在版编目（CIP）数据

夏王朝：天崇拜与华夏之变 / 柯胜雨著. -- 桂林：广西师范大学出版社, 2025. 7. -- ISBN 978-7-5598-8233-2

Ⅰ. K222.07

中国国家版本馆 CIP 数据核字第 20250VS954 号

广西师范大学出版社出版发行

（广西桂林市五里店路 9 号　邮政编码：541004）
　网址：http://www.bbtpress.com
出版人：黄轩庄
全国新华书店经销
广西广大印务有限责任公司印刷
（桂林市临桂区秧塘工业园西城大道北侧广西师范大学出版社集团有限公司创意产业园内　邮政编码：541199）
开本：880 mm × 1 240 mm　1/32
印张：15.5　　　字数：377 千
2025 年 7 月第 1 版　2025 年 7 月第 1 次印刷
定价：98.00 元

如发现印装质量问题，影响阅读，请与出版社发行部门联系调换。

目 录

引子　清华简《厚父》：禹建夏邦与天崇拜　/1

第一章　星象神兽：天崇拜的形成与发展　/9
　　　　第一节　中原地区的天崇拜：北斗与龙　/9
　　　　第二节　文明的精神内核：天崇拜的传播与传承　/28

第二章　渺远之迹：尧、舜的传说时代　/42
　　　　第一节　"荐之于天"：尧舜禅让与权力交替　/43
　　　　第二节　"协和万邦"：酋邦理论与尧舜传说　/59

第三章　文明初成：环嵩山地区的文化融合　/75
　　　　第一节　史前文化群的迁徙与汇合　/75
　　　　第二节　环嵩山地区的文化群　/96

第四章　第一人王：大禹及其夏朝的历史记忆　/110
　　　　第一节　禹的"神性"与"人性"辩　/111
　　　　第二节　尧舜鲧禹历史记忆的断链　/126
　　　　第三节　商周对夏朝的历史记忆　/141

第五章　天命敷土：史前洪水与禹治水地望 /157

　　第一节　洪水传说及其古环境背景　/157
　　第二节　禹治水地望的考察　/177

第六章　夏邦肇始：王城岗城址所见的酋邦社会 /199

　　第一节　王城岗遗址与"禹都阳城"/200
　　第二节　大禹时期的酋邦社会　/212

第七章　禹王天下：涂山之会与南征三苗 /229

　　第一节　禹涂山大会及夷夏联盟　/230
　　第二节　石家河文化的兴衰与禹征三苗　/248

第八章　中原共主：禹、启之际的社会整合 /273

　　第一节　嵩山南北迈向整合　/273
　　第二节　华夏共同体："九鼎"和"九州"/290

第九章　夏家天下：启及世袭制的开端 /302

　　第一节　启的继位与挑战　/303
　　第二节　启的历史新纪元　/314

第十章　龙鸟竞合："新砦期"的夷夏文化萃聚 /323

　　第一节　夏前期历史与"新砦期"的重识　/324
　　第二节　夷夏天崇拜文化的交融　/336

第十一章　崛起之路：二里头文化的形成与演进 /350

　　第一节　洪水：二里头文化的催生剂　/351
　　第二节　稻谷：二里头文化的推动力　/364

　　　　第三节　石器：二里头文化的加速器　/ 375
　　　　第四节　王国：二里头文化的凝聚体　/ 385

第十二章　夏商剧变：二里头王国的崩溃　/ 408
　　　　第一节　二里头的两次社会变革　/ 409
　　　　第二节　二里头崇龙文化的盛衰　/ 429

附　录　/ 464

　　　　夏朝及商前期考古年代框架示意图　/ 464
　　　　学界对二里头文化性质的不同观点　/ 465
　　　　清华简《厚父》原文　/ 466

参考文献　/ 468

后　记　/ 478

引子

清华简《厚父》：禹建夏邦与天崇拜

〖□□□□〗王监嘉绩，问前文人之恭明德。

王若曰："厚父！遹闻禹〖敷土，随山刊木，奠高山大〗川，乃降之民，建夏邦。启惟后，帝亦弗巩启之经德少，命咎繇下，为之卿事，兹咸有神，能格于上，知天之威哉，闻民之若否，惟天乃永保夏邑。在夏之哲王，乃严寅，畏皇天上帝之命，朝夕肆祀，不盘于康，以庶民惟政之恭，天则弗斁，永保夏邦。其在时后王之飨国，肆祀三后，永叙在服，惟如台？"

厚父拜手，稽首，曰："都鲁，天子！古天降下民，设万邦，作之君，作之师，惟曰其助上帝，司下民之匿。王乃竭失其命，弗用先哲王孔甲之典刑，颠覆厥德，沉湎于非彝，天乃弗若，乃坠厥命，亡厥邦。惟时下民鸿帝之子，咸天之臣民。乃弗慎厥德，用叙在服。"

王曰："钦之哉，厚父！惟时余经念乃高祖克宪皇天之政功，乃虔秉厥德，作辟事三后。肆汝其若龟筮之言，亦勿可专改。兹小人之德，惟如台？"

厚父曰："於呼，天子！天命不可沁斯，民心难测。民式克恭心敬畏，畏不祥，保教明德，慎肆祀，惟所役之司民启之。民其亡谅，乃弗畏不祥，亡显于民，亦惟祸之攸及，惟司民之所取。今民莫不曰：'余保教明德，亦鲜克以诲。'

曰民心惟本,厥作惟叶,矧其能丁?良于友人,乃宣淑厥心。若山厥高,若水厥深,如玉之在石,如丹之在朱。乃是惟人曰:'天监司民,厥征如友之服于人。'民式克敬德,毋湛于酒。民曰:'惟酒用肆祀,亦惟酒用康乐。'曰酒非食,惟神之飨。民亦惟酒用败威仪,亦惟酒用恒狂。"

两千九百多年前的某一天。

西周镐京的宫殿之上。

周王缓缓地走了几步,随即站立在宫廷的正中央,若有所思。厚父,一位官职、爵位不详的王臣,随侍在周王左右。他神情泰然,毕恭毕敬,像一个忠实的奴仆,随时听候主人的吩咐。

突然间,周王问道:"厚父!我听说大禹规划土地,循着山岭走势,斩林木为标识,定五岳、四渎为地界,治平了水土,由此获得了民众的拥戴,建立了夏邦。启继位之后,天帝忧心启德浅行薄,就命令皋陶降临人间,做了启的卿士。有了皋陶这尊天神的辅佐,启能沟通天人,知天帝之神威,听民情之疾苦。天帝这才保佑夏邑长治久安!其后,夏有贤哲之王,敬畏皇天上帝之命,朝夕祭祀,不沉溺于安逸,以庶民之忧为己忧,殚精竭虑,因而得到天帝的眷顾,永保夏邦!再之后的夏王(应指夏桀),同样遵循了三后[1]之道,却永沦为臣奴,这是为什么呢?"

厚父整理好衣冠,跪下叩头,恭恭敬敬地回答:"啊,天子!古时候天帝降下众民,而后建立万邦,立君主,设军队,就是要让他们代理天帝,来惩治众民之恶。夏王(桀)彻底丧失天命,抛弃了先哲王孔甲的刑典,败坏德行,沉湎纵乐,因而得不到天

---

[1] 文献中的"三后"含义十分丰富,或指禹、汤、文王,或指禹、契、后稷等,因语境而异。这里的"三后"指禹、启、孔甲三位夏王,他们是夏人心目中的贤君。

帝的佑护，最终丧身亡国。彼时，众民都是天帝之子、天帝之臣民。夏王（桀）德行不配位，所以被众民抛弃，沦为臣奴。"

周王听到厚父的话，赞叹道："我信服你，厚父！我常常心念，要效仿你的先祖，建立皇天垂佑之功业。你就秉承先祖之德，像服事三后那样辅佐我吧！我必定听从你，如同坚信龟筮的启示，绝不会有半点质疑。如今小民的德行，怎么样了？"

厚父又行礼作答："哎呀，天子！天命不可违，民心难揣测啊！小民最希望看到的是君王怀谦恭敬畏之心，最害怕的是天降不祥。所以要弘扬德行，虔诚祭祀，让司民（古者掌理百姓的官员）去开导他们。民心若不善，就不惧怕不祥之物，如果不用德行来教育他们，祸事马上就来临了。所以民善民恶，取决于司民之主的教化。如今小民，没有不说'我遵守政教、彰显德行，你很难再教诲我什么了'的。民心是树根，他们的行为是枝叶，根深则叶茂。倘若像对友人那样对待下民，那么他们的善心就可以发扬出来，善心之于行为，犹如山之高、水之深、石中之洁玉、朱砂之丹红。所以世人都说'天帝视司民，如同司民友待众民'。众民期待看到君主恭敬贤德，而不是沉溺于酒乐。众民说'酒不仅仅用来祭祀，也可以用来娱乐'。这是说，酒不是普通的食物，而是天神的专享品。众民也把酗酒看作威严扫地之举，把酗酒者当成颠倒疯狂之人。"

周王与厚父间问答的这些内容，并非哪个人的随意虚构，而是真真切切地书写在十三枚虽残缺却字形优美的竹简上。经编联缀合之后，它们被命名为"清华简《厚父》"。

清华简原来是一批盗掘文物，属于战国时期的楚地竹简，具体的出土时间不清楚，出土地点可能在湖北一带。这批竹简最初出现在香港文物市场上，权威专家经过鉴定，认定了竹简的真实性。清华大学的校友获知这批竹简的巨大价值之后，便慷慨解囊，不惜重金购回这批竹简，将其捐献给了母校。2008年7月15日，这批竹简入藏清华大学，由此被称为"清华简"。经过清洗之后，清华简共含2588枚竹简，其中包括一些残简，完整的竹简约1800枚。

清华简上记载了一些对探索中国历史和华夏文明极为重要的"经""史"类文献，有的内容异常珍秘，在历史上久已失传，堪称惊世罕见，按照李学勤先生的原话："那就是司马迁也没有看过的典籍。"[1] 清华简的发现，无疑是中国当代学术研究之福！

《厚父》只是清华简众多珍稀文献中的一篇。关于它的创作年代，说法不一，有说是殷商文献，也有说是西周文献，或者战国时期墨家仿《尚书》之言的作品。清华竹简的碳十四（14C）测年结果为公元前305±30年，即战国中期晚段[2]，与屈原的生活年代基本相同。因而有学者认为，清华简《厚父》是在晋系文本基础上，用楚系文字转抄而来，抄录时间大约在战国中晚期[3]。但从一些用词可以看出它至少不是战国时期的文献，而大概形成于春秋时期，叙述的应该是西周初年的事，具体依据如下：

> 我们知道，"厥"和"其"的使用规律是，春秋以前"厥"字居多，"其"字出现的概率低；春秋以后"厥"字竹简被"其"字取代，"其"字的概率高。《厚父》篇"厥"字出现了9次，"其"字出现6次，明显符合春秋以前的时代特征。类此的辞例，"廼"字春秋以前出现的概率高，春秋时期"廼"字被"乃"逐渐取代，战国时期"廼"字罕见，而

---

1 刘国忠：《走近清华简》，高等教育出版社，2011年，第36页。
2 李学勤主编：《清华大学藏战国竹简（壹）·前言》，中西书局，2010年，第3页。
3 赵平安：《〈厚父〉的性质及其蕴含的夏代历史文化》，《文物》，2014年第12期。

"乃"字却大量涌现，占据主流的地位。《厚父》"廼"字出现9次，"乃"字出现3次，符合春秋以前的用语特征。清华简《厚父》"其"字作形，多流行于西周晚期到春秋时期，同样可证明《厚父》为春秋以前文献。[1]

另外，有学者认为："《厚父》的思想和语言，基本上同周初的《尚书》和西周金文中反映出来的情况是高度一致的，因此《厚父》完全有可能是在西周流传的夏代传说基础之上编写出来以顺应周朝统治的一篇文章。"[2]但是，从行文用语来看，清华简《厚父》不应是西周初期的作品。如简文开头残句有"前文人之恭明德"，"前文人"见于西周晚期的五祀䵣钟铭文（《殷周金文集成》358），"恭明德"见于西周末期的叔向父禹簋铭文（《殷周金文集成》4242）；下文中又有"夏邦"一词，"夏邦"一词，不见于传世文献，出土文献中，除了清华简《厚父》，也只见于上海博物馆藏战国楚竹书（下文简称上博竹简）《融师有成氏》的"昔融之是师，訏寻夏邦"。《融师有成氏》的年代约在战国初期，这些出土文献已经存在了两三千年，保留了中原王朝早期的一些历史信息，弥足珍贵。"格于上"之类的行文则罕见于战国时期，说明清华简《厚父》成文年代在西周末期及战国初期之间，个人倾向于春秋时期。

清华简《厚父》的主角是厚父，他是谁？另一位主人公周王又是谁？王曰："钦之哉，厚父！惟时余经念乃高祖克宪皇天之政功。"周王对厚父说，我常常心念，要效仿你的先祖，建立皇天之功业。这句话泄露了"天机"，从周王说话时的语气来看，厚父应

---

[1] 刘光胜：《清华简〈厚父〉时代归属新论》，《学术交流》，2019年第1期。
[2] 郭永秉：《论清华简〈厚父〉应为〈夏书〉之一篇》，《出土文献（第七辑）》，中西书局，2015年，第118页。

当是夏代贵族的后裔。而且，在与周王的对谈中，厚父对夏王朝的历史颇为熟稔，对夏后氏先祖的事迹"信手拈来"，所以基本上可以确定，厚父是大禹的后代。有人推断，厚父的身份可能是杞国始封之君东楼公，而周王可能是西周初年的周康王[1]。李学勤先生则将周王确定为周武王[2]。

前已述及，清华简《厚父》是一篇有关西周初年史事的可信度极高的文献。从清华简《厚父》可以看出，至迟在春秋时期，世人的记忆中，殷商之前确有一个"夏邦"。《厚父》篇首以周武王或周康王的口吻来追述夏朝的历史，掷地有声——大禹"乃降之民，建夏邦"。可见在春秋时期，大禹和夏朝已经产生了联结，而且这种联结非常清晰，即大禹就是夏朝的建立者。

清华简《厚父》的一大文本价值在于，其是迄今所见最早明确说明禹和夏朝关系的文献。对于禹跟夏朝的关系，近现代有不少学者予以否定，其中最为著名的莫过于顾颉刚。顾颉刚断言，"禹与夏的关系，《诗》、《书》上没说，《论语》上也没说，直至战国中期方始大盛，……禹与夏没有关系，是我敢判定的"。[3]清华简《厚父》的出现，说明在春秋时期甚至更早，就广泛流传着禹建立夏朝的传说，可以很好地回应顾颉刚对禹和夏朝间关系的质疑。

除此之外，清华简《厚父》还具备一种重要的史料价值，即其是迄今所见最早将夏王朝与天帝联系起来的文献。传统上认为，

---

1 刘国忠：《也谈清华简〈厚父〉的撰作时代和性质》，《扬州大学学报（人文社会科学版）》，2017年第6期。
2 李学勤：《清华简〈厚父〉与〈孟子〉引〈书〉》，《深圳大学学报（人文社会科学版）》，2015年第3期。
3 顾颉刚：《顾颉刚全集·古史论文集卷一》，中华书局，2010年，第227页。

禹是夏王朝的奠基人，而启以家天下取代公天下，才是夏王朝的真正建立者。而简文中，君王之上另有天的主宰，如厚父说，启继承了大禹的王位之后，天帝担忧他德浅行薄，故而命令神灵皋陶下凡辅佐启。《厚父》中有"天降下民"，在西周中期豳公盨铭文中也出现类似的记载，如"降民监德"，这进一步印证了《厚父》是能够反映西周初期观念的可信文献的说法。也就是说，春秋乃至于西周时期，在世人的观念中，夏王朝的诞生与天崇拜有关。

传世文献中，大禹与天帝间的关系最早是在《墨子·非攻下》中被提及的。禹征三苗之时，"三苗大乱，天命殛之"，"禹亲把天之瑞令，以征有苗"，说明是天帝命令大禹讨伐的，或禹攻打三苗获得了天帝的授权。墨子所说的"天"，虽然是在大禹1600多年之后的战国初期，但是其内涵与清华简《厚父》、豳公盨铭文中的"天"一样，均指天帝的旨意与命令，它们源于亘古时期的天崇拜。

天崇拜渊源于原始先民们对"北极点"的感官理解，他们察觉到地球以指向北极星的地轴为中心自转而产生四季更替、星座运转等，由此影响了社会生产、生活。这个看不见的中心就被先民们理解为"天"，天崇拜从而产生。随着历史的发展，天的概念也逐渐扩大，除那头顶上苍茫寥远的苍天外，诸如日月星辰都可以是天崇拜的内容，换言之，对这些自然物的崇拜，都是天崇拜的表现形式。总之，"天"逐渐由深邃悠远、神秘莫测的自然现象转变为肃穆的神灵崇拜。伴随着文明的演进，天，或者说是上帝、天帝，成为控制着自然界一切事物的主宰力量。《史记集解》引郑玄云："上帝者，天之别名也。"两者之间的关系可简单概括为：

天帝即天之神，天为天帝之所居。这好比人们在宗庙里祭祀祖先，因而祖先与宗庙可以互称。

追溯华夏文明产生与形成的历史，不得不从天崇拜这一早期文明的原点开始。

第一章

星象神兽：天崇拜的形成与发展

中华民族素有"龙的传人"之称，这是因为中华民族共同的文化记忆是龙崇拜。龙崇拜的形象起源是什么？有人认为龙起源于熊，也有人认为龙起源于蛇，还有人认为龙起源于马、鳄鱼，甚至天空中迅驰而过的闪电。冯时对河南濮阳西水坡遗址45号墓进行研究后，认为龙崇拜起源于对东方星宿的崇拜，龙的原始形象来源于天上的星象。由此揭开了一个古老的秘密：华夏的龙崇拜与远古时期的天崇拜息息相关，是伴随着农耕时代的到来而产生的。那么，作为中华民族的精神象征，龙与神奇的北斗星象有何具体联系？龙崇拜和天崇拜分别在华夏文明的起源阶段扮演了什么样的角色？

第一节　中原地区的天崇拜：北斗与龙

观天：天崇拜的萌芽

古人"天"概念的产生，与新石器时代的农耕经济息息相关。先民们通过观象授时来判断季节，以指导农业生产。判断的依据是斗转星移，即北斗七星围绕北天极自东向西运行的规律，具体来讲，就是利用黄昏时斗柄的方向来确定春、夏、秋、冬四季和二十四节气，即《鹖冠子·环流篇》中所说的："斗柄东指，天下皆春；斗柄南指，天下皆夏；斗柄西指，天下皆秋；斗柄北指，天下皆冬。"先民们认为，北斗七星蕴藏着一股神秘而又强大的主宰力量，春生、夏长、秋收、冬藏，皆随着斗柄指向的变动而改变。

古人的信仰与崇拜来源于对生存的不懈追求，在那个食不果腹的年代，北天极及绕其转动的北斗七星拥有持久、旺盛的生命力，能够给予古人精神上的慰藉，因而成为原始信仰崇拜的核心枢纽。

但北天极其实只是一个恒久不动的假想点，最靠近北天极的一颗恒星称为极星。由于地球自转轴进动现象，极星也会发生变化。极星在公元前6000年左右，是武仙座γ（河间）；公元前5000年左右，是一颗肉眼很难见到的暗星；公元前4000年左右，是天龙座ι星（左枢）；公元前3000年左右，是天龙座α星（右枢）；公元前2000年左右，是天龙座42（太一），其后是北斗七星中的某颗星；约公元前1100年，武王伐纣之时，又是小熊座β星（紫微星）。相比之下，北斗七星的星象十分稳定，虽然会有变化，但是周期非常漫长，几乎要以万年为单位，因此，近一万年来的文明中，北斗七星各个星体所在视觉位置几乎没有变。

华北地区的居民抬头仰望晴朗的夜空，所能见到的只是以极星为中心，包括绕其运转的北斗七星的一片圆形区域。这就是天的最初含义。其后，天域的范围才不断扩大，延伸至整片天空，乃至宇宙万物。

北斗七星对先民们的重要意义，不言而喻。由七颗闪亮的恒星组成的人们吃饭时最常见的勺子状，是如此地熟悉而又奇特，令人无比神往。先民们仰望神秘的夜空,希望这奇特的勺子状星象能告诉他们一些什么。在世界上很多地方,人们认为,世间上的人与天象存在某种关系,人死后,灵魂缕缕上升,而后化成夜空中一颗星。

考古所见上古时期的观天活动,正是从观测北斗七星开始的。

迄今所见观测北斗七星的最早遗迹,出现在内蒙古翁牛特旗白庙子山遗址中,其年代为一万年前的新石器时代初期。在这里,有人意外地发现一块形状奇异如巨薯的黑石。根据天文学家推测的星体变化状态的加角,测出该黑石的下限年代大约在一万年前,这与白庙子山遗址的年代基本相符。这块黑石长3.1米,属于砂岩透镜体核石。黑石上朝天空的一面,凿磨有19颗清晰的星体。在岩石面上部,赫然出现了北斗七星图。

发现者吴甲才在报告中说:这组北斗七星图有序地排开,天枢、天璇、天玑、天权四颗为北斗星的勺头部分,天衡、开阳、摇光三颗星组成的勺柄指向南方。"北斗七星总长度119厘米,星体上口直径3~6厘米,星穴深度1.5~5厘米。每颗星体形状像似倒放的馒头,截面呈'U'形槽,与东侧的岩画槽体是一致的。"[1]

白庙子山遗址的北斗七星图经过精心的加工凿磨,且位于日出之处14幅岩画的西侧,时空有序,起到了指示方向的作用,显然是先民们经过实地观测之后的刻意置放。白庙子山遗址巨薯状黑石上的北斗七星图,开启了远古先民观测天文的万年之旅,预示着先民即将告别蒙昧时代,大阔步迈向文明之程。

在山西吉县柿子滩遗址发现的中石器时代岩画,年代也是距今万年,其中有一正面裸体女性人物,考古报告中作如此描述:

---

[1] 吴甲才:《内蒙古翁牛特旗白庙子山发现新石器时代早期北斗七星岩画》,《北方文物》,2007年第4期。

图1　内蒙古翁牛特旗白庙子山新石器时代早期北斗七星岩画

头圆形，顶扎双髻（？），两耳突出，双臂平举屈肘向上，右手似举一物。躯干丰满，袋状乳房向两侧下垂，下腹部与两腿连接处留一圆孔未涂色，象征女性生殖器，各部皆用赤铁矿粉涂抹，唯两腿肥胖作分立状用红色线条绘出。头部上方有七个呈弧形分布的红色圆点，两腿周围分布有六个

图2　山西柿子滩遗址中石器时代岩画示意图
（左：作法女巫　右：狩猎格斗图或舞蹈图）

圆点，意义不详，或为某种记录符号。[1]

岩画中的女性形象很清晰，应为一施法的女巫，右手所持的是一件弯曲的牛角。女巫作跳神状，似可通达天地，颇具会通天人之态。冯时认为，这是远古时代禳灾祈福的女巫，女巫头顶的七个弧形圆点应为北斗七星，脚所踏的六个圆点，就是与北斗七星相对应的南斗六星[2]。

柿子滩岩画中的女巫尚处于原始的蒙昧状态，而白庙子山遗址数千里之外的西水坡遗址北斗星图，则犹如一记响雷，震彻了文明的天空，也劈开了华夏先民的天崇拜之门。

西水坡遗址位于河南省濮阳县城内新民街南，发掘于1988年。当年8月份，考古工作者发现了一组异常奇特的蚌图，即M45（M：墓葬）正中人骨架东西两侧用蚌壳摆塑的龙虎图案，马上意识到这一发现非同凡响，意义重大，于是上报河南省文物

---

[1] 山西省临汾行署文化局：《山西吉县柿子滩中石器文化遗址》，《考古学报》，1989年第3期。
[2] 冯时：《中国天文考古学》，社会科学文献出版社，2001年，第99页。

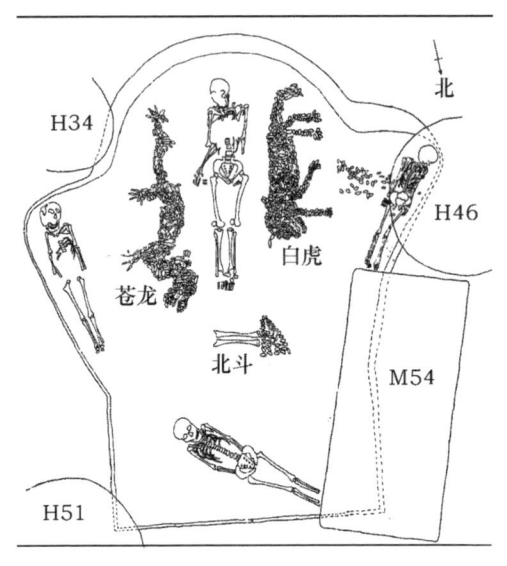

图3　濮阳西水坡45号墓平面图

局。河南省文物局立即派来"援兵",协助挖掘。随后又发现了两组用蚌壳摆塑的动物图案,在国内外引起了强烈的反响。

根据当时的考古报告,西水坡遗址第一组龙、虎蚌图造型出现在M45中。墓主为壮年男子,头南脚北,仰身直肢。周围东、西、北三面龛内各有一个人殉,西面龛内是12岁左右的少女,头部有砍斫痕迹,东面龛内是16岁左右的男子,北面龛内骨架残缺,未能鉴定性别。墓主骨骸东侧是蚌壳摆塑的龙,西侧是蚌壳摆塑的虎,脚端北侧是蚌壳摆塑的图案,略呈三角形,图案以东则横置着两根人胫骨。M45中三个人殉以及蚌壳摆塑的龙虎图案,表明墓主的地位极高,可能是部落首领一类。

蚌壳摆塑的龙虎图案一经发现,就吸引了学界的注意,因为这些图案可以运用古天文学的观点来解释。

二十八星宿在上古时期被析解为"四陆",又称"四宫",指东宫苍龙、西宫白虎、南宫朱雀、北宫玄武。西水坡遗址M45中的蚌塑龙摆于墓主的东方,蚌塑虎摆于墓主的西方,正与苍龙、白虎的方位相对应,说明二十八星宿以东、西方星宿产生的年代最早。M45主人脚端的蚌塑三角形和人胫骨的组合图案,构成了一个明确可识的北斗星象图。其中,人胫骨是斗杓,正对着东侧的苍龙,蚌塑三角形图案是斗魁,枕于西方,恰好与西侧的白虎相对应。M45的蚌塑构图合乎中国古人的四陆观念,完全是当时天象的真实写照。

冯时先生对此有一个精辟的论断:东、西二陆与北斗星象栓系在一起,不仅决定了蚌塑龙、虎必表示星象的天文学含义,而且体现了后世二十八星宿与北斗相互联系的一致关系——斗杓东指,与龙首相聚,斗魁在西,遥指西方白虎的参宿。[1] 距西水坡遗址所在年代四千余年的司马迁在《史记·天官书》中有句话:"杓携龙角,衡殷南斗,魁枕参首。"意思是说,北斗星的斗杓与东宫七宿中的角宿相连,北斗星的斗衡与南斗宿殷殷相对,北斗星的斗魁枕于西方七宿中的参宿头顶。司马迁的这句话,可作为对西水坡遗址的三处龙、虎、北斗蚌塑遗迹一个极为贴切的文字注解。

据测定,濮阳西水坡遗址M45的年代为距今6460±135年(约公元前4510年)[2],属于仰韶文化初期的后岗一期类型。因此,在六七千年前,古人就通过斗转星移找到北天极或者极星,认可其在宇宙核心的主宰地位,已经产生了天的概念以及包括北斗七星和二十八星宿在内的天的具体图景。

---

1 冯时:《中国早期星象图研究》,《自然科学史研究》,1990年第2期。
2 濮阳西水坡遗址考古队:《1988年河南濮阳西水坡遗址发掘简报》,《考古》,1989年第12期。

通天：天崇拜的升华

最初的天，源于肉眼的直观感受，指以极星为中心点，以及绕其运转的北斗星周围一片圆形区域，即斗极。由此形成了天圆地方的宇宙模式：天是浑圆的笼子，像锅盖那样扣在方形、平坦的大地上。在此模式下，斗极是星空旋转的中心，处在天顶中央凸耸的位置上，四周的天盖则与大地平行。故斗极是上帝或天神的居住处，古人通过隆重的祭祀，来表达对天或天帝的崇仰。

文明从野蛮中诞生，都要经历不可避免的阵痛。天崇拜是华夏文明的重要基础之一，所以天崇拜或华夏文明的最初状态，离不开残酷两个字。

濮阳西水坡遗址发现的墓葬中，除了M45，尚有M50、M31两座墓葬。其中，M31仅葬一人，骨架恰好少了胫骨，而且M31的墓穴大小可证明胫骨是在入葬前被砍下取走的。可见，M45中作为斗杓的两根人胫骨本来属于M31的主人。胫骨就是人的腿骨或者股骨，古代称为"髀"，髀的意思除有大腿之外，也含有直立或竖立的意思。上古时期观测太阳，最初的方法是人体测影，称为"髀影"。周代时才改用与人体身高相仿的八尺之竿，即"周髀"。西水坡遗址M45中的胫骨，很自然地跟天文观测联系起来。所以冯时认为，M45中以胫骨取代蚌壳表现斗杓，显示了测影与北斗授时的统一关系。[1]

除此之外，M45中，蚌塑龙与北斗授时间的统一关系以及由之而来的龙崇拜更值得注意。初昏时刻，斗杓东指为春天，而春天正是农作物播种的季节。龙其实与天上的星象有关，被视为一

---

[1] 冯时：《河南濮阳西水坡45号墓的天文学研究》，《文物》，1990年第3期。

种合乎天道自然的灵物，具有指示农耕的特殊本领和超自然力量。所以，西水坡遗址中斗杓东指的蚌塑龙，蕴含着特殊的意思，即龙与北斗星的捆系组合，对指导农耕有着极其重要的授时作用。华夏先民对龙的崇拜，也由此产生。

但是，龙崇拜首先是一种灵物崇拜，龙并未被完全神化，不具备人格意志，而仍然呈现出某些自然物的特征。古人举行祭天仪礼，向头顶上的天祈求丰收，试图与天或天帝对话，让人间愿望直达于天，必须借助龙作为媒介。因为龙与北斗或者天帝的居所斗极密切相关，无疑是最接近天帝的灵物。龙，因而逐渐被古人视为能够沟通天帝、联结天人的最重要媒介。

在后世的传说中，龙、虎、鹿被称为"三跷"，是神灵往返天地之间的三大工具，这一说法在传世文献中首见于《抱朴子·内篇·杂应》："凡乘跷道有三法：一曰龙跷，二曰虎跷，三曰鹿卢跷。"而在六千多年前的西水坡遗址，龙、虎、鹿竟然全都被发现。这三种通天灵物共同出现在西水坡遗址的第二组蚌塑图案中。该组蚌塑图案摆置于M45南面20余米处的一个浅地穴中，图案有四种：龙、虎、鹿、蜘蛛。其中，龙头朝南，龙背朝北；虎头朝北，面朝西，背朝东，龙虎联为一体；鹿卧在虎背上，特别像一只站立的高足长颈鹿；蜘蛛位于龙头之东，头朝南，身向北。蜘蛛与鹿之间，还有一把精致的石斧。

如果说西水坡遗址第一组蚌塑图中的苍龙、白虎和北斗星象只是观象授时的反映，与原始的农耕生产有关，第二组蚌塑图中的龙、虎、鹿有可能只是原始先民的不经意摆布，属于灵光一闪的原始艺术创作，那么第三组蚌塑图中的人骑龙蚌塑，则完全被赋予了一种特殊的精神内涵，反映了当时的天崇拜，以及世人渴盼通天、追求天人合一的社会观念。

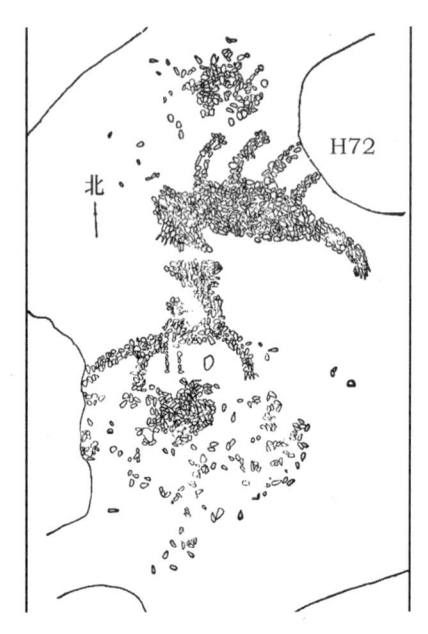

图4　濮阳西水坡第三组蚌塑图

　　第三组蚌塑图位于第二组蚌图南面约25米处的一条灰沟中，沟底铺垫灰土，灰土上摆蚌塑图。图案由人骑龙、虎等组成，当时的发掘报告对此作了极为生动的描述。"人骑龙摆塑于灰沟的中部偏南，龙头朝东，背朝北，昂首，长颈，舒身，高足"。一个人两只脚骑跨在龙背上，一手在前，一手在后，面部微微侧向，似乎在回首眺望着什么。龙的北面是虎，虎头朝西，虎背朝南，"仰首翘尾，四足微曲，鬃毛高竖，呈奔跑和腾飞状"。龙、虎之西还有一舒身展翅的飞禽，龙与飞禽之间则是一个蚌圈，"从整体看，这条灰沟好象一条空中的银河，灰沟中的零星的蚌壳，犹如银河系中无数的繁星"。[1]

---

[1] 濮阳西水坡遗址考古队：《1988年河南濮阳西水坡遗址发掘简报》，《考古》，1989年第12期。

人骑龙,不由令人想起《史记·封禅书》中记载的黄帝"骑龙升天",这也是龙和黄帝的首次联结。另《史记·孝武本纪》中云:

> 黄帝采首山铜,铸鼎于荆山下。鼎既成,有龙垂胡髯,下迎黄帝。黄帝上骑,群臣后宫从上龙七十余人。龙乃上去,余小臣不得上,乃悉持龙髯。龙髯拔,堕黄帝之弓。百姓仰望,黄帝既上天,乃抱其弓与胡髯号。

黄帝"骑龙升天"是华夏民族最古老的神话母题之一,揭示了沉淀在先民们信仰观念中的一种原始思维,以及对天地自然和天人关系的独到观察与分析。

不过,"骑龙升天"并非黄帝的专属特权,在《大戴礼记·五帝德》中就有颛顼"乘龙而至四海"的记载。而且,司马迁之前

图5 长沙子弹库楚墓《人物御龙帛画》描线图

的战国时期有不少有关升天的帛画出土，如1949年长沙陈家大山楚墓出土的《龙凤人物帛画》、1973年长沙子弹库楚墓出土的《人物御龙帛画》，等等。帛画的主角也不是黄帝，而是一个头戴高冠、身着博袍、腰佩长剑、飘然从容的贵族。这说明了上古时期已经普遍形成了对天的信仰，世人坚信死后灵魂升天，与天融为一体，或者陪侍在天帝的左右。于是人人心驰神往焉。而这种思维观念的沉淀，最早应追溯至约六千五百年前的濮阳西水坡遗址。西水坡遗址M45的龙、虎蚌壳摆塑，象征主人死后魂升天上，而"人骑龙"摆塑则形象地描绘出主人升天的过程。

不过，西水坡遗址的蚌塑龙并非年代最早的龙图案。目前发现的新石器时代晚期与龙相关遗存主要有：

表1　国内新石器时代晚期主要龙遗存一览表

发现遗址	龙形象遗存	考古学文化类型	大致年代
辽宁阜新查海遗址	龙纹陶片、龙形堆塑	查海文化	公元前6000年
内蒙古敖汉旗小山遗址	猪首蛇身龙图	赵宝沟文化	公元前5000年
内蒙古赤峰三星塔拉遗址	玉龙	红山文化	公元前5000年
河南濮阳西水坡遗址	蚌塑龙	后岗一期类型	公元前4500年
陕西宝鸡北首岭遗址	长身鱼纹龙形图案	半坡类型	公元前4500年
浙江诸暨楼家桥遗址	有龙刻画图像的陶盆	河姆渡文化	公元前4000年
湖北黄梅焦墩遗址	河卵石摆塑龙	大溪文化	公元前4000年

（续表）

发现遗址	相关内容	考古学文化类型	大致年代
辽宁朝阳牛河梁遗址	玉猪龙	红山文化	公元前3500年
安徽含山凌家滩遗址	玉龙	凌家滩文化	公元前3300年
浙江余杭瑶山遗址	龙形玉器	良渚文化	公元前3000年
湖北天门罗家柏岭遗址	龙形玉环	石家河文化	公元前2300年
山西襄汾陶寺遗址	彩绘龙纹陶盘	陶寺文化	公元前2300年
湖南澧县孙家岗遗址	透雕龙纹玉佩	石家河文化	公元前2200年
陕西神木石峁遗址	皇城台石雕龙	老虎山文化	公元前2000年

可以看出，龙的形象最早起源于北方，而后逐渐向南流传。龙的形象是在先民们对天的向往以及通天的心理需求之下应运而生的。

对龙的崇拜最初可能是把龙当作部落中的保护神，如查海遗址的龙形象遗存。查海遗址的龙形象遗存包括龙纹陶片和龙形堆塑，年代约为公元前6000年，比西水坡遗址的蚌塑龙早1500多年，是迄今为止发现的最古老的"龙"。发现的龙纹陶片共有两块，一为龙尾卷曲，一为龙体盘旋。尺寸都不大，但都使用浮雕技术精细雕刻，所以龙的形象相当清晰，布满鳞状纹。这是龙所有形貌特征中最原始、最重要的特征。龙形堆塑摆放在查海遗址中心一片狭长的开阔地带——小型广场上，位于整个聚落所有房屋的前面，采用大小均等的红褐色碎石块摆塑而成。龙头朝西南，龙尾朝东北，龙身全长19.7米，宽1.8至2米。当时查海先民敬奉和崇祀的神物可能就是龙。在房屋前面堆塑龙形，这可能是为了辟邪御凶，也可能是为了祈获丰收，总之，龙被当作保护神而受到崇拜。

查海遗址之外，已发现近百处史前龙遗存，它们几乎遍布南北大地，在黄河中下游、长江中下游及辽河流域等区域之内，形成一个异常庞大的崇龙文化交流圈，不同文化的人群通过这个交流圈进行互动。龙崇拜文化由此在华夏文明的产生与发展中起着重要的精神桥梁作用。这使得史前时代的龙形象既有共性，又有各自的差异。共性是拥有弯曲或者颀长的肢体，一般呈蛇形或鳄形，差异则在头部。

根据头部形态特征，史前时代的龙形象大致可分为三类。

其一，猪首龙。头部像猪，故名。也有人认为这种龙的头像马或熊，分别称之为马首龙或熊首龙。猪首龙主要是辽西与内蒙古东南地区的史前龙遗存，跨越查海文化、赵宝沟文化、红山文化，乃至于夏家店下层文化，可能与彼时盛行的猪灵崇拜相关。

比如在河北康保兴隆遗址，先民们奉行一种颇为奇特的葬俗——居室葬，即将死者葬于居室之内。兴隆遗址的118号居室墓最为引人注目。墓主人头部四周放置陶杯、小石叶、骨锥、骨针、骨镖、石斧、石管和野猪獠牙饰物。其右侧竟然随葬两头整猪，一雌一雄，均呈仰卧状，占据墓穴底部一半的位置。此类葬俗并未见于其他的居室墓。118号居室墓在聚落中规模最大，随葬品也最为丰富，墓主为一成年男性，当为聚落中首领级人物，而随葬的两头猪可能是财富的象征，也可能是该聚落崇祀的神灵[1]。

红山文化出土的龙形玉器，主要也是猪首龙，头部似猪，躯体作蛇形，蜷曲若块状。说明北方地区龙的起源与猪有关，应

---

1 刘国祥：《兴隆洼文化居室葬俗再认识》，《华夏考古》，2003年第1期。

图6　陶寺遗址（编号M3072：6）彩绘龙纹陶盘

图7　陶寺遗址陶盘（编号M3072：6）描线图

是狩猎生活的直接反映。猪被当作一种神灵，受到崇拜与祭祀，这是因为狩猎活动在先民们的日常生活中占有极其重要的地位。猎物繁盛，狩猎有收获，族人获得充足的食物，并得以不断地繁衍下去，乃是先民们的最大心愿。兴隆遗址118号居室墓随葬的两头整猪，就是祖灵与猎物灵魂合二为一的真实见证。

其二，蛇形龙。因肢体似蛇，故名。如陶寺遗址出土的四件彩绘龙纹陶盘中，有一件（编号M3073：30）图案上蛇身盘卷，黑白相间，取象赤链蛇；汉代山东嘉祥武梁祠画像石上伏羲与女娲的形象，也是人首蛇身。这是因为龙蛇难分，龙的形象是在蛇基础上发展起来的崇拜徽号。

其三，鳄鱼龙。史前黄河、长江流域，盛产鳄类，先民们以鳄为图腾。部分龙造型是由鳄鱼演变过来的。如河南濮阳西水坡遗址的蚌塑龙、山西陶寺遗址的陶盘（编号M3072：6）上的彩绘龙（身体上有鳞片，口中有牙齿）、安徽凌家滩遗址的玉龙等，均属于鳄鱼龙。

相比之下，西水坡遗址的蚌塑龙与夏商周三代及汉唐之后的龙形象更加接近，是中国龙的传统形象之源。西水坡蚌塑龙之所以能在众多的龙形象中脱颖而出，并被广为接受，这是因为它与观象授时相结合，适应了华夏先民农耕生活的需要，并由龙崇拜初期的部落保护神角色升华为通天之媒介，再之后随着政治渐趋统一，意识形态也日益统一，龙由此成为中华民族崇拜的神物。

祭天：天崇拜的进阶

继西水坡遗址之后，考古工作者又在河洛地区的巩义双槐树遗址、郑州荥阳青台遗址相继发现了两处北斗七星的遗迹。

双槐树遗址年代约为公元前3300年，在其巷道相通的四排大型房址中，最大的房址F12前面的门廊处有一组摆成北斗星形状的九个陶罐。其中，七个陶罐摆出的整体形状与北斗七星相似，两边的陶罐应该是北斗七星的两颗佐星——左辅星和右弼星。北斗星陶罐群北端还有一只头向南并朝着门道的完整麋鹿骨架，这有特殊的文化内涵。

鹿作为三大通天灵兽之一，在文献记载与考古材料中屡见不鲜。如屈原《楚辞·哀时命》中有"浮云雾而入冥兮，骑白鹿而容与"的浪漫主义诗句；河南南阳汉代画像石上有《升仙鹿车图》；河南鹿邑县的明道宫，后世相传是老子骑鹿升天处，"鹿邑"也因此得名；河南浚县姚厂村东汉墓画像石中，鹿直接取代玄武，与朱雀、白虎、青龙合称"四神兽"。姚厂村的四神兽造型特征与南阳地区的画像石相近，体现了古人的宇宙观，隐喻了天地之间的秩序与和谐、周而复始的社会观念。而这种观念的产生，应追溯至西水坡及双槐树遗址。

鹿的通天灵性，可能跟它与北斗星象的紧密联结有关。早在先秦时期，麋鹿就被视为一种祥瑞。东汉时期的许慎《说文解字》

中云:"麋,鹿属,……冬至解其角。"通常在冬至前后,麋鹿开始脱角,麋鹿也因之与一年中重要的节气——冬至相联系,成为冬季时节的标志之一,"斗柄北指,天下皆冬"。双槐树遗址中的麋鹿骨架恰好就埋藏在北斗星象遗迹的北端,这恐非巧合,而是

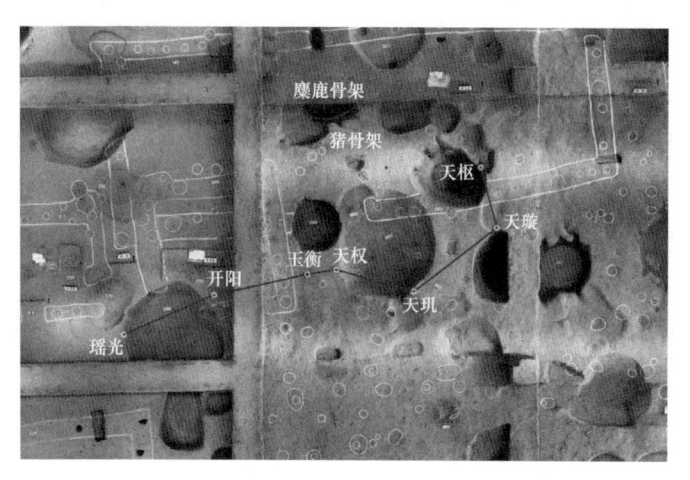

图8 双槐树遗址北斗星遗迹(郑州市文物考古研究院供图)

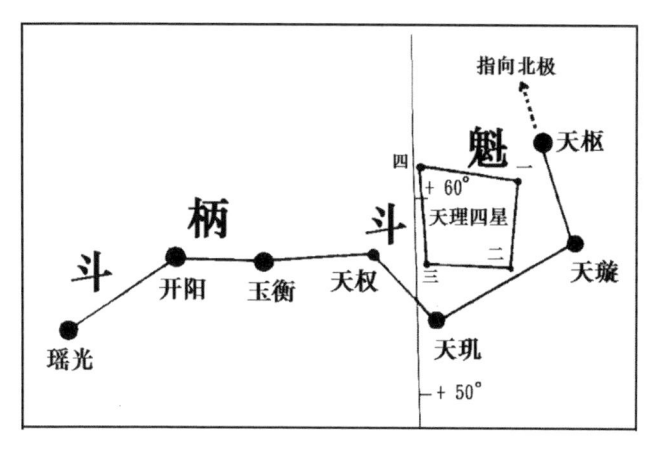

图9 北斗七星示意图

第一章 星象神兽:天崇拜的形成与发展

先民的刻意摆放。北斗星象遗迹与麋鹿骨架并排在一起，显示了当时的权贵阶层借助天文观察或者观象授时，达到树立人间权威的目的，其更可能是当时冬至日祭天的一种神圣礼仪，是当时社会观念中天崇拜盛行的反映。

在北斗星遗迹南面百余米处，是与整个墓葬区不同的夯土祭台和重要墓葬，祭台残存平面呈圆角长方形，面积240多平方米。[1] 它可能是当时聚落中祭天的台地，以及上层人物如祭司的墓葬。夯土祭台和北斗星遗迹均与祭天有关，再加上寓意不凡的麋鹿骨架，这应该是后世郊天之礼的雏形，或者说是其渊源。郊天，即祭天。郊天之礼，是以天子祭天为中心的最重大的宗教祭祀活动。根据文献上的记载，周天子祭天，通常在冬至日举行。《仪礼·观礼》曰："郊之祭也，迎长日之至也，大报天而主日也。""长日"即冬至日。周人除了冬至郊天，还有春季郊天。春季郊天属于祈求谷物丰收的祈祭之礼，冬至郊天则是"大报天"的祭祀，即报答天帝的恩德，极为庄严肃穆。除此之外，古代统治者还举行一种冬狩麋鹿的守时待岁仪式，这种习俗的起源或与双槐树遗址也有关系。

令人惊奇的是，在北斗星陶罐群西北墓葬一区的H330（H：灰坑）中，发现了用于祭祀的六只幼年个体猪，猪头朝向均为东面。而在灰坑的西端，还出土了一个小小的瓮棺，这个小小的瓮棺里放的竟然也是一只幼年个体猪，加上H330的六只幼猪，寓意十分清晰，就是北斗七星。北斗与天崇拜有关，所以麋鹿骨架和七只幼猪均为供祀天帝的祭品。

可见，双槐树遗址是华夏先民天崇拜与祭天礼仪的发源地之

---

[1] 郑州市文物考古研究院：《河南巩义市双槐树新石器时代遗址》，《考古》，2021年第7期。

一，上古时期的一大社会观念在此形成。该遗址是迄今为止，黄河流域发现的中华文明形成初期（仰韶文化中晚期）规格最高的、具有都邑性质的核心聚落，在中华文明探源研究中具有非常重要的地位，因而被称为"河洛古国"。

双槐树遗址以东百余千米的青台遗址，其祭祀区内也发现了七大、二小的九个陶罐，组成一幅北斗星图，年代与双槐树遗址相近，二者均属于仰韶文化秦王寨类型。不过，青台遗址中的北斗星图附近并没有出现麋鹿的骨架。

双槐树遗址和青台遗址同处河洛地区，年代也相近，发现的两处北斗星遗迹，无论是从陶罐形状、摆放位置、斗柄指向，还是从陶罐大小与相对应星体的实际亮度来看，都基本一致。这两处遗址中北斗星的斗柄指向，都正好与冬至日出方向吻合。两者都是对斗柄授时知识娴熟掌握的产物，与双槐树遗址的麋鹿骨架一样，青台遗址的北斗星遗迹也应是当时先民们祭天祈福的遗存。

河洛地区的天崇拜源远流长，不断地传布开来。在秦王寨类型其他遗址发现的一些彩陶片上，绘有三个或三个以上的圆点，其由直线、曲线连接，发现人推测其为北斗七星尾部的形象写照[1]。除黄河中游地区的西水坡遗址、双槐树遗址、青台遗址之外，位于黄河下游的山东莒县陵阳河大汶口文化遗址中，也出土过契刻北斗星纹的大口尊，北斗星纹呈柱状斗构形，内刻绘有七个圆圈纹比拟北斗七星，年代距今约4800年。[2]

西水坡、双槐树、青台、陵阳河……这些遗址同处黄河流域，在时间范围上前后绵延达一千七八百年，而北斗星图是它们中屡

---

[1] 王震中：《大河村类型文化与祝融部落》，《中原文物》，1986年第2期。
[2] 任式楠、吴耀利主编，中国社会科学院考古研究所著：《中国考古学·新石器时代卷》，中国社会科学出版社，2010年，第303页、图4-36。

见不鲜的遗迹。这绝非偶然的巧合，只能说明当时河洛地区的华夏先民拥有共同的天崇拜，而且这在他们的社会观念中占据非常重要的位置。

远古时期，由观象授时进而产生的对天的崇拜，并非一种单纯的天文活动，它具备强烈的社会意义。一方面，祭祀天是因为天代表了"四时行焉，百物生焉"的神秘力量，祭天强化了天与物候间的关系，进而成为当时社会生活中最重要的原始宗教内容。另一方面，祭天活动，缩小了人与天、人与神之间的鸿沟，极大地加强了二者间的精神连结，祭天的政治意义从而彰显。

《国语·楚语下》中记载，上古时期，"民神不杂"，而少皞之时，祭祀盛行。颛顼"命南正重司天以属神，命火正黎司地以属民"，完成"绝地天通"，将祭祀天地的大权收归己有，不许民间擅自祭祀天地，即民神"无相侵渎"。部族中权贵阶层由此垄断了祭天的权力，他们拥有观象授时的特权，掌握天文知识，用以指导农耕生产，因之被视为能够与上天沟通的人。而他们的权力自然是天所授，他们也顺理成章成了上天在人世间的代言人，从而取得了社会统治地位，这是后世王权的雏形。

第二节　文明的精神内核：天崇拜的传播与传承

坛祭礼仪：东方地区天崇拜的载体

史前时代先民们的祭祀形式主要有四种：坛祭、墠祭、坎祭、庙祭。

坛祭，郑玄注《礼记·礼器》云"封土为坛"。坛祭是地上祭祀，即在地面上用土或石筑起高台，然后在四周燔柴燎祭，形成红烧土面。祭天场地周围的墓葬，则表明祭祀时可能还存在埋祭行为。坛祭的对象就是天神或天帝。在高台上祭祀，可以拉近人与天之间的距离，便于祭司与天帝之间的沟通。

墠祭，郑玄注《礼记·礼器》云"除地为墠"。坛祭要筑起高台，而墠祭是地面祭祀，不筑台，直接清除地表上的草木后，即开始祭祀活动，有时候在地面上用石块摆出圆圈。附近则有墓葬或者祭祀遗迹。目前发现的史前墠祭遗迹数量较少。墠祭的对象被认为是后土，目的是告慰祖先魂灵。

坎祭，《说文解字》释云"坎，陷也"。坎祭是地下祭祀，即在地面上挖出坑，以用于祭祀。《尔雅·释天》云："祭天曰燔柴，祭地曰瘗埋。"已发现的史前时代坎祭遗迹数量非常多，地域遍及黄河与长江流域。坎祭的对象不能一概而论，通常有地神、先祖、阴间神灵等，但要根据祭祀坑内的具体遗物和周边相关文化遗存而定。

庙祭，《说文解字》："庙，尊先祖皃也。"庙祭是房屋内祭祀，祭祀的对象就是某一人群共同的祖先，后来发展成为国家时代（考古学上认为，早期国家出现于公元前二千纪初期）的宗庙祭祀。

这四种祭祀形式中，坛祭的对象是至上的天帝，是先民们天崇拜的具体反映，因而规格最高。在祭天时，先民通常是脸朝上，直接祭祀天空或星体。不过，在上古时期，祭祀天神不是孤立进行的，往往与祭祀地神结合在一起。古人祭祀天地的情景，一如《礼记·祭法》中的记载："燔柴于泰坛，祭天也。瘗埋于泰折，祭地也。"元代陈澔解释说："燔，燎也。积柴于坛上，加牲玉于柴上，乃燎之，使气达于天，此祭天之礼也。"[1]意思是古人祭天，首先要筑起高坛，堆砌柴堆，上面放着牲和玉器之类的供祀品，然后点燃柴堆，让烟火将祭祀者的心愿直达于天。《礼记》中的泰坛是圆形台丘，泰折是方形台丘，这体现了古人天圆地方的观念。这种泰坛祭天、泰折祭地的祭祀礼仪，承袭自史前时代的坛祭，是长期发展的结果。

那么，上古时期天崇拜的承载方式——坛祭最早起源于何处？目前发现的史前时代坛祭遗迹近二十处，从辽河流域到长江流域都有分布，集中出现于"东方地区"（今山东、苏北、皖北、浙江等地，本书中的"东方地区"所涉地域范围均指此）。如下表所示：

表2　国内史前时期主要坛祭遗址概要

遗址	大致年代	考古学文化类型	遗迹形制
浙江嘉兴南河浜遗址	公元前4000年	崧泽文化	人工堆筑的祭坛
湖南澧县城头山遗址	公元前3600年	大溪文化	祭坛呈不规则椭圆形
安徽含山凌家滩遗址	公元前3500—前3300年	凌家滩文化	祭坛呈不规则圆角长方形
河南巩义双槐树遗址	公元前3200年	仰韶文化	祭坛呈圆角长方形
辽宁喀左东山嘴遗址	公元前3000年	红山文化	大型的方形祭坛和圆形祭坛
浙江余杭瑶山遗址	公元前3000年	良渚文化	小山顶堆筑大型祭坛
浙江余杭汇观山遗址	公元前3000年	良渚文化	祭坛依山而筑

---

[1]（明）邱濬著，林冠群、周济夫校点：《大学衍义补》，京华出版社，1999年，第481页。

(续表)

遗址	大致年代	考古学文化类型	遗迹形制
上海青浦福泉山遗址	公元前3000年	良渚文化	不规则的方形大坑中突出方形祭坛
浙江海宁大坟墩遗址	公元前3000年	良渚文化	人工堆筑覆斗形祭坛
江苏昆山赵陵山遗址	公元前3000年	良渚文化	五花土堆筑土台
江苏昆山少陵山遗址	公元前3000年	良渚文化	人工堆筑的祭坛
浙江余杭卢村遗址	公元前3000年	良渚文化	人工堆筑的长方形土台
江苏武进寺墩遗址	公元前2800年	良渚文化	河道中心为人工堆筑祭坛
山东长岛大口遗址	公元前2600年	山东龙山文化	十处呈椭圆形、圆形、圆角长方形等状的圆堆
江苏常熟罗墩遗址	公元前2500年	良渚文化	人工堆筑的祭坛
河南杞县鹿台岗遗址	公元前2600—前2000年	造律台类型	高台上有内圆外方的建筑遗迹

可以看出，坛祭最早出现于长江下游地区的太湖流域，自六千年前的崧泽文化时期，到薛家岗文化时期，再到被联合国教科文组织认定为"具有统一信仰的早期区域性国家"的良渚文化时期，这时先民们筑建祭坛的热情尤为高涨，到了几近疯狂的程度。

良渚时期的祭坛不但规模庞大，而且祭祀的形制完备。如瑶山祭坛，筑建在一座人工堆筑的小土山上，祭坛呈方形，外围边长约20米，面积约400平方米，共有内外三重结构，内者为略呈方形的红土台，边长在5到7米之间，四周环绕着一条回字形的灰土沟，灰土沟的色彩与中央的红土台形成强烈的对比。在灰土沟的西、南、北三面，各有一个黄褐土堆筑的土台。瑶山祭坛的主要用途是祭天礼地[1]。有学者从良渚玉器的阳鸟祭坛纹饰出发，据此推断瑶山祭坛祭祀的对象是太阳神[2]。也就是说，良渚先民崇拜的至上天神就是太阳神。汇观山祭坛的形制与瑶山祭坛相似，总面积超过1000平方米，也是三重结构。福泉山祭坛是一处燎祭祭坛，整个坛面包括土块在内，都被大火烧成红褐色。良渚文化的这些祭坛基本上符合后世文献"封土为坛"的描述，都是人工堆筑的高土台，坛上有阶梯状台面，祭台面平坦，呈方形。

良渚文化中的祭坛，其源头在西边巢湖流域的凌家滩遗址。凌家滩遗址位于安徽省含山县铜闸镇西南约10千米的凌家滩村，包括居住区、墓葬区、祭坛、作坊，以及红陶块建筑遗迹，年代约公元前3500年—前3300年，晚期与良渚文化的初期相当，二者共存了短暂的时间。其中，红陶块建筑遗迹长90米，宽33米，堆积厚度达1.6米，有可能是古代早期宫殿或神庙建筑的遗迹。墓葬区的中心部位则是祭坛，其坐北朝南，高高在上，俯瞰着居住区、红陶块建筑遗迹及裕溪河。祭坛面积约600平方米，高13米，分为上中下三层，上层发现三个祭祀坑，以及四处明显的积石圈，还有几个巨石块。在祭坛的东南方，还发现一片面积约40平方米的红烧土面，这显然是燔柴燎祭的遗迹。

天极观念：东方地区天崇拜的内涵

凌家滩遗址中，除了高层祭坛，87M4和07M23也出土了一系

1　浙江省文物考古研究所：《余杭瑶山良渚文化祭坛遗址发掘简报》，《文物》，1988年第1期。
2　杜金鹏：《良渚神祇与祭坛》，《考古》，1997年第2期。

图10 凌家滩遗址玉龟　　图11 凌家滩遗址玉版

列能够反映天崇拜的器物。

87M4位于祭坛南侧,年代属于凌家滩早期,在此发现了一件玉龟和一块玉版。玉龟由背甲(编号87M4:35)、腹甲(编号87M4:29)两部分组成。背甲两侧各对钻有两个圆孔,背甲尾部对钻有呈方阵排列的四个圆孔。腹甲两侧与背甲钻孔相对应处各钻有两个圆孔,腹甲尾部也钻有一个圆孔。关于玉龟的用途,有人说是河图、洛书[1]。玉版(编号87M4:30)出土时夹于玉龟的腹、背甲之间,呈长方形,体扁薄,平面略有弧度,长9.4厘米,高4.6厘米,宽7.5厘米,厚0.3—0.6厘米。玉版的神奇之处是在中部偏右位置琢刻有一小圆,小圆内琢刻有方形八角星纹,小圆外又琢磨有大椭圆形圈,大小圆之间的空间被直线平分为八部分。

八角星纹是新石器时代器物上很常见的纹饰,它的起源地,说法不一,目前发现八角星纹图案的遗址主要分布在长江中游的江汉平原、长江下游的环太湖流域、黄河下游的山东海岱地区,它们形成了一个八角星纹的"大三角文化圈"。凌家滩遗址位于江淮中部的巢湖流域,西达长江中游的江汉平原,东连长江下游的环太湖流域,北及黄河下游的山东海岱地区。它恰好位于这个大

1　浙江省文物考古研究所:《余杭瑶山良渚文化祭坛遗址发掘简报》,《文物》,1988年第1期。

三角文化圈的中心部位，起到了联结与交流的枢纽作用。

关于其内涵，说法不一。栾丰实将八角星纹分为两类：一类中心是方框，表示方位和天圆地方的含义；另一类中心呈圆形，则与太阳相关。[1]又有学者认为，最早的八角星纹出现在约公元前5800年的湖南洪江高庙遗址，但是公元前2000年之后极少作为一种时尚元素出现，所以，有可能是指史前时期先民观测到的一种天体爆发现象。根据现代的超新星遗迹观测资料，判断其与船帆座超新星或天鹅座超新星的爆发有关。[2]

对凌家滩遗址玉版的解释，也有多种，其中，以李学勤和栾丰实的天圆地方说最具代表性。李学勤认为，玉版上圆形与方形纹饰表示天圆地方的宇宙概念，中心部位的八角星纹和"巫"字相关。[3]栾丰实也认为，玉版图案指从内到外和从外到内的两重天圆地方。[4]俞伟超则认为，这块玉版是凌家滩先民占卜时，用来象征天神与地神的[5]。总之，凌家滩遗址八角星纹与天地崇拜有关，体现了先民们的崇天观念。

98M29中出土了一件玉鹰（编号98M29：6），胸腹的中心也琢刻有八角星纹。玉鹰的头侧视，双翅舒展，神态逼真。但奇怪的是，玉鹰的双翅呈猪首状。八角星纹表现的是天圆地方及八个方位，是凌家滩先民宇宙论的萌芽，而猪首状的玉鹰双翅则与当时的天崇拜相关，二者结合的蕴意或许是先民们将猪首作为祭祀天帝时的供品，希望雄鹰振翅高飞，把供品进献给天帝，表达出

---

1 栾丰实：《中国史前文化中的八角星图案初探》，《南艺学报》，2010年第1期。
2 赵复垣、徐琳、张承民等：《新石器时代八角星图案与超新星爆发》，《科技导报》，2013年第23期。
3 李学勤：《论含山凌家滩玉龟、玉版》，张敬国主编，安徽省文物考古研究所编：《凌家滩文化研究》，文物出版社，2006年，第36页。
4 栾丰实：《中国史前文化中的八角星图案初探》，《南艺学报》，2010年第1期。
5 俞伟超：《古史的考古学探索》，文物出版社，2002年，第93页。

了强烈的通天愿望。八角星纹与玉鹰，合二为一，蕴含着天人关系的丰富内涵：天与人应该和谐一致，人必须遵循天道，而天的至上权威要通过人的行为来体现出来。

图12 凌家滩遗址玉鹰

冯时则认为，古代有以猪比附北斗的传统[1]。这是古人对天的一种特殊感知。如《初学记》卷二十九引《春秋说题辞》云："斗星时散精为彘，四月生，应天理。"意即斗星的精灵为猪，故猪怀孕四个月而生产。上古时期，猪代表的方位是北方。北斗建四时，古人以四为四时之象，猪怀孕四个月而生产，正与天理之数相对应。所以古人认为，猪知天时，是斗魁四星（天枢、天璇、天玑、天权）及天理四星（大熊座的天理一、二、三、四）的象征。如此的认知渊源已久，台湾许作立藏的一件良渚文化玉璧上，有后腿系绳索的猪形象，猪身刻有四个星饰，即以猪身应合斗魁四星，而微扬的猪尾则表示连接斗魁四星的斗杓。

以此推之，玉鹰的猪首也与北斗崇拜有关。其中，八角星纹表达的是天极概念，因为天极为天体的中心，可以用八角星纹和

---

1 冯时：《中国天文考古学》，社会科学文献出版社，2001年，第110页。

纽结纹表示。而象征北斗的玉鹰则是维护天极运转的神鸟。这是猪、北斗、天极三位一体的印证[1]。神鸟和猪都是与天极密切相关的动物，是凌家滩先民天崇拜文化的象征。

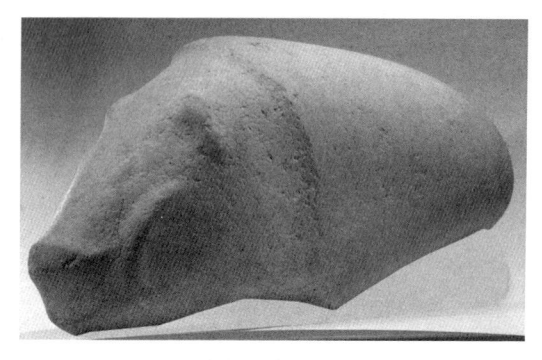

图13　凌家滩遗址玉猪

07M23位于祭坛西侧，年代属于凌家滩文化晚期，也发现一件玉龟（编号07M23：123），但做工不如87M4的玉龟那么精细。07M23的玉龟属于单体玉器，腹腔镂空，内置两枚玉签。上腹甲呈半圆弧形，尾部两侧各钻出一个圆孔；下腹甲雕刻成龟甲状，尾部中间钻出一个圆孔。另外还发现两件完整的玉龟状扁圆器，腹腔内共置放三枚玉签。玉签长5—8.5厘米，宽约1厘米，厚约0.1—0.7厘米，一端呈扁圆三角状，另一端呈圆弧状，有一管钻圆孔。玉签应属于玉龟的配套小器物。

87M4和07M23是凌家滩遗址中规模最大、随葬品最丰富的两座大墓。其中，87M4发现一件大型石钺（石钺通常是威权及军事的象征），其长34厘米，宽23厘米，厚3厘米，体量之大，史前罕见。07M23顶部有一件大型的猪形玉器（编号07T1③：5），

1　冯时：《中国天文考古学》，社会科学文献出版社，2001年，第126页。

图14　凌家滩遗址玉龙

外形粗犷、写意，猪首生动，伸出一对獠牙，全长72厘米，宽32厘米，重88千克，是目前年代最早，形体最大和最重的猪形玉器。而发现的八角星纹玉版、玉龟、玉龟状扁圆器和玉签，均摆放在墓主腰间，属于墓主生前使用的占卜器具，或者沟通神鬼的灵物。他们不但拥有大量的财富，而且集军权、神权于一身，据此推测，87M4和07M23的主人是凌家滩早、晚阶段两个地位显赫的首领兼巫师。随葬的八角星纹玉版，不管怎么解释，都与天文观测有关，显然寓意不凡，明确宣示了他们的权位与天相关，是至上之神——天帝授予的。

98M16的等级仅次于87M4和07M23，出土了凌家滩遗址仅有的一件玉龙（编号98M16：2）。玉龙呈扁椭圆形，灰白色泛青。龙首尾弯曲勾连，吻部突出，头顶雕刻两角，阴线刻出嘴、鼻，形似红山文化的玉龙。但是凌家滩遗址玉龙的脊背上阴刻规整的圆弧线，连着圆弧线又阴刻17条斜线，纹样看起来像鳄鱼的鳞片，因而与濮阳西水坡遗址的蚌塑龙一样，同属于鳄鱼龙。龙被视为通天之物，故98M16主人的身份应是一名通灵巫师。

八角星纹、玉鹰和玉龙，都属于凌家滩先民天崇拜或者敬仰天帝的象征符号。而且，权贵阶层通过天崇拜，掌握了军事指挥权和通神祭祀的权力。学界认为，当时的社会已经到达或跨过了文明社会的门槛。因此，凌家滩遗址所示的社会文化面貌，对华夏文明形成的影响颇为深远。

天人合一：河洛文化天崇拜的社会功用

在凌家滩文化的末期，北部海岱地区的大汶口文化势力南下。与此同时，凌家滩遗址东南方的太湖流域兴起了良渚文化，势力也渐渐北扩。从地理上看，凌家滩正好处在中原地区与太湖流域的联结点位置，在大汶口、良渚两大强势文化的南北挤压之下，处于夹缝中的凌家滩文化在巢湖流域逐渐衰落下去。凌家滩先民为了自身生存，四处迁徙，有的迁往太湖流域，融入良渚文化，有的西迁中原地区[1]，与当地的居民融为一体。

几乎是在凌家滩文化衰落、良渚文化勃兴的同时，中原腹地诞生了以双槐树遗址为核心的"河洛文化"。双槐树遗址及其邻近的青台遗址，在考古学上均属于秦王寨类型（也有学者称之为"大河村类型"）。秦王寨类型的基本器物组合包括鼎、罐、瓮、盆、钵，其形成标志就是弦纹折肩罐与六角星纹彩陶罐的出现。

就天崇拜而言，其最具代表性的是双槐树遗址第三期陶器中的一彩陶罐（编号H330：1），出土位置在北斗星陶罐遗迹西北的

---

[1] 中原地区是一个广义的历史地理概念，包括今天河南省全部、山东省西端、河北省南部、山西省南部和陕西省东部。

墓葬一区，该处同时出土了象征北斗的六只幼猪。彩陶罐为泥质红陶，直口、鼓腹、平底，腹部饰有白色陶衣，用黑彩在白色陶衣上绘的圆点、弧线三角、勾叶等几何图案，使白色地纹上呈现出六角星、月牙等纹饰。[1]

图15 双槐树遗址六角星纹彩陶罐

　　月牙纹是天象观测的记录，与观象授时有关。而秦王寨类型的六角星纹无疑是吸收了东方凌家滩、大汶口文化的八角星纹，加以改造后形成的一种富有地方特色的陶器纹饰。所以，双槐树遗址出土的六角星纹彩陶罐，很有可能是祭天的器物。

　　六角星纹与凌家滩的八角星纹一样，都反映了原始先民以天极观念为核心的原始宇宙观。河洛地区承袭了这种观念，且权贵阶层以其来建立一个强大的宗教体系，以宗教权力去整合社会的核心意识形态。但是，河洛地区的天崇拜精神内涵，与凌家滩、

---

1 郑州市文物考古研究院:《河南巩义市双槐树新石器时代遗址》,《考古》, 2021年第7期。

大汶口和良渚等所在的东方地区有所不同。

祭天是与天帝沟通，以确立权威、凝聚社会的最重要途径之一。而祭天的具体礼仪，如坛祭、燎祭等，最早应产生于东南沿海地区。在太湖地区，所谓天帝有可能是太阳神，人们通过祭祀太阳神，祈获粮食丰收、人畜平安，等等。天是至尊之神，高高在上，令人敬畏，只能膜拜，不可触摸。所以东南地区的祭天活动，属于动机较为单纯的宗教崇拜与祭祀。

而河洛地区的天崇拜，除宗教祭祀之外，更体现出独特的社会实用价值与天人合一社会观念。社会实用价值是指观象授时的传统，并据此创造出用以指导农耕的天文历法体系。传说黄帝时代就已经创制了历法，如《史记·历书》中说"盖黄帝考定星历，建立五行"。考古发现似乎可以印证史书上的记载。

郑州大河村第三期遗存出土了绘有天文图像的彩陶片三十多件。其中，太阳纹彩陶片共十二件，纹样均绘在白衣彩陶钵的上腹。太阳纹样图案有三种组合，第一种是圆点纹和射线纹，第二种是圆圈纹和射线纹，第三种是圆点圆圈纹和射线纹。而且，装饰有第二种、第三种组合的太阳纹彩陶钵，经复原，每件彩陶钵上部均绘有十二条太阳纹。这不但说明了当时的河洛先民盛行太阳崇拜（在良渚文化中天帝很可能就是太阳神），而且已经知道一年有十二个月份。另有月亮纹彩陶片十余片，月亮纹的图案中间是圆点纹，其左右两侧各有一个相对月牙纹。中间的圆点纹，表示的是十五望日前后的满月，左右侧的月牙纹分别是月末的残月和月初的上弦月。[1] 更奇特的是，每件彩陶钵的肩部和上腹部都绘有三组月亮纹，这可能代表彼时的河洛先民已经将三个月划分为

---

1 李昌韬：《大河村新石器时代彩陶上的天文图象》，《文物》，1983年第8期。

一个季度。华夏文明史上一个非常重要的成就——天文历法就是这样被发明出来的。

天人合一社会观念，如濮阳西水坡遗址的人骑龙蚌塑图所示，天并非那样遥不可及、虚无缥缈，社会中的权贵阶层（首领或祭司）可以通过骑乘龙、虎、鹿升天，直达天极，与天融合为一体。然而，权贵人物尚缺具体的操作方式，难以让普通民众更加信服只有他们才能够沟通天帝。而东南地区的坛祭、燎祭、玉礼器等所代表的较为复杂的祭天礼仪系统西传中原之后，圆满地解决了这一问题。在神圣的祭天仪式上，崇天观念以直观、庄严的形式表达出来，由此获得了全社会的普遍认可。张光直先生如是云：天，是有关人事的全部知识的汇聚之地，而取得这种知识的途径就是谋取政治权威。[1]权贵阶层主持隆重的祭天仪式，与天沟通，他们便握有了统治的知识，即权力，进而垄断了政治、经济、宗教、文化大权，并建立与天崇拜相对应的社会秩序。

其后，河洛先民的崇天观念不断地传承下去，延续到夏、商、西周。西周青铜器何尊铭文中的"肆文王受此大命"（《殷周金文集成》6014），《诗经》的"文王在上，於昭于天……有周不显，帝命不时。文王陟降，在帝左右"等，即是崇天观念的具体写照。

夏、商、西周在春秋时期的典籍中被合称为"三代"，是华夏文明发展的奠基阶段。而天帝或天神崇拜是华夏文明中最古老、最悠久的精神信仰和价值文化，天崇拜在华夏文明的起源与形成的过程中扮演着核心的角色，其重要性不容忽视。

---

1 张光直著，郭净译：《美术、神话与祭祀》，辽宁教育出版社，2002年，第33页。

第二章

渺远之迹：尧、舜的传说时代

《孟子·滕文公上》云："孟子道性善，言必称尧舜。"尧、舜是古人津津乐道的两位传说人物，他们被儒家视为上古时期道德的楷模、圣君的代表。尧舜故事大约发生于考古学上的龙山时代，数十年来对山西陶寺遗址的研究，使人们相信尧、舜的踪迹并非飘忽不定，陶寺遗址为尧舜故事的发生地。传说舜出生于姚墟，他的子孙后代因而以姚为姓。近年来新出土的青铜器觉公簋铭文中的"觉公作妻姚簋，遵于王命易伯侯于晋"（《商周青铜器铭文暨图像集成》04954），说的是周成王封母弟叔虞于唐尧的故墟，叔虞由此曰唐侯。铭文中的易（唐）伯侯指的就是叔虞之子唐伯燮父，都于唐。唐在山西汾水流域，这里是陶寺遗址的所在地。觉公的夫人是姚氏。这些都与文献记载相吻合，说明流传千古的尧舜禅让故事很可能真有其事。根据《尚书》《史记·夏本纪》的记载，尧禅位于舜，舜禅位于禹，禹建立了中国历史上第一个奴隶制王朝——夏朝。

第一节 "荐之于天"：尧舜禅让与权力交替

上古历史的起点：尧的事迹

在追溯华夏文明的起源时，传统的史学家当以司马迁为代表。《五帝本纪》是《史记》的开章，黄帝、颛顼、帝喾、尧、舜等所处的五帝时代为华夏文明社会的肇始阶段，而黄帝又是五帝之首，由此被塑造为"人文初祖"的光辉形象。但即便是在两千多年前的司马迁年代，黄帝的具体生平经历已众说纷纭、真伪难辨。司马迁在《五帝本纪》中不由地感叹道："学者多称五帝，尚矣。然《尚书》独载尧以来，而百家言黄帝，其文不雅驯，荐绅先生难言之。"在司马迁看来，黄帝时代过于遥远，事迹茫然不可考，故而相对晚近的尧舜就成了司马迁心目中信史的开端。司马迁的这一史学传统显然承继自孔子。相传孔子在整理《尚书》时，"上断于尧"，把《尧典》作为《尚书》的开篇之作，即承认尧是上古历史的起点。

最早记载尧的史籍就是《尚书》。《尚书》可能成型于西周末年，原有三千多篇，经孔子删改为一百多篇。秦始皇焚书坑儒之时，《尚书》被儒学博士伏生冒死私藏起来，其后罹战乱，仅余下二十八篇。伏生所藏《尚书》皆用秦末小篆写成，阅读不便，于是晁错在其口授之下，用"今文"（当时通行的隶书）抄录下来。汉武帝时期，民间又献上伪《泰誓》，合共二十九篇，形成伏生本《今文尚书》。伏生本《今文尚书》应属于战国晚期流行的《尚书》

版本。

尧传说主要见于现今所见《尚书》中的《尧典》。值得注意的是,《左传·文公十八年》中,鲁国的史官大史克在提及尧舜的事时说过一句话:"故《虞书》数舜之功,曰'慎徽五典,五典克从',无违教也。"鲁文公十八年是公元前609年,可见在孔子之前,《尚书》中的《尧典》和《舜典》是不分开的,合二为一,称为《虞书》。及至战国之时,《虞书》才分解开来。但是《虞书》的分解有多个版本,战国中期孟子所见到的《尚书·尧典》与伏生本《尚书·尧典》就有不同。《论语·尧曰》第一章中有一小段尧命舜的话:"咨!尔舜!天之历数在尔躬,允执其中。四海困穷,天禄永终。"而这些语句不见于伏生本《今文尚书》中的《尧典》,可能来自战国中期流行的《尧典》。

除了《尧典》,涉及尧的古籍,尚有《古本竹书纪年》《帝王世纪》,以及《左传》《国语》《孟子》《墨子》《荀子》《史记·五帝本纪》,等等。汇总这些文献可知,战国至秦汉之际,尧的事迹主要包括世系、执政、禅让三个方面。

司马迁基于"圣王同祖""华夷共祖"的史观,列出了尧的世系。尧成了黄帝的玄孙、帝喾之子,其母为陈锋氏女。陈锋氏女名庆都,生尧于丹陵。上博竹简《容成氏》中说"昔尧处于丹府与藋陵之间",丹陵应即丹府与藋陵的合称,但具体位置不详。《太平寰宇记》卷六十二载"伊祁山,尧住此山,后因作姓",伊祁山即今河北保定市顺平县的伊祁山,所以尧乃伊祁氏。丹陵可能离伊祁山不远。尧还有一个同父异母的哥哥挚。帝喾死后由挚继位,但是挚荒淫无度,故天下拥立尧。尧最初的封地在唐,即今山西临汾尧都区。因而孔颖达《尚书正义》中说:"尧年十六,以唐侯升为天子。"尧曾游居于陶,《括地志》"陶城在蒲州河东县北三十里",[1]即今山西永济蒲州镇,所以尧号陶唐氏,又称"唐尧"。

由此可勾勒出尧一生的行迹：从河北中部向西迁徙至山西的临汾盆地,并定都于平阳；还曾经南下运城盆地,到过黄河岸边的蒲州。尧的活动区域主要在汾河流域下游,这一地区分布的陶寺文化（约公元前2450—前1900年）,被认为是传说中陶唐氏的文化遗存。

尧执政时期,施仁政,祥瑞频现。这是因为：圣君行仁政,上天就会降下符瑞或祥瑞,以示嘉奖。魏晋之后的志怪小说中详列出了尧时代的种种异兆,明显是因为受到西汉儒家大师董仲舒天人感应哲学思想的影响。这种祥瑞的美学观感十足,如《述异记》中称："一日十瑞：宫中刍化为禾,凤凰止于庭,神龙见于宫沼,历草生阶,宫禽五色,鸟化白神,木生莲,萐莆生厨,景星耀于天,甘霖降于地。"另一部志怪小说《拾遗记》中也记载了尧施政时的其他祥瑞,包括得玉版金璧于河洛之滨,鸾雏年年来集,麒麟游于薮泽,等等。同时还有干戈不用、三苗自服,就连遥远的祇支之国也进献"能搏逐猛兽虎狼"的重明鸟。

最令世人称道的是尧知人善任,广纳隽才。如委派羲和观天文、制历法、授民时,用以指导耕种,发展农业；外貌奇特的皋陶被任命为法官,推行"五刑""五教"；具备神力、拍击石头就能让林中百兽狂舞的夔,则被任命为乐官。法官、乐官等是尧设立的官职,另外还有四岳、八伯、十二牧等组成的举足轻重的议政机构,可见尧之时已经初步产生了后世国家的官制。

但尧时期也是灾难重重的年代,中原大旱,十日并出,妖孽

---

[1]（唐）李泰等著,贺次君辑校：《括地志辑校》,中华书局,1980年,第52页。

横行。尧遂命神箭手羿诛杀妖孽，为除民害，又射下九个太阳。尧还殛鲧于羽山，原因不明，有文献说是鲧治水失败。这可能是尧晚年的事。此时尧身体衰老，治事迟钝，有人开始不服。尧决定按照禅让制的传统，禅位于贤能，为此把自己的儿子朱送到丹渊去避嫌。尧选定的继承人最初是许由、子州支父等，不过他们均拒绝。最后尧禅让给才能超凡、品德崇高的舜，还把两个女儿娥皇、女英都许配给他。

据传尧在位九十八载，寿一百一十八岁。尧的葬处，说法不一。《吕氏春秋·孟冬纪·节丧》称尧葬谷林。《墨子·节葬》称尧葬蛩山之阴。《山海经·海外南经》则云尧葬狄山之阳，或崇山。狄山或崇山，现在都认为是山西襄汾县城东北的太岳山脉余脉崇山（又名塔儿山），海拔1493米，著名的陶寺遗址就坐落在崇山北麓。

后人对尧的评价极高。《论语·泰伯》中，孔子是如此赞颂尧的："大哉，尧之为君也！巍巍乎，唯天为大，唯尧则之。荡荡乎，民无能名焉。巍巍乎，其有成功也，焕乎，其有文章！"在孔子的心目中，尧遵循天道行事，施仁政，爱百姓，具备了圣君的所有美德，是亘古以来最伟大的君主、最完美的政治家。

五帝时代的终结：舜的事迹

舜承续圣君尧的衣钵，是五帝的最后一位，而文献中关于舜的记载比尧更加扑朔迷离。

前已述及，成书于春秋之前的《虞书》在战国时期分成《尧典》《舜典》，但是版本不同，孟子看到的是战国中期的分法，伏生看到的是战国晚期的分法。孟子版与伏生版之间至少有两个差异。其一，关于上古贤人伯益、大禹、后稷、契被任用，孟子版说是尧在位期间，尧首先选拔了舜，舜又选拔了这四贤，伏生版却将这四贤的任用置于尧死之后；其二，孟子版中有"放勋曰，劳之来之，匡之直之，辅之翼之，使自得之，又从而振德之""《书》曰，浚水儆余"，而这两句话不见于伏生版，可能是因为战国晚期在分解《虞书》时遗漏了一部分竹简。不过，从《孟子》一书的内容来看，当时人们对舜的事迹非常熟悉，说明战国中期有关舜的传说在齐鲁大地流传甚广。

除了《尚书》中的《尧典》《舜典》，叙及舜的典籍主要有《论语》《左传》《国语》《孟子》及《墨子》等诸子百家时代的著作，《大戴礼记·五帝德》《世系》《古本竹书纪年》等战国晚期的史料，还有司马迁走访实地，搜集的民间流传的上古帝王故事，最后编写成的总结性的传说史料《五帝本纪》。

战国至秦汉之际，流传的有关舜的故事包括家世、姻亲、治平洪水、任用贤才、流放四凶、征伐三苗、禅让、葬处等。其中，《孟子》中叙及的舜故事不见于伏生版的《尧典》《舜典》，诸如"不告而娶""舜往于田""祗载见瞽瞍"与"不及贡以政接于有庳"等，这些故事可能载于战国中期流通的《尚书·舜典》。

司马迁在"圣王同祖"的框架之下，详尽列出了舜的世系：黄帝—昌意—高阳（颛顼）—穷蝉—敬康—句芒（望）—桥牛—瞽叟（瞍）—舜。尧、舜同祖，但尧是黄帝的四世孙，舜是黄帝的八世孙，舜是尧的玄孙辈后人，似乎有点不合情理。另有一说，《路史·余论》引用《吕梁碑》中的世系，是虞幕—穷蝉—敬康—桥牛—瞽叟（瞍）—舜。这条世系链中没有句芒，而且舜也不是黄帝的后裔，所以尧不是舜的祖辈人物，跟《左传》中的记载相吻合，可能较接近事实。

史籍中对舜行迹的记载比较多。孟子说，舜生于诸冯（今山东菏泽或诸城），该地在上古时期属于东夷的活动区域，所以孟子说舜是东夷之人。这应该是战国时期流传于齐鲁地区的说法。《史记·五帝本纪》则有另一种说法，"舜，冀州之人也。舜耕历山（今山西中条山脉西南端之雷首山），渔雷泽（在今山西南部或河南濮阳），陶河滨（在今山东定陶或山西永济），作什器于寿丘（今山东曲阜），就时于负夏（今河南濮阳地区）""居妫汭（在今山西永济西南）"。因妫汭在古虞国之地，因此舜称有虞氏，或说舜的先祖虞幕被册封于此，故号有虞氏。《墨子·尚贤上》又持一说，"古者尧举舜于服泽之阳"。清代经学家孙诒让认为"服泽"即"蒲泽"，今山西永济一带。《帝王世纪》则称舜都蒲坂（今山西永济蒲州镇），其地也在蒲泽附近。

这些地名看似紊乱，但主要集中于鲁西、豫东、晋西南三个地区，而且大都位于西汉时期的冀州范围之内。彼时的冀州，包括山西南部、河南东北部、河北西南角及山东最西小部分地区。司马迁治学严谨，曾亲自游历走访，向当地民众搜集历史人物的传说故事。而且，他出生于晋西南地区的龙门，对流传于当地有关舜的传说很可能了如指掌。可见，舜本来出生于东夷之地，后向西迁徙，活动地区主要在山西南部，大致是运城盆地以南、中条山脉地带。这一地区分布着的龙山文化三里桥类型（约公元前2400年—前1900年），当与传说中的有虞氏文化相关。

综合《左传·昭公八年》《史记·陈杞世家》《国语·鲁语》中的记述，大致可以推测出舜的家世。舜的先祖虞幕出自颛顼之族，始封地在虞，即今山西运城盆地、中条山一带，所以号有虞氏。自虞幕传位至瞽瞍，"无违命者"，即能恪守天命、保身守国。舜的父亲瞽瞍，妫姓，并非双目失明的糟老头。上古时期，瞽瞍是乐师的代名词。这是因为盲（瞽、瞍）人听觉特别灵敏，适合当乐师,《国语·周语上》有句话"瞽献曲,史献书,师箴,瞍赋,矇诵",说的就是这个意思。瞽常常与史联称为"瞽史",担负记传史事之责。瞽叟先娶妻握登,生舜于诸冯。《史记正义》中则称生舜于姚丘,因此他以姚为姓。传说舜目重瞳,故名重华,"舜"则为其谥号。舜母握登早亡,瞽叟又娶东泽氏曰壬女,生下象。

舜二十以孝顺闻于天下。《山海经·海内北经》中说,舜妻登比氏生二女宵明、烛光。登比氏又作登北氏,可能是舜的原配夫人。舜与登比氏尽力孝道,但是瞽叟宠溺象,听信象母的谗言,要废嫡立幼。瞽叟、象母、象三人合谋,设计杀害舜。瞽叟先诱骗舜上仓廪,然后让人从下边纵火,试图烧死他。危急时刻,舜双手举起斗笠,如蝴蝶般拍打双翅,安然落地。瞽叟又命舜去挖井,然后三人从上扔下土块,想把舜活埋。舜穿过事先挖好的另一口井逃脱出来。尚不知情的象得意洋洋,走进舜的宫室,却惊愕地发现舜正坐在床上安详地抚琴。不久瞽叟死去,舜继位为有虞氏之君,将象这个可恶的庶弟驱逐至遥远的南方,另成有庳氏(今湖南道县北)。庳,通"鼻",恰好般配"象"这个名字。

历山之农为了抢夺肥沃的耕地,常常与有虞氏爆发冲突。舜亲自去历山耕作,还在黄河之滨打渔、制陶、贩卖,以身作则,教导有虞氏的民众。历山之农受其感化,争相让田。舜的美德遂扬名天下,舜也得到百姓的拥护,由此"一年而所居成聚,二年成邑,三年成都"。舜因之设都于蒲坂,成为中原地区赫赫有名的部落首领。时值尧老,他准备禅让贤能,闻得舜的美德,于是南下运城盆地,"游居于陶",去蒲坂考察舜。最终发现舜确实"孺子可教",堪任大事,遂将两个女儿娥皇、女英许配给舜,二人与登比氏合称三妃。这是尧禅让大位的前奏,即试图通过姻亲间接控制他的继任者。

舜年五十暂代尧,行天子事。年五十八时尧崩,守丧三年之后,舜正式即天子位。他不负众望,勤政爱民。又设官分职,任命二十二人,包括禹、倕、益、伯夷、夔、龙六人,以及四岳、十二牧等,让其各司其职,建立了比尧时期更加完备的官制,初立"早期国家"的形态。在任用贤能(如举八恺、八元)的同时,舜也惩治四凶,包括流共工于幽州、放欢兜于崇山、窜三苗于三危、殛鲧于羽山。放欢兜、杀三苗,指的是舜执政期间,征伐三苗的战争。殛鲧于羽山的原因是,当时洪水泛滥,鲧治水九年不成。惩治了鲧之后,舜起用鲧的儿子大禹治水。大禹改变了鲧用堵治水的方法,采用疏导的策略,辛劳了十三年,终于治平水土,由此立下不世功勋。《大戴礼记·少间》中详细记载了这个早期国家或者古国影响力的辐射范围:北方的朔方、幽都,南方的交趾,西方的西王母,海外的肃慎、北发、渠搜、氐羌等,不是"来服"就是"来献"。

舜晚年身体衰老,也仿效尧,不传位给自己的儿子商均,而行禅让之事。传说舜欲让位于当时的贤人子州支伯、善卷、石户之农及北人无择等,都遭到拒绝,最终禅让给治水有功的大禹。

舜即天子之位三十九年,南巡狩时崩于苍梧之野。舜的葬处有六种说法:南已之市、纪市、苍梧、九疑、鸣条、岳山。纪市就是南已之市,南宋学者王应麟认为在莒之纪鄣(今江苏连云港赣榆区海州湾北岸)。司马迁则说,舜葬于零陵九疑山(今湖南永州宁远境内),这应当是西汉时期盛传的旧闻。1973年末,湖南长沙马王堆三号汉墓出土的帛书中有一幅《地形图》,图中九疑山旁边赫然标注着"帝舜"两个字。九疑山南侧还画有一处古建筑。《水经注·湘水》中记载,九疑山是舜、商均父子的葬处,"大舜

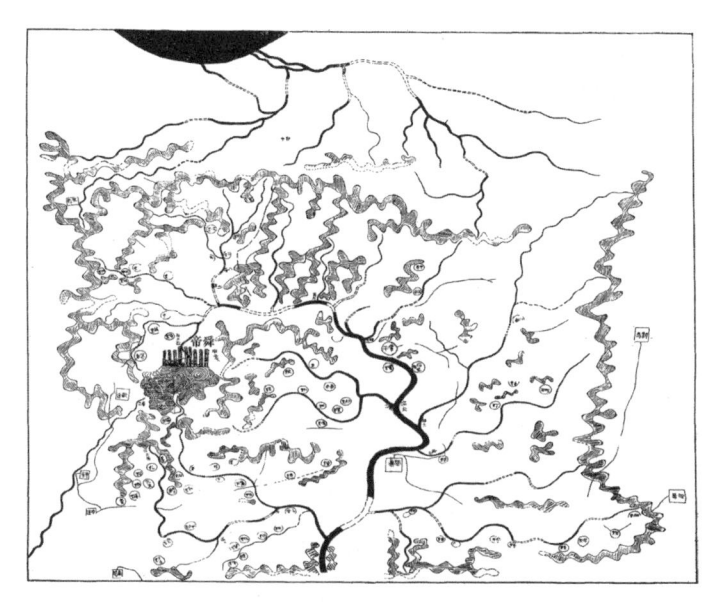

图16　马王堆帛书《地形图》黑白复原图

图17　马王堆帛书《地形图》复原图局部

第二章　渺远之迹：尧、舜的传说时代

窆其阳，商均葬其阴。山南有舜庙，前有石碑，文字缺落，不可复识"。马王堆帛书《地形图》中九疑山南麓的古建筑，应即《水经·湘水注》中记载的"山南有舜庙"。而且，2002年，湖南省考古研究所在九疑山玉琯岩遗址"发掘区下部堆积中发现了汉代祭祀坑，和不晚于东汉早期的大型建筑遗迹"[1]，其极有可能就是西汉时期"山南有舜庙"的遗存。湖南长沙马王堆三号汉墓下葬的确切年代为汉文帝十二年（公元前168年），下距司马迁出生（约公元前145年）不过二十三年。司马迁博览群书，才识过人，对此当然了如指掌，所以将其写入了《五帝本纪》。

文献记载的九疑山舜庙得到了考古文物的印证，不过就目前的考古发现而言，尚无法完全证明流传至今的尧、舜形象及相关细节在历史上真实存在过。春秋战国以后出现的尧、舜传说，很大可能是当时周人的历史建构。那么，尧舜禅让故事也是虚构的吗？

权力的交替：禅让传说叙述基调的流变

尧舜禅让的故事最早见于《左传·文公十八年》，鲁国的史官大史克说过一句话："是以尧崩而天下如一，同心戴舜，以为天子，以其举十六相、去四凶也。……舜有大功二十而为天子。"大概就是从那以后，尧、舜就被塑造为圣人，成了举世公认的道德楷模。在尧舜圣人化的过程中，儒家与墨家起了表率的作用。

《论语·泰伯》中，孔子对尧、舜、禹三人的品德作了高度的评价。孔子的赞词是三个字，"巍巍乎"，意即崇高伟大。但孔子只是笼统地加以赞颂，从中还看不出来尧、舜禅让故事的细节。

---

[1] 国家文物局主编：《湖南宁远玉琯岩宋代建筑遗址》，《2004中国重要考古发现》，文物出版社，2005年，第159—163页。

到了战国时期，尧舜的禅让故事进一步具体化、理想化。

墨子在战国时期第一个引用尧舜禅让的故事，来阐述自己的"尚贤"理念。墨子列举了"古者尧举舜于服泽之阳，授之政，天下平"等上古传说，大声疾呼"列德而尚贤"的重要性，主张任人唯贤应当成为治理国家的基本准则。但墨子只是将尧举舜、禹举益、汤举伊尹、文王举闳夭与泰颠相提并论，从中仍然看不出尧舜禅让有什么特别之处，具体过程怎样。

墨子之后一百年左右，孟子（约公元前372年—约前289年）的著作中突然间涌现出大量有关尧舜禅让故事的细节，诸如舜"不告而娶""封之（象）有庳"与舜"窃负而逃"，等等。而这个时期，《尚书·虞书》也开始裂解为《尧典》和《舜典》。《舜典》形成时，可能增入了有关舜的种种传说，使其形象更加饱满，孔子和墨子可能都未见过这些内容。孟子对上古禅让传说的叙述，以舜为主，尧、禹只占少数，当与此有关。因此，孔子推崇尧，孟子则极力推崇舜，将其视为上古政治一面火红的旌旗、仁政王道的标杆性人物。

与孟子同时期的战国道家代表人物庄子（约公元前369年—前286年），对尧、舜的评价却与孟子大相径庭。在《庄子·盗跖》中，庄子辛辣讽刺了尧、舜，说"尧杀长子，舜流母弟""尧不慈，舜不孝""尧、舜为帝而雍，非仁天下也，不以美害生也；善卷、许由得帝而不受，非虚辞让也，不以事害己"。庄子不以尧、舜为仁，反而以之为害，与孔孟推崇尧舜为圣人，有天壤之别。

尽管道、儒、墨对尧舜评价不一，但是他们均承认尧舜之事。这说明战国中期，儒家对尧舜禅让的推崇，引发了一波又一波的尊崇和圣化运动，使得尧舜禅让的故事广为人知，其真实性已成为世人的共识。因此，诸子百家无不把"祖述尧舜"作为阐发自己的学说、实现理想抱负的一种手段。

这个时期的三篇著名的竹简文献被发现，让今人得以了解当时尧舜故事的流传情况。它们是上博竹简《子羔》、上博竹简《容成氏》、郭店楚简《唐虞之道》，年代都在约公元前5至前4世纪之间。上博竹简《子羔》叙及尧舜禅让，崇德尚贤之事，主张黎民有德也可以受命为帝，其中对舜生平的介绍，颇能补缺传世文献的记载。上博竹简《容成氏》则具备了后世尧舜禹禅让故事的全部情节。最典型的是郭店楚简《唐虞之道》，1993年10月出土于湖北沙洋郭店村，这是迄今为止所见最早，也是唯一专篇论述禅让学说的文献。开篇即言"唐虞之道，禅而不传。尧舜之王，利天下而弗利（己）也",[1]点明了禅让的核心就是利天下而不是利自己。"禅也者，上德授贤之谓也"，将禅让故事提升为政治学说，与儒家的核心观念"仁""德"相联系，宣扬禅让乃"圣之盛""仁之至"之事，从而达到教化顺民的政治目的。

出土文献与传世文献相印证，说明尧舜禅让事迹极有可能存在过。只不过远古时期文字尚未发明，无法翔实地将禅让情景记录下来，所以禅让故事仅能依靠口耳相传。流传千百载之后，到了春秋战国时期，在儒、墨二家的弘扬与推崇之下，才得以传颂万古。一种学说的产生源泉，只能是丰富的现实生活或者过往历史。春秋战国时期，基于血缘亲疏的世袭制已经确立了上千年，在世人的观念中根深蒂固，单凭诸子百家的满腔热情，很难臆造出禅让制这一与世袭制相对立的权力传承模式。所以尧舜禅让故事绝非空穴来风，其背后必有真实的历史依据以供参考。

---

[1] 荆门市博物馆：《郭店楚墓竹简》，文物出版社，1998年，第157页。

禅让学说在儒家的推动之下，一度风靡于世，但最后又归于沉寂。这是因为在公元前314年，北方的燕国发生了现实版的禅让事件——子之之乱，让世人对尧舜禅让传说产生厌恶甚至恐惧之感。燕王哙由于崇信儒家的禅让学说，将王位禅让给国相子之，自己北面称臣。这次禅让令燕人措手不及，引发国内暴乱。《史记·燕召公世家》中称"因构难数月，死者数万，众人恫恐，百姓离志"，最终导致齐国、中山入侵，燕王哙自缢身亡，子之被齐人剁成肉酱，燕国豆剖瓜分，濒临灭亡。子之之乱对儒家推崇的禅让学说不啻一记沉重的闷棍，成了战国时期禅让故事传播的一个转折点。

最先要抹去尧舜理想化色彩的是屈原（约公元前340年—前278年）。喜欢讲故事的屈原在《天问》中并没有提及尧舜禅让传说，反而以十二句四问的形式，发难尧舜的婚姻和孝悌。"尧不姚告，二女何亲？"这是说尧嫁二女给舜，舜却违反孝道与常情，不告诉他的父亲。又云"舜服厥弟，终然为害。何肆犬体，而厥身不危败？"这是说舜为何纵容弟弟，让弟弟胡作非为。其实屈原的发问并非不可理解，孟子早已有解释。屈原"醉翁之意不在酒"，而在嘲讽尧舜的政治联姻，也就是间接否定尧舜禅让。

战国晚期的《古本竹书纪年》（不晚于公元前299年）对尧舜禅让提出质疑。其后的荀子（约公元前313年—前238年），虽与孔孟皆为儒家，但承认"尧有德"、尧舜"善教化"的同时，竭力否定禅让之事，在《荀子·正论》篇中痛斥"夫曰尧舜擅让，是虚言也，是浅者之传、陋者之说也"。韩非子（约公元前280年—前233年）继承其师荀子的衣钵，不仅否认了尧舜禅让，而且在《韩非子·说疑》篇中进一步指出禅让背后是一种充满血腥味的弑君行为，"舜逼尧，禹逼舜，汤放桀，武王伐纣，此四王者，人臣弑其君者也"。

与韩非子类似,《古本竹书纪年》载:"尧之末年德衰,为舜所囚也。舜囚尧,复偃塞丹朱,使不与父相见也。"[1]《史通·疑古》亦曰:"《汲冢琐语》云:舜放尧于平阳。"将儒家所推崇的尧舜禅让说成一场充满尔虞我诈的权力斗争。这些迥然不同的说法明显受到子之之乱的影响。及至西汉时期的司马迁,亲身走访实地,搜集旧闻传说,大量参阅皇家图书馆内的"史记石室金匮之书",以审慎的态度将尧舜禅让载入史册,故事的结构才由此固定下来。

权力的妥协:禅让传说的本质

从传世文献与出土文献记载的情况来看,上古时期确实存在一种温和的、非暴力的部落联盟首领交替的传统,周人称之为"禅让制"。

《说文解字·示部》:"禅,祭天也。从示,单声。"可见,禅是上古时期的一种祭天仪式,与先民们的天崇拜密切相关。祭祀之时,在土台上架起柴堆,熊熊火光、烟雾缭绕的同时,祈愿直达上天。在火与烟之中,人间的愿望与天帝的意志合为一体,完成了天人交融,这就是禅。

根据《尚书·尧典》《史记·五帝本纪》的记载,禅让包括三道程序。

其一,由联盟首领做出禅让的决定,经四岳提名与考核,产生禅让人选。四岳应当是各氏族的首脑人物,负责祭祀活动,在政治联盟中拥有一定的决策权。尧年老求代时,首先征求四岳的意见,"嗟!四岳,朕在位七十载,汝能庸命,践朕位?"于是四

---

[1] 范祥雍订补:《古本竹书纪年辑校订补》,上海古籍出版社,2011年,第2页。

岳提名了舜,"有矜在民间,曰虞舜"。

其二,受禅人暂摄执政,此为过渡性的观察期。"帝尧老,命舜摄行天子之政,以观天命。"这是将禅让制度与天联系起来。《论语·泰伯》中说,孔子云"唯天为大,唯尧则之",言外之意是,尧是遵照天的意志来行事的。舜"摄行天子之政"之际,也要举行类似周朝郊天之礼那样隆重的祭天仪礼,以告命于天帝,这是禅让过程中最关键的一个环节。《尚书·舜典》中记载,舜在尧的太庙接受禅让的册命之后,举行了极为庄严肃穆的祭天仪式,"肆类于上帝,禋于六宗,望于山川,遍于群神"。"禋",即烧柴升烟以祭天。"六宗",郑玄认为:"六宗,言禋与祭天同名,则六者皆是天之神祇,谓星、辰、司中、司命、风师、雨师。"这说明祭祀的对象包括天帝、日月星辰等诸天神。

其三,受禅人正式担任共同体首领,即史书中的"践天子位""称帝",禅让至此完成。因为经过了祭天礼仪,也就是"荐之于天",权力交接获得了上天的许可,受禅人是天帝在人世间的代理人,所以完成禅让程序之后,任何人都不得对新的联盟首领产生怀疑。《史记·五帝本纪》中云"尧辟位凡二十八年而崩",可见受禅人在被观察期间,原来的部落联盟首领退隐幕后,以确保执政权力能够平稳过渡。"唐虞之道,禅而不传",禅让并非基于血缘关系的权力转移,因此,即使舜在尧死后曾经居于南河之南,以避让尧的儿子丹朱,但各氏族首领都抛弃了丹朱,尊奉舜为共主,"诸侯朝觐者,不之丹朱而之舜;狱讼者,不之丹朱而之舜;讴歌者,不讴歌丹朱而讴歌舜"。舜由此知道自身的地位稳妥,说了一句话"天也",宣示天命在我,借此来凝固人心,顺利地践天子位或称帝。

由此可见,整个禅让过程都是围绕天或天命而开展的。天命观是周人提出来的,《尚书·尧典》很可能是周人按照自己的意识形态而创作或加工的上古文献。周人基于当时的社会生活、政治制度和文化模式,用禅让学说去命名阐述远古时代曾经存在的那种非暴力权力交替模式。

有学者从考古学的角度来分析尧舜禅让的传说[1]。中原地区以城址或中心聚落为核心的聚落群,大都呈现出扇形分布的特征,诸如河南安阳后岗、登封王城岗、淮阳平粮台、新密古城寨,山西襄汾陶寺等。圆形或椭圆形结构的聚落群内,中心聚落通常居于圆心附近,被四周的小聚落层层环绕与保护,是整个聚落群中最安全的地方。扇形结构聚落群则不同,稳定性差,不利于内部管理,也不利于抵御外敌的侵犯。并且城址或中心聚落并非位于聚落的中心部位,而是偏于一侧,接近或处于扇心位置。一旦外敌的攻击集中于扇心的一侧,中心聚落将是整个聚落群中最危险之处。

原始先民们如此规划设计聚落群的布局结构,并不能说明早期部族首领对防御、地利的认识不足,是冒险主义者,而极有可能是聚落群之间紧密联系的体现。中原地区龙山文化晚期发现的聚落群当中,除孟庄聚落群位于黄河以北,扇面朝南之外,王城岗、古城寨聚落群扇面朝西,平粮台、郝家台聚落群扇面朝南,均显示出一种长期结盟与抗衡的社会及文化发展状态,这很可能与尧舜禅让传说存在某种特殊的联系。也就是说,聚落群之间已经形成一个同盟组织,同盟组织建立的初衷是维护各聚落群之间的协作、发展,甚至担负着抵御外来侵略的重责。同时,中心聚落或城址通常就是这个同盟组织的领导机构所在地,成为联结各

---

1 钱耀鹏:《尧舜禅让故事的考古学研究》,《中原文物》,2002年第4期。

聚落群的枢纽，其安全因之得到了一定程度的保证，故不需在部落同盟内部过多设防。

回到禅让，部落同盟内，由于聚落群之内的实力不可能完全均衡或达到静态平衡，所以围绕这个同盟组织的领导权，势必展开一系列明争暗斗。为了使聚落群首领之间不再相互对抗，必须建立一种能够维持和睦状态的竞合机制，也就是传说中的禅让制。禅让可以说是上古时期的一种政治，而政治是一门妥协的艺术，禅让制就是妥协的产物。实际上，禅让制属于原始的民主推举制度，所以不应当被视为联盟首领之间单纯的个体权力交替，而是氏族实力或地位在政治实体联盟中消长与更迭的映射。正因为此，禅让不是一种你情我愿的权力交替模式，有时难免带有篡夺的暴力色彩。这也不难理解战国晚期的《古本竹书纪年》与韩非子，会将禅让描述为"舜囚尧"或"舜逼尧"的"人臣弑其君"篡夺行为。

第二节 "协和万邦"：酋邦理论与尧舜传说

酋邦理论与古国学说

尧舜时期的社会呈现出怎样的状态？《尚书·尧典》用一句话来概括："协和万邦，黎民于变时雍。"意思是说当时万邦融洽相处，民众受其影响也变得友善起来，社会呈现出一派安宁和美的景象。万邦是怎样一个概念？这是攸关国家或文明起源的学术问题。当前论述中国国家起源的有两个最具代表性的理论：酋邦和古国。

　　古国理论是苏秉琦先生提出来的。苏秉琦将自身的考古实践与古史文献相结合起来，论述了中国国家起源的"三部曲"，即"古国—方国—帝国"。其对"古国"的定义是"高于氏族部落的、稳定的、独立的政治实体"[1]。自苏秉琦先生首倡之后，国内学界的众多名家，诸如李伯谦、张学海等，纷纷提出自己的观点，百花齐放、百家争鸣，共同为探索中华文明起源问题作出了贡献。这些专家学者对"古国"概念的具有代表性的论述，如下表所示：

表3　国内"古国"理论代表性观点简况

学者	定义	指称实体	距今年代（年）	社会形态
苏秉琦	高于氏族部落的、稳定的、独立的政治实体	红山文化 良渚文化 陶寺文化	5000—4000	进入方国阶段，各地仍残留诸多古国
李伯谦	同上	红山古国 凌家滩古国 仰韶古国灵宝西坡遗址 河洛古国双槐树遗址	5800—5000	可与酋邦类比

---

[1] 苏秉琦：《辽西古文化古城古国——兼谈当前田野考古工作的重点或大课题》，《文物》，1986年第8期。

（续表）

学者	定义	指称实体	距今年代（年）	社会形态
张学海	都、邑、聚社会等级结构	大汶口部落古国 城子崖古国 教场铺古国 景阳冈古国	5000—4000	有一定规模的聚落群，有原始城市及城乡差别
栾丰实	同上	陵阳河古国 海岱龙山古国	5000—4000	龙山时代，古国聚合成"两城方国"
何介均		大溪至屈家岭文化各城址古国	6000—4800	古国即简单酋邦，石家河文化则进入方国阶段即复杂酋邦社会
中华文明探源工程专家组	先秦文献记载的五帝时代的"邦""国"	良渚古国 屈家岭—石家河古国 陶寺古国 石峁古国	5800—3800	古国时代可进一步细分为三个小阶段。距今3800年以后，进入王朝时代

国内学者坚持运用古国学说来探索中华文明的起源，是因为承袭了传统史学中的称谓，而且古国这种社会结构自产生以来，一直延续到夏商周时期，有助于理解中华文明的形成和早期发展。批评者则认为古国学说存在一系列弊端，诸如"古国的概念内涵不明确、外延不清晰，理论构建的方法不科学"[1]等。

新进化论以游团、部落、酋邦和国家四个发展阶段，表述人

---

[1] 陈胜前：《"古国""酋邦"之争与中国文明起源的研究路径》，《中国社会科学》，2023年第7期。

类社会的权力演化过程。这四个发展阶段的含义和特征大致如下:

游团,是由家庭或家族组成的原始群,属于最简单的平等社会。特征是基于血缘或婚姻关系,有共同的生活区域,其首领是临时性的,成员按性别与年龄来进行共同劳动。部落,是比游团更大、没有聚落等级制的平等社会。部落首领依靠自己的能力,诸如经验、智慧、体力等,获得一种未经正式确认的权位。简而言之,就是一个顾问,而非权力执行者。上古传说中的陶唐氏、有虞氏、有夏氏、共工氏等氏族,以及国内学者惯用的"部落联盟"等提法,似乎相当于新进化论中的部落或更高级的政治实体——酋邦。酋邦,是国家诞生之前结构最复杂的社会组织,是联结平等社会与国家社会的桥梁。国家,是在众多酋邦联合的基础之上产生的超越血缘关系的社会政权。其拥有以王权为权力制高点的社会金字塔阶层,并有维持王权统治的政府组织,或确立税赋制度,等等。

有关酋邦理论,戴向明先生曾经作出了极为客观与公正的评述:

> 20世纪60年代塞维斯提出人类社会的发展历经游团、部落、酋邦、国家四个阶段的理论,影响颇大。即便我们不冒然将这一理论视为具有普遍适用性的法则,但它至少提示在氏族部落社会和国家社会之间还可能存在着一个过渡性的复杂社会。而酋邦和国家在诸多方面有共同之处,它们之间最根本的区别只在于政治权利结构方面。所以从理论上讲,文明既可以出现在国家阶段,也可以形成于酋邦或其他形态的

复杂社会阶段。[1]

综合各家论述，两种学说的区别大致有二。其一，古国学说源自中国的考古实践，基于中国的上古传说，并以此来指导考古研究，其立足点是中国的历史传统；而酋邦理论则来自人类学，是对人类社会发展阶段普遍性的理论概括，当然也适用于对华夏文明起源的解释，可"左右逢源"，并无水土不服之忧。其二，酋邦理论认为文明演进的动力是人类社会权力的制度化，古国学说则更加注重考古学文化的裂变、碰撞与融合。

尧舜禅让传说核心内容涉及社会权力的转移，酋邦理论的学术关怀恰与该议题相契合，可弥补有关这一时段考古学研究理论意识的不足，因而有学者称尧舜之际为"酋邦时代"[2]。另外，古国学说或许比酋邦理论更符合历史实情，但是上古传说中五帝时代的真实性尚未得到考古学的完全确认，其年代也含混不清，将其作为严格意义上的学术概念来使用可能多有扞格之处。因此，虽然酋邦与古国二者实际上没有根本差别，指的都是等级化的前国家复杂社会，但是基于个人的粗浅认识，笔者更偏好于酋邦理论。

那么，酋邦的概念在社会生活层面有哪些表现？

首先，酋邦具有一种贵族统治性质的集权趋势和世袭的等级地位排序，但没有实施武力压迫的正式法定机构。[3]依据规模，酋邦可以分为简单酋邦和复杂酋邦。简单酋邦人口仅数千，有两个层次的聚落及单个管理机构即聚落酋长；而复杂酋邦人口可达万

---

[1] 中国文明起源和早期国家形态研讨会秘书组：《中国文明起源和早期国家形态研讨会发言摘要》，《考古》，2001年第2期。
[2] 冯天瑜：《周制的原始民主遗存考析》，《湖北社会科学》，2022年第8期。
[3] ［美］埃尔曼·塞维斯著，龚辛、郭璐莎、陈力子译，陈淳审校：《国家与文明的起源：文化演进的过程》，上海古籍出版社，2019年，第15页。

人以上，有三个层次以上的聚落，以及两个等级以上的管理机构，包括酋长、聚落首领。简单酋邦与部落相差无几，复杂酋邦以众多的简单酋邦为基础，更高级的复杂酋邦很像早期国家，也只有复杂酋邦才能进化为国家。

在酋邦社会中，一个人的地位往往取决于他与始祖血缘关系的远近。酋长的家族被认为与祖灵关系密切，通过一条连绵不断的长子链，酋长与始祖联系起来。因此，始祖嫡系后裔的长子，通常就是酋长继任者的当然人选。夏商周三代确立的一继一及制和嫡长子继承制传统，其渊源应当上溯到史前时期的酋邦社会。作为酋邦社会的中心人物，酋长通常兼任大祭司，基本上垄断神权，主持祭祀仪式，以纪念祖灵，并拥有宗教解释权。但是酋长绝非专制君主，因为其与祭司和有势力的巫觋、其他的土地占有者一起分享权力，所以酋邦社会的决策活动多数具有集体性质。

酋邦社会最显著的特征是频繁的战争。为了使自身免于危险，以及保证酋邦成员的安全，酋长及贵族们认真建筑城墙、壕沟、栅栏和沟渠，使他们的聚落尽可能固若金汤、坚不可摧。黄河中下游地区在龙山文化时代城址林立，目前共发现二十余座，如郑州西山古城、郾城郝家台、淮阳平粮台、襄汾陶寺、登封王城岗、新密古城寨等，反映的就是当时酋邦之间冲突的加剧。倘若仅仅依靠加宽加深壕沟，已经不足以保护全体成员的生命、财富及生存空间，各酋邦就纷纷开挖环壕，堆起高垒，夯筑城垣，将城垣与壕沟、栅栏相结合，形成更有效的防护体系。

酋邦理论视角下的尧舜传说

酋邦起源于新石器时代晚期，是史前社会向国家社会过渡的形态，伴随着人类社会的发展而存在，时间跨度可达三四千年。

夏朝建立之前的三皇五帝时代，或者苏秉琦先生定义的古国时代，大致都处在酋邦社会阶段。

尧、舜应是某一酋邦的酋长，在即天子位前，分别是陶唐氏、有虞氏之君。陶唐氏和有虞氏应类似于酋邦，而不是部落。在酋邦社会中，基于血缘关系的酋长世袭制，长子是理所当然的酋长继任者，而且获得的是正式的权位。所以，尧不是帝喾的长子，无法越过其兄挚直接承袭帝喾的权位。瞽瞍为了传位给后妻所生的象，煞费苦心要把长子舜除掉，但阴谋都被舜挫败了，最后还是由舜来担任有虞氏之君。

《史记·五帝本纪》或《孟子》中称尧、舜为"天子"，则不是将其视为某个酋邦的酋长，而应该是上古时期中原地区社会共同体——酋邦联盟的最高首领，借用人类社会学的一个名词，称之为"最高酋长"（paramount chief）[1]。最高酋长本义指多个酋邦的领导人，或者支配其他酋邦的非常强大的酋长。其所统御的酋邦联盟基本上由众多层次差异明显且发展程度不同的复杂酋邦、简单酋邦组成，可能也包括更低层次的部落，是属于酋邦社会的政治实体。这种政治实体在尧舜时代有以下特征：

其一，酋邦联盟不是单体酋邦组织，而是多个酋邦组成的联合体。古史传说中，缔结联盟的有伊祁姓的陶唐氏、姚姓或妫姓的有虞氏、姜姓的炎帝后裔四岳、姒姓的有夏氏、偃姓的东夷皋陶氏等，他们各自的始祖不同，血缘世系也有差异，这将其与共祖共世系的酋邦区别开来，所以不能称为酋邦。

其二，酋邦联盟基于共同的地域及其之上的社会观念而存在。大大小小的酋邦，尽管存在血缘、世系上的差异，却长期生活于

---

[1] ［荷兰］亨利·J.M.克莱森著，郭子林译：《从临时首领到最高酋长：社会—政治组织的演化》，《历史研究》，2012年第5期。

同一个地域之内，同耘一方土，同饮一江水，为了抵御来自其他地域的侵害，不得不结盟。在这个动因的驱使之下，天崇拜突破了族群差异，形成了文化认同。酋邦联盟就是在统一的天崇拜或信仰之上形成的，除各自的祖灵崇拜有所差异之外，都崇拜天地、山川、神鬼。上天或天帝被各酋邦视为最高的权威，遵天命、循天意而行事，是各酋邦的共识，酋邦联盟也因此而存在。历经千百年之后，这些酋邦逐步融合为一体，认同感不断强化，由此形塑了中华民族凝聚力和向心力的最初根源，这也是中国上古政治的最大特色。战国中期之后，产生了圣王同祖、华夷共祖的史观。及至西汉之际，司马迁在大一统思潮的影响下，将上古传说汇纂成《史记·五帝本纪》，大大促进了中华各族的融合与发展。

其三，与酋邦内部酋长的继替基于血缘的长子继承制不同，联盟最高酋长则通过非暴力推举与交接模式来产生与转移，整个过程要遵循天、天命而展开，周人称之为"禅让"。依据文献记载，最高酋长被周人称为"天子"，意即天帝的长子，与天帝有名义上的血缘关系，是最接近天帝的人。天子由侯或君（酋长）升任。《尚书正义》中"尧以唐侯升为天子"，说的就是这个意思。在这一时期，天子指的是权威地位，而不是世袭高贵血统。天子除个人必须具备公认的德与威望之外，其推举与禅让，往往以所在酋邦在联盟中的地位和实力为后盾。简而言之，谁的拳头大，谁就是天子。"天子，兵强马壮者当为之，宁有种耶？"五代时期，后晋成德军节度使安重荣的这句名言，在一定程度上道破了数千年古代社会颠扑不破的真理。

其四，联盟的最高酋长——天子，拥有很高的权力，对下属人员行使任命权和处置权，在对外事务中也拥有最终决策权。如《尚书·尧典》中记载，尧"乃命羲和，钦若昊天，历象日月星辰，敬授人时""流共工于幽州，放驩兜于崇山，窜三苗于三危，殛鲧于羽山"。而且还有可能制定了法典，《史记·五帝本纪》记载：舜"象以典刑，流宥五刑，鞭作官刑，扑作教刑，金作赎刑"。从这种政权形式来看，尧舜之时的酋邦联盟已经跟早期国家相当接近了。

但是，酋邦时代的最高酋长或者天子，不能等同于国家时代的专制君主，因为他的权位来自禅让制，而非长子继承制，并且受到类似于议事机构——四岳的制约。尧命鲧去治理洪水，事先要向四岳征求意见。尧禅让于舜，这攸关整个酋邦联盟的未来，兹事体大，尧不得不与四岳一起商议。舜与尧一样，任命官员也得经过四岳的许可。说明彼时天子的权限，与国家诞生之前原始民主制下酋长的相差无几，酋邦联盟内部事务的决策仍然属于集体性质的产物。

从传世文献的记载来看，史前时期，在黄河流域中游地区存在为数众多的政治实体，包括部落、酋邦，以及酋邦联盟。但是，尧、舜领导的酋邦联盟无疑是实力最雄厚的一个，长期霸居黄河中游地区，"君临天下"，将周邻的酋邦或部落纳入统御范围。所以在周人的历史记忆中，尧、舜成为当时中原地区的主宰——"天子"。

其五，组成尧舜联盟的政治实体的分布范围在今晋南地区。按照最高酋长来自的地域，可划分为两个时期。早期由晋南临汾盆地的酋长们出任最高酋长，据上博竹简《容成氏》中记载，至少有迴、尧两代天子，统称为"尧系"，政治中心或都邑设在平阳；后期由晋豫之间中条山南北的酋长们担任最高酋长，统称为"舜系"，都邑也因之南移至黄河岸边的历山或蒲坂。

除了尧舜的有虞氏联盟，传说中黄河中下游广大地区，尚有：

豫西、豫中一带的有夏氏联盟，都邑在嵩山附近；豫中偏北的祝融氏联盟，都邑在"祝融之墟"——郑（今河南新郑）；冀南豫北地区的共工氏联盟；豫东地区的太昊氏淮夷（上古时期淮夷为东夷的一支）联盟，都邑设在"太昊之墟"——宛丘（今河南淮阳）；鲁中地区的少昊氏东夷联盟，都邑设在"少昊之墟"——曲阜（今山东曲阜）；嵩山以南地区的三苗部落，因生产力较为落后，可能缔结为层次更低的部落联盟；等等。尧舜联盟与有夏氏、祝融氏等其他联盟之间是平行发展而非垂直替代关系。也就是说，千百年来，它们共存于黄河流域，只不过势力此起彼伏，各领风骚数百年。

后人忆起上古这种酋邦、部落等社会组织林立的纷杂局面时，用"万邦"或"万国"来形容。如《尚书·尧典》中的"协和万邦"，《史记·五帝本纪》中的"百姓昭明，合和万国"，《墨子·非攻下》中的"古者天子之始封诸侯也，万有余"，等等。万邦或万国，是周人根据当时的分封国来揣摩酋邦时代社会形态的产物。《诗经》中经常用"邦"，而不用"国"，可能邦的称呼要早于国。邦，在甲骨文中从丰从田，也就是植木于土界，表示一个地域的划分与存在，这个地域最初即称为邦。国，在甲骨文、金文中写作"或"，从口从戈，即武力和人口。可见，在周人的观念中，邦、国是由人口、武力和疆域构成的政治实体。

周人的这一认识，与新进化论的某些观点不谋而合。罗伯特·卡内罗（Robert Carneiro）等学者，均认为战争是大多数酋邦的特征。因为在一定的区域之内，人口的不断增长造成有限的土地、食物等资源日趋紧张，这就需要有一个强有力的领袖来保护酋邦必备的生存资源。酋邦也只有通过对土地的兼并才能形成，一个拥有强大军事力量的酋长可以横向扩张，不断地将新的土地和民众置于他的统治之下。所以，酋邦是由全民战士组成的社会，充满了武力的特征。

"万国"：龙山时代的酋邦社会

酋邦是人类学的概念，考古学上则有与之对应的"聚落遗址"或者"文化遗存"。所谓聚落，一般指人们居住的村落，也可以指城址。如《史记·五帝本纪》中云，舜"一年而所居成聚"。张守节《史记正义》解释说"聚，谓村落也"。遗址与聚落的差别在于，遗址是一个物质载体，而聚落是人群的集中居住地，存在一定的组织形式。保留史前聚落的遗址就称为"聚落遗址"。有的遗址只承载单个聚落，有的遗址可能承载两个以上的聚落。

针对如何从聚落遗址中去分辨出酋邦来，卡内罗列举出了四条标准：

（1）存在大型建筑物，其规模和所需劳力超出单一聚落人口所能胜任的程度；

（2）存在数量少于聚落的祭祀中心，显示超越聚落自治的社会结构；

（3）存在特殊地位的人物，如随葬品丰富的酋长大墓；

（4）存在结构上大于一般村社的聚落中心。[1]

酋邦是一个控制某地域内人口的政治实体。那么，通过对遗址分布和区域聚落形态的研究，就可以打通任督二脉，从而实现考古学与人类学、社会学的无缝对接。澳大利亚考古学家刘莉就通过聚落考古的手段，研究龙山时代黄河流域中下游的社会和政

---

[1] 李水城：《酋邦理论与中国考古学的渊源——〈国家和文明的起源：文化演进的过程〉读后》，《文汇报》，2019年11月8日第8版《文汇学人》。

治组织,从考古学角度重现了文献记载中"万邦"或"万国"的真实面貌。[1]

刘莉通过分析黄河流域中下游一千多处龙山时代遗址的分布状况,发现由于黄河流域某些地区相对封闭的地理特征,遗址呈现出不同程度的集中分布,反映为大大小小的聚落。刘莉将面积超过20万平方米的聚落,或者有夯土城墙的城址,视为中心聚落,由此将黄河流域中下游的聚落群归为14组。遗址的规模、分布情形显示,这14组聚落群全部拥有三个层次的聚落等级,即"都"——最大中心聚落(面积大于20万平方米)、"邑"——次中心聚落(面积10万—19万平方米)、"聚"——普通村落(面积1万—8万平方米)。都是酋邦社会的最高政治中心,也可能成为经济、文化、宗教或者管理中心。邑则是酋邦社会的地方中心,发挥着协调物资和调配劳动力的作用。

按分布形态,刘莉将14组聚落群分为两种模式:第一种模式,是被大型或中型遗址围绕的超大型聚落群;第二种模式,是若干城址或中型遗址均匀分布的聚落群。按地理特征,又分为封闭型、半封闭型和非封闭型三种聚落群。14组聚落群中,分布在中原地区的有六组,中原之外海岱地区有四组,陕西关中地区也有四组。这14组聚落群,无论从其规模、人口,还是社会复杂化程度来衡量,均属于复杂酋邦性质的高等级社会组织。

刘莉未提及的石峁遗址位于陕西神木,其内城面积约210万平方米,内、外城之间的面积约190万平方米,城址总面积约425万平方米,以城内中部偏西的皇城台为核心,其与内城墙和外城墙,构成固若金汤的三重城垣,规模比同期的陶寺遗址大出许多,

---

[1] [澳大利亚]刘莉著,陈星灿、乔玉、马萧林等译:《中国新石器时代:迈向早期国家之路》,文物出版社,2007年,第155—204页。

是北方地区超大型的中心聚落，也是目前已发现的龙山晚期到夏朝早期之际最庞大的城址。就聚落群而言，石峁遗址及其周边的中、小型遗址，诸如榆林寨峁梁、神木神圪垯梁、神木新华等遗址，显现出比陶寺聚落群更加恢宏的气势，无可争议地拥有在北方文化圈中的核心地位，应为黄河流域中下游第15组聚落群。

这15组聚落群的考古学文化大致情况，如下表所示：

表4　龙山时期黄河中下游地区15组聚落群概要

序号	聚落群	类型	考古学文化	亚聚落群或城址（聚落中心）
1	陶寺	封闭型	陶寺文化	
2	豫西	封闭型	三里桥类型	
3	伊洛河流域	半封闭型	王湾三期文化	
4	沁河流域	半封闭型		
5	豫北	非封闭型	后岗二期文化	后岗亚群、孟庄亚群
6	豫中	非封闭型	王湾三期文化	王城岗亚群、古城寨亚群、瓦店亚群
7	临沂		山东龙山文化	东部亚群（张家寨里）、西部亚群（后盛庄）
8	日照		山东龙山文化	聚落中心：两城镇城址：丹土
9	鲁北		山东龙山文化	四座城址：城子崖、丁公、田旺、边线王
10	鲁西		山东龙山文化	两座城址：教场铺、景阳岗

（续表）

序号	聚落群	类型	考古学文化	亚聚落群或城址（聚落中心）
11	渭河下游		客省庄文化	一处聚落中心：贾村
12	渭河中游	非整合型	客省庄文化	三处聚落中心
13	泾河流域	非整合型	客省庄文化	五处聚落中心
14	韩城	非整合型		两处聚落中心
15	石峁		老虎山文化	一座城址：石峁

可以这么说，龙山时期的黄河流域中下游至少分布着15个大型聚落群，或者说大型酋邦之类的政治实体。[1]除此之外，尚有众多的小型酋邦、部落等社会组织，古书中称之为"万国"或"万邦"，如《尚书·尧典》中有"协和万邦"之语。万，是虚词，极言数量众多。

根据《战国策·赵策》中"且古者四海之内，分为万国。城虽大，无过三百丈者，人虽众，无过三千家者"，这些政治实体可能具有分散性、竞争性和小国寡民的特征。

借助刘莉的研究成果，我们得以一窥当时黄河流域中下游万邦林立的情景。

陶寺聚落群，其发展水平在社会早期阶段达到了顶峰，是黄河流域中游最复杂的聚落系统之一，发展成为复杂酋邦之类的社会组织。酋长坐拥3300平方千米的领地。不过，到了晚期阶段，陶寺聚落群没有进一步演化为更高一级的政治组织——早期国家，

---

[1] 李峰先生认为，把龙山社会称作酋邦是可以接受的，"酋邦"是一个概括在国家产生之前龙山社会组织复杂性的合理术语。见李峰著，刘晓霞译：《早期中国：社会与文化史》，生活·读书·新知三联书店，2022年，第38页。

统一的区域性组织走向崩溃，表现为分散的聚落系统，这可能是两个亚地区政治实体军事抗争的结果。

伊、洛河流域，豫北两个聚落群，始终保持着分散或竞争的聚落内部态势，区域面积和社会复杂化程度，均不如陶寺聚落群。

豫中聚落群中，所有的中心聚落都位于河流附近，下有三个亚聚落群，分别以王城岗、古城寨、瓦店为中心，三者是本地区最复杂的聚落系统。王城岗、古城寨、瓦店组成一个三角形，平均距离40千米。亚聚落群之间似乎有设定好的边界，靠近边界地带的遗址数量稀少，表明这些共存的政治实体有着明显的地域限制。通常情况下，一个聚落群中，有三个层次聚落等级（主要中心—次中心—普通村落）的属于复杂酋邦，有两个层次聚落等级（中心—普通村落）的属于简单酋邦。据此，豫中聚落群的三个亚聚落群由于各自拥有三个层次的聚落等级，当属于复杂酋邦。豫中聚落群则可能是一个地域庞大、人口众多的酋邦联盟，构成联盟的三大酋邦统治着各自的领地和民众。三大酋邦之间界限分明，各自为政，除此之外还有许多小酋邦或者部落。

山东地区的四组聚落群，均分布在山地周围的冲积平原上，已经发展到高级的社会复杂化阶段，但由于环境变化和社会因素，龙山时代之后遗址数量不断减少。

关中地区的四组聚落群均分布于渭河及其支流两侧，大多数遗址面积较小，一直存在人口减少和文化衰落的趋势，其社会复杂化程度与其他地区相比明显滞后，故被视为不发达的聚落系统，代表渐衰型的酋邦。

陕北的石峁聚落群地处晋陕高原的黄河两岸，石峁城址出现之后，逐渐终结晋陕北方地区复杂纷争的割据局面，形成了大一统的政治格局，其社会形态已经接近早期国家。

上述聚落群所在时代可以部分对应到尧舜禹的时代，有助于今人揭示上古三王之间的联系及其程度，也便于理解夏王朝的起源。

陶寺聚落群，在地理特征上属于封闭型的聚落群，遗址主要分布于山西省临汾盆地，四面被高山、河流围拢，北以太岳山南麓、东以太行山西侧、南以中条山北的峨嵋岭、西以吕梁山东侧为界。虽然存在复杂的社会组织和发达的政治权力机构，但影响力主要局限于小小的临汾盆地，封闭性特征十分明显。一系列的考古证据链表明，陶寺遗址在年代、地理位置、内涵、规模和等级以及它所反映的文明程度等方面，都与传说中的"尧都"相当契合。目前没有哪一个遗址像陶寺这样与尧都的历史记载等方面如此契合。

根据文献记载，夏朝的开创者大禹，来自豫中聚落群。豫中聚落群位于黄河以南、伏牛山以东的环嵩山平原带，因地势低平，视野开阔，属于非封闭型聚落群。无论是社会复杂化程度，还是地域和人口，比起陶寺聚落群，都有过之而无不及。陶寺聚落群实际的政治影响或许能够波及中原腹地王湾三期文化分布区——环嵩山地带，但是遇到由三个亚聚落群组成、城址林立的豫中聚落群，其影响程度有多深，掌控力度有多强，尚不得知。所以，从聚落考古方面来看，文献上记载的大禹跟尧舜之间的关系，实际上并不是那样真切与协和。

现在，我们把目光凝聚在大禹的诞生地——豫中环嵩山地区，寻找一个真正的治水英雄，去探索扑朔迷离的夏王朝。

第三章
文明初成：环嵩山地区的文化融合

春秋时期盛行的夷夏之辨思想观念中，"夏"并非指夏王朝，也非指建立夏王朝的姒姓部族——夏后氏，而是中原地区一个较大的族群共同体，传说他们都是黄帝的后裔；"夷"一般专指东夷，是对生活于山东、江苏等东部地区非华夏部族的泛称。1933年，傅斯年提出"夷夏东西"说，对当时的史学界、考古界产生重大的影响。经过了近百年的考古学研究，人们普遍认为，夷夏关系既有东西对峙的一面，也有互化融合的一面。而夷夏互融的结果是，华夏部族像滚雪球似的，越滚越大，东夷则越滚越小，逐渐融合于华夏部族之中，他们共同缔造了辉煌灿烂的中华文明。

第一节　史前文化群的迁徙与汇合

以中原地区为中心的文化交融

豫中环嵩山地区位于中国宏观地形格局中第三阶梯向第二阶梯过渡的地带，丘陵起伏，河流纵横，森林茂密。嵩山属于独立山体，地跨新密、登封、巩义、偃师、伊川等市县，如同庞然巨兽突兀出现于河南中部，东西绵亘近百千米，南北宽约20千米，海拔最高1512米。区域之内地貌异常复杂，但总体上围绕嵩山呈环状分布。嵩山外围是低山丘陵，沟壑纵横，其东部为豫东平原，西北部为伊、洛河谷，南部为颍河、沙河谷地。山脉、丘陵，构成险要之地，周边又河流众多，形成富庶的冲积平原。

早在八九千年前的裴李岗文化时期，先民们就在嵩山东南面的山麓台地上繁衍生息。目前已知的裴李岗文化遗址有50多处，社会组织大都属于游团性质，先民以采集狩猎为生。到了仰韶文化时期，由于农业发展起来，生产力水平大大提高，先民们不再依赖山麓台地的动植物资源，放弃原来的聚落，越过嵩山并抵临山北地区，迁徙至更为宽阔平坦的平原地带，兴建新的聚落。仰韶文化遗址近200处，社会组织也逐渐由游团发展为部落。

龙山文化时期，环嵩山地区的伊洛河及淮河上游一带是王湾三期文化（约公元前2600年—前1900年）的分布区，发现的六七百处王湾三期文化遗址大都集中分布于此。王湾三期文化已被证明与二里头文化关系密切。学界普遍主张二里头文化就是夏文化，因而王湾三期文化是早期夏文化或者先夏文化。该地区早于王湾三期的有王湾二期四段、谷水河三期、大河村五期，均属于仰韶文化秦王寨类型。王湾三期文化主要是由王湾二期四段、大河村五期为代表的秦王寨类型直接发展过来的。秦王寨类型的双槐树遗址、青台遗址崇祀北斗星，其中蕴含着合天命而治的礼仪性思维。这种崇天观念不断地传承下去，融入嵩山地区夏文化的发展模式中。

此外，王湾三期文化还吸收了大汶口文化尉迟寺类型、长江中游的屈家岭—石家河文化等外来因素。著名历史学家和考古学家徐旭生将我国远古时期生活于中原地区、山东海岱地区和江汉地区的部族划分为华夏、东夷、三苗三大集团[1]。如今史前三大集团的划分已成为学界的共识。通常认为,大汶口文化是东夷先民的遗存,屈家岭—石家河文化则是三苗先民的遗存,而河洛地区的秦王寨类型,则代表了华夏先民的遗存。豫中地区地形平坦开阔,河流众多,有利于人们交通往来与定居生活,因而在史前时期是一个"族群大熔炉",这造就了文化上的包容性与多元性。

环嵩山地区的史前文化大融合肇始于裴李岗时期,主要是中原地区与山东海岱地区之间的大交流。山东海岱地区与裴李岗文化同时期的是后李文化(约公元前6300年—前5400年)。彼时海岱地区的农耕生产刚刚发展起来,制陶技术落后,陶器松软易碎,器形单调枯燥。所以环嵩山地区的裴李岗文化占据文明制高点,在双方之间的文化交流中居于主导地位。后李文化中的一些器形,如小口壶、侈口矮圈足罐、乳足钵、侈口粗颈罐、长颈壶等,均来自裴李岗文化。

到了仰韶早期,山东海岱地区也随之兴起了北辛文化(公元前5400年—前4200年)。中原地区稳定湿润的气候,给仰韶文化插上腾飞的翅膀。仰韶文化逐渐东扩,在地理空间上缩短了与北辛文化的距离,两者之间的文化交流日益增强。中原地区的儿童瓮棺葬习俗,陶器中的蒜头细颈壶、大口圜底缸等,均在北辛文化中占有重要地位。

仰韶中期(庙底沟期),中原地区的社会发展水平远远超过海岱地区同时期的大汶口文化。东夷在大汶口早期已经出现部落组织,至大汶口晚期,可能出现酋邦之类的复杂社会。这个时期

---

[1] 徐旭生:《中国古史的传说时代(增订本)》,文物出版社,1985年,第40页。

大汶口文化中的钵、盆、矮领罐、碗和器座等器物，均来自豫中地区。一部分东夷先民仰慕中原地区的繁荣发达，开始西迁，将盆形鼎、折腹鼎、长颈壶等器物传入豫中环嵩山地区。

及至仰韶晚期，气候波动剧烈，出现的强降温事件，导致了仰韶文化的衰落。强弱易势，一度领先的豫中地区反而成为史前文化的洼地，而海岱地区却进入了大汶口中期的鼎盛阶段。两个地区的文化交流出现了根本性的逆转，大汶口文化先民或者东夷部族明显居于主导地位。

约公元前2900年，相当于秦王寨类型晚期，东南地区发生的黑天鹅事件——良渚文化的崛起与扩张，引发了一次史前移民潮，东夷先民大规模向西迁徙，融入了当时环嵩山地区的社会之中。

与秦王寨类型所代表的河洛文化同时兴起的良渚文化，经过三百多年的发展，不断强盛，积极对外拓展。良渚先民沿着海岸线，开始向北方的苏北地区挺进。苏北地区包括江苏省的淮河北岸至苏鲁交界一带，这一地带地处泗、沂、沭诸河之下游，为大汶口文化的南部分布区。[1] 良渚先民采取稳扎稳打的策略，首先在长江北岸的青墩一带建立根据地，而后继续向北，又在阜宁陆庄一带建立第二个根据地，并渡过淮河，抵达新沂花厅，东方两大文化在此地发生了剧烈的碰撞。

碰撞表现为花厅遗址在大汶口文化中晚期（公元前2900年前后）出现了一种奇特的"文化两合现象"，即在花厅遗址北区的墓葬群中，同时大量存在大汶口和良渚两种文化因素。其中，大汶口文化因素包括凿足鼎等陶器群，随葬猪犬齿和猪下颌，出土数量众多的绿松石；良渚文化因素包括灰陶宽鋬杯、贯耳壶等陶器

1　栾丰实：《良渚文化的北渐》，《中原文物》，1996年第3期。

群,以及玉琮、玉璜等玉器。玉器上的"神人兽面"纹,更是良渚文化标志性的徽号。[1]

文化两合现象通常是两种文化发生碰撞和征服与被征服的结果。苏北花厅遗址这种现象产生的原因是,良渚文化的一支力量北上,打败原住花厅的大汶口文化居民并对该地实行占领[2]。由此可见,约公元前2900年,太湖流域的良渚文化已经将淮河东部纳入自己的势力范围,对苏北地区的大汶口文化构成严重威胁,甚至以征服者的姿态,逼迫当地的大汶口文化先民或东夷先民接受了良渚文化的礼制,因而花厅遗址的墓葬中有极具良渚特色的玉琮、玉璜等玉礼器和人殉现象。

笼罩在"亡国灭种"的巨大阴影之下,鲁南、苏北的东夷首领被迫作出选择,率领族人出走,迁徙至西南的淮河流域。分布于今黄河下游和淮河之间,年代约为公元前2800年—前2600年的尉迟寺类型,就是由鲁南、苏北地区的大汶口文化向西南发展过来的。其证据之一是尉迟寺遗址中,随葬婴儿的瓮棺和祭祀坑内的大口尊上发现了十多种的陶刻符号。其中有四例陶刻符号与350千米之外的山东诸城前寨遗址、莒县陵阳河遗址等地出土的陶刻图案几乎相同。利用等离子发射光谱和岩相分析的方法进行研究,结果显示,这些器物属于当地取土、当地制造之物,由此排除了远距离商品交换的可能[3],而只能是同一文化族群迁徙、传播的结果。

1　南京博物院编著:《花厅——新石器时代墓地发掘报告》,文物出版社,2003年,第194—195页。
2　严文明:《碰撞与征服——花厅墓地埋葬情况的思考》,《文物天地》,1990年第6期。
3　王吉怀:《再论大汶口文化的陶刻》,《东南文化》,2000年第7期。

史前崇鸟文化带的交汇

尉迟寺遗址位于安徽蒙城，在江苏新沂花厅遗址西南180千米处，是一处完整的史前聚落。中心部分为椭圆形的壕沟，壕沟内沿陡直而外沿斜缓，属于防御性设施。壕沟围拢了约5万平方米的空间，内有20座房址、9处红烧土广场、2个祭祀坑、7个兽坑，以及若干灰坑和墓葬，等等。有人按照现存的大房址数量估测，当时聚落总人口在174—232人之间，实际的居民数量可能会超过300人，其规模在当时只能算中等水平。[1]作为参考，陕西西安姜寨遗址在姜寨一期（约公元前5000年—前4000年）时有120座房屋，考古人员估测彼时居民总数有100—125人。

该遗址出土的一种鸟形器是鸟形"神器"（编号T2318⑦：1），属于大汶口时期，仅发现一个，出土于尉迟寺遗址南部一号红烧土广场的东侧。该广场面积1300平方米，在九处红烧土广场中面积最大。鸟形神器外部呈红褐色，局部灰褐色，整体造型像瓶形，由上、下两部分组成。上端呈圆锥形，锥顶站立着一只简约的小鸟，体形丰满，虽从嘴部看不出鸟所特有的尖嘴特征，但从整体上看还是鸟的形状，锥体两侧对称分布着两组扁平勾喙状装饰；下端呈圆筒形，器壁斜直，平底，有对称的两组即四个镂孔。上下端的接合部为一周凸棱，凸棱之上又加工有一周细凹槽。器物通高59.5厘米，锥体底部直径22厘米，器身底部直径14.4厘米。[2]

---

1 乔玉：《尉迟寺遗址大汶口文化聚落陶器使用情况分析》，《南方文物》，2015年第4期。
2 中国社会科学院考古研究所、安徽省蒙城县文化局编著：《蒙城尉迟寺（第2部）》，科学出版社，2007年，第148—149页。

图 18 尉迟寺遗址鸟形神器

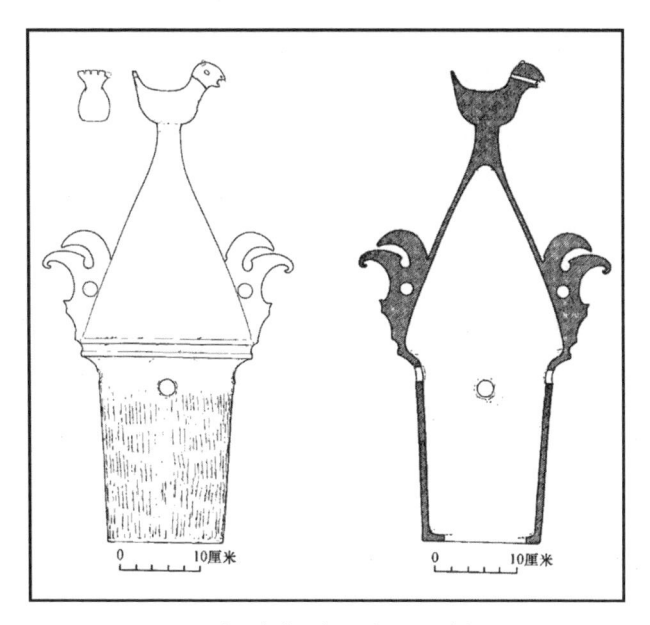

图 19 尉迟寺遗址鸟形神器平、剖面图

第三章 文明初成：环嵩山地区的文化融合

另一种是造型奇特的七足镂孔器，年代晚于鸟形神器，属于龙山时期遗存。共发现七件，它们的外观造型基本一致，"夹砂红陶，圆唇，长颈，球形腹，腹中部饰三个等距离镂孔，圜底部附加七个锥形长足，腹部饰竖向细绳纹"[1]，足长18厘米，高约42厘米。

结合该遗址内非常丰富的宗教祭祀遗迹，鸟形器是尉迟寺先民崇鸟、祭祀天（或即太阳神）的礼仪性器物。从鸟形神器的外观来看，鸟形简约，高高站立在一个圆筒形器上，翘首远眺，与良渚文化玉礼器上的"鸟立高台"图案非常相似，有异曲同工之妙，所以应当源于良渚文化，是与太阳神崇拜相关的器物。进而言之，尉迟寺遗址的鸟形器，或许可被视作史前时代鸟崇拜文化交融的一个缩影。

鸟崇拜在远古时代是一个世界性的普遍现象。除了中国，在东亚的朝鲜和日本，以及欧洲旧石器时代的洞穴艺术中，都可以找到崇鸟文化的遗迹。根据考古发现，中国境内的史前崇鸟遗存主要分布在四个考古文化区。

其一，东北内蒙古、辽宁一带的红山文化。红山文化分布区内发现的鸟纹玉雕，数量非常之多，在辽宁阜新胡头沟遗址、内蒙古赤峰那斯台遗址、辽宁喀左东山嘴遗址和朝阳牛河梁遗址等地，均出土过。北方宗教祭祀中心——牛河梁女神庙遗址同时发现了人形塑像和双爪锐利的鸟类塑像，说明红山文化时期鸟神与祖神都是先民们祭祀的对象。根据鸟类塑像的特征，即趾弯曲并拢，关节突出，趾尖锐利，红山文化中的鸟当属于鹰或鸮（俗称猫头鹰）之类的猛禽。

---

[1] 中国社会科学院考古研究所、安徽省蒙城县文化局编著：《蒙城尉迟寺（第2部）》，科学出版社，2007年，第272页。

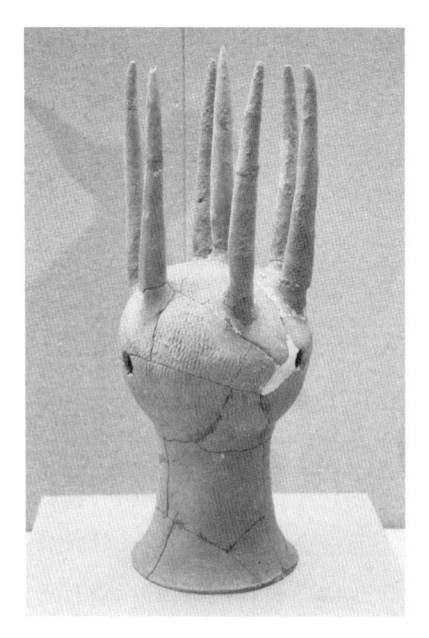

图20　尉迟寺遗址七足镂孔器

其二，山东海岱地区的东夷文化。在《左传·昭公十七年》中，东夷是一个以鸟为图腾的群体，不但首领少昊帝挚（鸷）以鸟为名，而且下属大大小小氏族都以各种鸟为徽号，组成一个强大的鸟图腾血亲集团。可以说，东夷的最鲜明特征就是崇鸟。在属于东夷文化系统的大汶口文化、龙山文化中发现的崇鸟遗存，包括鸟纹器和鸟形器，数量极为庞大，如兖州王因遗址的鸟头形泥塑、蓬莱紫荆山遗址的鸟面形残鼎足、莒县陵阳河遗址的数件鸟首盖杯、日照两城镇遗址的鸟首钮式等，不胜枚举。结合文献记载和出土实物分析，东夷崇祀的鸟类，与红山文化相同，以鹰隼和鸥鸦居多。大汶口文化中期开始盛行鸟形陶鬶，石兴邦称之为东夷文化的"标准化石"，其原型可能是鹤或鸠。不过，陶鬶呈鸟形，又有三足，更可能与神话中的三足乌有关系，是东夷先民祭祀太阳神的器物。从其分布情况来看，以鲁东南地区最多，鲁中地区逐渐减少，鲁西则少见。

其三，长江下游地区的河姆渡文化、良渚文化。浙江余姚河姆渡遗址出土过9件鸟形制品，分别是1件"双鸟朝阳"象牙雕刻、3件鸟形象牙圆雕、2件鸟纹骨匕、1件浮雕双飞燕器盖、2件鸟状木蝶形器。双鸟朝阳雕刻出现了双头鸟与圆圈纹的组合，与河姆渡先民的太阳神崇拜相关。良渚文化时期，鸟崇拜现象更加普遍，不但玉器纹饰中频频出现鸟类刻纹，而且鸟形玉器也屡见不鲜。其中，反山墓葬出土的玉鸟尤富有特色，鸟首向前凸起，翅膀娇小，伸展向后，尾巴短平，鸟嘴和鸟眼以切磨方式表示，双眼圆睁，极度夸张。良渚文化中另有绘鸟纹与太阳纹组合的9件玉器，包括美国华盛顿弗利尔博物馆的4件大玉璧、北京首都博物馆的1件玉琮、台北故宫博物院的1件玉琮和1件玉璧、法国巴黎吉美博物馆的1件玉琮、浙江余杭安溪出土的1件大玉璧，其中，有5件都刻有"鸟立高台"的图案。一只小鸟立于下接三四个串珠的长条形立柱之上，立柱下则为一上端为阶梯状的台座，台座腹部还有个太阳图案。[1]台座代表祭坛的外形，这是良渚先民祭祀天帝（太阳神）场景的真实写照，鸟被当作通天神灵，受到了先民们的崇祀。

长江下游地区的鸟崇拜现象，也见于传世文献，如《山海经·海外南经》中的"羽民国在其东南，其为人长头，身生羽"。良渚玉器上常常出现的头戴羽冠的神像，就是对《山海经》中的"羽民"最生动的描绘。河姆渡文化与良渚文化的鸟遗存体形娇小，有一种难以描述的舒展、优雅之美，并不像东夷文化中的那

---

1 张弛：《良渚文化玉器"立鸟"刻符比较研究一例》，《文物季刊》，1998年第4期。

样凶猛，应当是东汉王充《论衡·偶会》中的"雁鹄"。"雁鹄"属于候鸟，主要是鸿雁，农历八月时往南飞，至长江下游一带避寒越冬，翌年二三月复返北方繁殖。候鸟的特性，使其能够帮助长江下游地区的先民判断季节时令，用以指导农耕，因而受到崇拜，成为通天灵物，并与太阳神一起受祭。

其四，黄河上游甘青地区的仰韶文化、马家窑文化。史前甘青地区也是崇鸟文化的盛行区之一，彩陶上经常同时出现鸟图案和太阳形象，宗教信仰的特征非常明显。如甘肃永登蒋家坪遗址下层遗存出土一件马家窑类型早期的彩陶碗，纹饰有内外两圈，外圈呈锯齿状，内圈为浑圆形，其中心部位是一只展翅高飞的小鸟，不由得让人联想到《淮南子·精神训》中"日中有踆乌"的记载。在甘肃秦安大地湾遗址，也发现一件仰韶中期偏早的彩陶盘，其底部绘有变体鸟纹。此外，在陕西渭南华州区泉护村遗址的一件彩陶片上，也出现鸟图像。鸟呈侧飞状，腹背上方有一圆形图案，所表达的显然就是"金乌负日"之像。甘肃永登蒋家坪遗址的鸟日组合陶纹或许是因泉护村遗址"金乌负日"西传产生的。

可见，中国在仰韶晚期之前有两条崇鸟文化带。第一条，自北方的内蒙古南下，经鲁中、鲁西南、苏北，直至长江下游的太湖流域，几乎与海岸线平行，形成狭长弯曲的滨海崇鸟文化带；第二条，自陕西关中地区溯着黄河而上，形成黄河上游崇鸟文化带。在两条崇鸟文化带之间，广袤的黄河中游，包括豫中嵩山地区，以崇祀龙和北斗七星为主，因而崇鸟遗存几乎一片空白。不过，在两条崇鸟文化带之外的尉迟寺遗址出土了两种鲜明体现天崇拜的鸟形器，由此可窥见上述崇鸟文化带交汇的情状及相关表现。

两条崇鸟文化带的交汇,是良渚文化兴起后大汶口文化先民因之西迁的结果。鲁南、苏北的大汶口文化先民,向西迁徙至淮河流域之后,以尉迟寺遗址为中心聚落。在其周围方圆约20千米范围内,尚有17个中小型聚落,分布于浍河与北淝河之间,形成了一个史前文化聚落群。这个聚落群拥有三个层次的聚落等级,总人口超过千人,社会组织应当属于酋邦之类。在那个风起云涌的时代,就是这个有千余之众的尉迟寺酋邦,不但传承了东夷的大汶口文化,而且也吸收了东南方的良渚文化,融二者于一体,造就了淮河流域灿烂的史前文明。

不仅如此,尉迟寺酋邦位于南北地理分界线——淮河中游,正好处在长江与黄河的中间位置上,是长江流域与黄河流域四大文化区(包括黄河中游的中原文化区、黄河下游的海岱文化区、长江中游的江汉文化区、长江下游的太湖—钱塘文化区)相互交流的重要枢纽。得天独厚的地理优势,注定了尉迟寺酋邦将扮演史前文化中转站的角色。大约在公元前2700年,尉迟寺酋邦和其他地方的大汶口文化先民,溯着淮河及其各大支流而上,把东方文化的精粹带进中原大地,在豫中环嵩山地区播撒下新的文明种子,淮河及其众多的支流也因之成为史前文明的大走廊。

东夷的西迁之路

大汶口文化先民西徙的证据是河南境内发现近七十处含有大汶口文化因素的遗址。所谓大汶口文化因素,是指大汶口先民拥有自己独特的人骨特征、葬俗及陶器群。尤其是人骨,具有明显的可识别性,能够与其他族群区分开来。根据对山东泰山脚下大汶口遗址的发掘与研究,男性和女性都有头部人工变形与拔牙的古老习俗。头部人工变形表现为枕骨扁平,拔牙通常是12—13岁以后，在18—21岁的一段时间，拔去上颌两侧切牙。墓葬一般头朝东，以单人仰身直肢为主，存在龟甲占卜或随葬猪头的习俗。[1]

河南境内的含有大汶口文化因素的遗址，不但数量多，而且分布地域广，也很有规律，大都集中于河流两岸地带。尤其是豫东地区颍、沙河汇流处的冲积平原，有三四十处，几乎占总数的一半。因此，有学者将河南境内这些含有大汶口文化因素的遗址直接归入大汶口文化，作为海岱地区大汶口文化西传的结果，称之为"大汶口文化颍水类型"，并考证说其族属为传说中太皞氏[2]。也有学者认为其是中原文化系统中一个相对独立的考古学文化，应称为段寨类型[3]。

大汶口文化遗址主要分布于鲁东、鲁中、鲁西南及苏北地区，而大运河、微山湖以西直至浍河之间的广大地区，大致以山东聊城、江苏徐州、河南开封为顶点，形成一个大三角地带，其内几乎不见大汶口文化遗址。依据河北平原西海岸以及淮北平原滨岸贝壳堤形成年代，可以确证在公元前4500年—前2600年之间，黄河下游北流，从河北平原入海。[4]大汶口文化西迁的河流障碍不存在了，而且在封丘以东的豫东长垣、兰考一带[5]发现了一些同时期的中原文化遗址，所以不能将大三角地带罕见大汶口文化遗址归咎于黄河下游的频繁改道。但是，地势低平的菏泽等地，宽幅达五六十千米，几乎没有发现中原文化与大汶口文化的遗存，甚至一片空白。说明史前时期山东西部地区荒芜不堪，人迹罕至，形

---

[1] 山东省文物管理处、济南市博物馆编：《大汶口 新石器时代墓葬发掘报告》，文物出版社，1974年，第7—12页。
[2] 杜金鹏：《大汶口文化颍水类型为太皞文化考》，《史学月刊》，1993年第2期。
[3] 段宏振、张翠莲：《豫东地区考古学文化初论》，《中原文物》，1991年第2期。
[4] 王青：《试论华夏与东夷集团文化交流及融合的地理背景》，《中国史研究》，1996年第2期。
[5] 韩国河、张松林主编：《中原地区文明化进程学术研讨会文集》中的"龙山文化遗址分布图"，科学出版社，2006年，第96页。

成了一个天然的文化隔绝带。东夷西迁中原，不会穿越这个无人区。

而淮河中游地区，从皖北的蚌埠禹会村遗址，到皖西北的蒙城尉迟寺遗址，再到豫东的郸城段寨遗址，大汶口文化遗址绵延了200千米，东夷迁徙运动的轨迹清晰可见。这说明东夷西迁中，淮河流域是最主要的走廊通道。

淮河起源于河南南阳桐柏山脉的主峰太白顶，在江苏扬州三江营汇入长江，全长大约1000千米，淮河流域总面积大概27万平方千米，仅相当于黄河流域的1/3，不及长江流域的1/6。淮河水系犹如一根丰茂的羽毛，支流众多。淮北的支流中，源头在河南境内、比较重要的有五条支流：颍河，淮河最大的支流，古称"颍水"，全长561千米；涡河，淮河第二大支流，《水经注》中称为"过水"，全长380千米；沙河，《水经注》中称为"濜水"，全长620千米；北汝河，俗称"汝河"，全长250千米；双洎河，《诗经》中称为"洧水"，全长170千米。淮河流域的大汶口文化先民，要迁入中原地区，必须溯着这五条河流而上。沿途河谷水草丰美，地形低平，土壤深厚肥沃，利于发展农业耕种，而且各种自然资源齐全，鱼虾、河蚌非常丰富，能够为饥饿疲乏的迁徙人群提供充沛的食物。

根据河南境内含有大汶口文化因素的遗址的分布特征，可以描绘出东夷西迁的大致路线图。整个迁徙过程可能超过两三百年，分两个阶段进行。

第一阶段，溯着颍河、涡河而上，抵达河南东部。颍河中游的大量居民点，形成颍水类型或段寨类型，其实就是尉迟寺类型向西的延伸，是东夷挺进中原之前的集结重地。颍河中游发现不少典型的大汶口墓葬，但是这些墓葬均为小型墓葬，规格不高；

遗址多达三四十处，也只是些小型的居民点，并未出现像尉迟寺遗址那样的中心聚落。这说明这时迁徙至淮河中游的东夷先民还没有形成严密的社会组织，分散性与临时性的特征非常明显，缺乏协调一致的行为。

第二阶段，从颍河中游地区向河南全境扩散，大致分四路。

第一路溯着颍河西上，到达嵩山南麓的禹州。

第二路溯着贾鲁河、双洎河、北抵郑州、开封、新密，深入秦王寨类型的腹地。在郑州西山遗址采集到的144具成年人骨个体中，枕骨没有明显变形的仅有2具，另外发现11具存在拔牙现象，显然该遗址是东夷的聚集地之一。郑州大河村遗址是河南境内发现大汶口文化遗存较多的地方，该遗址从秦王寨一期至五期，均发现大汶口文化的器物。所以郑州地区应是东夷在嵩山北麓的重要据点，东夷移民从这儿沿着黄河南岸向西进入洛阳盆地，到达伊、洛河流域的偃师、孟津。

第三路溯着沙河向西抵达平顶山。

第四路往西南方向而去，经驻马店，迁徙至豫西南的南阳盆地，甚至进入湖北境内。在湖北境内的房县七里河遗址，14具男性个体中有8具存在人工拔牙的痕迹，拔牙率为61.54%；5具女性中出现3例，多为拔除上颌外侧门齿。随葬猪下颌骨，与山东泰安大汶口遗址的墓葬习俗异常相似。两地隔着一个河南省，相距750千米，竟然同时拥有相似度极高的人骨特征与葬俗，这绝非巧合，只能说是同一个文化族群远途迁徙的结果。

除了取道颍河走廊进行迁徙，另有部分东夷先民可能还沿着淮河，直接西进至豫南地区的信阳、新蔡。

一个文化人群进入新的地域，与当地原有的文化人群必然发生关系。其结果不外三种：作为征服者统治着当地居民，或不敌当地居民的反抗而沦为附庸甚至奴隶，或与当地居民和平共处乃至于融为一体。这取决于两个文化人群的人口规模、社会结构、文化力量以及首领人物的决策，等等。

从规模来看，东夷文化的半数遗址集中于豫东的颍河中游、涡河一带，但是均为小型遗址，与面积逾5万平方米的尉迟寺遗址相差悬殊。尉迟寺遗址居民总数大约300人，那么颍河中游每一个遗址的居民不会超过百人，大多在50人上下。以此估测，整个颍水流域的居民在两三千人左右，而且社会结构极为涣散，无法凝聚成一个强有力的社会组织。在长达两三百年的西徙过程中，东夷部族可能以家庭或家族为单位，各自为战。

换言之，东夷的迁徙属于自然迁徙，即每迁至一地生活了几十年甚至上百年后，随着人口的增长，食物资源耗尽，不得不寻找新的落脚点，以游兵散勇的形式缓慢迁移，而非组织一次有计划的军事远征。虽然在河南、湖北地区含有大汶口文化因素的遗址中，也发现了一些创伤迹象，如河南郑州西山遗址有3例较为明显的创伤，湖北枣阳雕龙碑遗址1例头骨有为钝器所伤的现象，河南淅川沟湾遗址有2例明显的骨质砍伤和1例箭伤。[1]但这只是极个别现象，并未大面积发生，这也是东夷部族通过自然迁徙进入中原的力证。

东夷迁入中原地区的过程中，没有受到明显的排斥或者阻碍，基本上以一种平和、融洽的基调进行着，与其他族群携手共创了辉煌灿烂的华夏文明。完成迁徙后，他们中的一部分人选择了与中原居民和平融合，共同生活；另一部分人固守自身的文化传统，与当地文化相互独立，从而形成了考古学文化上的"插花"现

---

[1] 赵永生、肖雨妮、曾雯：《从人骨材料谈大汶口文化居民西迁》，《东南文化》，2019年第5期。

象[1],即在中原地区出现了大汶口文化典型遗址,如河南郸城段寨遗址等。

三苗的北渐中原

在东夷西迁的同时,还有第二个族群进入了中原地区。这个族群就是南方地区的屈家岭文化先民,他们穿越伏牛山、外方山,向北挺进,抵达豫中环嵩山地区。

屈家岭文化(约公元前3200年—前2600年)以江汉平原为中心,东起鄂东,西抵川东,南逾长江,北临豫西南,分布地域辽阔,是长江流域非常重要的新石器晚期文化遗存。而且,这与文献记载中三苗的活动区域大致相同,所以学者们普遍认为,屈家岭文化属于三苗或苗蛮集团先民的遗存[2]。南方地区长江中游和淮河上游的一脉相承的屈家岭—石家河文化,也因此被称为"三苗文化"[3]。

文献记载中,华夏文化与三苗文化之间的交往,以剧烈的碰撞与争斗为主。《史记·五帝本纪》中云"三苗在江淮、荆州数为乱",于是尧、舜伐三苗;《尚书·舜典》记载"窜三苗于三危";《吕氏春秋·恃君览·召类》中也有"尧战于丹水之浦,以服南蛮,舜却苗民,更易其俗";《淮南子·修务训》高诱注曰"三苗之国在彭蠡,舜时不服,故往征之";等等。但是有关尧舜与三苗战争的记载,都是在战国中晚期以后兴起的,属于对传说时代的零碎记忆,或语焉不详,或相互抵牾,可信度不足,很难得到考

---

1 不同考古学文化之间的跨越式传播,在考古发现中反映为某种陶器上的变化,但对于广大地区而言仅仅是局部的、小范围的变化,并未改变整体性质。
2 俞伟超:《先楚与三苗文化的考古学推测——为中国考古学会第二次年会而作》,《文物》,1980年第10期。
3 韩建业:《斜腹杯与三苗文化》,《江汉考古》,2002年第1期。

古学上的支持。

考古学上最能反映文化交流的物证是陶器。斜腹杯是贯穿三苗文化始终的典型器物，它的器形有三个特点——大口、斜腹、小底，高6—10厘米。屈家岭时期，斜腹杯为细泥质，呈红色或橙黄色，素面或饰各种纹样的黑、红彩；石家河时期，斜腹杯为泥质，呈红色，素面或覆红色陶衣，所以也叫"红陶杯"。红陶杯一般被认为是饮器，也有说是宗教活动中的"圣杯"。石家河古城的三房湾遗址是当时最重要的红陶杯生产基地，拥有惊人的制造能力，有数千万只乃至上亿只的红陶杯从这里外销到各地去。由此，斜腹杯的分布显示出三苗文化的传播路线，最清晰的一条是从江汉平原、豫西南向北至豫西、晋南地区，这也是三苗先民的北进路线。

三苗的北徙，其诱因可能跟气候变化相关。屈家岭文化时期，

图21　石家河文化红陶斜腹杯

江汉平原地区正处在全新世第一个暖湿期后的干旱期,气候偏干冷,植被发育较差,降水量骤减,使得农作物种植面积不断缩小,食物资源严重短缺。族群之间的竞争也随之加剧。为了生存与发展,长江中游的三苗文化开始向北强势扩张。

三苗文化的北进启动于屈家岭早期(约公元前3000年),主要取道桐柏山与大洪山之间的随枣走廊,进入豫西南的南阳盆地和豫鄂之间的丹江流域,最北可达伏牛山、汉江支流唐白河上游一线,最西进抵陕西商洛商州区的紫荆遗址。但这一时期多是局部渗透,三苗文化的影响零星存在于当地的仰韶文化下王岗类型遗存之中。

屈家岭中期,三苗文化的北进呈现出强劲的势头,不到一两百年就迅速覆盖整个南阳盆地。至迟至公元前2900年,在东南沿海地区良渚文化挺进苏北的同时,屈家岭文化也取代豫西南的仰韶文化,成为当地的主导文化,并与仰韶文化融合产生新的文化,考古学上称为"青龙泉二期类型"。

此后,三苗文化又兵分两路,大举进军中原地区。一路穿过以方城垭口为核心的"方城道",抵达河南南部的淮河上游地区。另一路经过桐柏山与大别山之间的飞沙河和应山河谷地,翻越豫南山地,进入豫东南平原,向北直抵豫中环嵩山地区。这里是中原文化的腹心地带,在汝颍河流域、伊洛河流域、黄河南岸地区,都发现屈家岭文化遗存,比较典型的遗址有禹州谷水河遗址、郑州大河村遗址、荥阳楚湾遗址等。甚至山西境内临汾盆地的曲村天马遗址,也发现有屈家岭文化风格的双腹豆盘和厚胎杯。

到了石家河时期,三苗文化扩张的势头犹在。其对豫西南地区的影响得到了巩固,表现为该区域的考古学文化一脉相承,屈家岭文化青龙泉二期类型,继续发展成为石家河文化青龙泉三期类型。而且，还有新的扩张迹象，如河南境内的郾城郝家台城址、上蔡十里铺遗址、禹州瓦店遗址、郑州站马屯遗址，以及山西境内的垣曲古城东关遗址，均能见到石家河文化的影子[1]。

三苗先民北进的过程中，难以避免与中原先民发生冲突。一旦实现征服之后，作为胜利者，为了压制反抗者，往往会采取一些非人道的暴力手段。在豫西南的南阳盆地出现了一些异常的墓葬现象，如河南淅川下王岗遗址屈家岭一期墓葬中，M704竟有四具尸骨交叉叠压，头向不一，像乱葬坑；M159的椭圆形土坑中，埋葬了两个身首异处的女性，她们显然是被杀害后肢解的；此期墓葬中还有三座单人一次葬墓（M494、M551、M222），身躯完好却无头，说明生前已被斩首。H131埋一少女，其作跪式举手状；H8内所埋壮年女性，也是作跪式祈求状，双臂交于脸前，两腿曲跪，手脚似乎被绳子捆绑着。[2] 显然，她们生前惨遭活埋。这些被残害的亡者，都是老弱妇孺，不可能是战俘，而应该是异族的奴隶。这些遗存的年代在三苗文化最初占领南阳盆地的时期，因而很有可能是入侵者屠戮的产物。

三苗一路攻城拔寨，不但占领了南阳盆地，而且兵锋直指中原腹地河洛地区，并长期定居于此。与此同时，海岱地区的大汶口先民也取道淮河走廊，趁机长驱直入，将嵩山以南的中原先民驱赶到嵩山以北，并"杀"进了洛阳盆地。在公元前2600年左右，豫中环嵩山地区的秦王寨类型被相继注入了大汶口文化、屈家岭文化的因素，华夏、东夷、三苗在此交融共存，这在考古学

---

1 a.河南省驻马店地区文管会：《河南上蔡十里铺新石器时代遗址》，《考古学集刊（第三集）》，中国社会科学出版社，1983年。b.河南省文物研究所、郑州大学历史系考古专业：《禹县瓦店遗址发掘简报》，《文物》，1983年第3期。
2 李绍连：《试从淅川下王岗文化遗存考察文明起源的历史过程》，《中原文物》，1995年第2期。

上的反映以郑州大河村、汝州北刘庄、禹州谷水河三个遗址最为明显。其中，郑州大河村遗址不但是嵩山地区屈家岭文化遗存最多的地点，而且大汶口文化遗存也很多，华夏、东夷、三苗在此交汇融合的态势非常明显。

外来文化因素的融入让中原地区的秦王寨类型获得了新生，在其推动之下，环嵩山地区由此进入了一个崭新的历史阶段——王湾三期。王湾三期文化形成过程中，西迁而来的东夷文化发挥了极其重要的作用，其影响远远超过南方的三苗文化。

有学者对王湾三期文化早期陶器进行统计分析，发现来源比较明确的32种器物中，来自东夷文化的一共21种，其中，18种来自大汶口文化尉迟寺类型，3种来自早期山东龙山文化，约占总数的65%；来自三苗文化（包括屈家岭文化和石家河文化）的有4种，约占总数的13%；只有7种来自本地区（秦王寨类型谷水河三期遗存），占总数的22%。由此得出结论，大汶口文化尉迟寺类型应该是王湾三期文化的最主要源头之一[1]。该学者进一步认为，鲁中南、苏北地区的大汶口文化是传说中东夷少昊氏的文化遗存，而尉迟寺类型是鲁中南、苏北地区的大汶口文化向淮河流域发展而形成的，王湾三期文化又是在尉迟寺类型西传至洛阳盆地的影响下形成的，因而王湾三期文化是东夷少昊氏后裔的文化。其依据是：传世文献记载中，辅佐大禹治水的皋陶出自少昊氏，如皋陶又称皋繇，《路史》卷十六说："繇生于曲阜，《年代历》云少昊四世孙。"又有伯益为皋陶之子的说法，如《史记正义》曰："《列女传》云：陶子生五岁而佐禹。曹大家注云：陶子者，皋陶之子伯益也。"所以王湾三期文化是皋陶和伯益所在部族的文化遗存。

---

[1] 魏继印：《试析王湾三期文化的来源》，《考古》，2017年第8期。

由陶器的来源推断出文化的来源，再结合文献记载和古史传说，最后推断出考古学文化的族属。这一演绎推理发人深思，但是存在两个缺陷。其一，只统计来源比较明确的陶器，而对来源不明的其他陶器视而不见；其二，忽视了中原文化的包容性，而且文献记载的年代很晚，无法证实东夷在环嵩山地区的社会发展中占据主导地位。依据这两个不确定的前提，推导出的王湾三期文化族属是皋陶、伯益部族的结论，显然是经不起推敲的。不过，在来源比较明确的32种器物中，含有东夷文化因素的竟然有21种，几近六成。东夷文化在王湾三期文化中的重要性可见一斑，这说明了东夷部族即使不是当时环嵩山地区的主宰，也发挥着巨大的作用，与华夏部族以及其他族群共担历史责任，一起推动早期中华文明的形成。

伴随着东夷的西迁以及三苗的北进，文化的交流与融合也在更大范围内深入展开。正是在东方文化和南方文化的共同影响之下，豫中环嵩山地区的王湾三期文化裂变为差异性明显的两大文化类型，即王湾类型和煤山类型。

第二节　环嵩山地区的文化群

文化群的重要标志物：陶炊器

龙山文化晚期环嵩山地区先民们的生活状况缺乏史料记载，今人只能依靠考古学的研究成果来填补空白。以炊器为中心的陶器组合，最能直观地反映先民们的基本生活情况，是区分不同文化人群的重要实物资料。因而从炊器等陶器组合入手，对与之相关的使用人群进行分析，有助于我们去了解中原先民们的文化面貌和生活方式。

陶器出现于农业产生之前的旧石器时代，大约距今18300至15430年，在长江以南的湖南道县玉蟾岩遗址中，出土了世界上最早的陶器，该陶器复原后是一个装饰有绳纹的尖底罐[1]。陶器的发明创造，伴随着中华文明的发展历程，集中体现了华夏民族改造和利用自然、勇于创新的进取精神，满足了先民们日常盛储、炊煮的需要，而且施绘于其上的各种绚丽纹样的艺术图案，凝聚了先民们的艺术审美和生活智慧，也表明先民们的文化创造能力跃上了一个新的台阶，故陶器一度充当着标志社会分层的等级礼器。

用以烹饪的陶炊器则可以帮助先民们从食物中获取更多的营养，大大增强了人类的体质，对人类社会而言是一次伟大的变革。新石器时代的陶炊器主要有八种：鼎、釜、鬲、斝、鬶、夹砂罐（深腹罐）、甑、甗。

陶鼎是三实足炊器，按外观可分为罐形鼎、釜形鼎、壶形鼎、钵形鼎、盆形鼎等，按足部可分为高足鼎和乳足鼎，高足鼎又以侧装扁足鼎最为常见。鼎的足部只是起支撑作用，不像鬲或斝的中空足那样可以盛水或食物。鼎起源于中原地区的裴李岗文化中晚期（约公元前6200年），该时期以盆形鼎、罐形鼎为主。仰韶文化早期，中原河洛地区与山东海岱地区都继承了裴李岗文化用鼎的传统，此后进一步发展下去，在仰韶文化时期形成了一个以河南中、东部为中心的中原鼎文化圈。此外，在长江中下游也形成了以鼎为主的炊器传统。但是，河南灵宝以西的陕西关中、豫

---

1 刘莉、陈星灿：《中国考古学：旧石器时代晚期到早期青铜时代》，生活·读书·新知三联书店，2017年，第64页。

西、晋南地区，主要使用夹砂罐，另有少量釜灶，鼎极少见。在龙山时代，鲁西地区由于在地理上接近中原，因而深受其影响，主要使用斝、鬲、甗等三足炊器，而鲁东地区则延续了北辛时代的用鼎传统，使用鬶、鸟首足鼎。鸟首足鼎的三个足部似鸟嘴之状，也称为"鸟喙形鼎足"，因其形状怪异，像鬼脸，又称"鬼脸式鼎足"。鬼脸式鼎足主要分布于黄、淮河流域的东夷文化圈，原型是令人敬畏的鸱鸮，反映了东夷的鸟崇拜观念。

陶釜最早出现在两个地区。其一，长江下游宁绍平原、太湖流域的河姆渡文化、马家浜文化（约公元前5000年—前3000年）。及至崧泽文化时期（约公元前4000年—前3300年），釜逐渐被鼎取代，从而走向消亡。其二，黄河下游海岱地区的后李文化（约公元前6400年—前5700年）。一直沿袭到北辛文化时期（约公元前5400年—前4200年），釜才被陶鼎取代。

陶鬶是东夷文化系统中的标志性器物，起源于山东、苏北地区。鬶与觚、盉、豆、三足盘，都是东方大汶口文化和山东龙山文化的典型器物。《礼记·明堂位》中记载，"灌尊，夏后氏以鸡夷，殷以斝，周以黄目"。夏后氏的祭祀礼器鸡夷（亦作鸡彝），实则为封口盉，源出东夷文化的红陶鬶[1]。最早的鬶是实足的，在大汶口早期（公元前3500年前后）初具雏形，大汶口中期定型并普遍流行。大汶口晚期（约公元前3000年—前2500年），逐渐被袋足鬶取代。及至龙山时代，实足鬶已经很少见了[2]。陶鬶从山东、苏北向外传播，逐渐遍及长江、黄河流域，而这个过程历时长达一千多年。

陶斝起源于豫西、晋南地区，时间在庙底沟二期的前期，约

---

1 邹衡：《试论夏文化》，《夏商周考古学论文集》，文物出版社，1980年，第148页。
2 高广仁、邵望平：《史前陶鬶初论》，《考古学报》，1981年第4期。

公元前2800年，是在大汶口文化空足鬶的启发下，融合秦王寨类型的釜形鼎的特点而创制的。陶斝的出现有重要影响，是仰韶时代结束和龙山时代到来的标志性事件。龙山时代，陶斝只集中分布在黄河中游。早期的陶斝一般用作炊器，晚期时可能兼作盛储之用。

陶鬲与陶鼎的形制不同，鬲是有裆部的空三足器，腹部与足部难以分开，鼎则腹足明显分开。陶鬲产生的年代比陶斝晚得多，约公元前2500年出现在黄河中游黄土高原及其边缘地带，而后传播到长城沿线的"三北地带"（华北、东北、西北）。

深腹罐起源于裴李岗文化，为之后的仰韶文化、龙山文化所继承，在黄河中游的中原地区形成了一个深腹罐文化圈。

陶甑和陶甗都是蒸食器具。陶甑底部留有透气的箅孔，器形多以钵、盆、罐形为主。陶甑也起源于裴李岗文化，随后传播至长江下游地区。陶甗的上部是通透无底的甑，下部是鼎或者鬲，产生年代当在陶甑之后。最早出现在长江下游地区的马家浜文化晚期，其后向北传播至山东地区，再从黄河下游向西传入中原地区。史前陶甗主要分布于黄河中下游和长江下游，在太湖流域和海岱地区尤为盛行。在北方地区的长城沿线地带也有发现，但是长江中游及淮河地区则较为少见。

总而言之，新石器时代的炊器从起源到分布大致如此：

陶鼎和夹砂罐最早产生于中原地区的裴李岗文化，长江中下游也使用鼎；

陶釜起源于长江下游和黄河下游，属于东部的炊器，其后逐渐为鼎所取代；

陶鬶是海岱地区东夷文化系统所特有的器物，传播至长江下游、黄河中游后，对当地文化产生重大影响；

陶甑也产生于裴李岗文化，南传至长江下游；

陶鬶起源于长江下游，而后北传海岱地区，再西传至中原地区；

陶斝起源时间较迟，属于偏西部的炊器，传遍中原地区之后，仰韶时代也随之结束，龙山时代开始；

陶鬲出现的年代最晚，盛行于黄河以北的晋南、冀南、豫北地区，属于北方的炊器。

环嵩山地区深处中原腹地，居天下之中，是史前文化交流最频繁的地区之一。在龙山时代，该地区发现的炊器主要有陶鼎、陶斝、夹砂罐三种，基本上见不到陶鬲。这样的炊器组合一直持续到二里头文化时期，依此可以将夏和其他族群区分开来。

南北两大文化群及其东夷化

根据以炊器为核心的陶器组合，环嵩山地区的王湾三期文化可分为两个地方类型：王湾类型和煤山类型。嵩山北麓的王湾类型，分布范围包括洛阳盆地、郑州地区和黄河北岸的济源盆地；嵩山南麓的煤山类型，又称为"郝家台类型"，分布于颍河上游支流双洎河、伊河流域，以及汝河和沙河交汇地带。

表5　王湾类型和煤山类型主要遗址一览表[1]

王湾类型	洛阳王湾、洛阳西干沟和东干沟、洛阳矬李、洛阳吕西庙、偃师灰嘴、伊川白元、孟津小潘沟、郑州牛砦、郑州马庄、郑州阎庄、郑州大河村、郑州站马屯、荥阳竖河、荥阳点军台、新密古城寨、济源留庄等遗址

---

[1] 孙庆伟：《鼏宅禹迹：夏代信史的考古学重建》，生活·读书·新知三联书店，2018年，第137—187页。

（续表）

| 煤山类型 | 登封王城岗、汝州煤山、禹州瓦店、告成北沟、登封程窑、禹州吴湾、禹州阎寨、汝州李楼、平顶山蒲城店、郾城郝家台等遗址 |

二者之间的差异主要包括：

第一，炊器上的选择，有根本性的不同。王湾类型中斝和夹砂罐最多，鼎很少，基本不见乳足鼎。煤山类型中鼎最多，尤其是乳足鼎，斝和夹砂罐少见。也就是说，嵩山北麓，亦即郑州与洛阳之间的人群，做饭时流行使用斝和夹砂罐。斝外形似鬲，但是腹部与足部明显分开，而且足部中空，可盛食物。夹砂罐是一种加热用的容器，由于没有足部，使用时需要在器物平坦的底部下烧火蒸煮，间接证明了灶的存在。而嵩山南麓、颍河上游的人群用鼎的传统，应该承袭自裴李岗时代。民以食为天，炊器上的不同，说明嵩山南北两大人群在蒸煮方式上迥乎不同。

第二，盛贮器上，王湾类型通常使用双腹盆和敞口大平底盆，煤山类型则多使用深弧腹盆。两个类型都使用小口高领瓮，但外形有区别。王湾类型的小口高领瓮腹部有对称双耳，便于提领，煤山类型没有，只能双手捧着。这体现了嵩山南北两个人群在陶器制作和使用习惯上的明显差别。

第三，饮水器上，王湾类型以单耳杯为主，煤山类型则以觚和高柄杯为主。

第四，陶器纹饰上，王湾类型以篮纹为主，其次是方格纹和绳纹，煤山类型则以篮纹和方格纹为主，绳纹较为少见。

第五，建筑风格上，王湾类型的洛阳地区只有半地穴式建筑，郑州地区兼有地面式和半地穴式建筑。王湾类型的房屋以圆形为主，地基处理较为简单，墙壁以草拌泥墙为主，不见双间及以上的排式房屋；煤山类型不见半地穴式建筑，以地面式建筑为主，房址多数呈方形或长方形，居住面涂抹白灰，墙壁以木骨泥墙为主，还出现了连间排房式建筑。[1]

豫中嵩山地区是史前多民族文化的融合之地，各种族群文化在这里犬牙交错，共同生存，相互影响。嵩山南北的两个文化类型——王湾类型和煤山类型，两者之间的最主要差异在于陶炊器的使用。王湾类型以夹砂罐为主，应该源自裴李岗时代形成的中原深腹罐文化圈。而煤山类型以鼎为主，则受到东部地区诸如山东海岱、长江中下游一带东夷等东方族群用鼎传统的影响。

结合东夷迁徙路线，其自安徽西北部、涡河下游的尉迟寺遗址向西徙至河南东部的颍河中游，而后溯着颍河及其支流而上，由南向北的态势非常明显。嵩山以南地区遍布东夷，嵩山以北逐渐稀少。东夷有用鼎的传统，而煤山类型的主要炊器也是鼎，因而东夷应是煤山类型的主要创造者之一。随着东夷的步步进逼，华夏先民逐渐退缩至嵩山以北的地带，形成了王湾类型。因而嵩山南北两大文化类型的形成，是中原地区的华夏与西迁的东夷南北对峙与交融的结果。

与之相对应，王湾三期之际，嵩山地区城址林立，而且大多数城墙外侧有壕沟环绕。壕沟具有双重作用，不但发挥防洪排水的功能，而且灌满水后可以演变为军事防御设施，阻止外来敌人在进攻时接近城垣。众多城址出现的主要原因是，随着人口的不断繁衍，为了争夺资源，各族群之间的冲突加剧，整个环嵩山社会处在紧张的竞争状态之中，史前战争呈现出普遍化的趋势。

目前所见中原地区的龙山时代主要城址，如下表所示：

---

[1] 任式楠、吴耀利主编，中国社会科学院考古研究所编著：《中国考古学·新石器时代卷》，中国社会科学出版社，2010年，第537—539页。

表6 中原地区龙山文化古城址概览

城址	面积	流域	年代
河南郾城郝家台城址	3.3万平方米	沙河流域	约公元前2600—前2500年
河南淮阳平粮台城址	5万平方米	颍河流域	约公元前2559—前2050年
河南辉县孟庄城址	12.7万平方米	黄河流域	约公元前2400—前2100年
河南安阳后岗城址	不详	洹河流域	约公元前2300—前2100年
山西襄汾陶寺早期小城	56万平方米	汾河流域	约公元前2450—前2300年
山西襄汾陶寺中期大城	270万平方米	汾河流域	约公元前2300—前2100年
河南濮阳戚城古城	14.4万平方米	卫河流域	约公元前2200年
河南禹州瓦店遗址	40万平方米	颍河流域	约公元前2105或约公元前2255—前1755年
河南登封王城岗小城	约1万平方米	颍河流域	约公元前2165—前2070年
河南登封王城岗大城	34.8万平方米	颍河流域	约公元前2080—前2055年
河南新密古城寨城址	17.65万平方米	双洎河流域	约公元前2060—前2018年
河南博爱西金城古城	30.8万平方米	沁河流域	龙山文化中晚期

（续表）

城址	面积	流域	年代
河南温县徐堡城址	30万平方米	沁河流域	龙山文化晚期
河南平顶山蒲城店城址	4.1万平方米	湛河流域	龙山文化晚期
河南新密新砦城址	70万平方米	双洎河流域	约公元前1870—前1720年

从上表可以看出，位于豫中环嵩山地区的9座城址中，西金城、徐堡这2座位于黄河以北，郝家台、王城岗、古城寨、瓦店、蒲城店、新砦、平粮台等7座城址全部在淮河流域之内，除平粮台城址属于造律台类型之外，另外的6座城址都属于嵩山南麓的煤山类型。东夷即使不是这7座古城的主人，也应该是重要的建造者。东夷文化的一个显著特征就是善筑城，海岱地区目前已发现史前城址16座，其中年代最早的阳谷王家庄城址，始建于大汶口文化早期。

出现城市是文明形成的标志之一，可以这么说，豫中环嵩山地区的文明化，很大程度上就是逐渐东夷化的过程。暂以郝家台古城为例：

环嵩山地区年代最早的龙山时代城址是郝家台古城，坐落于河南郾城的一个台地上，南去沙河1千米，北离颍河约8千米，城址高出地面2至3米。郝家台龙山时代的遗迹可以分为五期，第一期的遗迹仅见灰坑和灰沟，出土陶鼎、陶豆、陶罐等器物，也发现了少量陶鬶残片。陶鬶是东夷部族的标志性器物，说明此时开始受到东夷文化的影响。

城址兴建于第二期，年代约在公元前2600年，面积32856平方米。城内出现了大量成排分布的高台式房屋建筑，出土的陶鬶明显增多，为细长颈，与豫东地区郸城段寨遗址出土的鬶相似，显然是段寨类型西传过去的。这一时期镞类骤增，发现了石镞88件，骨镞29件，两者约占出土工具总数的50.9%。镞是新石器时代最有杀伤力的远程武器，镞的猛增意味着当时冲突更加频繁，形势不断趋于恶化，城址的筑建应该与此有关。与远程杀伤性武器镞的数量相比，明确用于农耕生产的工具少得多，石刀、石镰仅有6件，表明筑建郝家台城址是因为军事目的，而不是普通的农业生产需要。对郝家台遗址人群的多种同位素分析表明，存在一个人群，他们是成年以后才群体性迁徙至此地的，此可作为郝家台城址军事性质的佐证。

第三期的遗存中，发现了鸟塑，包括一件陶鸟（编号T11③B：28）、一件石鸟（编号T9③A：7）。其中，陶鸟残长3.8厘米，高3.8厘米，为泥质红陶，手工捏制，尾巴残缺，昂头伸颈，眼向前视，双足直立，体向后伸，形象逼真；石鸟残长6厘米，高2.5厘米，用青灰色石灰岩磨制而成，通体磨光，制作精致，尽管头、尾、翅和一侧足残，另一侧的足也破损了，但是仍能看出石鸟伸颈，翅膀展开，尾、足后伸，像一只展翅飞翔、遨游天空的小鸟。[1]

郝家台城址的陶鸟和石鸟是中原地区年代较早的鸟塑，此前，大约300千米之外的尉迟寺遗址鸟形神器是最靠近中原地区的鸟塑遗存。南方长江中游的石家河文化虽然也出现过红陶鸟，不过年代较晚，在石家河二期（约公元前2400年），很可能也是大汶

---

[1] 河南省文物考古研究所：《郾城郝家台》，大象出版社，2012年，第170页。

口文化传过去的,但是没有发现过石鸟塑。因而,郝家台的陶鸟、石鸟是东夷崇鸟文化西传中原的开端。崇鸟文化通常与太阳神崇拜相联系,太阳神是东方民族的天帝,这也是中原地区太阳神崇拜的滥觞。另外,还发现了卜骨遗存。卜骨是山东海岱地区巫术和占卜的常用工具,应是属于东夷权贵阶层的器物。

鸟塑和卜骨的出现,意味着东夷的宗教祭祀已经成为当时郝家台先民精神生活的一项重要内容。很有可能,郝家台城址是东夷权贵阶层修建起来的。东夷迁至颍河中游之后,在此发展出大汶口文化段寨类型,为了能够继续向颍河上游和沙河上游拓展空间,选择在沙、颍河之间的郝家台筑建城址,作为进军中原地区的重要战略支点。

第四、五期时,出现的镞类器物有减少的趋势,而且墓葬呈现出一股前所未有的戾气,肢体不全者很多。如第四期的M5仅存胸部、腰部和上肢骨,而缺失了头、手、盆骨、下肢等。M6无头骨,M77无头无脚,像这样残缺不全的在第四期九座墓葬中竟然有七座。第五期的M85也无头骨,骨骼被扰乱,双手相交于下腹上,生前显然被捆绑,属于非正常死亡。如此的不祥现象告诉我们,在第四、五期之际该地区曾经发生巨变,很可能是激烈的冲突,导致人员大量伤亡,郝家台城址也因之衰落下来。此时正处在龙山时代的末期,已经相当逼近大禹的年代了。

夏文化起源地的考索

豫中环嵩山地区是华夏文明肇源的核心区域,自龙山时代之后便长期居于中华文化圈的地理中心位置。嵩山以南的颍河支流双洎河流域,不仅是中原新石器文化诞生地,也是传说中华夏始祖黄帝的故里。根据《史记·夏本纪》《世本》等传世文献的记载，夏王朝建立以后，都城尽管出现多次的变更，但选址大都位于环嵩山地区。近年来王城岗遗址、瓦店遗址的发掘，也将关于大禹及其领导的夏部族的主要活动区域的探讨引向嵩山以南的颍河流域一带。那么，夏文化或者说夏部族起源于哪里？夏部族首领大禹是否有其人？环嵩山地区的王城岗、瓦店、古城寨三个遗址与大禹或者夏王朝又有何联系？

夏文化是连接上古传说与真实历史的考古学桥梁。广义上是指夏王朝时期夏王的统治区域之内，以夏部族为主体的先民们所创造的物质和精神文化遗存。狭义上则是指夏后氏（文献中的夏后氏是姒姓夏部族的大宗）所创造的物质和精神文化，而不包括陶唐氏、共工氏等其他族群，商、周先民在夏王朝时代创造的文化也不能称为夏文化，只能说是先商文化、先周文化，而且，夏文化不能等同于夏王朝，前者属于考古学文化，后者属于文献史学范畴。

结合考古学与传世文献，目前关于夏部族或夏文化的起源地，大致有四种观点。

其一，豫中西地区。持这种观点的学者很多，以徐旭生为代表。徐旭生认为，夏部族最早生活在豫中地区的伊洛平原及其附近，尤其是颍河谷地上游登封、禹州一带[1]。安金槐也认为，夏部族先公的主要生活区域和夏王朝的统治中心地带，在河南境内以中岳嵩山为中心的豫西地区[2]。

其二，晋南地区。持这种观点的主要是刘起釪和王克林。刘起釪的理由是，在古人心目中，夏人是"中国"之人。而中国之

---

[1] 徐旭生：《1959年夏豫西调查"夏墟"的初步报告》，《考古》，1959年第11期。
[2] 安金槐：《近年来河南夏商文化考古的新收获——为中国考古学会第四次年会而作》，《文物》，1983年第3期。

地是冀州,由此推之,夏人是冀州之人。冀州的原始地域在晋南,晋南地区至少有五处被称"夏墟"或者"大夏":唐(今山西翼城)、平阳(今山西临汾西)、安邑(今山西夏县)、晋阳(今山西运城附近)、鄂(今山西乡宁)[1]。刘起釪由此认为,夏部族起源于晋南,然后向东迁徙至河南境内。王克林也认为,"有关夏族和文化的起源,从迄今所见的考古文化判断,目前只能说在山西晋南。而河南地区只能说是夏族建国后辗转迁徙于中州大地伊、洛一带的后期活动中心"[2]。其理由是传世文献中的"夏虚(墟)"就是夏部族最早的聚居地。"夏虚"见于《左传·定公四年》,周王分封其子"唐叔以大路、密须之鼓,……命以《唐诰》而封于夏虚,启以夏政,疆以戎索"。杨伯峻《春秋左传注》引《战国策·楚策》云"陈轸,夏人也,习于三晋之事",陈轸为三晋之人,却被说成夏人,"足证晋封夏墟之说也"。[3]夏墟的地望,自唐代以来,古今学者皆谓在今山西翼城。因此,早已为周初人所确指的夏墟在今山西南部,确凿无疑。

其三,东方地区。持此说的以杨向奎为代表。程德祺更是主张,夏部族本是东夷中的一支[4]。

其四,东南地区。有学者从玉器入手,认为夏朝的玉礼器玉璜、玉钺、玉圭,以及文献中有关夏朝祭祀、葬俗的记载等,都起源于长江下游地区。所以,夏文化萌生于东南,夏王朝崛起于东南[5]。

---

1 刘起釪:《由夏族原居地纵论夏文化始于晋南》,《古史续辨》,中国社会科学出版社,1991年,第133页。
2 王克林:《论夏族的起源》,《文物季刊》,1997年第3期。
3 杨伯峻编著:《春秋左传注(修订本)》,中华书局,1995年,第1539页。
4 程德祺:《夏为东夷说》,《中央民族学院学报》,1979年第4期。
5 陈剩勇:《东南地区:夏文化的萌生与崛起——从中国新石器时代晚期主要文化圈的比较研究探寻夏文化》,《东南文化》,1991年第1期。

上述四种观点中，豫中西说和晋南说较为流行。至于哪种说法为是，目前尚未有定论，有待考古学的进一步发现与研究。

传世文献中的记载，为探究夏部族起源提供了一些线索。传说夏部族的首领鲧，居于崇（今河南嵩山），又称为崇伯鲧。而鲧之后的大禹，主要活跃于黄河以南的豫中的颍河流域一带。如《世本·居》中云"禹都阳城"，《孟子·万章上》《史记·夏本纪》《古本竹书纪年》都有相同的说法。阳城，就是河南颍川的阳城（今河南登封）。禹又居于阳翟（今河南禹州），《史记集解》引徐广曰："夏居河南，初在阳城，后居阳翟。"阳城、阳翟均在嵩山以南的颍河流域上、中游。年代更早的上博竹简《子羔》则记载了有莘氏之女观于伊而生禹的传说，"伊"就是洛河的支流伊河。所以，鲧、禹时期夏部族的生活地域在豫中嵩山以南的伊、颍河之间，是没有问题的。夏文化也应产生于这片区域。至于鲧、禹之前的夏部族是否如刘起釪和王克林所说的，由晋南地区逐步辗转迁徙于豫中环嵩山地区，尚有待进一步的研究与确认。

第四章
第一人王：大禹及其夏朝的历史记忆

夏朝是史书记载的第一个王朝，禹是夏朝的创始人。由于禹的年代极其遥远，又缺乏可靠的文字材料，因而近代以来禹及夏朝的真实性备受世人的质疑。如何走出疑古的困惑？王国维首创"二重证据法"，证明了禹为上古之帝王，而且在商汤之前取得天下，建立夏朝。世人期待能够发现类似安阳殷墟那样的"夏墟"，然后挖出夏朝时期的文字，确证夏的存在，以增强关于中华文化源远流长的民族自豪感。怀着如此的学术使命，徐旭生在全面、深入地研究有关夏代的文献记载之后，以七十高龄在1959年亲赴豫西，结合田野考古，去寻觅夏王朝的踪迹。徐老的豫西之行硕果累累，先后发现了登封王城岗遗址、偃师二里头遗址等。经过了六十多年的考古发掘，虽然这些地方仍没有找到跟禹直接相关的历史痕迹，也无法实证它们就是夏王朝的城市，但是对夏朝的探寻已显露出曙光。李学勤认为，只有对"古"进行科学、合理的解释，我们才能走出疑古时代。此诚为至论！

第一节　禹的"神性"与"人性"辩

顾颉刚"大禹神性"说献疑

有关大禹其人与其事，上古文献中保存下来的非常稀少，今人实在没有多少可靠的史料堪利用。学界认为，清华简《厚父》反映的是西周初年史事，可能是目前所见最早记载大禹的文献之一。在《厚父》简文中，大禹是西周统治者心目中最理想的上古帝王，在他的身上，我们可以找到周人对先民的记忆以及周文王、周武王的"仁君"影子。大禹的形象从西周开始，历经春秋战国时期的层累加工，及至西汉司马迁著就《史记》，最终被塑造为上古典范性帝王。根据司马迁《史记·夏本纪》、屈原《天问》、《世本》等文献的记载，与夏部族直接相关的文化事件大致包括建筑城池（"鲧作城""禹都阳城"）、挖掘井渠（"伯益作井"）、种植水稻（"令益予众庶稻"）、龙崇拜（"禹平天下，二龙降之""夏后氏以龙勺"）、青铜冶铸（"禹铸九鼎"）、拥有玉石器（"帝锡禹玄圭"），等等。可以说，大禹不但是夏部族的最后一位首领，同时也是夏王朝的奠基者。大禹的这种完美的人间帝王形象一直持续到民国初年。

顾颉刚为首的"古史辨派"勃然兴起，以一种振聋发聩的反叛精神，对上古史包括大禹传说进行了审慎精细的研究。20世纪20年代初，顾颉刚提出了"层累地造成的中国古史"说，一时间在国内掀起轩然大波，拉开了中国近代疑古思潮的大幕。按照顾颉刚自己的话，他所秉持的层累地造成的中国古史说有三层意思：第一，"时代愈后，传说的古史期愈长"；第二，"时代愈后，传说中的中心人物愈放愈大"；第三，"不能知道某一件事的真确的状况，但可以知道某一件事在传说中的最早的状况"。归纳起来，"层累"史观的核心是，流传至今的古史传说并非自古皆然，而是有一个被塑造的过程，从无到有，从简单到复杂。这是一次历史性的超越，对近现代新史学产生了极为深远的影响，顾颉刚由此确立了古史辨派领袖的地位。

在层累史观的框架之下，顾颉刚对禹的认识有一个转变的过程，即从"一条虫"到"九鼎上的动物"，最后到神，但是怀疑大禹的真实存在始终是主基调。他试图透过否定大禹的真实性，从而挑战夏朝以前历史的真实性。

1923年5月，载于《努力》增刊《读书杂志》第九期的顾颉刚《与钱玄同先生论古史书》一文，引用了《说文解字》中的"禹，虫也"，提出"禹或是九鼎上铸的一种动物，当时铸鼎象物"。在给钱玄同的回信中，顾颉刚又修正了自己的观点，引用《诗经·商颂·长发》中的诗句，认为"禹是上帝派下来的神，不是人"，只是到了春秋中期鲁僖公（公元前659年—前627年）之时，世人观念中的禹才由神演变成人。[1]其后，1923年8月至12月载于《读书杂志》第十二、十四至十六期的《讨论古史答刘胡二先生》一文中，顾颉刚列举了九项理由，明确提出禹具有神性，说"禹是南方民族神话中的人物"。[2] 1937年，顾颉刚与童书业合著《鲧禹的传说》一书，彻底否定了禹的人格属性，认为"鲧、

1　顾颉刚：《顾颉刚全集·古史论文集卷一》，中华书局，2010年，第182—183页。
2　顾颉刚：《顾颉刚全集·古史论文集卷一》，中华书局，2010年，第230页。

禹颇有从天神变成伟人的可能","鲧、禹本都是独立的人物"[1],事迹是神化的,并将禹跟夏朝脱钩,禹是禹、夏朝是夏朝,二者之间毫无交集。至于禹是夏朝的第一君主,那是战国中期之后盛行的观点。

至此,顾颉刚构建了一个完美的大禹神性说,他认为,"禹之是否实有其人,我们已无从知道。就现存的最早的材料看,禹确是一个富于神性的人,他的故事也因各地的崇奉而传布得很远"[2]。在顾颉刚看来,古籍中记载的禹的神迹主要体现在三个方面:其一,禹平水土是受上帝之命,如《尚书·洪范》中云"天乃锡禹洪范九畴";其二,禹的"迹"是很广的,如《商书·立政》中云"方行天下,至于海表";其三,禹的功绩是"敷土""甸山""治水",如《诗经·商颂·长发》中云"洪水茫茫,禹敷下土方",其意思是说,在茫茫的洪水中,禹铺放土地于下方,顾颉刚认为这最能反映禹的神性,倘若大禹不是神,他怎能有如此的本事?总之,顾颉刚论禹,一成不变的主题是"禹是上帝派下来的神"。

但是,我们在清华简《厚父》中似乎很难寻觅到大禹神性的踪影。《厚父》简文开宗明义,"遹闻禹(中间残缺)川,乃降之民,建夏邦"。竹简整理者认为"禹""川"之间残缺约十字,内容应为禹治水之事迹。缺字有两种补法:其一,缺十一个字,按西周豳公盨铭文补为"受帝命,敷土定九州,随山浚";其二,缺十个字,根据《尚书·禹贡》可补"敷土,随山刊木,奠高山大"。我认为是后者,因为清华简《厚父》属于春秋战国时期的文献,年代上与《禹贡》较为接近。如按《禹贡》补全,作为一篇反映西周初年史事的早期文献,《厚父》并不会很明确地将大禹

---

[1] 顾颉刚:《顾颉刚全集·古史论文集卷一》,中华书局,2010年,第548页。
[2] 顾颉刚:《顾颉刚全集·古史论文集卷一》,中华书局,2010年,第56页。

视为上天派下来的神。禹"降之民，建夏邦"，也非天帝的授意，而是自己历尽千辛万苦，治平水土，最终获得下民的拥护，建立了"夏邦"。这是说，大禹建立的夏王朝，是自己打拼出来的江山。《厚父》中的"降之民，建夏邦""古天降下民，设万邦"说法，与《逸周书·度邑解》中"维天建殷，厥征天民"相类似，意即君王受天命治理下民，这与天崇拜有关，属于西周时期关于国家起源的一种说法。西周时期认为，君、臣、民是国家的三个基本要素，民由天降人间，天帝决定君、臣之间的关系框架，君代天统治民。因而，不可理解为禹或周武王是天帝派遣下来统治世间的。

值得注意的是，清华简《厚父》中云，"帝亦弗恐启之经德少，命咎繇下"，明确提到咎繇（应即皋陶）受天帝派遣下凡，可见咎繇才是神，所以"能格于上，知天之威哉"。而且，厚父称之为"兹咸有神"，将皋陶与禹、启、孔甲、桀等人间统治者区隔开来，显然，在他的意识中，咎繇是奉天帝之命降临人世间的神灵。除咎繇之外，大禹和他的儿子启及启以降的夏王，诸如孔甲、桀等，都是人世间的统治者。天帝或天神都是圣明而正确的，都是高尚的，只有下界的凡人才会犯错误，才有善恶之分。所以，天帝忧心启德浅行薄而无法继承其父禹的基业，"夏之哲王"孔甲要朝夕虔诚地祭祀皇天上帝以保社稷，夏桀德行败坏，沉湎纵乐，因而得不到天帝的佑护，最终丧身亡国，等等。

清华简《厚父》对夏后氏先人的翔实追述与《史记》《尚书》等传世文献有着很大的差异，当属于春秋之际甚至西周时期流行的另一套传说系统。年代上，清华简《厚父》出现的时间更早，很可能更接近史实。那么，厚父的追忆传承自哪里？从近半个多世纪对夏文化的研究来看，目前尚未发现夏代文字。不过，在河南登封王城岗新石器时代晚期遗址发掘出一件刻有符号的陶器残片,这个符号被释读为"共"字。可见夏代应该存在文字,只不过尚未发展出像甲骨文那样成熟的文字系统而有可能不具有记录的功能。据此推测,身为夏代贵族的后裔,厚父对祖先的认知很有可能来自家族内部上千年以来口耳相传的故事,较之于传世文献的记载应更具可信度。

在厚父的口吻中,我们看不到禹或者启具备明显的神性,这与顾颉刚的大禹神性说大相径庭。所以,清华简《厚父》这篇珍贵的早期文献,可作为大禹不具备神性的佐证。大禹不是神话中的人物,乃是真真切切的人王。

记载大禹的出土材料

随着时代的发展、考古学的进步,人们开始注意到顾颉刚探索禹、夏朝历史的学术背景及其局限性。尤其是战国至秦汉之际一系列简帛文献、早期青铜器的不断出土,引发人们重新思考上古历史问题。提及大禹的出土文物日益增多,包括叔夷钟镈,秦公簋,豳公盨,芈加编钟,上博竹简《子羔》和《举治王天下》,清华简《厚父》和《参不韦》等,大禹也逐渐变得真实起来。这些出土文物是研究大禹传说的可靠材料,简要介绍如下:

其一,豳公盨。也叫作"遂公盨"或"爨公盨",2002年从香港古董市场上购回,现藏于北京保利艺术博物馆。器物口沿饰有对称的凤鸟纹,由此判断年代为西周中期偏晚,约为公元前9世纪初,即周孝王、夷王时期(公元前892年—前878年)。这是目前最早记载大禹治水的青铜器。豳公当为受周王赐封的贵族,李学勤先生将"豳"释为遂国(今山东宁阳西北),认为其国君为传说中虞舜的后裔,该国在公元前681年被齐国灭。

李学勤对铭文进行了释读，录文尽量使用通行汉字，如下：

天命禹敷土，随山浚川，迺差地设征，降民监德，迺自作配乡（享）民，成父母。生我王作臣，厥沫（贵）唯德，民好明德，寡（顾）在天下。用厥邵（绍）好，益干（？）懿德，康亡不懋。孝友，讦明经齐，好祀无废（废）。心好德，

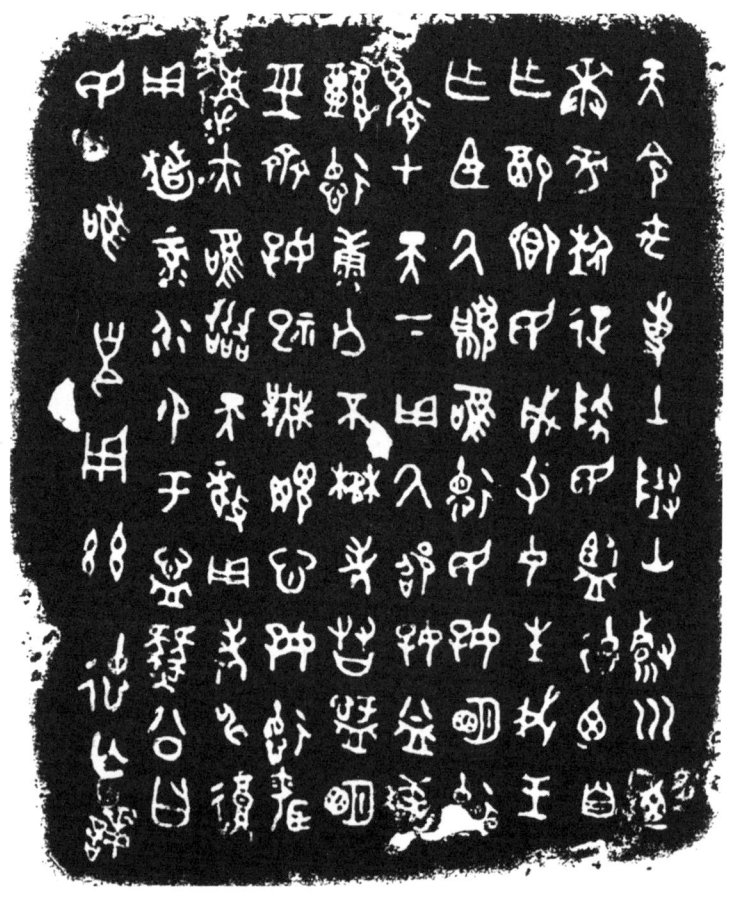

图22 豳公盨铭文拓片

夏王朝：天崇拜与华夏之变

婚媾亦唯协。天釐用考，神复用祓禄，永御于宁。燹公曰：民唯克用兹德，亡诲（悔）。[1]

铭文是关于豳公以德治世的经典文献。开篇即言天命大禹平治水土，禹因此受到下民的拥护，被民拥立为王。最后一句"民唯克用兹德，亡诲"，意为众民只有遵循此德，才能远离忧患，画龙点睛，阐明了整篇的主题。豳公盨铭文语词遂古，且能与传世文献相印证，弥足珍贵。如"天命禹敷土，随山浚川"可对应《尚书·禹贡》的"禹敷土，随山刊木，奠高山大川"，"随山浚川"四个字亦见于《尚书·禹贡》《史记·河渠书》。

豳公盨铭文中的一句话"天命禹敷土"，与传世文献《洪范》《吕刑》可以相互印证，似乎有利于顾颉刚关于"禹是上帝派下来的神"的论断。也就是说，在早期的传说中，禹具有神性。对此，李锐认为受天命不代表有神性，因为在周人的观念中，人王之所以取得成功，乃因得天或上帝之命。[2]

同样，世界其他地方的早期文明，往往依靠神灵来神化其政权，以证明其政权的合法性，达到控制当地居民、巩固自身统治的目的。比如，约公元前1900年两河流域的《苏美尔王表》中，第一句话就是"当王权自天而降，王权在埃利都（Eridu）"。古巴比伦国王汉穆拉比在公元前1765年颁布的《汉穆拉比法典》中，宣扬："安努（Anu）和恩利尔（Enlil）使我（汉穆拉比）像太阳一样升起在民众之上，给国家带来光明；为了人民的幸福，他们呼唤了我的名字。"[3] 这与豳公盨铭文中的"天命禹敷土，……洒自

---

1 李学勤：《遂公盨与大禹治水传说》，《李学勤文集》，上海辞书出版社，2005年，第60页。
2 李锐：《由新出文献重评顾颉刚先生的"层累说"》，《新出简帛的学术探索》，北京师范大学出版社，2010年，第419—429页。
3 杨炽译：《汉穆拉比法典》，高等教育出版社，1992年，第2页。

作配乡民,成父母"何其相似,甚至没有什么两样,讲的都是天降王权,为民谋福。

因此,禹为天所命,并不能说明他就是神。这只能说,大禹是世间的第一个人王,因其有无上事功,这在蛮荒时代是前所未有的,故而受天命为王。清华简《厚父》中的"禹(缺字据《禹贡》补:敷土,随山刊木,奠高山大)川,乃降之民,建夏邦",坐实了禹是"夏邦"或者夏朝的创立者,是中国上古历史的第一个人王。豳公盨铭文、清华简《厚父》的历史价值如同《苏美尔王表》,证明了"王权自天而降"就是从大禹开始的。

其二,秦公簋。1919年出土于甘肃天水庙山。年代约在春秋中期偏早,李学勤断为秦穆公时期(约公元前650年)的器物,雍际春则认为是秦襄公时期(约公元前770年)[1]。铭文中云:

> 秦公曰:不(丕)显朕皇且(祖)受天命,鼏(冪)宅禹责(蹟),十又二公,才(在)帝之坏(坯)。严龏(恭)夤天命,保业厥秦,虩事蠻(蛮)夏,余虽小子,穆穆帅秉明德,剌剌(烈烈)起起(桓桓),迈(万)民是敕。(《商周青铜器铭文暨图像集成》05370)

意思是说,秦先祖于周受有封邑,居住在大禹的活动范围之内,十二位秦先公,在白帝之城,敬畏天命,守卫大秦基业,役使蛮夷、诸夏。发现秦公簋的意义十分重大,因其实证了当时秦人在国家文化层面上对大禹的认同。

其三,芈加编钟。2019年5月出土于湖北随州枣树林春秋曾侯宝夫人芈加之墓。芈加是楚国公主。该编钟年代约当楚庄王、

---

[1] a.李学勤:《秦公簋年代的再推定》,《中国历史博物馆馆刊》,1989年,第13—14期。b.雍际春:《秦公簋及"十又二公"考》,《社会科学战线》,2013年第6期。

图23　芈加编钟铭文拓片

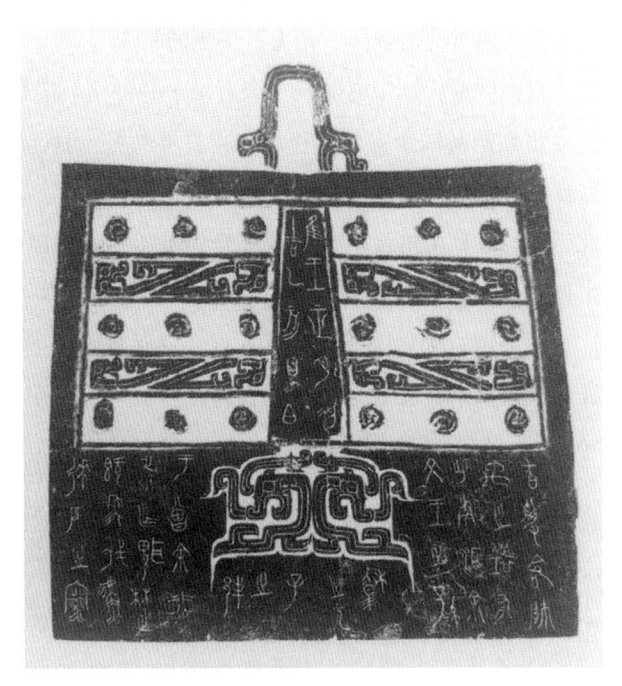

共王早期，有学者推断是公元前566年[1]。编钟铭文云：

> 隹（唯）王正月初吉乙亥，曰：白（伯）舌（括）受命，帅禹之堵，有此南洍。余文王之孙，穆之元子，之邦于曾。……呜呼！剌（龏）公龏（早）陟，余复其疆啚（鄙），行相曾邦，以长辞夏。……[2]

大概意思是说周武王翦灭殷商之后，将南宫括分封至南土，令其在此建立曾国（史书中的随国）。南宫括传颂大禹的功绩，肇建曾

---

[1] 黄锦前：《加嬭编钟及有关曾楚史事》，《简帛（第二十五辑）》，上海古籍出版社，2022年。
[2] 郭长江、李晓杨、凡国栋等：《嬭加编钟铭文的初步释读》，《江汉考古》，2019年第3期。

国于周之南土，通过统治曾国，光大了华夏的基业。

其四，叔夷钟镈。据宋赵明诚《金石录·齐钟铭》记载，"宣和五年，青州临淄县民于齐故城耕地，得古器物数十种，其间钟十枚，有款识，尤奇，最多者几五百字，今世所见钟鼎铭文之多，未有逾此者"。北宋宣和五年（公元1123年）出土于齐国临淄故城的数十种青铜器物中，就有记载大禹功绩的叔夷钟镈。可惜时值乱世，叔夷钟镈因金兵南下而失落，现在仅存摹本于世。根据铭文考证，叔夷是宋穆公之后，该器物铸造于齐灵公时期，即在公元前567年齐灭莱之后。铭文中云：

……尸（夷）箅（典）其先旧，及其高祖，虩虩（赫赫）成唐（汤），又（有）敔（敢）才（在）帝所，尃（溥）受天命，剗（划）伐颐（夏）司，敗（败）氒（厥）灵䰯（师），伊少（小）臣佳（唯）楠（辅），咸有九州，处堣（禹）之堵（土），不（丕）显穆公之孙……（《商周青铜器铭文暨图像集成》15555、15556）

"处堣之堵"与豳公盨铭文的"𩃤宅禹迹"含义相同，意即生活繁衍于禹迹之内。

涉及大禹事迹的两周青铜器断断不止上述数件，《吕氏春秋·慎行论·求人》中云"故（禹）功绩铭乎金石，著于盘盂"，说明在吕不韦时代就有许多像叔夷钟镈、秦公簋、豳公盨那样铸刻着大禹事迹的青铜器，它们今后还会陆续被考古发现。

其五，上博竹简《子羔》和《举治王天下》。这两篇属于战国中期的出土文献，年代约为公元前5至前4世纪。《子羔》中云：

……女也，覯（观）于伊而叚（得）之，窒（娠），众

（三）忿（年）而划于背而生，生而能言，是壴（禹）也。……[1]

文中提及与传世文献所载不同的大禹感生传说。春秋后期的齐国叔夷钟镈铭文中，"禹"字下加"土"旁，这跟《子羔》和《容成氏》一样，当与大禹治平水土的传说有关。《举治王天下》包含五小篇，其中，《尧王天下》和《禹王天下》具备共同特征，都说禹直接仕于尧，对尧进行答复。简文残缺，大致如下：

《尧王天下》：……访之于子，曰："𡕥（从）正（政）可（何）先？"壴（禹）倉（答）曰："隹（唯）寺（志）。"尧（尧）……则勿（物）生，渾（渎）即（则）督（知）城（成）。金至（重）不渡（流），玉即（则）不割（戴）。尧（尧）㠯（以）四割（害）之文（斈）为未也，乃睧（问）于壴（禹）曰："大割（害）既折（制），少（小）……"

《禹王天下》：……五年而天下正。一曰：壴（禹）事先（尧），天下大水。先（尧）乃橐（就）壴（禹）曰："气（乞）女（焉），亓（其）遣（往），疋（疏）訓（川）記（启）浴（谷），㠯（以）渾（渎）天下。"……[2]

这些涉及禹的出土材料的年代都早于孟子（约公元前371年—约前289年），反映了战国中期之前周人对大禹的历史记忆。它们的历史价值不可估量，正如孙庆伟先生所说的：

---

[1] 俞绍宏、张青松编著：《上海博物馆藏战国楚简集释》（第二册），社会科学文献出版社，2019年，第42页。
[2] 俞绍宏、张青松编著：《上海博物馆藏战国楚简集释》（第九册），社会科学文献出版社，2019年，第125、128页。

虽然这些材料均属两周时期,距离夏代尚远,但这恰恰是历史叙述的正常形态。所有的历史叙述都是对过往历史的"追忆",其中必然包含丰富的历史记忆。这些记忆既可以是真实的,也难免有想象的成分。神话和传说,从本质上讲,其实就是包含有较多历史想象的历史记忆。特别是大禹这类历史英雄人物,更容易被"想象",被神话,这是人类历史的共同特征,如果因为这些想象和神话成分就否定大禹作为真实历史人物的存在,无疑是不合适的。[1]

大禹的传说由来已久,而且分布范围极广,从黄河下游的山东半岛到黄河上游的甘陇地区,再到江淮地区,说明从西周中期直至春秋时期,大禹被神州各地的民众共尊为华夏的祖先。所以学者们越来越倾向于认为大禹是真实存在的历史人物,顾颉刚的大禹神性说看起来有点离谱了。

大禹是上古第一个人王

那么,是否如顾颉刚所言,根据《商颂·长发》和《鲁颂·閟宫》中关于"禹"的记载,可以推定在殷商时期,大禹为下凡的天神,到了西周,禹才被奉为最古的人王?倘若大禹不是最古的人王,在他之前还有谁?这需要考察孟子之前的文献,包括传世文献与出土文献。

为什么要限定在孟子之前?这是因为先秦学术史有三次大转折。第一次是孔子时代,孔子对上古流传下来的早期文献进行了第一次大结集,虽然有部分文献被摒弃了,但是绝大多数赖孔子的系统性整理得以存留下来,由此开启了长达两个多世纪的百家

---

[1] 孙庆伟:《夏文化探索:态度、方法与证据》,《光明日报》,2019年3月4日。

争鸣，学术空前繁荣。第二次就是孟子时代，此时正处在战国中后期转折之际，政治上逐渐趋于统一，学术上也适应这个趋势由多元走向整合，诸子百家之间的激烈论争因此逐渐平息下来。思想上的整合是一个取舍与创新的过程，一部分重要的史料慢慢散佚，同时，新的理念萌生了，从而加大了史料真伪甄别的难度。第三次就是秦始皇焚书坑儒，钳制思想。自商周以来，一千五百多年以来积存的上古文献丧失殆尽，学术文化上出现大断层。漏网之鱼就是西晋太康（一说咸宁）年间出土的《古本竹书纪年》，以及近年来发现的战国竹简和帛书，诸如上博竹简、郭店楚简、清华简，等等。

由此可见，孟子之前的文献被人为地进行技术处理的情况较少，可信度较高，比其后的文献更接近史实。目前能看到的年代比孟子早的文献少之又少，大致有这些：西周与春秋的青铜器铭文、战国竹简等出土文献，《诗经》《尚书·尧典》《尚书·吕刑》《论语》《墨子》《春秋》《左传》《国语》等传世文献。其中，《诗经·商颂·长发》是最早记载大禹的传世文献，近代学者王国维考证，《诗经·商颂》是西周中期宋人所作，年代是约公元前9世纪。

这些文献涉及的古人或传说如下表所示：

表7　孟子（约公元前371年—约前289年）之前的古史记忆概览

年代	提到的古人或传说	出处
约公元前9世纪初	大禹治水	豳公盨铭文
约公元前9世纪	禹	《诗经·商颂·长发》
约公元前8世纪	鲧、禹	《尚书·洪范》

(续表)

年代	提到的古人或传说	出处
约公元前7世纪	尧、舜、禹	古文《尚书·尧典》
约公元前650年	禹	秦公簋铭文
约公元前650年	禹	《诗经·鲁颂·閟宫》
约公元前570年	高阳	秦公一号大墓石磬铭文
晚于公元前567年	禹	叔夷钟镈铭文
约公元前566年	禹	羋加编钟铭文
早于公元前475年	蚩尤	鱼鼎匕铭文
约公元前450年	尧舜禅让	《论语》
约公元前450年	尧、舜、鲧	《墨子》
约公元前5世纪	蚩尤、重黎、赤帝、黄帝、少昊、禹	《尚书·吕刑》
约公元前400年	太昊、神农、炎帝、黄帝、少昊、颛顼高阳氏、高辛氏、共工、蚩尤、重黎、尧、舜、鲧、禹等	《左传》《国语》
约公元前5—前4世纪	大禹感生传说	上博竹简《子羔》
约公元前5—前4世纪	尧直接命禹治水，不存在鲧	上博竹简《尧王天下》
约公元前4世纪	尧舜禅让	郭店楚简《唐虞之道》
约公元前377年	颛顼	新蔡葛陵楚简
约公元前356年	黄帝	陈侯因齐敦铭文

从上表可看出，在西周时期，大禹的确是周人观念中最古的

人，禹的存在也应该是可信的。春秋之后，尧、舜、蚩尤、黄帝、炎帝、太昊、少昊、鲧等大批中国人耳熟能详的传说人物才陆续出现。成书于孟子之后的《五帝德》《帝系》中，开始出现了鲧禹父子关系的说法。到了秦汉，传说人物的队伍不断壮大。司马迁将所看到的史料、搜集到的故事加以整理成篇，撰写下《五帝本纪》和《夏本纪》，最终完成了传说时代历史的定型。这一过程，完全合乎顾颉刚的"层累地造成的中国古史"说：时代愈往后，产生的传说人物就愈繁多。

《史记·龟策列传》中云："唐虞以上，不可记已。"两千年前的司马迁就已经意识到，唐尧、虞舜之前的历史是不可靠的。而且，迄今尚未发现涉及尧、舜二人的青铜器铭文，确切可靠的西周文献中也无尧、舜的相关记载。另外，最早记载尧、舜传说的传世文献是孔子时代就已经存在的《尚书》，其成书年代不明，况且早已散佚，详情不可知。

秦公一号大墓石磬铭文提及高阳，云"高阳有灵，四方以鼐"。说明高阳至少在春秋前期就已经出现，但是尚未与"五帝"之一颛顼联结起来。关于颛顼名字的最早记载，出现在战国前中期的楚简——新蔡葛陵楚简，年代约在公元前377年[1]。可见，石磬铭文中的高阳应是类似于陶唐氏、有虞氏之类的血缘族群或者秦人崇祀的祖神，而非某个特定的历史人物。

据《史记·殷本纪》，商族始祖"契长而佐禹治水有功"。可见契与大禹同时，但是甲骨文中没有契的记载。而卜辞中能确认的最早的殷商先公是王亥、上甲微父子，分别为契的六世、七世子孙，其中，上甲微是商人周祭的第一位先公，年代应在大禹之

---

[1] 李学勤：《论葛陵楚简的年代》，《文物》，2004年第7期。

后数百年。

综上，大禹是西周先民记忆中第一个真真切切的古人，大禹应当与夏王朝联结起来，中华文明史则须从大禹开始写起。

第二节　尧舜鲧禹历史记忆的断链

三代史观与四代史观

尽管顾颉刚先生持有大禹神性说，但是并不否认夏朝的存在。他曾经明确指出："在西周和东周人的记载里，很清楚地告诉我们：在周的前边有夏和商二代……夏的存在是无可疑的，而夏的历史从来就少给人谈起了。"[1]夏朝也是司马迁《史记》中记载的第一个世袭制王朝。但在先秦文献中，包括传世与出土文献，均提到了夏之前还有虞。传世文献如《礼记·表记》中，孔子说："虞夏之道，寡怨于民。殷周之道，不胜其敝。"《国语·郑语》中亦云："夫成天地之大功者，其子孙未尝不章，虞夏商周是也。"出土文献清华简《虞夏殷周之治》也提到虞、夏、殷、周连续四个时期的治天下之道。《虞夏殷周之治》中曰："昔，有虞氏用素。夏后受之。"即虞之后才是夏。那么，文献记载中的"虞"是否能够算一个朝代？也就是说，上古时期是夏商周三代还是虞夏商周四代？

西周时期，由于世人心目中最古老的历史人物是大禹，因此

1　顾颉刚：《顾颉刚全集·古史论文集卷四》，中华书局，2010年，第114页。

不存在虞、夏、商、周四代的问题。

在孔子年代所能见到的早期文献中，也只是三代观，没有涉及四代观。如《尚书·召诰》中的"我不可不监于有夏，亦不可不监于有殷"，《诗经·大雅·荡》中的"殷鉴不远，在夏后之世"，《论语·八佾》中孔子说"周监于二代，郁郁乎文哉，吾从周"，等等。同时，用"三代"一词来指称夏商周是从孔子开始的。《论语·卫灵公》中记载，颜渊问孔子为邦治国之道。孔子回答说："行夏之时，乘殷之辂，服周之冕。"其后孔子又说："斯民也，三代之所以直道而行也。"这里的"三代"，指的就是夏、商、西周。《论语·泰伯》中，孔子也说了一句话："唐虞之际，于斯为盛。"这表明，在孔子时代，周人已经承认尧舜的存在，但唐虞只是一个模糊的历史记忆或者意识，尚未与朝代概念等同起来。世人观念中仍然只有夏商周三代，而天命大禹治平水土，则是三代的起始点。

同样的现象出现在战国初期的墨子年代。《墨子·明鬼下》中云"昔者虞夏商周三代之圣王""三代圣王尧、舜、禹、汤、文、武"。虽连称了"虞夏商周"，列举出传说中的尧、舜，却仍然沿袭春秋时期的三代史观，将尧、舜与禹、汤、文、武相提并论，包含在三代圣王之中。

成书年代稍早于孟子、约在公元前400年的《左传》《国语》中，有对有虞氏世系的记载，如《国语·鲁语上》中有句话："幕，能帅颛顼者也，有虞氏报焉。"可以看出当时仅仅存在关于以血缘族群为主体的有虞氏的历史记忆，而非后人认知中包含尧、舜二帝的虞朝记忆。

直至战国中期的孟子，虽然他极为推崇虞舜，但也并未引申出一个新的虞朝。在《孟子·离娄下》中，孟子依旧秉持三代的旧说,"三代之得天下也以仁,其失天下也以不仁"。孟子、庄子同期或稍后出现的郭店楚简《唐虞之道》,专门阐述禅让政治的原理。但所谓唐、虞,只是尧的族群陶唐氏简称为唐,舜的族群有虞氏简称为虞,而不是代表两个连续不断的朝代。

明确将虞朝单独列为一个朝代的说法,应该出现在战国晚期。《韩非子·显学》中云:"殷周七百余岁,虞夏二千余岁,而不能定儒墨之真。"不过这个"虞夏二千余岁"的提法似乎有问题,因为夏朝仅四五百年,那么虞朝当有一千五百多年,把虞看作一个独立的朝代就有点离谱了。

秦汉以后,儒家人士普遍认同"虞夏商周"四代观。如西汉的《礼记·学记》中有句话"三王四代唯其师";《大戴礼记》有一篇专门论述四代观的文章《四代》,其中谈到虞、夏、商、周"四代之政刑"。

对于先秦时期为什么不将虞朝单独列为一个朝代,唐代的孔颖达在《尚书正义》中给出了一个十分勉强的理由——"虞、夏同科,虽虞事亦连夏",即虞舜和夏禹的事都是连在一起的,很难分清彼此。那为什么不将尧执政的年代单列为一个朝代却并入虞朝呢?《尚书正义》则认为:"《尧典》虽曰唐事,本以虞史所录,末言舜登庸由尧,故追尧作典,非唐史所录,故谓之《虞书》也。"大概意思是说,《尧典》中所记载的尧时期的大事,都是舜即天子位之后追记的,因而不能将尧单列为一个朝代。这样的解释更是令人不知所以然。

对大禹权位来源的分析或许有助于对虞朝的真实存在这一问题的探讨。

在西周人早期的记忆中,如顾颉刚所言,大禹确实有神性。但大禹同时也是人王,是天帝派往人间的第一个王,代理天帝治平水土、统御众民。在这种观念之下，在大禹之前，并无奉天命降临人间，代理天帝管理大地的其他人物，而且也不存在能够支配大禹的人王，所以，作为一个单独朝代的虞朝是不存在的。虞朝的概念，是在春秋之后随着周王室衰落和诸侯竞起，尧、舜的故事逐渐增多，儒家极力推崇尧、舜，华夏民族认同感日益增强的时代大背景之下产生的。

同时，征诸出土文献中关于命大禹治水者的记载，也可说明这一问题。按照四代史观的叙述，大禹治水发生在尧、舜的虞朝之时。尧任用鲧治水，鲧九年不成而被杀。舜又举鲧的儿子禹为司空，让他负责治平水土。其后禹受禅于舜，建立了夏朝。在上博竹简《尧王天下》中，命禹治水的不是舜，而是尧。但是，豳公盨铭文则明确指出，"天命禹敷土"。这里的"天"指的是天帝、天神，而不是人王尧或舜。因为两周青铜器铭文中，"天"的含义都是周人崇拜的至上之神，从未指过人王，更遑论指尧、舜了。豳公盨铭文的说法也得到了传世文献《尚书》的支持。《尚书·洪范》中云"天乃锡禹洪范九畴"，《尚书·吕刑》中亦云"皇帝清问下民……乃命三后恤功于民：伯夷降典，折民惟刑；禹平水土，主名山川……"。这两处的"天""皇帝"都是一个意思，即皇天上帝。可见无论是出土文献还是早期的传世文献，命大禹治平水土的都是天或上帝，均不涉及尧或舜。不过，随着春秋战国时期尧、舜故事的不断繁多，以及虞夏殷周四代史观的流行，大禹治水及大禹征三苗等发生在夏朝之前的史事，被顺理成章地划归夏朝之前的虞朝。于是产生了舜命大禹治水、大禹受禅于舜的说法。

那么，后人追述中，虞朝作为一个单独的朝代的合理性何在呢？虽然无法被证实曾经存在过，但是在周人的历史记忆中，大禹之前存在一个年代久远、事迹渺然的远古时期。在这个时期，诸多地位平等的血缘组织组成政治实体联盟，按照一种非暴力的原始民主推举传统来产生联盟首领，或进行权力交替。由于联盟首领的产生与接替必须经过祭祀天地才能完成，周人在天命观的视域之下遂将这种模式称为"禅让"。禅让传说直接关系到早期国家的起源问题，"只有将禅让制与国家的起源问题联系后，讨论才有实质性的意义。"[1]夏朝建立之前的时代，正处在由原始社会向国家时代过渡的关键历史时期，对于中华文明的演进有重要意义。因此，在三代史观的框架下，孔子所用"唐虞之际"称呼，唐、虞自然指的是陶唐氏、有虞氏，而不作为朝代的名称；战国时期兴起的四代史观则称之为虞朝，这个提法一直为后世所沿袭。

由此可见，春秋时期，周人的观念是夏商周三代，而"周"指的是西周。至迟在战国晚期，萌发了"虞夏商周"四代意识，秦汉以后盛行虞夏商周四代史观。所谓虞夏商周四代相继的观念，实际上是随着华夏文化共同体的滥觞与凝聚，才逐渐产生出来的。

与尧、舜脱钩的大禹

在战国时期世人的观念中，虞夏连为一体。《韩非子·显学》中有句话"殷周七百余岁，虞夏二千余年"，夏朝四五百年，那么战国中后期世人观念中的虞朝长达一千五六百年，年代上大约自公元前3500年到前2000年，横跨仰韶晚期、龙山时代，直至夏朝建立。这与考古发掘所揭示的社会发展进程有着惊人的一致之处。考古材料表明，约从公元前3500年开始，史前社会发生剧变，进入一个全新的发展时期[2]。剧变的表现主要包括：原始农业进入锄

---

1 丁季华、龚若栋、章义和等编著：《中国古代文明起源》，上海科学技术文献出版社，2007年，第318页。
2 严文明：《略论中国文明的起源》，《文物》，1992年第1期。

耕阶段；存在社会财富再分配体系，社会分化严重，出现等级贵族；宗教在社会生活中影响巨大；战争频仍且普遍等。这才迈开了走向文明的脚步。

基于这个认识，2006年"中华文明探源工程"第二阶段研究的年代向前延伸至公元前3500年。根据最新测定结果，牛河梁遗址大型台基建筑年代从公元前3500年提前了两三百年。而大型台基的出现是阶层分化的产物、文明诞生的标志，所以考古学家认为文明时代开始于公元前3800年，并将公元前3800年—前1800年称为"古国时代"，其时间跨度与战国中后期观念中的虞朝相差无几。

上古传说中的五帝包括黄帝、颛顼、帝喾、尧、舜等，都生活在这个时期。但年代最久远的华夏始祖——黄帝，却是在战国中晚期才见于文献记载。关于颛顼的最早记载，出现在战国前中期的楚简，年代领先于黄帝。帝喾出现的时间可能在几人中最晚，在战国与西汉之间。尧、舜，在孔子读过的《虞书》中就有记载，比黄帝早了两个世纪。而在五帝之后的大禹，所处年代最晚，出场的时间反而是最早的，至迟在西周中后期，比尧、舜早了三个世纪，比传说中的始祖黄帝更是早了五个世纪。由此可见，顾颉刚"层累"说中"时代愈后，传说的古史期愈长"的论断，无比正确。那么，传世文献中虞夏连为一体、尧—舜—禹的谱系一脉相承是可靠的吗？

传统史学家认为，夏朝是承继虞朝发展过来的一个王朝。两者间的联结点是禹接受了舜帝的禅让，成为中原的统治者。《史记·夏本纪》中云："帝舜荐禹于天，为嗣。……禹于是遂即天子位，南面朝天下，国号曰夏后，姓姒氏。"在夏朝建立之前，大禹与尧、舜相关的事迹主要有三：治平水土、征伐三苗、受禅。但实际上，大禹与尧、舜至少存在三个"切割点"。

第一个切割点是大禹治水的施令者。

依据传世文献，禹因治水而取得历史功绩。禹治水发生在"天下犹未平，洪水横流"的尧帝时代。《孟子·滕文公上》中云：天下百姓患难，尧日夜忧心似焚，"举舜而敷治焉"，于是命舜去治世，舜遂起用禹去治水。《史记·夏本纪》中亦称，舜"命禹：'女平水土，维是勉之。'禹拜稽首，让于契、后稷、皋陶"。说明禹治水是奉舜之命进行的。

某些出土材料如上博竹简《举治王天下》则与《滕文公上》的记载略有差异。在《举治王天下》之《尧王天下》中，尧已经平定天下，并取得了王位，但是对施政抱有疑问，"访之于子（禹）"，于是向禹求教。尧首先问："从政何先？"禹回答说："唯志。"即立志为从政之先。接下去的竹简残缺，语意不明。但可以看出当时禹是尧的廷臣。在之后的《禹王天下》中，明确提到禹仕于尧，"禹事尧，天下大水"。禹与尧为君臣关系，并接受尧的命令治水，而不是舜的命令，这与传世文献略有不同。

但是，西周中后期的豳公盨铭文中，又有"天命禹敷土"的记载，足见在早期传说中命禹者乃天，根本不存在尧或舜命大禹治水的可能，也就间接否定了尧、舜为大禹早年的君王。这也得到了传世文献《吕刑》《洪范》，出土文献清华简《厚父》的证实。

第二个切割点是禹征伐三苗的出师依据。

征伐三苗本来是大禹的事，但也有尧、舜征三苗的传说。《墨子·非攻下》记载："昔者有三苗大乱，天命殛之，……高阳乃命玄宫，禹亲把天之瑞令，以征有苗。"可见禹征三苗也是遵天命而为。尧、舜与三苗的联系出现在墨子之后，最早见于《左传·昭公元年》中的"于是乎虞有三苗"。上博竹简《举治王天下》之

《舜王天下》也有"舜王天下，三苗不宾，舜不害其道，不塞其……"[1]说明三苗之乱，发生在尧舜之际。这是因为，随着四代观的兴起，夏朝建立之前的禹伐三苗被置放于尧舜的虞朝，自然而然，禹征三苗的缘由也从天命转化为尧、舜的命令。

第三个切割点是皋陶所处的年代。

传说上古时期著名的人物皋陶奉尧之命作五刑，所以北宋苏轼在《刑赏忠厚之至论》中说"当尧之时，皋陶为士"。最早记载皋陶与尧、舜关系的上博竹简《容成氏》中云舜"乃立皋陶以为李（理）"，其年代要晚于墨子，大致与庄子相当，约在公元前300年，即战国中期偏晚。不过根据清华简《厚父》的记载，禹时的廷臣皋陶是奉天命降临世间，辅佐禹的儿子启，与尧或舜无关。清华简《厚父》虽然抄写的时间与上博竹简《容成氏》相当，但是形成于春秋甚至更早，明显早于《容成氏》。可见，早期的传说中，皋陶生活在禹、启之际，不可能是尧时的人物。皋陶与尧、舜的关系也应当产生于四代史观流行之后。

由这三个切割点，基本上可以判断，在周人早期的观念中，大禹、皋陶与尧、舜不属于同一个历史叙事框架内的传说人物，这主要与尧舜故事时间久远而仅依赖口口相传流传有关。例如，《尚书·舜典》中说，尧十六即位，在位七十载，后禅让给舜，又"二十有八载，帝乃殂落"。如此一算，尧死时一百一十四岁，这显然是不可能的。酋邦时代的往事，口耳相传，越千年之后，到了春秋战国时期，世人剩下的只是既笼统又模糊的历史记忆。而且，迄今为止，尚无法从考古发现中找到尧、舜存在的证据。因此，二者有可能是周人对上古时期部落首领的一种概念性称呼。

---

1 俞绍宏、张青松编著：《上海博物馆藏战国楚简集释》（第九册），社会科学文献出版社，2019年，第180页。

即某个部落首任首领的名号,以后成为各个继承者袭用的名号,并非特指具体的某个人物,而代表的是氏族或部落,所以才会有尧在位九十八载的传说。

上博竹简《容成氏》中记载:"又吴迵匡天下之政十有九年而王天下,三十有七年而泯终。"有学者将"又吴迵"释读为"有虞迵",认为有虞迵也应该是酋邦时代的一位最高酋长或者天子,是尧的前任[1]。迵、尧、舜相继禅让,自成一套传说系统。也有大禹禅让皋陶、伯益的传说,与尧、舜禅让,分属两套不同的上古传说系统,后者产生的年代更晚。二者交汇的时间,大概在上博竹简《容成氏》的年代,即战国中期偏晚。因而必须将夏部族始祖大禹与尧、舜传说切割开来,禹是禹,尧、舜是尧、舜。只有在没有尧、舜的背景之下进行叙事,才能够还原一个真真切切的大禹故事。

文献中的鲧及鲧禹父子传说

大禹是中国文明起源与早期国家形成过程中一个关键性的历史人物。《史记·夏本纪》曰:"夏禹,名曰文命。禹之父曰鲧。"根据流传的神话传说和文献记载,禹的父亲是鲧。鲧是夏人的远祖,在夏、商、西周,直至春秋时期仍然受到世人的崇祀。如《左传·昭公七年》中有鲧"其神化为黄熊,以入于羽渊,实为夏郊,三代祀之",《国语·鲁语上》亦称夏人"郊鲧而宗禹"。夏朝的起始之地在嵩山,该地也是鲧传说的起源地。《国语·周语上》云"昔夏之兴也,融降于崇山",崇山就是嵩山,据载是鲧

---

[1] 郭永秉:《帝系新研——楚地出土战国文献中的传说时代古帝王系统研究》,北京大学出版社,2008年,第55页。

的封地，如《帝王世纪》云"夏鲧封崇伯"[1]，所以鲧也称为"崇伯鲧"。

禹既为周人记忆中的第一个古人，那么鲧的真实情况如何？鲧和禹是否是传说中的父子关系？

鲧最早出现于《尚书·洪范》和《墨子》。《洪范》中说："鲧堙洪水，汩陈其五行；帝乃震怒，不畀洪范九畴，彝伦攸斁。"《洪范》年代的争议性很大，通常认为是在西周至春秋之际。战国中期的《墨子·尚贤》云："若昔者伯鲧，帝之元子，废帝之德庸，既乃刑之于羽之郊。"此处与《洪范》中的"帝"，均应指天帝，而不是尧或舜。墨子说伯鲧是天帝的长子，具有神性，既然称为"伯"，即为一族之长，那么，鲧的族长权位，显然得自天帝。

有文献称，鲧是黄帝之后。如《山海经·海内经》云"黄帝生骆明，骆明生白马，白马是为鲧"；《世本》也称"黄帝生昌意，昌意生颛顼……颛顼生鲧，鲧为颛顼子"[2]。但是年代更早的文献，像《洪范》和《墨子》，并没有将鲧和黄帝、颛顼、尧、舜联系起来，因而鲧为黄帝后裔当是后人附会的传说。

再之后，《左传》与《国语》中也出现鲧的事迹。如《国语·周语下》云："其在有虞，有崇伯鲧，播其淫心，称遂共工之过。尧用殛之于羽山。其后伯禹念前之非度……"《左传·襄公二十一年》中也说"鲧殛而禹兴"。可见在战国中期之前，世人都认为鲧、禹是夏部族首领，前后承继，但鲧、禹之间的关系含混不清，鲧为禹的父亲的身份并不明确。禹是夏后氏的首领，而鲧有可能是夏部族集团中其他支系的首领。

---

1 徐宗元辑：《帝王世纪辑存》，中华书局，1964年，第48页。
2 宋衷注，茆泮林辑：《世本》，中华书局，1985年，第6—10页。

在墨子时期，流传的有关鲧的故事中，他不是被尧殛诛的，而是被天帝。被诛之因并非鲧治水无功，而是"废帝之德庸"，即不用天帝之德，违逆了天命。墨子的这种尊天命之说与清华简《厚父》中的敬畏皇天之命，其内涵是相同的。及至《左传》《国语》，殛诛鲧的施令者由天帝变成尧，尧发出殛鲧之令，舜负责执行。殛鲧的原因则与治水失败的共工联系起来。到了屈原的《天问》，鲧是一个悲剧英雄。"顺欲成功，帝何刑焉？"屈原说鲧在治水即将成功之际，不知为何被天帝施刑，后因性格"婞直"而亡。

从传世文献来分析，关于鲧的最早记载在春秋与战国之间，比尧、舜还要晚，鲧很可能跟尧、舜一样，并非真实存在的历史人物，只是豫中环嵩山地区部落首领的概念性称呼。发生在鲧身上的许多难以理顺头绪的传说，大概糅合了几个部落首领的传说故事。比如，鲧的事迹与共工氏相类似；鲧殛于羽山，入于羽渊，"鲧殛死，三岁不腐，副之以吴刀，是用出禹"；鲧死后有三变，化为黄熊、玄鱼、黄龙；等等。有关鲧的神话传说，更多地是将他与治水联系起来。鲧使用堙塞的方法导致治水失败，结果惨遭尧舜的殛杀，如《国语·鲁语上》云"鲧（即鲧）鄣洪水而殛死，禹能以德修鲧之功"。西方学者马伯乐（Henri Maspero）和艾博华（Wolfram Eberhard）则认为，鲧治水和禹治水很有可能是两个不同地域的洪水传说相结合的结果[1]，可备一说。

屈原又说："伯禹愎鲧，夫何以变化？"后人对这句话的解释，多有歧义。

其一，"愎"是刚愎的意思。如清代王夫之解释说："愎亦作腹，非是。……鲧（即鲧）之愎，禹之圣，父子一气而变化殊，

---

1 ［美］艾兰著，孙心菲、周言译：《世袭与禅让——古代中国的王朝更替传说》，北京大学出版社，2002年，第44页。

天性异邪。"[1]

其二,"愎"通"腹"。如东汉王逸解释说:"言鲧愚狠,腹而生禹,禹少见其所为,何以能变化而成圣德也?"[2]清代学者钱澄之的《庄屈合诂·屈子楚辞》中进一步提出:"禹为鲧子,是鲧腹中出也。"但男人是不能生孩子的,所以杨堃参考民俗学,认为这是产翁制的反映。产翁制属于母权制向父权制过渡过程中,在父权制初期产生的一种奇异习俗:妇女分娩后,继续从事劳动,而由丈夫代替卧床,照料新生幼儿。这样的习俗曾经在世界范围内存在。伯鲧既为首领,禹降生之后,鲧就"以巫师的资格来主持这幕礼式,而装出'坐月'的样子,好像小孩真正是他自己所生一样"[3]。不过,以产翁制来证实鲧禹的父子关系,显然是不合时宜的。古史传说中,颛顼时代就已经进入父系氏族社会,父权制也随之确立起来。鲧时哪来的母权制向父权制过渡?而且用"坐月子"诠释"腹",太过于牵强附会,于理不通。

不过,无论从哪一种解释,都可以看出在屈原生活的战国后期,鲧禹父子关系的传说十分盛行。如,清华简《参不韦》中,鲧、禹被分别称为启的"先祖伯鲧""考父伯禹",鲧禹父子关系已被承认了。《世本》中明确提出:"颛顼生鲧,鲧生高密,是为禹也。"[4]《大戴礼记·帝系》中也说:"颛顼产鲧,鲧产文命是为禹。"司马迁沿袭了这种说法,将其载入《史记·夏本纪》。此后,鲧禹的父子关系逐渐广为流传。

可见,战国中期之前,并没有鲧、禹父子关系的确切说法。

---

[1] (清)王夫之:《楚辞通释》,中华书局,1959年,第49—50页。
[2] (汉)王逸撰,黄灵庚点校:《楚辞章句》,上海古籍出版社,2017年,第70页。
[3] 杨堃:《关于神话学的几个问题》,《社会学与民俗学》,四川民族出版社,1997年,第242—246页。
[4] 宋衷注,茆泮林辑:《世本》,中华书局,1985年,第11页。

鲧为禹父之说，出现在战国晚期，或许与虞夏商周四代史观的流行有关。及至西汉之时，由于司马迁的记载，鲧禹父子关系遂成为定说。

大禹出生的传说，也随着鲧禹关系的变化而变化。约公元前5至前4世纪的出土文献上博竹简《子羔》中，记载了大禹感生神话："（禹之母，有莘氏之）女也，观于伊而得之，娠，三年而划于背而生，生而能言，是禹也。"有莘氏之女在伊水怀上了大禹，三年之后，她剖开背部，生下了大禹。故事讲述的是大禹出生自母背，该传说盛行于战国至西汉之际，类似的记载屡屡见于传世文献。比如高诱注《淮南子·修务训》云："禹母修己，感石而生禹，折胸而出。"说的是禹母感石而孕，剖胸而生禹。《帝王世纪》中也有相似的记载："父鲧妻修己见流星贯昴，梦接意感，又吞神珠、薏苡，胸坼而生禹。"[1]这是说禹母感流星，吞食神珠、薏苡之后有身孕，后剖胸而生禹。

西汉时期，出现了大禹诞生于石纽或者四川汶川的说法，其当与大禹感石而生的神话有关。如扬雄《蜀王本纪》中云："禹本汶山郡广柔县人，生于石纽。"这应当是西汉时期国家大一统背景下，构建的一系列体现民族融合观念的故事之一。裴骃《史记集解》中也说："皇甫谧曰：ّ孟子称禹生石纽，西夷人也。ٔ传曰ّ禹生自西羌ٔ是也。"但是裴骃所引用的是三国时期皇甫谧《帝王世纪》中的话，而就传世文献所见，孟子并未说过"禹生石纽"，这是裴骃对《孟子》的误引或伪造。

《淮南子·修务训》《世本》中的记载，与上博竹简《子羔》略有差异，但故事框架基本一致。当时鲧禹父子说尚未盛行，而

---

[1] 徐宗元辑：《帝王世纪辑存》，中华书局，1964年，第50页。

大禹无父感生的故事有更早的渊源，且属于另一种流行已久的传说，人们很熟悉。而且，《子羔》属于儒家文本，战国中期儒家已是一门显学，追随者众多，不须自创一些奇谈怪论以博眼球。因而《子羔》记载这一故事并不担心遭人非议，其可靠性也有所保证，或许正因为这也是战国中期对夏后氏起源的一个记忆。

有莘氏之女观于伊水而得大禹，大禹为夏后氏始祖，说明在世人的认知中，嵩山以南是夏后氏的发源地。如此，大禹应来自嵩山南部，这能与上博竹简《子羔》中大禹生于伊水的神话相洽。而这个伊水之滨的有莘氏应是夏部族的支系之一，后来的夏王启把一个庶子封在此地。世人常常将其与开封的有莘氏混淆在一起。启庶子的后裔为了区别二者，去掉草字头，把"莘"简化为"辛"，就成了辛氏。据《史记·夏本纪》，辛氏是夏部族集团的十二个姒姓氏族之一。这十二个姒姓氏族中，费氏、杞氏、辛氏、缯氏四个姒姓已经得到周代青铜器铭文的印证[1]，足以说明司马迁所言不虚。

表8 夏部族集团姒姓封国简表

国氏	始封	都邑或居地
夏后氏	禹	都邑多变，但多在豫西晋南
有扈氏		陕西西安鄠邑区
有男（南）氏		河南南阳一带
斟寻氏		先居河南巩义，后迁山东潍坊
彤城氏		陕西渭南华州区

---

1 陈絜：《商周东土夏遗与夏史探索》，《历史研究》，2020年第1期。

（续表）

国氏	始封	都邑或居地
褒氏		陕西汉中勉县
费氏		河南偃师
杞氏	西周初再封东楼公	河南杞县
缯（鄫、曾）氏	帝少康少子曲烈	河南新密、新郑间
辛（莘）氏	夏启支子	河南伊水流域
冥氏		山西平隆
斟戈（灌）氏		河南清丰一带

（根据孙庆伟：《鼏宅禹迹：夏代信史的考古学重建》，生活·读书·新知三联书店，2018年。略有改动。）

上博竹简《子羔》的年代比较早，彼时四代史观尚未出现，所以世人还没有将鲧、禹联系起来。《子羔》中禹无父感生传说的形态相当原始，暗示着在战国早期甚至更早期的周人观念中，禹为天所命，本应为天帝之子，而非鲧的儿子，或者黄帝、颛顼等其他传说人物的后裔。这与遹公盨铭文、清华简《厚父》的内涵是一致的，它们也许产生于共同的源头。

鲧禹父子关系的说法在战国晚期才出现，可信度很低。不过，随着鲧禹父子关系的确立，传说中禹的生母有莘氏之女自然而然变成了鲧的妻子。《大戴礼记·帝系》中说："鲧娶于有莘氏，有莘氏之子，谓之女志氏，产文命。"文命，传说是大禹的名字。《帝王世纪》曰："伯禹夏后氏，姒姓也，生于石坳，虎鼻大口，两耳参漏，首戴钩钤，胸有玉斗，足文履已，故名文命，字高密。"[1] 这一些是后人假托的，属于无稽之谈。

第三节　商周对夏朝的历史记忆

周人用"夏"称呼禹的王朝

大禹既为西周观念中的第一个人王，鲧禹父子关系又只是后世文献的假托之说，那么大禹建立的夏王朝真的存在吗？

一直到战国中期以后的文籍里，禹才是夏朝第一位君主。因此，顾颉刚虽然主张大禹神性说，但是他承认夏朝的真实性的同时，认为禹是禹，夏是夏，两者之间毫无交集。但是，春秋之前的清华简《厚父》，则明确提出了禹跟夏王朝的联结关系，即禹就是夏王朝的奠基人。这既是对顾颉刚大禹神性说的挑战，又是对夏王朝真实存在的文本确认，其意义十分重大。虽《尚书》《左传》《国语》《史记》等有大量有关夏代的记载，但这些传世文献距离夏代超过1500年，经历了转抄、删改等多个环节，无法说明问题。要进一步证实夏代存在，必须找到当时的自证性材料。

目前，二里头文化已经公布的陶刻符号不少于64种，其中见于二里头遗址的大约50种，见于其他遗址的约14种。[2] 这些刻符基本上以直线、弧线、折线的组合型为主，但大多数以孤立的形式存在，还没有发现成组连字成句的陶刻符。张光直先生认为，"二里头许多陶片上有陶文，其中若干是可以认出来的，但它们大

1　徐宗元辑：《帝王世纪辑存》，中华书局，1964年，第49—50页。
2　李维明：《二里头文化陶字符量化分析》，《考古与文物》，2012年第6期。

概是辨别用的符号而不是当时事件的纪录"[1]。所以它们是否属于真正的文字,难有定论。

一般来说,殷墟发现的甲骨文是中国已发现的最早成熟文字。一种文字的成熟,必须经过长期的积累与发展,因而甲骨文有可能在二里头时期就初步形成了。引人注目的是,殷墟甲骨卜辞中的很多"器物象形字",包括爵、盉、钺、鬲、尊、豆、壶等,与二里头文化的器物外形非常相似,可能直接沿用了二里头时期的文字。但正如李学勤先生所言,夏代"尽管有文字,却没有多少能传留至今。我们不能把希望单纯寄托在文字的发现上"[2]。

至今不但尚未发现夏代的文字,而且连甲骨文中也没有出现"夏"这个字。这就有点不可思议了。甲骨文没有"夏"季。甲骨文中有个上"日"下"頁"组装起来的字形,跟金文中的"夏"有点类似,所以人们猜测那就是"夏"。可是这个字形仅仅用作人名,跟季节无关,更不能代表夏朝。很可能,殷人尚未将他们所灭的王朝称为"夏"。

最早的"夏"字出现在西周晚期的伯夏父鼎与春秋前期的秦公簋上。伯夏父鼎铭文中的"夏"字(《殷周金文集成》2584),为左右结构,左为一小"日",右为一大眼人举手,似为挡住耀眼的太阳光。秦公簋铭文中的"夏"字,字形较为复杂,为上中下结构,上为"頁"(意为人头),伯夏父鼎中的小太阳字形没了,中为"臼"(即两只手),下为"夊"(即方向相反的两只脚)。后世的夏字,就是由此演化而来。《说文解字》中释云:"夏,中国之人也。从夊,从頁,从臼。臼,两手;夊,两足也。"整个字形就是完整的一个人,叉着双手,晃悠悠地走路。

1　张光直:《中国青铜时代》,生活·读书·新知三联书店,2013年,第9页。
2　李学勤:《序》,《夏文化研究论集》,中华书局,1996年,第1页。

记载禹事迹的周代青铜器，有豳公盨、秦公簋、芈加编钟与叔夷钟镈等。这些青铜器的年代基本上清楚，其中，豳公盨最早（约公元前9世纪初）。

豳公盨铭文中说："天命禹敷土"，禹治平水土，救济苦难之中的芸芸众生，"迺自作配乡民，成父母"。"成"，立也。"父母"在早期传世文献中也指称君王，如《尚书·洪范》中云"曰天子作民父母，以为天下王"。"迺自作配乡民，成父母"意即大禹施恩惠于民，受到民的崇仰，因而被民立为王。《大戴礼记·五帝德》中记载，孔子说大禹"巡九州、通九道、陂九泽、度九山，为神主，为民父母"。这句话可与豳公盨铭文相印证，说明大禹是被天下百姓拥戴为王的。只可惜豳公盨铭文没有提到夏朝，大有可能在西周中期尚未产生"夏"这个朝代概念，所以铜器的主人没有顺理成章地将禹跟夏联结起来。但从中可以看出，西周时期已经承认禹是天下众民之王，即是包括夏后氏或者夏部族在内的华夏之共主。

再看看春秋早期的秦公簋，铜器上铸刻有"虩事蛮夏"，意指秦人为周成守西陲，小心谨慎地与周边各部落和平相处。"蛮"，即西戎。"夏"因与"蛮"连称，所以也是诸夏、华夏的意思，不可能指夏朝。

芈加编钟铭文中有"以长辥夏"，"辥"，第一人称代词，即我，"夏"，是华夏部族的标签，属于历史记忆的反映，既可以指华夏、诸夏等文化意义上的标签，也可以指传说中的夏王朝，确切的含义不是很明了。

这告诉我们，在春秋之前，"夏"通常指华夏部族，尚未跟夏朝政权相联结起来，如《说文解字》所云："夏，中国之人也。""夏"的本意泛称中国之人，也就是华夏部族。大禹建立的政权,不一定称"夏",可能是另一个称呼,也可能没有名字流传下来。由此可见,从西周时期一直到秦公簋的铸造年代(约公元前770年—前650年之间),在世人的观念中,大禹建立的政权并不称"夏"。

那么,从什么时候开始用"夏"来指代这个失落的大禹王朝呢?叔夷钟镈是殷人之后为颂扬祖先成汤伐夏的丰功伟绩而铸造的,所以铭文"剗伐夏司"中的"夏司(即夏后)"指的是夏朝末代君主后桀,"夏"完全可以确认为夏朝。

传世文献中较早将大禹与"夏"连称是在《国语·郑语》中,有"夏禹能单平水土,以品处庶类者也"等,但是成书年代较晚,大约在战国前期。年代更早的《诗经·商颂·长发》中虽然也有"夏桀",但是因为《诗经》在流传过程中被孔子作了一定的整理与修饰,所以尚不能断言《长发》的原貌如何。

故而据目前所知,大禹建立的王朝被称为夏朝,至少不晚于叔夷钟镈的铸造年代(约公元前560年),在孔子诞生(公元前551年)之前一二十年。叔夷钟镈是宋国贵族之后的器物,器主叔夷的祖上是商汤,父亲为宋穆公的子孙,母亲为宋襄公的外甥女。有可能是春秋时期殷人后裔在缅怀殷商先祖的功业时,用"夏"来指称禹的王朝,其后经孔子的发扬,逐渐沿袭至今。以此估计,夏朝的朝代概念大约出现在公元前600年。及至孔子时期,夏作为一个朝代的名字已经很流行了。

表9　出土材料中的"夏"举要

出土材料	年代	引文	"夏"的含义
秦公簋铭文	公元前650年	"虩事蛮夏"	"夏"指华夏
莒叔之仲子平钟铭文	鲁釐公时期（公元前659年—前627年）	"闻于夏东"	"夏东"指东夷，"夏"应指华夏
芈加编钟铭文	公元前566年	"以长辝夏"	"夏"的确切含义不明
叔夷钟镈铭文	公元前567年之后（约公元前560年）	"剗伐夏司"	"夏"确指夏王朝
清华简《厚父》	春秋时期或更早	"建夏邦""永保夏邑"	"夏"指夏王朝

学界认为，清华简《厚父》的创作年代在春秋时期之前，简文中的"夏邦""夏邑"表述十分古老、稀见，大概就是春秋时期大禹王朝的较早称号。在这之前，"夏"的本意指诸夏、华夏，指的是生活在中原地区的华夏部族，以与夷、狄、蛮区别开来。先秦的典籍中，"夏"通常被训释为"大"，很可能是因为华夏部族的规模比周边的夷、狄、蛮庞大，文明更加发达。夏朝的得名应该跟此有关。殷人后裔用夏来称呼汤所灭的政权，使得汤继禹之后成为华夏共主的历史形象更加鲜明，从而彰显商王朝取代前朝的合法性，带有点光宗耀祖的意味。商朝时期的殷人绝对想不到，他们老祖宗成汤推翻的政权，会在一千年后被称作夏朝。难怪在甲骨文中找不到"夏"。

殷商甲骨文佐证夏朝的存在

夏王朝为成汤所灭，这是明摆在那儿的事实。老子说，"行而有迹"。凡所存在过，必留下痕迹。甲骨文中，并非寻觅不到夏朝的蛛丝马迹。殷商卜辞中，能佐证夏王朝的存在的，最著名的有两处。

佐证之一：卜辞中的"西邑"，即传世文献中的"西邑夏"。

"西邑夏"最早见于已失传的《尹诰》。《礼记·缁衣》中引用了《尹吉》中一句话："惟尹躬天，见于西邑夏，自周有终，相亦惟终。"《尹吉》就是《尹诰》。《尚书·太甲》则引作："惟尹躬先，见于西邑夏，自周有终，相亦惟终。"东汉经学大师郑玄解释说："夏之邑在亳西。见或为败。"清华简《尹诰》中的"尹念天之败西邑夏"，印证了郑玄"见或为败"的猜想。清华简是战国时期的原始文本，所以《尹诰》中原话的意思应该是：伊尹认为，成汤之所以能够取代西邑夏，夺得天下，实际上是因为西邑夏失去天命，为天所败，即被天帝抛弃。而西邑夏显然就是商代早期都城亳以西的夏代都邑。清华简《尹至》中也有一句话："自西捷西邑，戡其有夏。"《尹诰》与《尹至》两篇简文相对证，足见西邑夏也可以简称为"西邑"。至于把这座位于亳以西的夏代都邑与斟鄩相联系起来，是西汉以后的事。

文献中的"西邑"也在武丁（约公元前1250年—前1192年在位）时期的甲骨卜辞中出现，台湾学者蔡哲茂先生列出了六处：

（1）贞于西邑。（《甲骨文合集》07863）

（2）西邑□卷。（《甲骨文合集》07864正）

（3）贞㞢于西邑。㞢于黄尹。（《甲骨文合集》07865）

（4）贞燎于西邑。（《甲骨文合集》06156正）

（5）西邑。（《库方二氏藏甲骨卜辞》487）

（6）丁巳（卜），□（贞告）䖒于西（邑）。七月。（《甲

骨文合集》09631）

甲骨卜辞中的"邑"，通常有四种意思：其一，商王之都称邑；其二，方国之都称邑；其三，诸侯或贵族领地称邑；其四，商王、方国或诸侯辖下的小邑。[1]《说文通训定声》"邑"字下有："《书》西邑夏、天邑商、大邑周皆谓国。"[2]所以，这六条卜辞中的"邑"应当指规模较大的聚落，如"大邑商"是殷商的都城。

"西邑"或"西邑夏"，都是由商、周邑制国家的概念转化而来的词语。在卜辞中，"西邑"和"黄尹"一起，作为祭祀的对象出现。对此，蔡哲茂则认为，尽管夏王朝已经灭亡三百多年，但殷人仍然相信，夏王的亡灵能作祟害人，所以要不时地举行祭燎。[3]黄尹的身份尊崇，其家族与商王室有姻亲关系，所以受到殷人的隆礼祭祀。或认为黄尹就是伊尹，但说法不一。有学者认为，成汤伐桀之后，在二里头遗址（或即斟鄩）东边7千米处另筑一个偃师商城，以监视夏朝遗民，防止他们作乱。黄尹有可能就是镇守偃师商城的军政大员，所以他与西邑的夏王亡灵一起受祭。

不管怎样，如李学勤先生所言，"西邑"见于甲骨文，看来就是夏。[4]从商朝到战国、秦汉时期，对于出土文献或传世文献中所称的"西邑"，都可以放心地指认为夏王朝。

佐证之二：卜辞中的"杞侯"或"杞"，即传世文献中夏之后裔所在的杞国。

史书中记载，夏王朝灭亡之后，夏部族后裔被封于杞、鄫二国。如《大戴礼记·少间》云，成汤"乃放移夏桀，散亡其佐，

---

1 宋镇豪：《夏商社会生活史》，中国社会科学出版社，1994年，第41—42页。
2 （清）朱骏声：《说文通训定声》，中华书局，1984年，第117页。
3 蔡哲茂：《夏王朝存在新证——说殷卜辞的"西邑"》，《中国文化》，2016年第2期。
4 李学勤：《清华简与〈尚书〉、〈逸周书〉的研究》，《史学史研究》，2011年第2期。

乃迁姒姓于杞"。《史记·夏本纪》也说:"汤封夏之后,至周封于杞也。"周武王灭商之后,赐封大禹后裔,号其曰"杞东楼公"。杞人,因而被视为根正苗红的大禹苗裔,分布在今河南杞县。《论语·八佾》中,孔子说:"夏礼吾能言之,杞不足征也;殷礼吾能言之,宋不足征也。"这是有关孔子将杞与夏、宋与商相提并论的记载。可见在当时的观念中,夏朝与商朝一样,都存在过,夏的后裔就是杞国。只不过有关杞国的事迹渺然,所以孔子虽"信而好古",却苦于文献不足,只能望洋兴叹,感慨地说"杞不足征"!

在甲骨卜辞中,就有多处涉及夏部族的后裔杞人,如:

(一)丁酉卜,㱿,贞杞侯㷇,弗其凹凡㞢疾。(《甲骨文合集》13890)

(二)癸巳卜,令共賣杞。(《甲骨文合集》22214)

(三)己卯卜,行,贞王其田亡灾。在杞卜。庚辰卜,行,贞王其步自杞于□亡灾。(《甲骨文合集》24473)

其中,第一条是商王武丁时期的卜辞,当时的杞侯名字叫㷇,得了重病。武丁很关心这个方国首领,让贞人㱿去向神灵卜问他的病情。

除了甲骨卜辞,台北故宫博物院还收藏一件商朝末年的青铜器,是铸刻有铭文"亚丑杞妇"的铜卣。"亚"就是亚服,是商王朝时期的高级武职。亚丑的配偶来自杞国。

这些殷商时期的卜辞和青铜器铭文,是杞国存在的铁证。孔子时期,世人皆知杞人为大禹的直系后裔,而禹是夏王朝的创建者,杞又存在于殷商时期,由已知推未知,那么殷商之前夏王朝的存在也不成问题了。

除了杞，夏之后裔居地还有鄫，在今河南新郑、新密一带。《国语·周语下》中云："有夏虽衰，杞、鄫犹在。"三国史学家韦昭注："杞、鄫二国，夏后也。犹在，在灵王之世也。"甲骨卜辞中的"曾"，是夏代的鄫国从河南新郑、方城一带迁徙至湖北北部地区的[1]。武丁南伐荆楚之时，曾国军队为商军的左翼：

乙未卜，囗，（贞）立事（于南）。右从我，（中）从舆，左从曾。十二月。（《甲骨文合集》05512）

《史记·夏本纪》记载，大禹"封皋陶之后于英、六"。"六"指夏朝时期的诸侯国，是大禹时期的大臣皋陶后裔的聚居地，在今安徽六安境内。"六"也见于甲骨卜辞。如：

戊戌卜，㱿，贞祈祀六，来秋。一（《甲骨文合集》09185）

卜辞中的"六"显然是个地名，与夏朝时期的"六"应为同一地名。此外，甲骨卜辞中的"戈方"，是夏部族后裔的一支，地望大概在今河南嵩县西南。

夏朝末期有一个结盟诸侯国雇国，据传为昆吾氏之后，地望在今山东郓城境内。夏朝灭亡之后，雇国仍然存在。甲骨卜辞中有"贞取雇伯"，意即去往雇国，以笼络雇伯，争取雇民人心。又有：

癸卯卜，行，贞王其步自雇于勘无灾。在八月。在师雇。（《甲骨文合集》24347）。

根据这条卜辞，雇成了殷商时期经营东方地区的军事要地。

---

[1] 张国硕、王琼:《试析夏商周时期的曾国》，罗运环主编:《楚简楚文化与先秦历史文化国际学术研讨会论文集》，湖北教育出版社，2013年，第17—25页。

传世文献中与夏王朝直接相关的"西邑夏""杞",都能同出土文献,甚至殷商甲骨卜辞相对应。卜辞中记载了不少夏朝时期的诸侯,如"六""雇"等。这些记录无疑是当时殷人有关夏朝最接近、最清晰的历史记忆。

历史记忆是口述历史的基础,和所有的记忆一样,都不可能是对过去历史真相的完全复原,但它体现了文化传统的持续性:与历史记载一样,都建立在一个民族的思想链条之上。商王武丁距离夏朝不过三四百年,相当于从清朝康熙到现在,夏朝已成过往云烟,所以殷人在日常的占卜活动中很难直接提及,今人也难以从甲骨卜辞中找到与夏王朝直接相关的表述。但是,商朝取代夏朝的事迹,仍然清晰地印在殷人的脑海中,并未完全泯灭,故甲骨卜辞有如此之多的间接证据,足以说明商朝之前还有个夏王朝。

夏王朝的建立者无疑是大禹。不过,大禹被拥立为王之时,并不清楚自己正站在文明的门槛之上,干了一件具有划时代意义的开天辟地大事。所以大禹不可能像后世的皇帝那样,在登基的第一天,颁诏天下,给这个亘古未有的新生政权起一个响当当的名字。那么,大禹所开创的夏王朝又是一个怎样的时代?

文献记载中的夏王朝世系

中外学者就夏朝是否真实存在出现过严重的分歧。东亚学者如国内多数学者以及日本学者饭岛武次、冈村秀典、宫本一夫等,持肯定态度。一些西方学者持否认态度,如艾兰认为周代关于夏的记载是从商代二元神话衍生出来的;俄罗斯汉学家刘克甫(M. V. Kryukov)的看法是,一个民族的"自我认证",须有书写(而非口传)的文字和当时的(而非后来的)记录作证明,但是目前有关夏真实存在的证据,都不具备这些要素,所以夏是不存在的。[1]也有一些造诣较深的西方学者则认同夏的存在,如美国著名的历史学家威廉·麦克高希（William McGaughey）就明确指出,"大约公元前2000年,中国的文明在早期新石器文化出现的地方发展起来。……夏及后来商的统治者在黄河流域建立了王国"[2]。

简而言之,夏的存在,就差文字的发现。国内的考古学家认为:"在探索夏文化的过程中,刻意追求文字一类的证据,实际上是对考古学研究方法的不了解和不信任。"[3]日本学者饭岛武次认为,在缺乏自证性文字材料的情况下,可以通过以下途径来探索夏朝:

> 首先,根据传世文献中与夏朝相关的地名,推测出夏朝的地理区域;其次,对分布在该区域内的遗物、遗址进行碳十四年代测定和碳十四年代测定值的校正,并与根据传世文献推测出的夏朝年代进行比对;最后,综合分析这些遗物和遗存的性质特征。通过以上途径,笔者发现夏朝的存在具有极高可能性,从而证实夏朝的真实性。[4]

因而关于夏王朝的认知,目前我们可以确认一个基本的事实,即商之前还有一个历史阶段——夏,夏的奠基者是大禹。

关于夏代历史的传世文献记载,最早出现在西周时期的《尚书·多士》,其据说是周武王的弟弟周公旦发布的训令。周公旦训

---

1 闫敏:《洛杉矶"夏文化国际研讨会"英文本论文译述》,《人文杂志》,1991年第4期。
2 [美]威廉·麦克高希著,董建中、王大庆译:《世界文明史——观察世界的新视角》,新华出版社,2003年,第143页。
3 孙庆伟:《鼏宅禹迹:夏代信史的考古学重建》,生活·读书·新知三联书店,2018年,第3页。
4 [日]饭岛武次:《二里头考古与夏王朝的真实存在》,《历史研究》,2020年第5期。

话的目的是以殷革夏命来证明周革殷命的合理性与合法性,其对象是周人上层贵族和殷商遗民。如果夏代是周公编造的谎言,那么他的训令就会变得苍白无力,自打嘴巴,削弱了诰命的权威性。而且周公没有必要杜撰一段历史,去欺骗同时期的周人上层贵族。总之,在周人的观念中,商王朝之前还存在一个被周人称为"夏"的历史阶段。这也从一个侧面说明,夏王朝的真实性,是有极大概率的。

司马迁《史记》中明确记载了夏朝的存在,并录有夏朝的君王世系年表。近代著名学者王国维曾对此提出自己的看法:"由此观之,《史记》所述商一代世系,以卜辞证之,虽不免小有舛驳而大致不误,可知《史记》所据之《世本》全是实录。而由殷周世系之确实,因之推想夏后氏世系之确实,此又当然之事也。"[1] 王国维的成见虽有一厢情愿的成分,但是考古学研究已经证明在殷商之前存在一个以中原为核心的考古学文化系统,其年代、分布情况、文明化程度等,都与《史记》中记载的夏朝相符。由此看来,《史记》中的夏朝世系有一定的可信度。同时也应当看到,殷商卜辞中迄今尚未发现有关夏代的直接文字描述。春秋以降对夏王朝的记载,属于一千五百年之后的历史记忆,难免出现失实之处。

传世文献记载,夏王朝共14世,17个王,但是各种史书对夏王在位时间的记载都不同,相当混乱,不知所出。具体情况如下表所示:

---

[1] 王国维:《古史新证——王国维最后的讲义》,清华大学出版社,1994年,第52页。

表10 文献记载中的夏王世系简表

序列	夏王（又名）	《古本竹书纪年》	《今本竹书纪年》	《帝王世纪》	《通鉴外纪》	《路史·后纪》	备注（栏中数字为在位年数）
1世	禹	45	8		9	15	《史记》10
2世	启	39	16	9	29	16	《纪年》28
3世	太康		4	29	29	19	
3世	仲康		7		13	18	《年代历》26
4世	相		28		28	30	仲康之子
东夷政权	后羿		40		8	43	
东夷政权	寒浞				32		
5世	少康		21		21	46	相之子
6世	杼（宁）		17	17	17	27	
7世	芬（槐）	44	46	26	26	26	《世纪》28
8世	芒（荒）	58	58	13	18	18	《帝王本纪》13
9世	泄	21	25	16	16	26	《年代历》16
10世	不降	69	59		59	59	《绍运图》63
10世	扃		18	21	21	21	不降弟
11世	胤甲（廑）		8	20	20	20	扃子。《绍运图》22
11世	孔甲		9		31	40	不降子
12世	昊（皋）		3		11	11	
13世	发（敬、惠）		7		13	12	
14世	履癸（桀）		31		51	43	《年代历》52或53

考古学家对二里头时期和商代主要遗址的人骨进行鉴定，结果显示，当时人的寿命绝大多数低于55岁，超过60岁的寥寥无几，平均寿命不足40岁。二里头遗址有随葬品的贵族墓葬中，死者最大年龄才45岁[1]。夏王生活条件固然比平民优越，但凭当时极为落后的生产力水平，寿命应该也不会相差很多。文献中记载至少有三位夏王在位时间超过40年，最长的不降竟达59年甚至69年，显系脱离实际情况，很可能是后人为了拼凑世系年表而臆造的数据。

世界古代史上，大部分王朝的统治者平均在位时间很难超过20年。如两汉29个皇帝，共享国405年，平均在位14年；日本前17位君主总共统治了1059年，平均在位62.3年，显然荒谬，而随后的君主平均在位14.7年；朝鲜三国之一百济前12个统治者统治了363年，而接下来的17个统治者总共才205年，平均在位仅12年。[2]

至于夏代的总积年，大致有两种说法。其一，《史记集解》引《汲冢纪年》"有王与无王，用岁四百七十一年矣"，《路史·后纪》注引《汲（冢）纪年》"并穷、寒四百七十二年"；其二，《易纬·稽览图》云"禹四百三十一年"，《汉书·律历志下》则作"四百三十二岁"。文献上记载，禹至桀共14世，加上篡位的后羿、寒浞等共有19个统治者。如果总积年为431年或432年，平均每世为30.8年，平均在位22.7年；如果总积年为471年或472年，平均每世33.7年，平均在位24.8年。对此有学者提出质疑，尽管夏朝男性婚龄未可知，但从先秦文献记载来看，周代男性大

1　刘绪：《夏文化探讨的现状与任务》，《中原文化研究》，2018年第5期。
2　日本和百济君主的统计数据均引自 David P. Henige: *The Chronology of oral tradition: quest for a chimera*. Oxford: Clarendon Press, 1974: 377。

多在20岁之前成婚生子,即一代约20年。更早的夏商也应当如此。[1]但前述两种情况下,夏朝君主平均每代30.8年或33.7年,意味着夏朝一代约30年。若夏朝男性约30岁成婚,比周代晚婚太多,不合常理。也与世界其他王朝君主的平均在位时间相差很多。如果文献记载夏王朝14世17个统治者是可靠的,那么夏朝总积年为471年或472年当有误。如果夏朝总积年为471年或472年是准确的,那么文献记载的夏王世系可能存在误差。造成误差的原因是夏王世系不止14世17个统治者,而是16至18世,《史记》等传世文献遗漏了2至4世。根据考古学材料及年代测定,比如王城岗大城始建年代在王城岗二期(约公元前2055年),我相信后者。

美国历史学家大卫·亨尼格(David P. Henige)在《口述历史年代学——幻想的探索》(标题系笔者译)中指出,一个民族的口传历史中,能够被后人铭记的只有开国初期的几个王,以及最后几个被立为嗣君的王。[2]这种情况同样适用于夏王朝。《史记》中的夏王世系,由于尚未发现当时的文字,因而很可能是口耳相传留传下来的。除奠基的大禹和启,以及后来的孔甲、昊、发、桀之外,其余的夏王很可能是后人凭几分模糊的记忆臆造补缺的,所以产生了不同的称呼,如后杼又叫宁、后芬又名槐。尤其是太康、仲康、少康这三个夏王,与其他夏王的名号完全不是同一类,杜撰的痕迹非常明显。

经过本节的探讨,司马迁之前"夏"、夏王朝及相关表述在

---

1 如《荀子·大略》云:"天子诸侯子,十九而冠。"《孔丛子·论书》有"孔子曰:'夫男子二十而冠,冠而后娶,古今通义也。'"又如《左传·襄公九年》中记载晋悼公得知鲁襄公才12岁,说:"国君十五而生子,冠而生子,礼也。"可见周代不是晚婚晚育,男性通常在20岁之前成婚生子。见刘绪:《夏文化探讨的现状与任务》,《中原文化研究》,2018年第5期。

2 David P. Henige:*The Chronology of oral tradition: quest for a chimera*. Oxford: Clarendon Press, 1974.

事实和观念层面的变动轨迹依稀可寻。殷商时期,用"西邑"来指称夏王居住的最后城市,有人认为西邑就是夏桀所居的斟鄩。《逸周书·度邑解》云,周武王于洛阳建立新邑,"自雒汭(即洛汭,洛水入黄河处)延于伊汭(伊水入洛水处),居阳无固,其有夏之居"。"有夏之居"指的是夏人故地,这是周武王对洛阳历史空间的正当性的强调。这里的"夏",最初应该代表春秋时期殷人后裔对二里头文化的追溯与称谓,意为"一个伟大的国度"。因为二里头文化集中分布于洛阳盆地"自雒汭延于伊汭"的冲积平原上,而且年代上也与夏王朝暗合。及至西汉时期,司马迁在《史记》中开始将夏与商、周、秦、汉并称,夏王朝成为一个正统朝代。不过,夏的真实历史因年代久远而一片空白,口述传说又谬以千里,故而治学严谨的司马迁在《史记·夏本纪》中仅留下一条可能有缺漏的夏王世系链,因为错误比空白更可怕。目前,二里头遗址已发掘的面积不足2%,尚未发现高等级的王陵,以及大型的墓葬。日后,随着二里头遗址的进一步的考古发掘与研究,大有希望找到有关夏王朝的确切证据。中国古代第一个世袭制王朝——夏王朝也将随之揭开神秘的面纱,亮出真容。

第五章

天命敷土：史前洪水与禹治水地望

水是人类的生存之本与文明之源，但是水也给人类带来毁灭性的灾难。在世界各地的创世神话中，水都是不可或缺的神圣元素。纵观有关洪水的神话传说，其成因不外乎两个：一是上帝惩罚人类，二是巨灵与帝相抗争。西方《圣经》中的洪水属于前者，而中国大禹传说中的洪水显然属于后者。西汉《淮南子·天文训》中记载："共工与颛顼争为帝，怒而触不周之山。"掌控洪水的共工是酿成灾害的恶魔，他的部属相繇是助恶的水怪，而鲧和禹则是前后相继的治水英雄。以顾颉刚为代表的疑古派认为，禹在西周中期之前是山川之神，南方部族平水土的需要所衍生出来的故事传播至中原地区，与禹相结合，最终形成禹治水的神话。禹用息壤填平洪水、划定九州，完成了二次"创世"。

第一节 洪水传说及其古环境背景

"大禹洪水"的史料考索

夏部族的崛起及夏王朝的建立，都与大禹治水传说有着极为密切的关系。传世文献为夏王朝的诞生构筑了一个顺理成章的叙事逻辑：天帝派遣大禹降临人间，大禹在治水成功后获得极为崇高的威望，最终成为夏王朝的奠基者。因而大禹治水是中国早期国家肇始阶段最重要的政治与历史传说。但是，史前大洪水是否真的发生过，一直是中国历史上悬而未决的争议性问题。对于中国史前洪水是否真实这一问题，有必要进行认真的分析与探讨，以廓清中国早期国家建立的过程。

涉及大禹治水传说的文献记载大量存在，包括出土的青铜器铭文、战国竹简等，传世文献就更多了。如此长时间、在全国范围内广为流布的故事，很难说是后人编造、杜撰而成的。这些与大禹治水相关的记载按年代可以分为四个时期：禹传说滥觞之初的西周时期、传说人物大量涌现的春秋时期、三代史观盛行的战国早中期、四代史观盛行的战国晚期之后。梳理这四个时期的史料记载，我们不难发现，大禹治水的传说尽管经过后人不断地累积加工，它的内涵也逐渐丰富起来，但是其故事蓝本应当是西周时期的追述，而周人极有可能承袭了前人的说法。

我们可以从甲骨卜辞中寻觅到史前大洪水的蛛丝马迹。殷商甲骨文的"昔"字，上边是表示太阳的日字，下边不是大地也不是高山，而是三条折线或两条折线。清末民初甲骨文学者叶玉森的《说契》中说：折线代表洪水，即古代的"灾"字（三条折线中间一横：巛），昔，从日巛，巛乃象洪水，"古人殆不忘洪水之巛，故制昔字，取谊于洪水之日"。[1]在殷商时期先民的意识中，对洪水的事记忆深刻，史前洪水之日就是时间的起点、历史的开端。这能够与上古传说中的大禹治水联系起来。《史记·殷本纪》中记载：商族的始祖"契长而佐禹治水有功"。虽然契辅佐大禹完

---

[1] 徐中舒：《甲骨文字典》，四川辞书出版社，1989年，第725页。

成治水很有可能是后人的附会之说，但是商族留有关于远古大洪灾的难以治愈的记忆伤痕，故而特意造了个"昔"字，以作为对抗历史健忘症的药方，则应是确凿无疑的。

表11 记载大禹治水传说的重要文献举要

文献出处	年代
豳公盨铭文	约公元前9世纪初
《诗经·商颂·长发》	约公元前9世纪
《尚书·洪范》	约公元前8世纪
《墨子·兼爱中》	约公元前480年—前400年
《国语·周语·太子晋谏灵王壅谷水》	约公元前400年
《左传》昭公十七年	约公元前400年
上博竹简《容成氏》	约公元前5至前4世纪之间
上博竹简《举治王天下·尧王天下》	约公元前5至前4世纪之间
《孟子》之《滕文公下》《告子》	约公元前371年—前289年
《庄子·天下》	约公元前369年—前286年
《楚辞·天问》	约公元前340年—前278年
清华简《五纪》	公元前305±30年
《荀子·成相》	约公元前313年—前238年
《韩非子·五蠹》	约公元前280年—前233年
《禹贡》	约公元前3世纪
《吕氏春秋》之《贵因》《乐成》	约公元前240年前后
《淮南子》之《修务训》《原道训》	约公元前179年—前122年
《史记·夏本纪》	公元前145年或前135年—不可考

（续表）

文献出处	年代
开母庙石阙铭	公元123年
《越绝书·外传记宝剑》	东汉

西周时期的文字材料年代古老，可信度极高，不过保存至今的也只是凤毛麟角，确切的西周文字材料能够被发现是小概率的、偶然的事件。其一为豳公盨铭文，豳公盨属于西周中期略晚的器物，约公元前9世纪初。铭文的第一句"天命禹敷土，随山浚川"，说的就是大禹治水的事。豳公盨的年代上距大禹约一千两百年，相当于现在往前看唐代的白居易、刘禹锡。能够被豳公庄严地铸刻在青铜器上，并用以训导民众，说明了大禹治水的事迹流传时间相当长，世人皆知，而且在那个时期已经被视为确凿无疑的信史。否则，一个虚无缥缈的神话故事，在青铜器上是缺乏说服力的。其二为《诗经·商颂·长发》，中有"洪水芒芒，禹敷下土方"。对于《商颂》的创作年代，近代学者王国维有个精辟的论断，"《商颂》盖宗周中叶宋人所作，以祀其先王"[1]，也就是西周中期，大约公元前9世纪。

根据西周时期的文献，大禹治水是受天帝之命，但不能表示当时人承认禹是神而不是人。正如李锐先生所说的，可能在大禹治水流传过程中，神性元素增添进来，并逐渐放大。可能在周文王、周武王之际禹的故事已经定型时，世人就传禹为神，因此不能以神迹的有无、多少来论断大禹是否是神。[2] 而且，前已论及，

---

[1] 王国维：《说〈商颂〉下》，《观堂集林》，中华书局，1959年，第117页。
[2] 李锐：《由新出文献重评顾颉刚先生的"层累说"》，《新出简帛的学术探索》，北京师范大学出版社，2010年，第419—429页。

所谓天命,对西周人而言只是一种思想观念,不能说得天命行事者都是神。

春秋时期,尧、舜、鲧等传说人物不断出现,但是世人在观念中,仍然坚持夏、商、周三代说。这个时期,提到大禹治水的文献以《尚书·洪范》为代表。引文如下:

> 鲧堙洪水,汩陈其五行;帝乃震怒,不畀洪范九畴,彝伦攸斁。鲧则殛死,禹乃嗣兴。天乃锡禹洪范九畴,彝伦攸叙。

《洪范》至迟在春秋初期(约公元前8世纪)就已经形成。除了《洪范》,传世文献中尚未出现以王、卿士、师尹为序的连称,而这与西周晚期的叔多父盘铭文(《商周青铜器铭文暨图像集成》14532)相一致,所以《洪范》"为西周作品是完全可能的"[1]。因而西周时期流行的大禹神性色彩并未完全褪去,命大禹治水的,仍然是"帝",即天帝。大禹治水的可信度进一步得到了确认。

及至战国中期,大禹治水的故事不断得到了充实,也更加丰满。这时期的文献以《墨子》及《国语》《左传》为代表。

墨子代表的是下层阶层的民众,他非常欣赏大禹苦行救世行为与爱民精神,所以师法大禹,以大禹精神的传人而自居。墨子对门下子弟的要求极其严格,如生活必须勤俭,衣着朴素,为了民众日夜劳苦不休等。如果不这么做,就不是大禹的传人,更谈不上墨家子弟。墨子的苛求令庄子感慨不已,《庄子·天下》中云:"后世之墨者,多以裘褐为衣,以跂蹻为服,日夜不休,以自苦为极,曰:'不能如此,非禹之道也,不足谓墨。'"出于对大

---

1 李学勤:《叔多父盘与〈洪范〉》,《中国古代文明研究》,华东师范大学出版社,2009年,第136页。

禹的崇仰与效仿，《墨子·兼爱中》中特别详细地记载了禹治水的事迹：

> 古者禹治天下，西为西河渔窦，以泄渠、孙、皇之水；北为防原泒，注后之邸、嘑池之窦，洒为底柱，凿为龙门，以利燕代胡貉与西河之民；东方漏之陆，防孟诸之泽，洒为九浍，以楗东土之水，以利冀州之民；南为江、汉、淮、汝，东流之，注五湖之处，以利荆、楚、干、越与南夷之民。

墨子极力铺陈的大禹治水的过程，是战国时期对豳公盨铭文的具体补充与扩展。依《墨子》的记载，大禹治水，采用疏导的办法，根据山脉走势、地形高低，开沟挖渠。即豳公盨铭文中的"随山浚川"。"随山"，凿开阻碍积水排泄的山丘、岩石；"浚川"，疏通淤塞的河道，及时泄洪。大禹治水的范围非常之广，并不局限于环嵩山地区的夏部族居地，而是几乎遍及黄河中下游地区，甚至远及南方的长江流域，惠泽荆楚、南越等更多的地域，真正体现了墨子的兼爱思想。

在黄河中游，大禹凿通西河渔窦（今山西河津附近的龙门），以排泄渠、孙、皇（汧水）的洪水；在晋陕北部，大禹疏通了防原泒（今山西雁门泒水），让洪水注入后之邸（今山西祁县西南的古湖泊昭余祁）和滹沱河，又凿宽三门峡砥柱山两侧的河道，使黄河之水畅流无阻；在黄河下游，大禹不但疏泄了陆地的积水，而且在孟渚之泽（今豫东、鲁西南交界的古湖泊）附近筑起堤坝，以拦截溃堤而出的洪水。此外，大禹还疏通了长江、汉江、淮河、汝河的河道，导引洪水顺利东流，注入大海。我们把这些地名在地图上标注出来，可以看出大禹治水路线基本上是沿着黄河中游的河道，从晋陕高原到豫东平原，呈半圆形态势。但是大禹治水区域不一定就是这片区域，因为其中包含了墨子的扩大化倾向，也可能反映出战国中期的一种地理观念。

综上，通过对战国中期以前史料记载的梳理，我们认为，大禹治水传说有一定的历史真实性。

"大禹洪水"的流传演变及宏观比较

战国中期以后正处在三代史观向四代史观过渡的时期，文献记载也随之给大禹治水披上了一层朦胧的历史面纱，使其离历史真相越来越远。

在四代史观的框架下，《左传》《国语》将大禹治水与尧舜联结起来，说鲧治水失败之后，尧殛之于羽山，命夏后氏首领禹继续治水。禹成功之后，尧"赐姓曰姒，氏曰有夏"。禹的夏后氏政权来自尧的授封，这一叙述模式基本上立足于四代史观的框架。

再之后的上博竹简《容成氏》中，有关禹治水的内容如下：

> 舜听政三年，山陵不处，水潦不通，乃立禹以为司空。禹既已受命，乃草服箁箬，帽蒲笠，手足胼胝，面皯黣，胫不生之毛，闾洒激流。禹亲执畚耜，以陂明都之泽，决九河之遏，于是乎兖州、徐州始可处。禹通淮与沂，东注之海，于是乎竞州、莒州始可处也。禹乃通蒌与易，东注之海，于是乎并州始可处也。禹乃通三江五湖，东注之海，于是乎荆州、扬州始可处也。禹乃通伊、洛，并瀍、涧，东注之河，于是乎豫州始可处也。禹乃通泾与渭，北注之河，于是乎虘州始可处也。禹乃从汉以南为名谷五百，从汉以北为名谷

五百。[1]

《容成氏》中有不少标新立异的说法,如发生洪水的原因是山陵倒塌,导致河道壅塞不通,这与传世文献的记载有很大区别。如西汉时期的《淮南子》中称,共工怒触不周山,天向西北倾斜,东南凹陷,倾斜的地面引发洪水到处涌流。禹足迹遍及的九州,包括兖(夹)州、徐州、竞州、莒州、荆州、扬州、雍州等,也是《容成氏》独家特有的版本,与传世文献大为不同。

《容成氏》中,禹是虞朝的臣子,舜命禹为司空,令其专职负责治平水土,命禹者不是天而是舜。但是同时期的上博竹简《举治王天下·尧王天下》中,命禹者变成了尧,没有舜的事。《容成氏》《尧王天下》对命禹者的不同说法,反映了四代史观流行之初叙事反复不定,已经跟历史真相渐行渐远了。

而大禹的治水工程也蔓延到九州全境,几乎涵盖当时华夏部族分布的所有地域。这是因为随着战国时期列强纷争的加剧,各诸侯为了证实自身政权的合法性,纷纷攀附被视为华夏正统代表人物的大禹,以求得中原民众的认同与拥护。这样的地域扩大趋势一直持续到战国晚期,彼时四代史观业已确立起来,并广为流行。诸子百家纷纷借助阐述大禹治水之事,宣扬自家的思想学说,实现自己的抱负。其中以儒家的孟子为代表,《孟子》对禹治水的记载特别详细:

> 《孟子·滕文公上》:禹疏九河,瀹济、漯,而注诸海;决汝、汉,排淮、泗,而注之江,然后中国可得而食也。当是时也,禹八年于外,三过其门而不入,虽欲耕,得乎?

---

1 俞绍宏、张青松编著:《上海博物馆藏战国楚简集释》(第二册),社会科学文献出版社,2019年,第173页。

《孟子·滕文公下》：当尧之时，水逆行，泛滥于中国，蛇龙居之，民无所定，下者为巢，上者为营窟。《书》曰："洚水警余。"洚水者，洪水也。使禹治之。禹掘地而注之海，驱蛇龙而放之菹；水由地中行，江、淮、河、汉是也。险阻既远，鸟兽之害人者消，然后人得平土而居之。

孟子在儒家的话语体系中重新建构了大禹治水的故事。当时世人的认知中，尧是历史的始点，命禹者自然是尧。孟子通过讲述大禹治水，阐明了治乱循环的道理。

秦汉之后的司马迁，博采众说，加之亲自探访，完成了大禹治水传统叙事的架构，使之定型下来，这里就不再详述了。

从西周到西汉的一千年之间，大禹治水的真实性并未受到任何人的质疑，反而不断地有人去完善、去改编。唯一对大禹治水提出疑问者是南宋学者、宋太宗八世孙赵汝谈。《宋史·赵汝谈传》称，赵汝谈被誉为有"卓绝特立之见"的贤臣。赵汝谈曾经说"书《尧》《舜》二典宜合为一，禹功只施于河、洛，《洪范》非箕子之作"等，堪称疑古思潮之先驱者。但赵汝谈并不怀疑大禹治水的真实性，只是认为大禹治水的范围仅仅限于河洛地区。因此，综合诸多出土文物和传世文献，以及大禹治水传说的流变过程，我们认为史前洪灾与大禹治水均为不争的史实。

大禹治水非神话，也并非唯独中国拥有。从全世界范围来看，洪水神话是人类历史的共同话题之一，在各大洲不同民族的古老记忆中都普遍存在。最脍炙人口以至妇孺皆知的洪水神话，莫过于《圣经·创世纪》中的记载，其中用令人窒息的语言，描绘了一场史前大灾难的悲惨图景。《圣经·创世纪》洪水神话，来源于年代更加久远的西亚两河流域洪水传说。目前已知最早的洪水故事，是用苏美尔语写就的、发掘于尼普尔（苏美尔语Nibru）遗址的六栏泥版，年代约在公元前1700年[1]，相当中国的二里头文化一期。这六栏泥版的内容如下：

> 狂风怒号，暴雨滂沱，
> 洪流滚滚，［万物具殁］。
> 七天七夜，（风止雨过）。
> 滔滔洪水把大地淹没，
> 狂风巨浪把大船颠簸。
> 而后，太阳冉冉东升，为天地带来光明。[2]

相对而言，尼普尔遗址的洪水故事比《圣经·旧约》更加简洁，并没有那种夸张与渲染，因而也更加逼真、更加震撼。短短六行，读毕令人颤恐，仿若置身于四千年前昏暗无光的七天七夜，大地一片黯黑，狂风骤雨终日不息，惊涛骇浪滚滚扑面而来，天地万物瞬间被卷入绝望的汪洋大海之中。另外，在其他的地方，比如美洲大陆，几乎所有的印第安人中，都流传着一个以大洪水为主题的神话。

可见，全世界各大洲普遍流传着以洪水为主题的传说。但这些传说都发生在一个个部落或者早期城市国家自身生存的一片片区域之内，比如两河流域的乌尔遗址、非洲的刚果盆地，等等。而且，各民族流传的洪水故事发生时间不一，两河流域大约在公元前27世纪；《圣经·创世纪》的洪水发生时间，根据爱尔兰大主教詹姆斯·乌雪（James Ussher，1581—1656）推算，在公元前

1　拱玉书译注：《导论》，《吉尔伽美什史诗》，商务印书馆，2021年，第xx页。
2　拱玉书译注：《导论》，《吉尔伽美什史诗》，商务印书馆，2021年，第xxi页。

2348年[1]。因而，不宜将以上洪水神话夸张为在同一时期内发生过的全球范围的毁灭性大洪灾。

中国流传的大禹治水传说，与世界其他地方的洪水传说有着根本性的区别，即并不具备毁灭性特征。《圣经·创世纪》的洪水具备突发性、短效性和灭绝性三大特征。漫天洪水瞬间淹没了整片大地乃至高山，持续时间长至一百五十天，短则七天七夜。其毁灭力是惊人的，凡呼吸的生灵都荡然无存，仅有一两个人侥幸逃生，然后创造了全新的世界。而中国古代文献对洪水传说人物的关注都集中在大禹一人身上，故事更加生动、更加鲜活。禹时洪灾具有持续性，时间可达十年以上，属于江河泛滥的自然灾害。《孟子》中云："民无所定，下者为巢，上者为营窟。"说明在后人的历史记忆中，发生洪灾时，地势较低处的居民还是可以在树上搭巢避难，地势较高处的民众就挖掘洞穴，暂时安顿下来。可见洪水淹了半棵树，水深三至五米。大禹带领百姓，经过艰苦卓绝的奋斗之后，终于制服了洪魔，从而开创了历史新纪元。

洪水神话内涵的差异性，根源于不同的文化土壤、不同的价值观。中国的伦理基础是人本主义，西方则是神本主义。在中国的洪水传说中，华夏先民相信人定胜天，这一信念是战胜一切艰难险阻的力量源泉。而西方或世界其他地方的洪水神话，维护神的权威地位，认为人类在灾难面前苍白无力，只能听天由命、逆来顺受，以取悦上帝，或者依赖其他超自然力量的拯救。但是无论如何，洪水神话在世界上普遍流行的背后，是人类对早期自然灾害的集体反应，以及深深印在心灵深处的创伤记忆。正如英国人类学家詹姆斯·乔治·弗雷泽（James George Frazer）所说的：

---

[1] James Ussher: *The Annals of the World*, Arkansas, Master Books, 2007.

"尽管这些大灾难的故事几乎可以肯定出于虚构,但在神话的表壳之下,此类故事有很多还是包含着真实的内核。这不仅可能,而且实际上也大致如此。那就是说,它们可能包含着对某些特定地方确实发生过的回忆,只是在经过通俗传说的媒介作用之后被扩展为世界性的洪灾了。"[1]

"大禹洪水"的气候动因

古环境学家们试图从古气候的角度,去证明包裹在神话外壳里的洪水故事并非虚构。他们经过研究发现,中国境内的古气候在距今4200—4000年之间突然产生变化,但这并非孤立现象,而是一次全球性气候突变事件在中国的反映。[2]大禹治水的传说就发生在这段全球性的气候异常期之中,二者在年代上的一致性并非巧合。正是古气候的异常突变,催生了大禹这个史前英雄。根据古环境学家的研究成果,与传说中大禹时期洪灾相关的古气候事件有两个。

其一,仰韶温暖期的气候变湿事件。

大约距今11500年前,地质学上进入了全新世时期,人类社会也同步开启了新石器时代。全新世时期气候变化的总体特征可以概括为:初期转暖,中期最暖,后期又转凉。而距今约8500年至3000年之间的全新世中期由于最为温暖湿润,被称为"全新世气候最适宜期"。因为这个时期与仰韶文化在年代上有某些联系,

---

[1] [英]詹姆斯·乔治·弗雷泽著,叶舒宪、户晓辉译:《〈旧约〉中的民间传说——宗教、神话和法律的比较研究》,陕西师范大学出版社总社,2012年,第152页。
[2] 吴文祥、葛全胜:《夏朝前夕洪水发生的可能性及大禹治水真相》,《第四纪研究》,2005年第6期。

所以也被称为"仰韶温暖期"[1]。

著名气候学家竺可桢经研究得出结论,仰韶温暖期的年平均气温比现在高2℃左右,最为寒冷的一月份也要高出现在的3—5℃。[2] 不过,这只是说明仰韶温暖期总体上气温高于现在,期间存在多次气候波动与剧烈降温的异常事件。仰韶文化是华夏文明的根脉,仰韶温暖期的气候波动对文化演进产生极大的影响,总体上让文明的根脉更加深厚。

气候波动与文化的互动关系可划分为五个阶段:第一阶段为不稳定的暖、冷波动期,即8500aBP[3]—7020aBP(公元前6550年—5070年),降水量增加,植被带北迁西移,中国境内的新石器文化迅猛发展,裴李岗文化、仰韶文化相继孕育产生;第二阶段为稳定的湿润期,即7020aBP—5660aBP(公元前5070年—前3710年),华北地区降水显著增加,植被空前繁茂,仰韶文化处于鼎盛时期;第三阶段为气候波动剧烈、环境恶化期,即5660aBP—4610aBP(公元前3710年—前2660年),出现了强降温事件,仰韶文化逐渐衰落;第四阶段为气候和环境改善期,即4610aBP—4040aBP(公元前2660年—前2090年),新石器文化遗址数量猛增,龙山文化兴起;第五阶段为气候趋向冷干期,4040aBP(公元前2090年)之后,龙山文化衰落,二里头文化兴起,文明时代开始。[4] 其中,第四阶段处在仰韶温暖期的中晚期,相当于考古学上

---

1 段万倜:《我国第四纪气候变迁的初步研究》,中央气象局气象科学研究院天气气候研究所编:《全国气候变化学术讨论会文集(1978年)》,科学出版社,1981年,第7—17页。
2 竺可桢:《中国近五千年来气候变迁的初步研究》,《考古学报》,1972年第1期。
3 aBP是地质学中地层绝对年代的符号,a是年的意思,BP是before the present(距今之前)的缩写。现代科学的放射性年代以1950年为起始点。比如7020aBP,就是在1950年之前7020年,即公元前5070年。
4 参考:a科技部社会发展科司、国家文物局博物馆与社会文物司编:《中华文明探源工程文集·环境卷(Ⅰ)》,科学出版社,2009年,第3页;b施雅风、孔昭宸、王苏民等:《中国全新世大暖期的气候波动与重要事件》,《中国科学(B辑)》,1992年第12期。

的龙山时代。古气候研究表明,这一时期中原地区曾出现一次气候变湿事件。传说中大禹之时洪水泛滥,当与此有密切联系。

气候变湿的证据在河南嵩山东南麓双洎河畔的新砦遗址可以找到。该地的植被本来是草本植物占绝对优势,木本植物仅有少量的松属,以及稀疏的桑科、栎属、榆属,属于暖温带草原植被。到了龙山时代,生态环境发生剧变,植被由暖温带草原演变为暖温带森林草原。草本植物减少,木本植物却剧增,除了为主要树种的松属,还出现了十几种落叶阔叶树,如漆树属、桑科、枫杨属、胡桃属和榆属,等等。另外,蕨类植物和湿生或水生草本植物突然间增多。这些都是生态环境对气候变湿的反应。正是气候变湿,导致了洪水事件的出现。[1]

其二,4000aBP冷事件。

4000aBP冷事件,也称为"4200aBP事件"或"全新世事件3",是人类有历史纪录以来最具影响力的一次小冰期,也是仰韶温暖期内最强的一次气候突变。这次气候突变开始于4400aBP(公元前2450年),大约持续了六百年,标志着"全新世气候最适宜期"的终结。

4000aBP冷事件的证据存在于冰芯、洞穴石笋、湖泊与海洋等沉积物当中。冰芯尤为明显,这是因为冰芯中的氧同位素$\delta^{18}O$值保存了过去连续的温度和降水记录。通常气温越低,冰芯中$\delta^{18}O$的含量就越少。科学家们从全球各地高山冰川中,如非洲的乞力马扎罗、南极洲东部的泰勒冰川等,钻取冰芯,进行了古气候研究。研究结果表明,这些来自不同地方的冰芯在4000aBP左右(公元前2000年前后),氧同位素$\delta^{18}O$值都有显著降低的迹

---

[1] 夏正楷、杨晓燕:《我国北方4ka B.P.前后异常洪水事件的初步研究》,《第四纪研究》,2003年第6期。

象，也就是说当时气候突然间转冷。

关于4000aBP冷事件形成的原因，科学上的解释是4000aBP时太阳辐射处于减弱期，热带辐合带（南北半球两个副热带高压之间气压最低、气流汇合的地带）南移，直接造成北半球副热带高压控制区南移，热带地表植被状况恶化。而太阳辐射减弱导致北冰洋浮冰增多，海水变淡，从而使海洋环流运转变慢，促使北半球中低纬度季风减弱，由此出现大面积的干旱。但在不同地区，干旱的开始时间和变化幅度存在差异，有些地区相差可达数百年。

4000aBP冷事件的影响范围主要在北半球中低纬度地区。干冷气候的严重影响，持续时间长达两百多年，降水量减少两三成，这尤其对位于北方季风边缘区环境敏感地带的史前文化影响巨大，导致了古埃及、美索不达米亚平原、印度河流域和长江流域等的古老文明集体走向崩溃。例如，西亚美索不达米亚降水量骤然减少，北部大片耕地被抛荒，难民纷纷往南迁徙，致使阿卡德王国（约公元前2371年—约前2191年）灭亡；东非大裂谷湖群水位剧烈下降，埃塞俄比亚高原降水少、蒸发多，导致了尼罗河流量减少，古埃及王国因此进入了动荡不安的第一中间期（约公元前2181年—约前2040年），四分五裂，小邦林立，数十年的饥荒逼迫农民发动大起义，古埃及文明由盛转衰；南亚印度河流域灿烂的哈拉帕文化也在这一时期消失了。

中国境内4000aBP冷事件的表现大致有这些：在距今4000年前后，西北地区的冰进事件（山谷冰川的冰舌末端、山麓冰川尾部和冰盖边缘位置向前移动时称"冰进"）相当频繁，天山冰川尤其突出；位于柴达木盆地北缘的祁连山敦德冰芯（海拔5325米），是过去五千年以来分辨率最高的自然气候记录之一，敦德冰芯中

$\delta^{18}O$明确显示,当地气温在距今4200—4000年之间降至最低谷,[1]这是一个明显的分界点,即夏季风退缩,气候转为干冷;距今4000年左右,古土壤很快地转换为黄土堆积,表明了温度的急剧下降;等等。从施雅风绘制的近万年来中国温度变化曲线图中可以看出,4000年前存在一次降温,当时的温度比这以前要低许多,不过还是稍稍高于现在的温度。

4000aBP冷事件对中国境内产生的影响包括:除新疆之外的地区降水普遍减少;华北地区出现干旱;但同时,夏季风减弱也让锋面长期徘徊于长江流域,反而大大增加了该区的降水量,长江流域更容易暴发洪涝灾害,驱使湖群扩张。不过也有人指出,华北地区在该事件前后,同样遭受洪涝灾害的侵扰[2],证据之一就是新砦遗址生态环境的骤然变湿。

古气候研究的结果表明,在大禹治水的年代,全球范围都处在一个自然灾害频发的多事之秋,江河湖泊分布较多的地区洪水泛滥早已成司空见惯之事,从而印证了文献记载中"洪水芒芒,禹敷下土方"的可靠性。

"大禹洪水"的河道诱因

当然,黄河流域的洪灾频繁也有人为因素。距今7200—6000年之间,由于气候适宜,中国境内的考古学文化进入了迅猛发展的繁荣阶段,尤其是黄河中上游的仰韶文化,人口高速增长,聚落面积急剧扩大。这也是一把双刃剑,史前文化欣欣向荣的同时也给生态环境带来负面影响。

---

1 卫克勤、林瑞芬:《祁连山敦德冰芯氧同位素剖面的古气候信息探究》,《地球化学》,1994年第4期。
2 郭立新、郭静云:《夏处何境——大禹治水背景分析》,《广西民族大学学报(哲学社会科学版)》,2021年第1期。

当时社会生产力极为落后，中原先民的农业活动主要采取刀耕火种的野蛮方式，滥伐森林，放火焚烧，以驱赶野兽，生态环境大受其害。黄河上、中游流经黄土高原，因其土质巨厚疏松，过度砍伐森林必将加剧水土流失，由此造成恶性循环，酿就了一次又一次的生态灾难。加之先民们往河道中乱抛陶罐、瓦砾之类的废弃物，如《吕氏春秋·先识览·乐成》中记载，"禹之决江水也，民聚瓦砾"，《韩非子·显学》中亦称"昔禹决江浚河，而民聚瓦石"。大禹在疏通黄河水道时，发现残陶、砾石早已堆满，堵塞河道，导致水流不畅。一旦上游骤降暴雨，难以避免会出现洪水溃堤后四面泛滥、淹没民屋、冲走人畜的惨象。

黄河下游（河南郑州桃花峪以下的黄河河段）更有善淤、善决、善迁徙的特性。长期以来，黄河下游河道一直在黄淮海平原上游离不定。根据苏艳军的研究，黄河下游河道变动存在一定的规律：在以桃花峪为顶点，北至海河、南至淮河的扇形区域内，做周期性的南北钟摆运动。从新石器时代至公元1494年黄河下游河道逐渐由北向南偏转，下游河道抵达最南端后，又逐渐开始向北偏转。[1]

历史上，黄河下游河道大体有东流、南流和北流三种形式。东流，即黄河流经山东，从利津汇入渤海湾和莱州湾之间的海域，主要出现于两个时期，第一次是从公元11年至1048年，第二次是从公元1855年至今；南流，即黄河下游河道分叉成数股，抢夺泗水、睢水、涡河和颍河的河道，汇入淮河，注进黄海，也称为"夺淮入海"，夺淮入海主要发生在公元1194年至1855年之间；北流，即黄河下游河道横贯河北平原中南部，汇入海河，黄河最终

---

[1] 苏艳军：《历史时期黄河下游河道变迁信息图谱提取与分析》，中国科学院研究生院硕士学位论文，2012年。

在天津处注入渤海湾,北流有两次,第一次是从新石器时代(袁广阔说最迟8000年以前)至公元11年,[1]第二次从公元1048年至1194年。

统计数据表明,历史上黄河下游二十六次大改道,集中发生在气候变化的冷暖转折期。这是因为在冷暖转折期间,黄河中游的降水通常以暴雨形式出现,加大了黄河中游地区的泥沙侵蚀量,大量的泥沙堆积容易使中下游河床淤高,增加了下游河道的不稳定性,而且暴雨的降水形式本身更容易造成洪涝灾害。古气候研究表明,4000aBP冷事件正好处在气候由温暖向干冷转折的期间,黄河中游地区暴雨成灾,下游地区难逃大洪水的洗劫。有人根据地质学和动物学考古研究成果得出另一种结论:汉代以前黄河下游曾经多次改道。距今6500—4600年,黄河下游北流,经河北平原入渤海;距今4600—4000年,黄河下游改为南流,从苏北平原入黄海;距今4000年前后,黄河再度发生大规模的改道,由前期的南流转为北流。黄河北流时在地貌形态上是逆向河,因此河道相当不稳定,很容易泛滥。[2]这个结论尚有待更多的研究、证实,可备一说。

根据传世文献《尚书·禹贡》《山海经·山经》和《汉书·地理志》的记载,汉代以前,至少可以上推到新石器时代,黄河下游一直是北流,即取道河北平原注入渤海湾。北流河道有两条,分别是《禹贡》河和《山经》河。《禹贡》河和《山经》河具体的流经情况如下:

---

1 袁广阔《〈禹贡〉黄河下游河道走向及改道原因》(刊载于《光明日报》,2018年7月23日)一文中认为,汉代以前的黄河下游北流河道,最迟在8000年前的裴李岗文化时期就已经存在,且经仰韶、龙山、商周等时期,这条河流也一直没有改道。
2 王青:《试论华夏与东夷集团文化交流及融合的地理背景》,《中国史研究》,1996年第2期。与袁广阔的说法有异。

《禹贡》河和《山经》河都是从今河南荥阳广武山北麓开始的，东北流至今浚县西南古宿胥口，又东北经魏县东、曲周县东北、广宗县东，至深县南分道：《禹贡》河折东经武邑县北、青高县西南，又东北至今天津市东南入渤海；《山经》河自今深州市南北流至蠡县南，折东北至霸州市南，东流至天津市区南部入渤海。[1]

黄河在潼关由北向东折流，继续在崇山峻岭之间穿梭，其后一路东行，自今河南郑州荥阳广武山北麓又折向东北，经过武陟、

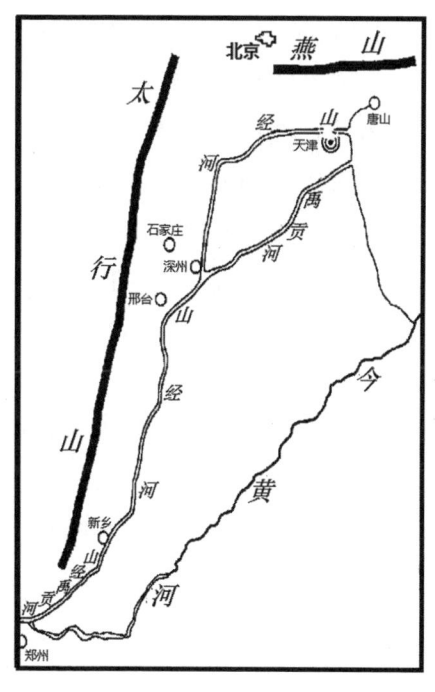

图24 禹贡黄河示意图

---

1 葛剑雄：《黄河与中华文明》，中华书局，2020年，第209—210页。

淇县,到今河南浚县西南大伾山的古宿胥口时,河道出现了《禹贡》河和《山经》河的分叉。《史记·河渠书》说,禹时黄河开始泛滥的地点在大邳。大邳或作大伾,《史记正义》注云,大伾"在卫州黎阳县南七里",即今河南浚县西南的大伾山一带。

黄河中游流经区域在河南境内,以辉县孟庄城址、郑州桃花峪、濮阳和封丘铜瓦厢为顶点,形成一个不规则的四边形区,面积大约5500平方千米。历史上黄河下游河道的改道点,主要集中于这个"改道四边形"内。黄河因河床高出地面3—10米,所以被称为"悬河",而最令人颤栗的开封"地上河",悬流于人们头顶之上数十米,就在这个恐怖的改道四边形中。汉代以前的黄河改道点广武山、大伾山古宿胥口,均落于改道四边形区域之内。

黄河下游决口事件在空间分布上表现出较强的聚集性特征,其中,郑州、开封和滑县属于决口事件最为高发区,也与改道四边形高度重合。这一带属于史前大洪水的重灾区,灾情较其他地方尤为惨烈。洪魔所经,万物摧折,一片狼藉,断木残枝遍地,人畜尸体交叠,更是在先民们的心头上划下了一道道深深的伤痕。

黄河自古宿胥口改道北上之后,穿越平坦宽阔的华北平原。从考古学文化遗址的分布情况来看,自龙山文化晚期直至商周的一千多年内,华北平原上留有一片很大的遗址空白区[1]。空白区东西可达数十千米至二三百千米,显然是4000aBP冷事件导致的大洪灾的"后遗症",洪水在河北平原上猖狂肆虐,先民们为了生存,不得不向其他地区迁徙。这就是大禹治水传说的真实背景。

---

[1] 谭其骧:《西汉以前的黄河下游河道》,《历史地理》创刊号,1981年。

第二节 禹治水地望的考察

禹"导河积石"与黄河上游的喇家遗址

华夏文明在约公元前3500年的仰韶文化晚期才开始真正迈出步伐，历经了一千五百年的漫长岁月，在夏朝时基本形成。大禹治水传说，则是华夏文明形成的序曲，一开场就是高潮。

从传世文献、出土材料及古气候研究成果来分析，大禹治水绝非臆造的神话，当有一定的可信度。但是大禹治水的范围，数千年以来就聚讼不休。以"禹之道"传人自居的墨子，可能是先秦时期认真考究禹治水地望的第一人，在《墨子·兼爱中》里划定出禹治水的大致范围，即主要是山西河津至山东菏泽之间的黄河河段。年代晚于墨子的上博竹简《容成氏》、《孟子》及《禹

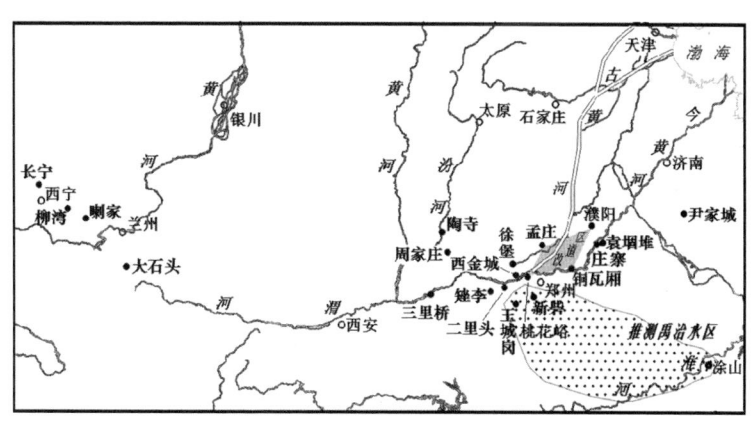

图25 黄河流域古洪水遗迹分布示意图

贡》，则将禹迹范围扩展到彼时华夏族生存的所有区域。

大禹治水的地望，结合文献记载，有九州，黄河上、中、下游，黄淮，长江上、中、下游等诸说。但是文献上大禹治水的地望，由于后人不断地"层累地造成"，早已失去了真实性。不过，地质环境是最客观的，绝对不会被文献资料"牵着鼻子走"。擅长研究自然环境的地质学者试图通过实地考察，去探讨史前时期各地洪灾概率、治洪难度及治洪需求，这些成果有助于我们从文献中的迷雾走出来，去厘清最有可能的大禹治水地望。

结合古气候、地质研究及文献资料，大禹治水发生在4000aBP前后，距离夏代开始的年代或公元前2070年不会太远。4000aBP前后，我国北方异常洪水的遗迹主要分布在黄河上游的甘青地区、中原地区、黄淮海平原。

黄河上游的甘青地区位于中国第一阶梯青藏高原与第二阶梯黄土高原之间的过渡地带，峡谷、盆地相间，河流众多。当发生异常洪水时，由于山间盆地空间狭小，加上其下游的峡谷段排水不畅，水位暴涨，迅速淹没整个山间盆地，极易酿成严重的洪水灾害。甘青地区由北至南，目前发现有四处洪水遗迹：青海境内的大通长宁遗址、乐都柳湾遗址、民和喇家遗址，以及甘肃临洮大石头遗址。

长宁遗址和柳湾遗址均属于以齐家文化（距今约4400—3500年）为主的大型聚落遗址，位于黄河上游支流湟水流域。两处都发现有直接覆盖在齐家文化遗址之上的河流砂层，由此判断当时发生过严重的洪涝灾害。大石头遗址位于黄河上游第二大支流洮河流域，考古工作者发现了齐家文化时期的半地穴房址，以及被流沙多次填埋因而房屋中人们不正常死亡的现象。比较而言，喇家遗址是黄河上游史前洪灾的代表性地点。

喇家遗址位于青海省东部的官亭盆地，距青海民和县城约100千米。官亭盆地是黄河上游一连串山间盆地中面积较大的一个，东西长约12千米，南北约5千米，面积约60平方千米。盆地内黄河冲积平原的海拔约1800米，是青海省海拔最低之处，四面则被海拔超过2000米的山地环绕。黄河西出积石峡，东入寺沟峡，将夹在其间的官亭盆地下切成三级河流阶地，其中一级阶地高出今黄河河床5米，二级高出25米，三级高出40米。

喇家遗址坐落在盆地内黄河北岸二级阶地的前缘，距黄河约1千米。喇家先民就居住在二级阶地上，其中发现有房址和中心广场。出土的石器、陶片、玉器和人类的骸骨，也是属于齐家文化的遗存。居住面之上，覆盖着两三米厚的棕红色黏土层。齐家文化时代的居住面在现今地表以下约1米处，所以比黄河河床高出约21米，而不是今天的25米。异常洪水的证据保存在居住面上的棕红色黏土层中，其底部夹有大量细微的波浪状砂质条带，可以见到沙波、拖曳构造、冲刷槽等流水痕迹，说明棕红色黏土是洪水泛滥时期的堆积物。可以断定，当年有一场大洪水，淹没了整个喇家遗址。在喇家遗址土层顶部，发现了辛店文化时期（距今约3600—2600年）的灰坑。据此推断，洪水的年代在齐家文化晚期与辛店文化早期之间。

摧毁喇家遗址的大洪水是如何产生的？喇家遗址上游的积石峡，位于青海省循化撒拉族自治县境内，全长约23千米，峡谷陡峭，深约1000米，属于地质灾害易发区。吴庆龙对青海省黄河沿岸进行考察之时，在积石峡西段的大拐弯处发现有巨型滑坡残留体。该滑坡残留体高于今天黄河水位240米，并沿着积石峡延伸了1300米。

吴庆龙据此认为，约公元前1920年，官亭盆地发生了一次大地震，导致喇家遗址F4（F：房址）的坍塌和先民的遇难，并诱发积石峡发生山体滑坡，由之而来的堰塞湖溃决，导致黄河流域出现特大洪灾，这可为大禹治水的传说和夏朝建立提供科学依据。[1]根据吴庆龙的计算，当时的积石峡堰塞湖水位高出今黄河水位185—210米，蓄水量在120亿—170亿立方米之间。如此体量的堰塞湖在溃决前，完全堵塞黄河长达6—9个月。一旦溃决，将释放出113亿—160亿立方米的洪水。这样的洪水量是什么概念？我们将其与杭州西湖相对比。西湖东西约2.8千米，南北约3.2千米，面积6.39平方千米，平均水深2.27米，最深约5米，蓄水量约1429万立方米。也就是说，一旦发生洪灾，将有790—1120个杭州西湖同时一泄而出，直奔下游的官亭盆地。盆地中喇家先民的居住面高于当时的黄河河床约21米，溃决时洪水的深度达22.49米，超过居住面约1.5米，完全可以将整个喇家遗址毁灭。[2]

考古发掘揭示了当年喇家遗址史前灾难中令人悲悯的惨象。遗址中发现被摧毁的房址20处左右，其中，F3、F4、F7、F10等数座房址中均发现了人骨遗骸。F3、F4在第Ⅱ发掘区的北部，东西向并列排列，相距约2.5米。

考古发掘报告这样介绍F3内的人骨：

> F3居室内有2具人骨（编为Ⅰ、Ⅱ号），位于居室内东壁中部，Ⅰ号为女性，年龄35岁左右；Ⅱ号性别不清，年龄3~4岁，应是一对母子或母女遗骸。女性身体朝北，右侧紧倚东墙壁，双膝屈跪于地，臀部落坐在脚跟上，双手紧抱怀中幼

---

1 吴庆龙、赵志军、刘莉等：《公元前1920年溃决洪水为中国大洪水传说和夏王朝的存在提供依据》，《中国水利》，2017年第3期。
2 吴庆龙、张培震、张会平等：《黄河上游积石峡古地震堰塞湖溃决事件与喇家遗址异常古洪水灾害》，《中国科学（D辑：地球科学）》，2009年第8期。

图26　喇家遗址F3　　　　图27　喇家遗址F3内的遗骸

儿，幼儿双臂紧搂着母亲的腰部。女性面向上，颔部前伸，骨架空隙处填充红泥土。[1]

F4内更惨，一共发现14具尸骨，中有五六名婴幼儿。F4有可能是集体活动的场所或兼具宗教功能的场所，这14人或许是集体逃难于此，结果全部遇难。他们的姿势令人目不忍睹，或匍匐向前，苦苦挣扎于泥泞中，或受到强有力的撞压，肢骨反折，或相聚集中而死。有一组人骨，来自4个儿童，大者10余岁，小者三四岁，相拥而死。有一儿童甚是可怜，身体严重扭曲，呈非自然卷曲状。更有一对类似F3内的妇人与幼儿遗骸：妇人右手撑地，左臂将幼儿环抱怀中，脸颊紧贴幼儿头顶；怀中幼儿面向妇人，身体紧贴妇人，弱小的右臂牢牢搂住妇人的腰部。面对难以抗拒的天灾，妇人只能以为母者那种特有的慈爱，用尽最后的气

---

1 中国社会科学院考古研究所甘青工作队、青海省文物考古研究所：《青海民和县喇家遗址2000年发掘简报》，《考古》，2002年第12期。

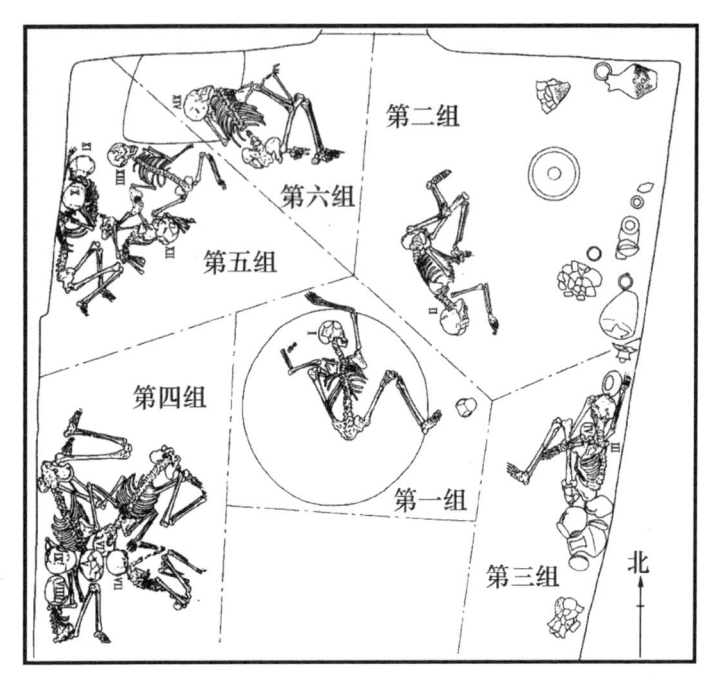

图28 喇家遗址F4内出土人骨编号及分组示意图

力,试图呵护着幼儿。这一妇孺相依、双双遭难的最后情景,永远凝固在历史的时空之中,令人望而动容。在大自然的狂暴面前,文明幼年期的脆弱性一览无遗。

在F4门道内的西侧,有1具人骨属于40余岁的成年男人,其可能是房址内的最年长者。他的身体向西俯卧于西北角。据此推测,该男子生前为了挽救众人,不惜牺牲自己,试图以身躯去封堵入水口。但是洪水过于猛烈,自东向西冲进来,男子瞬间被掀翻倒地,随即淹没于滚滚的洪流中。

F4东5米的F7是一座圆形房屋,在其南侧有地震造成的裂缝。发现4具人骨,2具成人的、2具儿童的,这可能来自一个完整的家庭,他们在史前大灾难降临之际试图夺门而逃。其中,1具成年男性的骨架已被完全摧毁。在靠近房屋的入口处，俯卧着一个成年女性，身下搂抱着一个婴儿，在其身后还有一个背朝大门、匍匐在地的儿童，3具骨架全部被压扁。F7近邻的F10发现了地震塌陷的遗迹，2具人骨的腿骨因而断折，其中1具可能是孕妇的，在其东侧是一个年龄更大的妇人，由于受到重压，上身与双腿贴在一起，双手伸出，像是在寻求救援。

如此惨烈的悲剧，说明由地震引发的积石峡古洪水冲击力势必非常凶猛。吴庆龙算出，当时的洪峰流量可达40万立方米每秒，[1]是今黄河积石峡平均流量的500倍以上。与之相比，1998年8月16日，宜昌出现第六次洪峰，流量为63300立方米每秒，为当年长江特大洪灾的最大洪峰。[2]积石峡古洪水是前者的6倍多，堪称全新世时期地球上最大的淡水洪水之一。如此巨量的洪水可以轻易到达2000千米之外的黄河下游地区，足以形成罕见的、广泛的洪灾。

巧的是，早期文献中记载，大禹曾经在一个叫"积石"的地方治水，如《尚书·禹贡》中有"导河积石，至于龙门"，《史记·夏本纪》中也有"浮于积石，至于龙门、西河"，这与洪水溃决的起始点积石峡恰好同名。《史记·六国年表》更提出"故禹兴于西羌"的说法。这些线索似乎都指向大禹的传说。所以吴庆龙认为，积石峡古洪水事件的灾难性后果可能留存在社会世代相传的集体记忆中，并最终在公元前第一个千年形成公认的大洪水传说，这从地质科学上印证了大禹治水的真实性。那么，喇家史前灾难是否与大禹治水有关？从年代上看，积石峡古洪水发生在约

---

[1] 吴庆龙、赵志军、刘莉等：《公元前1920年溃决洪水为中国大洪水传说和夏王朝的存在提供依据》，《中国水利》，2017年第3期。

[2] 张基尧：《亲历九八抗洪》，《百年潮》，2018年第6期。

公元前1920年，而夏代开始于约公元前2070年。很明显，喇家遗址的毁灭，大致处在夏代纪年的早中期之际，难以跟大禹治水的传说直接对应起来。

也有人质疑吴庆龙的研究成果，认为积石峡古洪水能够抵达1000千米之外的黄河中下游，并酿成一次罕见、广泛的洪灾，属于夸大之词。[1]因为积石峡至青铜峡之间超过600千米的黄河河段，多为狭谷激流，流速快，挟沙能力强，积石峡堰塞湖溃决造成的破坏的影响范围有限，仅仅是黄河上游的某些地段，不可能波及数千里外的黄河中下游地区。并以其矛攻其盾，引用考古发掘来证明自己的观点，认为即使在黄河上游，受到积石峡古洪水影响的遗址数量也是微乎其微。反证如积石峡下游95千米处的大何庄遗址与秦魏家墓地，同属于齐家文化遗址，但是其文化层中就没有见到与积石峡古洪水有关的沉积物。在更远的兰州盆地黄河岸边，发现了很多马家窑、齐家文化的遗址，其文化层中也不见与洪水相关的证据。

综合种种说法并进行分析，积石峡古洪水与传说中的大禹洪水属于两码事。而且积石峡与洛阳地区相距900多千米，在当时交通异常落后的时代，大禹不太可能跋涉到这个偏远之处来治水。所以，积石峡古洪水不能作为大禹在黄河上游治水的实证。但是，这个罕见的史前灾难事件，可以佐证4000aBP前后，黄河流域洪灾频繁，对史前文化影响巨大，因而考古发掘报告对此作了审慎而积极的评述。距今4000年前这个关键节点上，黄河大洪水证据的发现，更有其特殊含义。从某种意义上说，这为古史的洪水传

---

1 郭立新、郭静云：《从古环境与考古资料论夏禹治水地望》，《广西民族大学学报（哲学社会科学版）》，2021年第2期。

说提供了一定的印证。[1]

禹"覃怀厎绩"与中原地区的古洪水遗迹

黄河中游的中原地区位于中国第二阶梯黄土高原与第三阶梯华北平原、黄淮海平原之间的过渡地带，地势开阔，黄土覆盖层较厚。当异常洪水事件发生时，由于山前黄土台地一般地势较高，台地面相当宽阔并且有一定的倾斜，洪水对生活在台地上先民们的影响相对有限，很难像黄河上游喇家遗址的洪灾那样，完全吞噬整个居住面，造成毁灭性后果。目前中原地区发现的古洪水遗迹有十处，其中，八处位于黄河中游，两处位于淮河流域。如下表[2]所示：

表12 中原地区发现的龙山时代古洪水遗迹简表

考古遗址	所在流域	古洪水遗迹
河南三门峡三里桥遗址	黄河中游青龙涧	龙山晚期遗址上覆河流砂层
山西绛县周家庄遗址	黄河中游涑河	龙山晚期遗址中出现多层淤泥堆积
山西襄汾陶寺遗址	黄河中游汾河	洪水冲毁龙山时代东、西北城垣
河南洛阳矬李遗址	黄河中游伊、洛河	龙山晚期遗址中有厚层河流砂堆积

---

[1] 中国社会科学院考古研究所、青海省文物考古研究所：《青海民和喇家史前遗址的发掘》，《考古》，2002年第7期。
[2] 制表参考了夏正楷、张俊娜的《黄河流域华夏文明起源与史前大洪水》（北京论坛（2013）文明的和谐与共同繁荣——回顾与展望："水与可持续文明"圆桌会议论文及摘要集）的部分内容。

（续表）

文化遗址	流域	古洪水遗迹
河南偃师二里头遗址	黄河中游伊、洛河	淹没龙山时期灰坑上覆二里头文化层
河南博爱西金城遗址	黄河中游沁河	洪水堆积层穿越龙山时代城垣
河南温县徐堡遗址	黄河中游沁河	洪水冲毁龙山时代城垣
河南辉县孟庄遗址	黄河中游卫河	洪水冲毁龙山时代城垣
河南登封王城岗遗址	淮河上游颍河	洪水冲毁城址的部分城垣
河南新密新砦遗址	淮河上游双洎河	洪水冲毁部分新砦遗址

中原地区十处古洪水遗迹中，最直接的例证就是河南辉县孟庄龙山文化城址。孟庄城址是黄河下游河道改道四边形的一个顶点，位于平原之上，北依太行山前的低山，海拔约100米。汉代以前的《禹贡》河流经孟庄城址附近，并拐道北上。龙山晚期发生的洪灾，对孟庄城址侵害极大，几乎是毁灭性的。这是因为河流转弯处水流湍急，如果下游不畅，最容易冲溃河堤。考古发掘报告上写道：

> 孟庄城垣系内外取土堆筑而成，内侧有宽6~8米的濠沟，深达2米左右。探沟的资料表明，内侧濠沟中淤土厚达1米以上。此外，南、北面城河的发掘表明外城河龙山晚期的淤土有2~3米。这些淤土的形成应是持续一定时间的洪水或大量雨水造成的。[1]

---

[1] 河南省文物考古研究所：《河南辉县市孟庄龙山文化遗址发掘简报》，《考古》，2000年第3期。

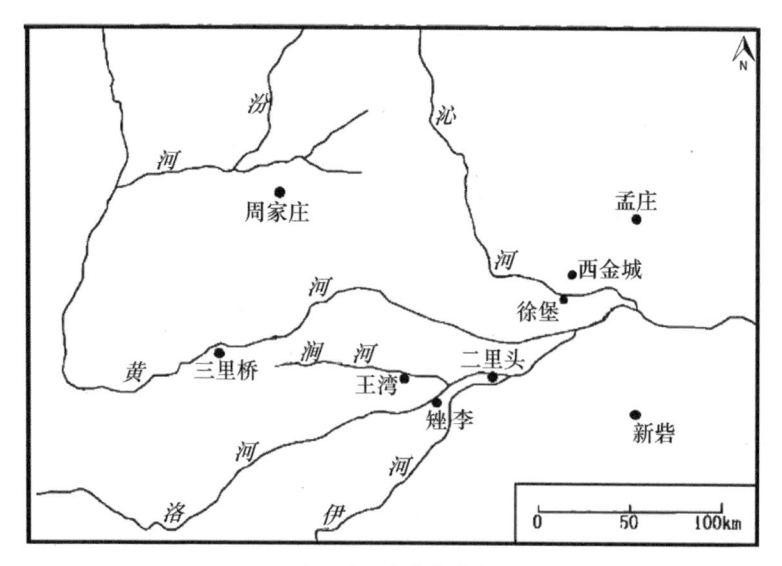

图29 中原地区古洪水遗迹分布图

　　孟庄城址毁于洪水的最显著证据是西城墙中段有一个大缺口，目前发现的缺口宽15米。从已发掘的T128（T：探方）看，原有的龙山时代城垣夯土已全部被洪水冲掉，且洪水在T128内下切入生土达1.5米左右，且由西向东伸去。冲沟内的淤土中包含有龙山文化各个时期的陶片。在西城墙的这个大缺口处，二里头时期的先民们清理了大部分淤土，然后用夹板重新夯筑西城墙，表明该冲沟是在龙山文化末期或二里头文化时期之前形成的。[1]另外，孟庄城址当时城垣高度约4米，但在其后的二里头时期，这段城垣的东墙内侧高度仅为1米，西墙内侧更低，仅有0.5米。东、西两墙内侧都发现二里头时期夯土修补的痕迹，北墙外侧也有修补夯土。这说明了在二里头时期之前，孟庄城址曾经被洪水或大量雨

---

[1] 袁广阔：《关于孟庄龙山城址毁因的思考》，《考古》，2000年第3期。

水冲刷过，出现文化断层，在此后的一百多年间无人居住，直到二里头时期才进行了一定的修补。不过，孟庄古城年代大致在公元前2400年到前2100年之间，当在夏朝建立之前，学者们多将其与传说中的共工氏相联系，[1]似乎和大禹治水关系不大。

孟庄城址以西的沁河流域，有两个著名的龙山时代古城址：西金城城址和徐堡城址。

西金城城址位于河南博爱金城乡西金城村，大致呈圆角长方形。在其南侧的G03（G：探沟）中，可以明显见到洪水的痕迹。G03呈南北走向，横切西金城城垣，在探沟南端沉积剖面的中部，是深黑灰色黏土和暗褐灰色黏土，含有螺壳化石和有孔虫，以及少量小砾石和龙山文化时期的磨圆陶片。据推测，小砾石、磨圆陶片来自流水的搬运，反映的是洪水泛滥平原的沉积环境。沿该探沟向北，可见洪水沉积越过宽约20米的南城墙，直入古城以内。洪水退却之后，西金城古城的东侧，包括部分城区在内，形成一片积水洼地[2]。该城址的年代可能在河南龙山文化中期前后，至龙山文化晚期时已经废弃，因而很难与大禹治水相联系。

徐堡城址坐落在河南温县武德镇徐堡村东，位于沁河南岸，与西金城城址南北相距仅7500米。考古发现，徐堡城址略呈圆角长方形，北半部已被沁河冲毁。上古时期，徐堡城址所处位置属于"覃怀"（今河南沁阳、温县一带）之地，而覃怀是史传中大禹治水的关键性区域。如《尚书·禹贡》中云："禹敷土，……冀州既载……覃怀底绩，至于衡漳。"《史记·夏本纪》中也有类似记载："禹行自冀州始……覃怀致功，至于衡漳。"覃怀之地位于黄

---

[1] 方燕明：《夏商考古探索文集》，科学出版社，2021年，第184页。
[2] 张俊娜、夏正楷：《中原地区4 ka BP前后异常洪水事件的沉积证据》，《地理学报》，2011年第5期。

河以北、太行山脉南端以南的狭长地带,扼住豫东平原通往豫西山地、晋南盆地的交通要道。在沁、济水交汇处,河水从太行山脉奔腾而下,地势较为平坦,极易造成河道淤积,洪水四处泛滥,因而洪灾特别严重。根据史书上的记载,大禹在覃怀治水,疏通了沁、济的河道,守护了冀州先民的安宁。其后,大禹又从覃怀转移至东北200多千米处的"衡漳"(漳河流域)。据载,4000年前的《禹贡》河,正是从衡漳北上,横穿华北平原,注入渤海湾。

徐堡城址北垣被沁河冲毁,说明这座覃怀之地的龙山时代古城也曾经遭到洪水的侵害,田野考古佐证了史书中的记载。当地流传民间传说,大禹治水时曾经在徐堡城址西南17千米处的温县祥云镇夏庄村居住一段日子,并在村东北角设有观水台。大禹治水三过家门而不入的传说也出自该村。结合考古发现、文献记载和民间传说,徐堡城址或许与大禹治水有着较为密切的关系。

而山西临汾盆地的绛县周家庄遗址、襄汾陶寺遗址,也出现古洪水遗迹。其中,陶寺遗址的东城墙和西北城墙都发现龙山文化晚期的山洪堆积物,其属于沟谷山洪型洪水事件遗存[1]。这类洪水事件,通常是山区的沟谷在暴雨降临时,会发生的突然性的、大规模的山洪和泥石流,对先民的生活区造成灾难性破坏,但是影响范围并不会非常广。临汾盆地封闭狭小,四面高山,发生的洪水事件基本上属于此种类型。不过,根据传世文献和出土材料的记载,大禹治水治的是规模较大的河川洪水,如豳公盨铭文所云"随山浚川",采用了疏导之法,即依据山川走势,凿开山丘、岩石,深挖沟渠,疏通河道。因而沟谷型山洪,绝非大禹所治之

---

[1] 夏正楷:《我国黄河流域距今4000年的史前大洪水》,科技部社会发展科技司、国家文物局博物馆与社会文物司编:《中华文明探源工程文集·环境卷(I)》,科学出版社,2009年,第254页。

水,也就是说,应将临汾盆地排除在大禹治水的范围之外。

禹"疏九河,瀹济、漯"与海岱地区的堌堆遗址

4000aBP冷事件之前,黄河下游河道自衡漳北流,自西向东横穿华北平原,而冀中地区河川密布,湖沼众多,所以洪灾频繁发生。因而自龙山晚期直至商周,冀中平原(华北平原的一部分)上有一片很宽广的无人区,古文化遗址大多位于太行山东麓山前洪积台地。地质学上的研究也表明,过去的一万年间,华北平原(黄淮海平原)至少存在十次洪水期。但这十次洪水期中,距离大禹年代最近的两次,分别在约公元前2600年和约公元前1500年,年代不是过早就是太迟,很难支持大禹治水的传说。

《禹贡》《夏本纪》中记载大禹曾在衡漳(漳河流域)治水,年代更早的《墨子》中说,大禹治水最东之处在今河南商丘、山东菏泽之间的孟渚泽,可见禹不会跑到衡漳去治水。而且按照郭立新、郭静云的说法[1],郑州至孟渚泽一线向东北延伸,包括河南境内的原阳、延津、封丘、滑县、浚县、内黄,直至河北境内的衡水、沧州,以及山东境内的聊城、德州,属于北流黄泛区;郑州至孟渚泽向东南方向的淮河延伸,包括今河南境内的中牟、开封、兰考、民权、宁陵,山东海岱地区的济宁、菏泽、曹县和单县南部,安徽境内亳州、涡阳、利辛、颍上、淮北、灵璧、泗县以及江苏境内丰县、沛县、徐州、邳州、睢宁、宿迁等地,属于黄河南流区。这两片广大的区域内,罕有龙山晚期的考古遗址分布,只是在某些地势稍高的台丘上间断性地存在一些遗址。该区域社会规模小,居民稀疏,洪水泛滥的影响较弱,对治洪的需求

---

[1] 郭立新、郭静云:《从古环境与考古资料论夏禹治水地望》,《广西民族大学学报(哲学社会科学版)》,2021年第2期。

也不大。衡漳就在北流黄泛区之内，所以不是禹治水的真正地方。

衡漳以东、北流黄泛区和黄河南流区之间的黄淮海东部，包括山东海岱地区，相传有九河故道。根据《尔雅·释水》，九河是指徒骇、太史、马颊、覆鬴、胡苏、简、絜、钩盘、鬲津等九条河流。《孟子·滕文公上》中云，"禹疏九河，瀹济、漯，而注诸海。""济、漯"，指黄河下游海岱地区的济水、漯水，这说明大禹曾经在河、济之间的海岱地区治水。

在黄淮海平原东部或海岱地区发现了许多被称为"堌堆"的台丘。堌堆在鲁西南方言中是土岗子的意思，也是由更早的黄河泛滥物堆积而成的。为了躲避洪灾，古人将平原上的堌堆作为村落居住地。有时候高地上的房屋被洪水冲垮了，古人只好待洪水退去后，在原有房址之上继续增高居住面，就渐渐形成了堌堆。堌堆通常高达2—20米，面积1000—8000平方米，大汶口文化时期开始出现，山东龙山文化时期进入鼎盛阶段，集中分布于山东境内的菏泽与聊城，以及河南境内的商丘、周口等地。

山东龙山文化与黄河上游的齐家文化几乎同时兴起，但在4000aBP前后，突然间都衰落下来，被较为落后的岳石文化取代。这种史前文化蜕变现象，在全球范围内普遍存在，如北非的尼罗河流域、西亚的两河流域、南亚的印度河流域，以及中国境内的黄河上游，等等。其共同的原因就是4000aBP引发的全球性降温事件，使得气候极度不稳定，变化频率高，导致全球各地普遍发生了洪灾。

龙山时期堌堆遗址数量骤然增多，显然与4000年前的洪水泛滥有着密切的关系。田野考古也不断揭示了更多的异常洪水迹象。如山东菏泽袁堌堆遗址，总面积1750平方米，深埋于地下1至3米，其上是厚度不等的淤泥层，说明龙山时代晚期发生过洪水泛滥。山东泗水尹家城遗址，残存面积约2500平方米，位于汶、泗河流域，相传是东夷始祖少昊、太昊的旧墟，也是殷周之际东夷商奄古国的故地。在高于地面约21米的堌堆上部，分布有龙山文化层和岳石文化层，两个文化层之间夹有一层厚约1米的河流相细砂层，其年代为3655±95aBP，经树轮校正之后则为公元前2035±115年[1]，相当于夏代纪年初期。河流相细砂层属于洪水泛滥的沉积，可知在夏代初年，山东汶泗河流域曾出现频繁的异常洪水事件。洪水来势凶猛，淹没了地势较低的堌堆，有时也殃及10米以上地势较高的堌堆。

借助考古发掘，我们可以想象当时可怕的洪水灾难情形，一如同时期两河流域的尼普尔泥版文书所言："狂风怒号，暴雨滂沱，洪流滚滚，[万物具殁]。……滔滔洪水把大地淹没。"暴雨连连，汶、泗河水位暴涨，洪水四处肆虐，使得平原到处一片汪洋，洪水甚至漫上了高高的堌堆，当时洪水上涨的高度在10米左右[2]，淹没了堌堆上龙山时代晚期的居住面。洪水过后，整个村落被摧毁了，房屋倒塌，人畜无踪，只留下一层远方漂流过来的灰色黏土和细砂。

不过，四千年前的大禹时期，黄河自今河南郑州广武山北麓改道北流，穿越河北平原出海，很可能没有流经山东海岱地区。即使有，历史上黄河下游的治洪方式，主要采用筑堤堵塞的防护之法，而不是豳公盨铭文中"随山浚川"的疏导之术。因而，海岱地区也不太可能是大禹治水故事真正的发生地。

---

1 山东大学历史系考古专业：《山东泗水尹家城第一次试掘》，《考古》，1980年第1期。
2 夏正楷：《我国黄河流域距今4000年的史前大洪水》，科技部社会发展科技司、国家文物局博物馆与社会文物司编：《中华文明探源工程文集·环境卷（Ⅰ）》，科学出版社，2009年，第254页。

文献记载中的大禹治水传说，含有一些杜撰的成分。但可以肯定的是，4000aBP冷事件导致全国各地众多的河流峡谷频繁发生灾难性的洪水，摧毁了先民们的家园，这些悲惨的史前事件经过人们的口耳相传，最后变成集体的记忆，全部附会在大禹身上。但这恰恰证明了大禹治水的真实性。否则，大江南北各地的先民们很难不约而同地将洪灾事件集中于大禹一人。

经过厘清之后，大禹治水最有可能的地望是中原地区，如宋代"疑古派"代表赵汝谈所说的，"禹功只施于河、洛"。目前中原地区发现的温县徐堡城址、洛阳矬李遗址、登封王城岗遗址、新密新砦遗址，或许都与大禹治水有关。徐堡城址位于黄河以北的沁河中游，在考古学上属于后岗二期文化。[1] 后岗二期文化被认为是传说中共工氏的文化遗存。徐堡城址处在王湾三期文化与后岗二期文化的交界地带，当地流传不少有关大禹的传说，可能是黄河北岸大禹治水的发生地之一。矬李遗址、王城岗遗址、新砦遗址位于河、洛之间，正是传说中大禹的活动区域和夏部族的分布区。矬李遗址在嵩山以西的伊、洛河流域，王城岗遗址在嵩山以南的颍河上游，新砦遗址在嵩山东南的双洎河流域，颍河与双洎河都是淮河上游的支流。大禹治水的真正地望只能在这些地区去寻找。

禹"左准绳右规矩"与王城岗、瓦店遗址

大禹治水，最初是在颍水上游、"禹都阳城"所处的登封盆地进行的。登封盆地位于豫西山地东部，南北边缘为箕山山脉、嵩山山脉，东部为低山丘陵，西部为黄、淮河之间相对平缓的分

---

[1] 袁广阔：《后岗二期文化与早期夏文化探索》，《光明日报》2016年1月3日。

水高地。淮河上游最大的支流——颍河发源于登封盆地北缘，自西向东横切盆地的中部。由于盆地狭小，较为封闭，地表沟壑纵横，一旦发生洪水，若排泄不及时，会造成一定的灾害。通过对王城岗遗址发掘出的木炭碎块进行分析和研究，可知彼时登封盆地气候温暖湿润。可以为佐证的是，王城岗遗址W5T0671H79与W5T0669H85两个灰坑中，莎草科的孢粉含量达20%，说明当时这两个灰坑附近有水。[1]

地貌特征表明，王城岗遗址所在地极容易发生洪灾。颍河自告成以下河段，进入低山丘陵区，形成丘间谷地，大部分河床上有坚硬的岩石。龙山时代王城岗的气候具有亚热带特征，降雨多受到亚热带季风的控制。如果颍河流域同时降雨，颍河干支流洪水峰值高、流量大，河道不易宣泄，附近山坡的洪水无法迅速进入主河道。洪水彼此顶托，形成倒灌，导致洪水回落缓慢，加大水患，从而造成严重的洪涝灾害。

就目前保存情况来看，王城岗东小城确实是被五渡河冲毁的，西小城北垣的东段和中段也是被从西北部王岭尖下来的山洪冲毁的，如今已荡然无存。王城岗大城也有明显的水遗迹，在北城壕HG1（HG：灰沟）中，发现大量黄色淤土层或者灰白色淤泥土层，表明北城壕曾经被水浸泡过。但这水是洪水还是人工引水，目前尚无法判断。

王城岗大城的北城壕全长620米，经过测量发现，城壕东端至西北拐角之间，高度相差约9米。在北城壕HG1中选择几个探

---

[1] a.王树芝、王增林、方燕明：《登封王城岗遗址出土木炭碎块的研究》，科技部社会发展科技司、国家文物局博物馆与社会文物司编：《中华文明探源工程文集·环境卷（Ⅰ）》，科学出版社，2009年，第142—154页。b.方燕明：《夏商考古探索文集》，科学出版社，2021年，第434页。

沟再进一步测量，W2T6571与W5T2373相距190米，两者之间高度相差4.346米，但是壕沟底部的高度仅相差0.374米；W2T6571与W5T2173相距180米，沟底高差也仅为0.246米。[1]这在4000年前的新石器时代，已经达到了很高的精确度。如果当时的王城岗先民（应即夏部族）没有掌握一定程度的工程测量技术，很难做到这一点。

　　豳公盨铭文和《尚书》中记载，大禹治水采取疏导之法，即"随山浚川"，或"随山刊木"。颍河告成以下的河段，多分布有坚硬岩石。大禹要治平水土，必须组织民众，随山浚川，凿穿岩石，清除障碍，梳理河道，以确保堵塞的洪水能够顺利排泄。其治水的情形，与豳公盨铭文或《尚书》中所描述的完全一致。而在治水过程中，工程测量技术是必不可少的。《史记·夏本纪》中说，大禹治水，"左准绳右规矩"。准绳、规矩均指原始的测量工具，这从侧面反映出夏部族是一个精通治水的族群。

　　在4000aBP气候事件的大背景之下，各地暴雨频降，河川湖泊水位剧升，洪涝灾害如同家常便饭，先民们的生命、财产受到严重的威胁。王城岗大城却能够在此时兴建起来，巍然立于嵩山南麓，这要归功于大禹及其族人高明的治水技术。

　　王城岗遗址东南的瓦店遗址，可与史载中的"禹居阳翟"相联系，也应当是大禹治水的发生地之一。瓦店遗址以及邻近的谷水河遗址，掺杂了东夷、三苗等大量外来文化因素，居民成分十分复杂，东夷可能占很大一部分。根据《尚书》《史记》的记载，东夷首领皋陶、伯益，都是大禹治水的助手，俯首听命于大禹，可见大禹在东夷部众中威望极高。这反映了嵩山地区的华夏与东

---

[1] 方燕明：《中华文明探源工程〈登封王城岗考古发现与研究（2002—2005）〉结语》，《夏商考古探索文集》，科学出版社，2021年，第429—430页。

夷和平相处，在大禹的领导之下，齐心协力，共同战胜洪灾的史实。

颍河上游的地貌以白沙谷地为界，西北侧是登封盆地，东南侧是禹州平原，地势逐级降低，从海拔346米降至167米，落差约180米。颍河流出白沙谷地，就进入禹州平原，一旦上游发生洪灾，必将殃及下游的平原地带。瓦店酋邦的聚落主要分布在颍河的右岸一侧，聚落数量从龙山时代的20处陡降至二里头时代的5处，其原因就是4000aBP冷事件前后，颍河上游洪水频发。

大禹在瓦店治水的主要办法是挖大型环壕，将洪水引入环壕，并把房屋建筑在高出河面的台地之上。瓦店遗址由相连的西北台地和东台地组成。其中，东台地面积约56万平方米，高出地面7米，文化层堆积较厚；西北台地面积约50万平方米，高出地面1米多，文化层堆积比东台地稍薄。两个台地都有大型环壕围绕，西北台地由东、西、南壕和东北面的颍河共同组成封闭型的环壕。东台地环壕破坏厉害，仅存西、南壕，可能是由西、南、北壕与东面的颍河组成封闭型环壕。东台地环壕的年代略早于西北台地环壕。西北台地环壕的修建和使用在瓦店二期[1]，相当于王城岗三期，正是王城岗小城衰落、大城兴建之际，也与大禹治水的年代非常相近。在西北台地南壕07TG3沟底发现砂砾石层，表明当时有流水存在，可能是洪水的遗迹。没有发现城垣，所以城址或许不具备城垣、壕沟协作防御的功能。而且，大型环壕并非完全处在遗址的边缘，有相当多的同期遗存分布于环壕外侧。据此推测，瓦店的大型环壕虽然也有军事防御功能，但是更主要的功能是排水泄洪，即每当洪水期或雨季来临之际，可以把居民区内的积水

---

1 方燕明：《禹州瓦店龙山时期环壕城池考古》，《夏商考古探索文集》，科学出版社，2021年，第541页。

及时排入壕沟，导引到颍河里去。

借助对土壤微形态的观测，在瓦店壕沟内发现了清除淤泥的工具的痕迹。瓦店遗址出土的石器中，石铲类掘土工具占七成左右，推测其为壕沟内清理淤塞时的主要工具。木柄的末下端安装的石铲就是史书中的"耒耜"。上博竹简《容成氏》有"禹亲执畚耜"。西汉扬雄《方言·第五》云："臿……江淮南楚之间谓之臿，沅湘之间谓之畚。"说明畚与臿（耜）都是臿（石铲）。山东嘉祥武梁祠画像石中的夏禹像也是右手执耜。可见大禹治水时手中常备的工具，就是清淤（豳公盨铭文中称为"浚川"）使用的石铲。

可见，颍河上游的王城岗、瓦店等是大禹治水最有可能的发生地。而后大禹顺流而下，在淮河干、支流继续治水。龙山晚期，豫东大汶口文化段寨类型已经被造律台类型（王油坊类型）覆盖。造律台类型分布于以河南商丘为中心的鲁、豫、皖三省的交界地带，基本上在淮河流域。从器物风格来看，造律台类型兼具中原地区与东方地区两种文化的特色，应当是华夏与东夷共同创造的文化。但是，大禹治水究竟发生在淮河流域哪些地点，由于年代太渺远，几乎不可考。

一些地方县志记载了大禹治水遗迹，诸如山西临汾的《乡宁县志》中说"禹王洞在小梯子崖上，绝壁千仞，下临黄河，相传大禹凿龙门时，常憩于此。洞深莫测，人无敢入"；山东《禹城县志》中有"禹息城"，相传是大禹用息壤堙洪水之处，西距禹城十里，世传禹治水时筑此，以望水势，俗称十里望；山东《潍县志》有大禹治水时所筑的禹王台，在望海门直北六十里处；河南封丘西南七里有期城，《太平寰宇记》云，"期城者，夏禹理水时所筑"，也称为簸箕城；河南杞县东北二十里有肥阳城，"禹治洪水时，在肥泽之阳所筑"；等等。这些地方志年代非常晚，其中所载大禹治水遗迹当属后世假托，可信度很低。

大禹治水解救黎民于苦难之中，由此得到了包括东夷在内各个族群的拥护。后世文献极力颂扬大禹的造福百姓之德，将之推崇为苦行救世的圣人。如《韩非子·五蠹》中云："禹之王天下也，身执耒臿以为民先，股无胈，胫不生毛，虽臣虏之劳，不苦于此矣。"大禹因治水获得了崇高的威望，所以韩非子称之为"王天下"，也就是豳公盨铭文中的"迺自作配乡民，成父母"。

与此同时，大禹由于治理洪水的需要，加强了其对嵩山地区包括淮河流域社会资源的整合与管理，"协和万邦"，将王城岗酋邦、瓦店酋邦以及淮河流域的其他酋邦融合起来，并造就了一批专职管理者，逐步形成一个新型的酋邦联盟，且使其具备了早期国家的某些集权特征，从而走在时代的前列，成为嵩山地区文明进程中的引领者。

第六章
夏邦肇始：王城岗城址所见的酋邦社会

相传周武王伐纣之后，为了有效管理新征服的东方地区，命令周公旦测日影"求地中"，以确定新邑的选址。《周礼·地官司徒》中记载，周公旦地中测影的办法是，"日至之景，尺有五寸，谓之地中"。也就是立八尺之表，在夏至日正午时分，测得太阳投射在地上的影长为一尺五寸，该地即为"地中"。根据东汉儒学家郑玄的说法，周公旦确定的地中所在就是传说中的"禹都阳城"。开元十一年（公元723年），为了纪念周公测定地中，太史监南宫说奉唐玄宗诏令在阳城（今河南登封告成镇）建立了周公测景台。周公测影真实性不明，而"阳城地中说"却世人皆知。1975年，在周公测景台西边约1.5千米的王城岗上，发现了龙山时代的两座小城址。王城岗城址与传说中禹都阳城的地理位置是相一致的。扑朔迷离的夏都阳城也因此逐渐揭开神秘的面纱。

第一节　王城岗遗址与"禹都阳城"

王城岗城址的发现

大禹治水可以说是夏王朝建立的标志性事件之一，发生在龙山晚期气候异常剧变、自然灾害频繁发生的古环境背景之下，有其真实性。西周时期，在天命观思想的指导下，将大禹治水传说、建立夏朝与天崇拜联结起来，从而形成了一个诸种元素相当齐全的王朝叙事。

前已述及，综合地理位置、气候条件和地形地势等各种因素进行分析，大禹治水首先应当发生在夏部族的起源地环嵩山地区，尤其是颍水上游。那么，在颍水上游的登封盆地内形成的以王城岗、瓦店为中心聚落的新型集权制酋邦，应即传说中夏王朝肇建的政治形态。正因为如此，王城岗和瓦店被视为早期国家起源的两座重要的历史界标，标志着原始社会的结束和阶级社会的开始。

文献中关于五帝时代所筑城邑的记载很多。最早的筑城者是黄帝和炎帝，如《汉书·郊祀志下》中有"黄帝时为五城十二楼"，《汉书·食货志上》中载"神农之教曰，有石城十仞，汤池百步"。但年代更早的文献则认为筑城始于鲧，如《世本》云"鲧筑城"，《吕氏春秋·审分览·君守》中说"夏鲧作城"，等等。鲧，是传说中夏部族的远祖，或者有崇氏部落的首领。而有崇氏就生活在河南登封嵩山一带。登封王城岗遗址的发现，可与史书上的记载相合。

王城岗遗址位于河南登封告成镇西北约500米的低平谷地内，山峦环抱。南眺伏牛山余脉箕山、大熊山和小熊山，西望嵩山之少室山，北倚嵩山之太室山前的王岭尖。颍河从遗址南侧潺潺流经，五渡河从其东南侧注入颍河。遗址就坐落在颍河与五渡河交汇处一个中间略微凸起的台地上，海拔约270米，由此形成依山傍水之势，附近尚有袁村、毕家村等近20个大小村落，自然条件提供了良好的自然防御，在那个部落冲突频仍的石器时代，无疑是构筑城池、保护民众的理想之地。考古工作者在王城岗遗址先后发现了两座东西并列的龙山文化中晚期小城、大城，其中，小城位于大城的东北部。由于古史中鲧、禹、启的传说都集中在这一片区域，王城岗城址的发现第一次为夏初史的探索提供了重要

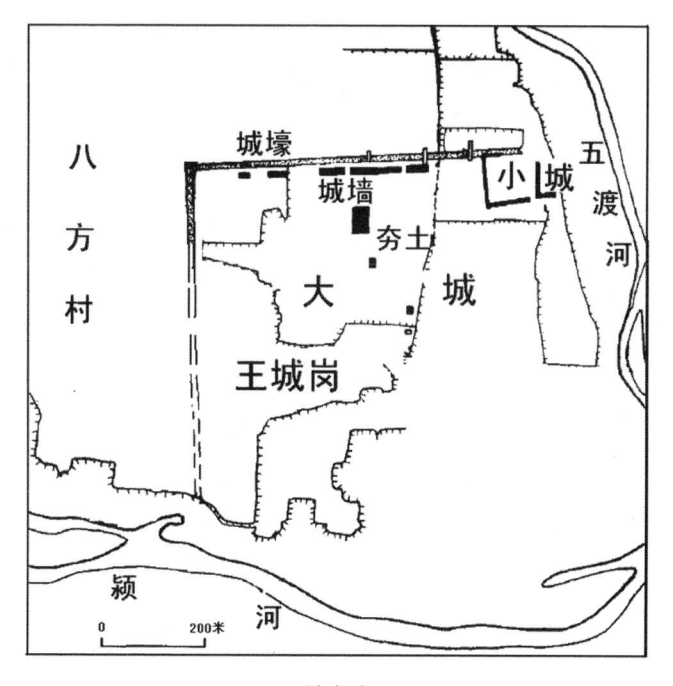

图30　王城岗城址平面图

的实物证据，其意义十分重大，一时轰动学术界。

王城岗城址的发现过程前后长达20余年，充满了波折与光芒，其本身就是一部传奇。王城岗遗址率先发掘的是小城址。1956年春文物普查时，考古工作者在嵩山南麓、登封告成镇西约1千米处的王城岗，发现了龙山文化时代的遗存，当时称为"告成八方间遗址"。遗址东、北两侧已被五渡河冲毁。1975年春开始挖掘，王城岗城址的面貌逐渐显露出来。两座距今4100年的小城址就位于岗上，东西并列，隔一城墙而连体，东小城的西垣也是西小城的东垣。由于王城岗地势东低西高，因而东小城地面低于西小城约2米。两座小城筑建于同一时期，可能东小城要略早些。东小城大部分城垣被洪水冲毁，不知详情。不过，保存较为完整的东小城西南城角的夹角明显小于西小城，据此推测东小城面积要小于西小城。西小城外形呈方形，城内面积约8000平方米。南垣长82.4米，西垣长约92米，北垣西段残长约29米。在南垣东部有一个约10米宽的缺口，考古工作者推测有可能是西小城的南门。

王城岗东、西小城一出现，立即引起学界的浓烈兴趣。考古工作者根据传世文献的记载，认为王城岗小城极有可能就是夏都阳城或禹都阳城。"禹都阳城"见于《孟子》《世本》《史记》《古本竹书纪年》等典籍，而且地理位置也很清楚。《孟子·万章上》云："禹避舜之子于阳城。"东汉经学家赵岐注曰："阳城，箕山之阴，皆嵩山下深谷之中以藏处也。"这是最早提及禹都阳城在河南嵩山地区的文本。《水经注》在阐述阳城地望时，说得更加详尽明了："颍水又东，五渡水注之，……颍水径其县故城南，……县南对箕山。"根据《水经注》中这句话的描述，禹都阳城与王城岗城址的地理位置是一致的。

考古发掘的实物也佐证了王城岗城址与禹都阳城高度相关。1977年，考古工作者又在告成镇东北部的漫坡高地上发现一道夯土城墙。城内发现战国大型建筑基址一处，城外发现战国铸铁遗址一处，出土印有"阳城仓器"四个文字的陶豆，印有"阳城"二字的陶量器和印有"仓器"二字的陶片三十多片，据此判断该城址应为春秋战国阳城的旧址。这也说明了战国时期盛传的禹都阳城应该就在这片地区。王城岗城址位于战国阳城的西南隅，测年数据显示该城址的使用年代正好与推定的夏代始年大致范围相合。这一连串证据表明，王城岗城址正是寻找禹都阳城的重要线索。

阳城地处登封南部的崇山峻岭之中，原是周代的阳城邑，春秋前期属于郑国，为郑国西南要隘。在王城岗城址东南两千米处、颍河南岸的小山长葛岭发现了五座春秋时期的贵族墓葬，其中一座出土的青铜器铸刻铭文"郑伯公子子耳作盂鼎"，为阳城归属郑国的铁证。及至战国时期，韩国在周安王十七年（公元前385年）出兵攻袭郑国，占领了阳城。秦统一后在此设阳城县，将之隶属颍川郡。阳城之名一直沿袭至唐初。《旧唐书·地理志》中记载，直到万岁登封元年（公元696年），武则天要举行封禅大典，宣布"将有事嵩山，改为告成县"。

战国阳城旧址与王城岗遗址仅一水之隔，相距也只有1600米。所以很有可能，战国"阳城"得名于禹都阳城。由是，考古报告对王城岗东、西相连的两座小城址作出如下判断："这两座龙山文化二期城址位置，和文献记载的夏代阳城地望十分吻合。我们初步认为王城岗的两座龙山文化城址有可能就是夏代城址，而且很可能就是夏代的阳城遗址。"[1]但是有一个可疑之处，王城岗东、西两座小城址面积只有两万平方米，长宽百余米，仅相当于一座宫殿的规模。据林沄的测算，各种类型的邑大体上保持着每户占地150至160平方米的密度指数，每户为四五口人之家。[2]以此估测，王城岗小城约130户，人口约五六百人，中原地区随便一座龙山时代的城址，都比它大得多。

四千年前的大禹如果把这个弹丸小堡当作自己的都城，似乎有点荒谬，不合常理。那么，王城岗城址究竟是不是禹都阳城呢？随着考古工作的进一步开展，这个问题终于有了令人信服的答案。

1978年，考古工作者发掘的西小城北垣，基槽底宽1.8—4米，当时以为北垣狭窄处是被山洪冲毁的，就此作罢，没有继续挖探下去。时隔24年之后，2002年再次对王城岗遗址进行调查研究，考古工作者用网格法将遗址划分为6个400米见方的发掘区。发掘区分为东西列，每列各3个区，西列由南到北编号为W1区、W2区和W3区，东列由南到北编号为W4区、W5区和W6区（W是"王城岗"首字的拼音开头）。该年10月，考古工作者在W2区进行发掘时有个意外的收获：3个探方中挖出夯土。夯土通常是房屋基址的遗存，所以将其编为"2号房基"。此后，考古工作者又发现2号房基被一座东周墓葬打破，由此判断2号房基建造的年代早于东周。不久，在另一探方中出现了一口填埋水井，这口水井恰好穿透2号房基。兴奋的考古工作者继续开挖下去，2号房基逐渐露出真容，东西长100米，南北宽10余米，夯土面上没有柱

---

[1] 河南省文物研究所、中国历史博物馆考古部编：《登封王城岗与阳城》，文物出版社，1992年，第322页。
[2] 林沄：《关于中国早期国家形式的几个问题》，《吉林大学社会科学学报》，1986年第6期。

洞和墙基槽，他们方才得知之前的判断有误，这根本就不是房基，而是城垣的遗存。新城垣的发现令考古工作者大喜过望，11月，他们沿着城垣继续向西钻探，陆陆续续又发现几段不连贯的城垣。原来王城岗东、西小城之外，还套着一座大城。西小城的北垣不是被山洪冲毁的，而是被大城的北城壕侵蚀的。

王城岗大城包括城垣和城壕，复原面积达34.8万平方米。一夜之间，王城岗城址成为河南境内规模最大的龙山时代古城址。

王城岗城址的发现，说明了史书中"鲧作城"的记载有一定的事实依据。尽管目前对王城岗大、小城性质的看法不一，但是学界大多将之与夏初都邑——阳城联系起来。如王城岗城址可能是禹都阳城，或"禹居阳城"的夏代阳城遗址。或者，根据史书记载，夏部族先人鲧是传说中上古筑城技术的发明者，王城岗小城有可能是夏部族首领所作之城。在嵩山之阳的颍水左岸王城岗上，修筑这样一个小城堡，与当时的生产力水平相符合。[1] 王城岗城址的发掘者提出另一个观点，即王城岗小城有可能是"鲧作城"的产物，而王城岗大城有可能是禹都阳城。只是，这样的说法无法解开王城岗大、小城的建筑年代相差六七十年甚至上百年的疑问，[2] 而且"鲧作城"在战国末期至秦汉之际的文献上才出现，年代较晚，可信度存疑。不过，虑及传世文献上只提到"禹居阳城"或"禹都阳城"，没说"禹筑阳城"，所以也不排除大禹建立夏朝时阳城已经存在的可能。

---

1 董琦：《王城岗城堡遗址分析》，《文物》，1984年第11期。
2 刘莉、陈星灿：《中国考古学：旧石器时代晚期到早期青铜时代》，生活·读书·新知三联书店，2017年，第235页。

王城岗城址的年代

王城岗小城位于王城岗大城的东北部，两座城的走向大体一致。对大城与小城的城垣夯土进行比较，可以发现大城与小城的建筑风格存在三个共同之处。其一，城垣都是用纯净的黄土夯筑而成，而且夯土层的厚度和夯窝的特征也基本相同；其二，夯土墙的夯层之间都用细沙相隔，且打土时留下的夯窝痕迹较明显；其三，在城垣夯土中发现有河卵石，可见夯土墙都是用河卵石类夯具夯打而成的。由此推测，营造王城岗大、小城的是同一个族群，极有可能就是大禹的夏部族。

王城岗大、小城的发掘与研究，无疑为追迹扑朔迷离的夏王朝提供了新的线索。那么这两座城址的年代关系如何？

先来看看王城岗遗址的年代分期。王城岗东、西小城发现之后，考古工作者将王城岗龙山文化遗址分为五期。王城岗大城发现之后，又将五期调整为三段。原第一、二期合并为一段，其中，原第一期改称"一段偏早"，原第二期改称"一段偏晚"；原第三期为二段；原第四、五期合并为三段，其中，原第四期改称"三段偏早"，原第五期改称"三段偏晚"。前述年代分期情况如下表[1]所示，考古工作者是这么判断王城岗大小城的始建年代的。

---

[1] 制表参考：a. 夏商周断代工程专家组编著：《夏商周断代工程1996—2000年阶段成果报告·简本》，世界图书出版公司，2000年，第79页；b. 李伯谦：《序》，《登封王城岗考古发现与研究（2002~2005）》，大象出版社，2007年。

表13　王城岗城址年代分期情况简表

五期法	主要事件	三段法
一期　公元前2190—前2110年 或公元前2190—前2105年		前期一段　公元前2190—前2103年 中值公元前2150年
二期　公元前2132—前2082年 或公元前2128—前2084年	小城始建	
三期　公元前2090—前2030年	小城衰落 大城始建	后期二段　公元前2132—前2030年 中值公元前2080年
四期　公元前2050—前1985年 或公元前2038—前1988年 或公元前2041—前1994年	大城使用	后期三段　公元前2041—前1965年 中值公元前2003年
五期　公元前2030—前1965年	大城衰落	

通常情况下，古人生活的遗迹或者遗物依照年代顺序埋藏在地下，埋藏层次越深，年代就越早，反之越晚。这种因年代早晚不同而有层次分别的地层，称为"文化层"。文化层越厚，层次越多，意味着古人在此地生活的时间就越长；文化层稀薄，或者虽厚但层次不多，说明古人生活的时间很短。王城岗小城的城垣基础槽和夯土层属于王城岗二期，叠压在王城岗三期的文化层之下，所以小城的下限不会晚于王城岗三期。但是，小城的基础槽和夯土层又叠压在王城岗一期或更早的裴李岗时期灰坑之上，所以小城的上限不会早于王城岗一期。对小城城垣的35条探沟进行分析后，发现有16个王城岗三期的灰坑打破了小城城垣基址的夯土层，在小城内又发现王城岗三期的灰坑打破城址，可知王城岗小城始建于王城岗二期，使用到三期之前。

判断王城岗大城修建年代的关键点在W5区的T2873中，考古工作者在其中找到了大、小城的打破关系。王城岗大城的北城壕打破了西小城西北拐角处的夯土城墙，所以大城应筑建在小城之后，而小城始建于王城岗二期，大城的年代基本上在王城岗三期。

在王城岗小城内，打破夯土城墙的灰坑近30个，年代基本属于王城岗三期。这些王城岗三期的灰坑，在东小城的南城垣和西南拐角处，西小城的南城垣、西城垣及西南拐角处，都可以看到。可见，当时人们把小城的城垣推倒之后，再兴建大城。在小城内发现了丰富的王城岗三、四期遗存，说明大城的主人将小城纳入大城的范围之中，仍然继续使用小城。为了节省劳动力和其他成本，人们就地取材，将推倒后的小城的整块夯土用来修建大城的城垣，所以考古工作者在大城北城垣的夯土中发现了属于王城岗二期的遗物。大城城垣筑起之后，人们充分利用自然地形，将大城的北城壕延伸至五渡河，将大城的南城壕延伸至颖河，形成了人工城壕与天然河流相结合的防御体系。

经过碳十四年代测定，王城岗东、西小城的年代，上限不早于公元前2200至前2130年，下限不晚于公元前2100至前2055年，中间值约为公元前2122年，属于王湾三期文化的晚期阶段。夏代始年为约公元前2070年，也就是说，王城岗东、西小城筑于夏朝建立之前五十余年。王城岗大城的年代，上限不晚于公元前2100至前2055年或公元前2110至前2045年，下限不晚于公元前2070至前2030年或公元前2100至前2020年，中间值约为公元前2055年，与夏代始年约公元前2070年相符。也就是说，王城岗大城是在夏朝建立前后十数年之内筑造起来的。

大小城年代虽有早晚，相隔六七十年，却是相继兴建起来的。从王城岗大、小城的走向与使用情况来看，人们对城址的修建预先做过精心的规划，即由东向西，由五渡河岸边向高台地逐步发展过去，最先修筑东小城，而后是西小城，最后才是大城。

王城岗城址的历史地位

在王城岗西小城内西部地势较高的地方，以及东北部一带，发现了十多处夯土基址遗存。较大的有两处，一为南北长方形，面积约150平方米，另一为方形，面积70平方米左右。这些夯土基址通常是宫殿或者宗庙的遗迹。这几处基址下面叠压的夯土坑、奠基坑各有13个，另有101个灰坑，它们的年代同属于王城岗二期，也就是与西小城的年代相同。

这些灰坑有的填土夯实，即夯土坑，是为加固建筑基址而设置的；有的则埋入动物骨架与人骨作为奠基坑，与筑造地面建筑物时举行的奠基仪式有关，通常填埋一些人或动物的骨架，慰劳鬼神，以求居者平安。西小城共发掘夯土坑13个，奠基坑也有13个，坑内填埋完整人骨13具，包括成年和儿童的人骨架。

在城址之下的奠基坑填埋人或动物的骨架，是远古时期常见的一种奠基习俗。这种习俗源于猎头习俗。一场激烈的部落冲突之后，获胜者要将斩获的敌人头颅带回去，作为供品来祭祀神灵或死难者后，堆积起来作为某种建筑物的奠基物或随葬品。猎头习俗在原始社会普遍存在，黄河流域的仰韶文化、龙山文化，长江流域的河姆渡文化、马家浜文化和良渚文化等，都发现过。比如山东龙山时代的边线王古城，挖有宽而深的基槽，在外城基槽内还有奠基坑，发现人、狗、猪的骨架。这是奠基仪式上的供品，用来慰藉鬼神，寄托对神祇和祖先的敬畏和崇拜，以求城基的稳固、居者安康。

西小城中还有一种填埋骨架的灰坑，令人望而生畏、头皮发麻。这种灰坑中的人骨架上下叠压，而且姿态各异，有的作惊恐抱头状，有的作痛苦挣扎状，有的俯身，有的仰身，有的四肢分离，有的身首异处。并且，有打破现象，如奠基坑H760打破夯土坑H106，又打破奠基坑H120。这说明奠基坑H760就不是单纯为筑城之用，而是一种特殊的祭祀坑。祭祀时间有先后，而且是分批次、频繁地举行，所以H760应当是祭祀性建筑的遗存。也就是说，王城岗遗址西小城内地势较高处，是当时的祭祀中心所在地，比如祭坛或者祭台，甚至宗庙。[1]

那101个灰坑大多是规整的圆形袋状，显然经过了刻意的掏挖或者反复使用，所以本来是储藏物资的窖穴。有人推测，西小城最初是作为仓城来规划设计的。窖穴群之间的空地可以用来打晒粮食。四周只开一个小门便于少量人员守护。后来，突然间五渡河发生泛滥，冲毁了王城岗东小城。人们只好利用东小城的西垣，把西边的仓城临时改造成居住区，建造类似后世的宫殿或者宗庙。

1981年在王城岗西小城内一个圆形袋状灰坑发现的一块陶器残片，也可作为祭祀遗存的佐证。这个圆形袋状灰坑编号为T195H473，入口处窄于底处，周壁斜直，坑中有一块陶杯底部的残片：泥质黑陶，薄胎，磨光，直壁平底。底径12厘米，器壁很薄，仅2毫米。这块黑乎乎的残陶片丑陋不堪，很不起眼，在新石器时代的遗址内中随处可见。

然而，残陶片的上面刻的一个符号，使之具有重要的历史意义和文化价值。这个符号形状怪异，像两只手相向且各持一棒，它应该在陶器底部烧制之前就预先刻好了。考古工作者将其考释

---

[1] 马世之：《登封王城岗城址与禹都阳城》，《中原文物》，2008年第2期。

图 31 王城岗遗址陶器文拓本和残本

为"共"字,因为它的字形跟甲骨卜辞如《殷墟文字乙编》3443、西周师晨鼎铭文(《殷周金文集成》2817)的"共"形体——左右两只手捧着器物供奉,基本相同,属于成熟的会意字,具备了象形、指事等构字方法的特征。有人形容这个"共"字"笔触起有顿势,收有尖峰,重轻均衡,肥瘦融洽"[1],因此,在烧制陶器之前,先民们经过了一定的构思,并非随意刻画。这至少可以说明当时已经超越文字的初创阶段,形成了以象形字、指事字和会意字为根基的文字系统。它是目前所见年代最古老的文字性材料之

---

1 王朝辉:《从古文字"析形释义"谈王城岗遗址"共"字陶文之考释》,《洛阳考古》,2018年第2期。

一,属于王城岗三期(约前2090年—前2030年),甚至比襄汾陶寺晚期遗址的朱书文字"文""尧"来得还要早。

王城岗城址与附近的其他村落大致呈扇形分布,扇面朝西。城址又坐落在颍河与五渡河汇流处的三角地带,地理位置十分优越。可见王城岗城址在聚落群中居于核心的地位。王城岗城址发现的"共"字陶文,也应该蕴含着两只手捧起器具,供奉祖先或神祇的意思。陶杯的底部刻有陶文,发掘自堆积日常生活废弃物的灰坑而不是墓葬,显然不是明器,很有可能是祭祀仪礼中使用的器具。结合众多奠基坑的存在和祭祀性建筑的遗存可知,这个"共"字陶文证明了王城岗城址在环嵩山地区的特殊地位,应是当时的政治、宗教祭祀和文化中心,堪称一座史前的"王者之都"。

第二节　大禹时期的酋邦社会

禹是王城岗大城的筑建者

以夯土基址和灰坑窖穴之间的空白地带为界,对王城岗遗址进行分组研究[1],可以帮助我们一窥当时西小城中贵族们的生活情形。

王城岗西小城面积8000多平方米,城堡内夯土基址和窖穴灰坑的分布有个特点:大多集中成组分布,各组之间留有一定的空间。相对集中的一组遗迹是一个单独的家户,或者生活单元,每

1　付永敢:《嵩山东南地区龙山时代的聚落与社会》,山东大学博士学位论文,2016年。

一个家户都有自己的炊煮器和食器。西小城内有二十多个家户，每个家户占地面积在100至500平方米之间。面积较小的家户可能就是一个核心家庭，面积最大的似乎包括两个或两个以上共同生活在一起，却又保持相对独立的大家庭。

其中最大者位于西小城中心部位。根据夯土基址将此家户分为南北两小组后，发现一个有趣的现象：用来做饭的12件陶鼎、1件夹砂罐等炊煮器全部在北小组，而碗、钵等食器则南北都有。很可能，当时是在北小组炊煮食物，但居住在南小组的人群会把食物带回去吃。这个最大的家户还有一个显著的特点，出土的高档陶器不但数量最多，而且做工质量也比其他家户更好。

所谓高档陶器是指制作精致的白陶、薄胎磨光黑陶等，主要器物包括可用来喝水饮酒的斝、壶、盉、鬶、觚、杯等，以及精致的豆、圈足盘等食器。王城岗二期有2件陶器孤品，都在这个家户中出土，标本WT155H413：39是一件白陶鬶残片，标本WT107H232：9疑似为一件蛋壳黑陶觚残片，这件陶觚残片厚度仅1毫米，器表漆黑发亮。[1]蛋壳黑陶被誉为"中国古代陶器的巅峰之作"，是山东龙山文化制陶工艺高度发达的产物，原料全部是细泥质黑陶，制作程序非常严格，因而出土量很少，在中原地区更为罕见。器主的身份应当不凡。而且，这个家户出土的农业、手工业遗物是最少的，仅发现3件石刀、2件蚌或陶刀、1件石刀坯，1件砺石，说明这个家户的居民不主要从事生产劳动，可能是坐享生产资料的"肉食者"，拥有很高的社会地位。

王城岗东、西小城所拥有的家户并不多，这与城址的规模有关。修建一座面积不到一万平方米的小堡垒无须动员太多的劳力。

---

1 河南省文物研究所、中国历史博物馆考古部编：《登封王城岗与阳城》，文物出版社，1992年，第53、55页。

这意味着彼时登封盆地的社会组织较为分散，城堡主人能征集的劳动力资源有限。西小城如以夯土基槽宽3米、城垣高5米、每边长100米计算，工程量总共为6000立方米。通常每人日均挖土、填土、运土各1立方米，假定完成时间为30天，每天须用工200人，也就是三四个村落的青壮年劳力。这说明城堡主人所能直接掌控的劳动力仅仅是三四个村落的，只能算是一个部落首领或者迷你型酋邦的酋长。

随着酋长不断地开疆拓土，拥有的民众和领地也日益增多起来。王城岗弹丸堡垒已经无法与酋长的威权、财富相适配，于是他在小城的基础上，扩建了一座更加壮观的城址，即王城岗大城。王城岗大城的修筑，在当时算是一个浩大的建筑工程。整个城壕挖掘的土方量约为76250立方米，夯筑城垣土方量约为152500立方米。根据建筑该城址的总土方量进行复原估算，以及模拟实验，按每个劳动力每天工作8小时计算，结果如下[1]：

表14　王城岗大城用工量模拟实验计算结果

假定用工数	完成时间	假定完成时间	所需用工数
500人	29个月	6个月	2330人
1000人	14个月	12个月	1160人
1500人	10个月	18个月	780人
2000人	7个月	24个月	580人

这样的用工量，如果简单地根据今天当地农村的经验，即一

---

[1] 张海：《中原核心区文明起源研究》，上海古籍出版社，2021年，第245页。

个村能够长年提供50—100个青壮年劳力，假定一年之内完成，需要征集10—20个聚落的劳力。目前，登封盆地发现的龙山晚期聚落约18个，与模拟实验结果大体相符，说明兴建王城岗大城，动员了整个聚落群的力量。

王城岗所在的聚落群中，王城岗城址面积34.8万平方米，为最大中心聚落——"都"，石羊关、毕家村、杨村、袁村等4个面积在10万—20万平方米之间的城址（澳大利亚学者刘莉对此有不同分法），为次中心聚落——"邑"，西施村、程窑村等13个面积小于5万平方米的遗址，为普通村落——"聚"，由此构成"都—邑—聚"金字塔形的聚落层次结构。聚的数量是邑的三四倍，整个社会存在两个级别的管理机构，为复杂酋邦社会。酋长能够征集登封盆地聚落群中所有的青壮年劳动力，足见他取得了完全的统治权，威望极高，号令一出，全民皆动，他已经将整个酋邦牢牢控制于手掌之中。

因此，王城岗大城的修筑，标志着登封盆地出现了一个早期集权制酋邦的雏形。根据夏商周断代工程拟定的《夏商周年表》，夏代开始于约公元前2070年，古书中记载大禹在位45年，其中10年为夏朝君主，则大禹活跃于政治舞台的年代约在公元前2105年—前2060年之间，与王城岗大城的年代（约公元前2100至前2030年之间）非常接近。在那个时期，嵩山地区也只有大禹才拥有如此崇高的威望，一呼百应，万人跟随。据此推测，王城岗大城的修建者很有可能就是大禹。

在文献记载与考古材料的佐证（尤其是战国阳城遗址的发现）之外，新近又发现了类似宫殿回廊的遗迹，祭祀坑中出土了玉、石琮和白陶器等高等的礼器。礼器是礼制的载体或者物化形式。礼制植根于私有制，其核心就是贵族的等级名分制度，"器以藏礼",体现的是社会成员之间的不平等。出现礼器意味着王城岗已经进入不平等社会,一座早期的都城呼之欲出。从这点来分析,王城岗城址可以跟"夏都阳城"相联系起来。

王城岗的祭天遗迹

上博竹简《子羔》中大禹无父感生的传说,与豳公盨铭文、《吕刑》、《洪范》、清华简《厚父》等春秋之前的文献一脉相承,都将禹和天崇拜联系起来。天崇拜,萌发于原始先民的天文观测,与星象关系密切。与之类似,《帝王世纪》中载有莘氏女"见流星贯昴,梦接意感"而生禹,认为有莘氏女的受孕和"流星贯昴"的奇异天象相关。"昴"即昴宿,指著名的七姊妹星团(金牛座中的疏散星团)。上古时期,昴宿与北斗七星一样,都是判断时令的标志性星象。《尚书·尧典》中云:"日短星昴,以正仲冬。"意思是说,日落时分如果见到昴宿出现在中天,那么就可以知道冬至到了。修己感流星贯昴,得天帝之精气而受孕,因而禹为天帝之子,这是对上博竹简《子羔》中有莘氏之女观于伊而得禹传说的进一步引申与发展。《子羔》中有莘氏之女在伊水所感的神灵,也应该是天帝。可见,从西周时期一直到战国中期,在世人的观念中,都认定禹的诞生与天帝有关。换言之,禹,是天命之君,从诞生的那一瞬间就刻上了天的烙印。

大禹诞生的豫中环嵩山地区河川纵横,是平坦开阔的冲积平原,并不像山西临汾盆地那么封闭。即便有崇山峻岭,也阻挡不了豫中地区的先民们敞开博大的胸怀,去拥抱来自四面八方的文明。王湾三期文化主源头之一就是秦王寨类型。秦王寨类型的双槐树、青台遗址祭祀北斗星,盛行天崇拜。王湾三期文化不但传承了秦王寨类型的天人合一,而且接纳了东方文化中的祭天礼仪和天圆地方的原始宇宙观。文化传统上的多元性与包容性、荟萃华夏文明的精华，似注定了最早的国家将在这里横空出世。

《左传·成公十三年》中云："国之大事，在祀与戎。"对于天的敬畏和崇拜，构成了华夏先民精神世界的重要部分。坛祭作为祭祀天神、反映崇天观念的主要途径之一，在上古时期的宗教活动中占据重要地位。有人进行了统计，龙山时代晚期到二里头时期的环嵩山地区，发现的坛祭遗存共十九处，全见于二里头时期的二里头遗址当中，类似的坛祭遗存在嵩山地区王湾三期之前并未见过。[1]不过，这样的统计只是基于目前所发现的考古遗存。王湾三期的有些遗存由于年代久远，受破坏严重，特别是地面上的祭坛，很容易被荡平，祭祀的痕迹无存，仅留下夯土遗迹，让世人难以辨明它的性质。

登封王城岗城址中能否找到坛祭的蛛丝马迹？王城岗西小城地势较高，如果有祭坛，应在此处。当时的考古报告是这样描述的：西小城在城堡内的中部和西南部较高地带，发现与城墙同时期（王城岗二期）的一些断断续续的夯土遗存，其可能是当时城堡内的重要建筑遗迹，但因损毁较甚，已很难看出原貌。这些夯土遗存应当是宫殿或宗庙一类礼制性建筑的遗存。[2]另外，西小城内发现了祭祀性遗存，比如反复多次使用以进行人祭的H760。圆形袋状灰坑H473中一件刻有"共"字的陶杯残片，很有可能也是祭祀用具的一部分。因而推测当时的祭祀中心就在西小城中，不过暂时还是找不到与坛祭相关的痕迹。没有坛祭的痕迹，并不等于当时不存在祭天礼仪，何况后世的祭天也不一定全部在祭坛上举行。比如周代的郊天之礼，《礼记·郊特牲》云"于郊，故谓之

---

[1] 刘超：《嵩山地区龙山晚期至二里头时期祭祀遗存研究》，郑州大学硕士学位论文，2021年。
[2] 马世之：《登封王城岗城址与禹都阳城》，《中原文物》，2008年第2期。

郊",郊就是开阔的郊外之处,郊礼因在大面积的野外举行祭天仪式而得名。

确切证实存在祭祀天帝活动的最早时代是殷商时期。根据冯时的研究,甲骨卜辞中的"帝"或者"上帝",指的就是居于天宇的至上之神,主宰整个宇宙万物的至尊神祇。"帝"的字形像一束茅草,燎祭时高高架起。[1]这形象地刻画出上古祭天仪式的情景。甲骨卜辞显示,殷商先民不但尊奉帝或天帝为至上神,同时也尊其为祖宗神。也就是说,在商代,天帝具备了至上神和祖宗神的双重身份。商王与天帝建立起牢固的血缘关系,因而祭祀天帝也是祭祀人祖。这种观念应当起源于史前时代,虽然酋邦联盟的最高酋长通过禅让制度更替,但是每一任最高酋长都被称为"天子",他的后裔自然而然尊天帝为祖神。因此,登封王城岗西小城中残存不明的夯土遗迹,如果属于祭祀性建筑,那么祭祀的对象可能是祖宗神,也可能是天帝。不过,这需要更多的考古材料来佐证。

年代较晚的王城岗大城发现了祭天遗物。北城壕内出土一件残石琮,其制作精致,质料为灰黑色蛇纹石化的大理石,复原后呈方筒状,外方内圆。张光直先生认为,玉琮是中国古代宇宙观和仪式的一种缩影式的象征。[2]外方内圆的本意就是天圆地方,反映了先民的早期宇宙观,中间穿孔表示天地之间的沟通,因此,玉琮和石琮都是祭祀天的礼器。

天崇拜或者崇天观念在环嵩山地区无处不在。从天崇拜的传布情况来看,王城岗小城筑建之际,其在当时的豫中环嵩山地区早已广为流行。《墨子·尚贤中》中有句话"若昔者伯鲧,帝之元

---

1 冯时:《中国古代的天文与人文》,中国社会科学出版社,2006年,第68页。
2 张光直:《古代中国及其在人类学上的意义》,《史前研究》,1985年第2期。

子",说鲧是天帝的长子,显然与当时的天崇拜有关。在那个天崇拜盛行或者弥漫着崇天观念的遥远年代,建造王城岗东、西小城的,无论是鲧,还是其他首领,都要借助天帝或者天命的名义来征调劳动力。王城岗小城尽管不足两万平方米,但是这丝毫不影响其在夏部族心目中的"圣城"地位。因而在几十年后新建王城岗大城时,人们并没有将小城全部夷平,而是继续使用它。只是其功能已产生变化,整座小城被规划为祭祀区。夏部族有可能在小城内修建了宗庙、祭坛。每每冬至之日,人们杀牲(包括人牲与动物),摆上贡品,燎烧干草,虔诚地祭祀天神与先祖。

如果大禹真的是鲧之子,或者是含着金汤匙出生的贵族子弟,那么他就在这座天命之城中出生、长大。也许,王城岗二期那件唯一的蛋壳黑陶觚上,还留着大禹幼年时期胖嘟嘟的小手印。当然,大禹不一定就是王城岗本地人,有可能如上博竹简《子羔》所言,有莘氏之女是在嵩山西南的伊河一带怀上并生育大禹的。长大以后,大禹从南而北,走了百余千米的路,来到王城岗。

豳公盨铭文中云:"天命禹敷土,随山浚川,迺差地设征,降民监德,迺自作配乡民,成父母。"在王城岗,禹做了一件彪炳千古的大事:因领导民众治平洪水,以救世英雄的身份被拥立为王,并走出相对狭小的登封盆地,成为天下共主。《史记·夏本纪》中云:"禹于是遂即天子位,南面朝天下,国号曰夏后。"大禹为夏王朝的建立奠下基础,从而迎来了华夏文明的曙光。

环嵩山地区南弱北强的格局

史书上记载,夏朝建立之前,环嵩山地区的核心人物是大禹,还有佐禹治平水土的皋陶、伯益等僚属。

皋陶的名字有四种写法,先秦史籍如《尚书》《左传》《荀子》等称为"皋陶",西汉之后的《世本》《史记》称为"咎繇",东汉时期的《汉书》称为"咎陶",《今本竹书纪年》则称为"皋繇"。上古时期,"皋"与"咎","繇"与"陶",读音相似,两组可互为通假字。皋陶是东夷的部落首领,《帝王世纪》:"皋陶生于曲阜。曲阜,偃地,故帝因之而以赐姓曰偃。"[1] 皋陶因此成为偃姓的始祖。皋陶的后裔被赐封于安徽六安,皋陶部族的居地还有河南偃师、郾城。

伯益的名字也有多种写法,如"伯翳""柏益""柏翳""伯繄"等,属于一字多形。《国语·郑语》中说,"嬴,伯翳之后"。伯益,嬴姓,是秦人的始祖,也是东夷首领。杨宽先生对伯益之名有精辟的论述,认为"益"古时又写作"嗌","嗌"与"燕"本为一字,"燕"即玄鸟。[2] 所以,伯益之名与燕有关,伯益之族是一个崇鸟部落。龙山晚期,东夷已成为环嵩山地区社会发展的关键力量,东夷文化中的崇鸟传统自然而然会在嵩山地区流行,一定程度上支持了史书中的记载。

在《尚书》和《史记》中,皋陶、伯益、后稷等部落首领只是佐禹治水的助手,如《夏本纪》中云禹"令益予众庶稻,可种卑湿。命后稷予众庶难得之食","皋陶于是敬禹之德,令民皆则禹。不如言,刑从之",等等。皋陶、伯益、后稷尽皆俯首听命于大禹,彼时在环嵩山地区形成了以大禹为核心的一元权力结构。然而,考古发现揭示的龙山晚期环嵩山地区社会结构之参差错落,远比史书中的记载更加纷繁复杂,也超乎我们的想象。

从地形上看,环嵩山地区总体上西高东低,逐阶而下。以嵩山为中心,西部是山地,间杂着几个小盆地,如登封盆地、嵩县

---

1 徐宗元辑:《帝王世纪辑存》,中华书局,1964年,第53页。
2 杨宽:《杨宽古史论文选集》,上海人民出版社,2003年,第298页。

盆地、汝阳盆地,东、南部为丘陵地带,北部为凹陷盆地,如伊洛盆地、沁阳盆地。区内水系分属黄河、淮河两大流域,具体来讲,西北的伊、洛河,东北的索须河属于黄河流域,西南的沙汝河、东南的颍河属于淮河流域。根据第三次全国文物普查和最新的考古调查,区内分布的龙山时代聚落遗址多达660个。有学者利用地理信息系统(GIS)处理技术,对这些聚落遗址的空间分布进行分析研究,探讨聚落选址与环境因素的关系。这有助于我们了解龙山时代先民们对聚落选址的偏好,进而从整体上去认知龙山时代环嵩山社会的概貌。

表15 环嵩山地区龙山时代聚落地理要素定量化比较[1]

海拔(米)	聚落数(个)	坡度(度)	聚落数(个)	距水远(米)	聚落数(个)	离水高(米)	聚落数(个)
48—100	38	0—3	490	0—500	319	0—20	490
100—200	377	3—5	98	500—1000	140	20—40	104
200—300	157	5—7	42	1000—1500	59	40—60	22
300—400	57	7—10	19	1500—2000	48	60—80	12
400—500	18	10—15	8	2000—2500	36	80—100	3
500以上	13	>15	3	>2500	58	>100	3

由上表可以看出,先民们心目中最佳的居住地必须满足三个条件:其一,海拔高度在100至300米之间,这是为了躲避当时频繁发生的洪涝灾害;其二,坡度小于3°的缓坡,接近平地;其三,靠近水源,水源不要太远,也不能太高,最好水平距离在500米

---

[1] 参考闫丽洁:《基于GIS的环嵩山地区史前聚落时空分布研究》,同济大学博士学位论文,2013年。原文中有部分表格数据不全。

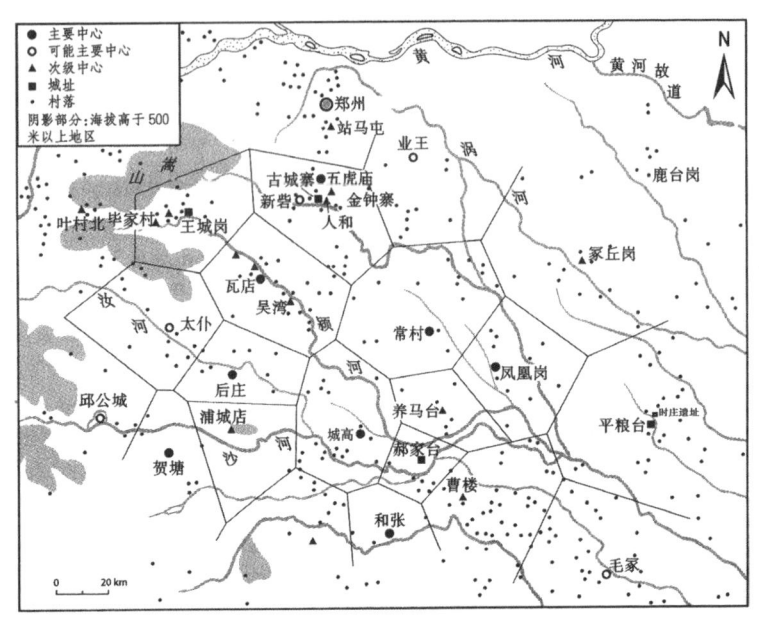

图 32 豫中地区龙山时代聚落分布图

之内，垂直距离在20米之内，便于在日常生活中汲水。

环嵩山地区同时符合这些选址条件的居住地，主要在王湾类型分布区。一是伊、洛河下游，分布于洛阳盆地内的河流阶地，由冲积而成，地势平坦，且海拔高度在100米至200米之间；二是索须河流域京广铁路以西的黄土台地，尽管沟壑密布，但是地形较为平坦，海拔高度也在100米至200米之间。这两个地区的聚落最为密集，洛阳盆地有291个聚落，索须河平原有266个聚落，加起来一共557个，竟然占环嵩山地区龙山时代聚落总数的84.4%，是龙山时代环嵩山地区并存的两个繁荣区，相应地，人口也应该最密集。考古发掘揭示，众多的华夏、东夷、三苗先民在郑州、荥阳平原地区交融汇聚，也与该地带优越的居住条件有关。

嵩山以南的煤山类型则是另一番景象。双洎河北岸的广大区域，地势较为平坦，海拔高度为200米至300米，也是不错的聚落选址。颍河上游聚落群的中心聚落——王城岗城址位于登封中部的小型河谷盆地中，海拔约260米，东面为五渡河，南距颍河约400米，地势平坦开阔，无疑是理想的居所。但是更南边的沙汝河流域、外方山的东北缘及箕山，海拔均超过500米，并不很符合先民们的选址要求。分布于郏县、宝丰、鲁山、平顶山和叶县等地的小片平原，才是较好的居住地。所以，沙汝河流域的聚落遗址不但数量少（103个），而且规模也较小。

从聚落的空间分布特点看，龙山时代环嵩山地区已经形成了北密南疏的人口格局，王湾类型区内的居民总数约占七八成，而煤山类型仅占两三成，北强南弱的态势非常明显。这样的局面一直持续到二里头时代。

在南北人口数量悬殊的情况之下，族群间冲突尖锐，社会动荡剧烈。嵩山北麓处在积极主动的有利地位，由于实力强劲，以进攻为主，没有太多筑城防卫的需求。嵩山南麓则颇为被动，各部族不得不建造军事屏障，以抵御北方的侵扰。嵩山以南涌现出王城岗、郝家台、古城寨、瓦店等多座城址，这些城址拥有宽且深的壕沟，3至5米的城垣，墙体平直，甚至王城岗小城发现有城角马面设施（敌台），明显具备军事防护功能，因而更多地是为了保卫人口与财产而筑成的。正是大规模城堡的建筑，让嵩山南麓的煤山类型进一步凝聚族群力量，逐渐掌握高超的筑城技术，从而保持了相对王湾类型的先进性，为日后向北拓展奠定坚实的社会基础。

环嵩山地区的三大酋邦及政治版图

王城岗、郝家台、古城寨、瓦店等大型城址的出现，是酋邦时代到来的标志性事件之一。酋邦的特征就是频繁的战争。为了生存，为了抵抗外来势力，酋长们争先恐后构筑了规模宏伟的防御性圈围设施——城邑，以作为自己的统治中心，保护人民和财产。同时，进入酋邦时代，环嵩山地区的社会复杂化程度大大加深。考古学上，通常使用三个指标来分析某个区域的社会复杂化程度，即聚落数量、最大中心聚落面积和聚落等级。聚落等级规模的分布，基本上遵循一条规则：每一个聚落的规模应与其在聚落群中的等级相符，即第二大聚落（即二级）应是最大中心聚落规模的二分之一，第三大聚落（即三级）应是最大中心聚落规模的三分之一，以此类推。[1]

澳大利亚学者刘莉对嵩山东、南麓的聚落遗址作了综合性研究。中外考古学者的研究成果，向我们展示了一幅龙山晚期环嵩山地区社会发展的壮丽图景。在嵩山东、南麓地区，并存着数十个聚落群，每一个聚落群实际就是一个酋邦。根据刘莉的研究，我们可根据聚落群的集聚特征推断出部分酋邦的领地范围，进一步描绘出龙山晚期环嵩山地区的政治趋向。正如《吕氏春秋·离俗览·用民》中所说的"当禹之时，天下万国"，当时环嵩山地区分散着许多酋邦性质的政治实体，它们相互对峙，甚至彼此抗争，长期处于紧张的竞合状态之中。

嵩山南麓是两种考古学文化类型——王湾类型和煤山类型的交界处，因而这里是多元文化竞逐激烈的前沿地带。但是两种文化类型如同两股巨浪不期而遇，相击之间，除了震天响的轰鸣声，也有悄然无息的水花相融。文明在族群冲突与交流、文化碰撞与整合中不断孕育产生，逐渐形成了王城岗、瓦店、古城寨这三个

---

[1] ［澳大利亚］刘莉著，陈星灿、乔玉、马萧林等译：《中国新石器时代：迈向早期国家之路》，文物出版社，2007年，第146页。

具备集权特征的新型酋邦。三者之间,王城岗与瓦店相距34.5千米,王城岗与古城寨相距48千米,古城寨与瓦店相距37.5千米,几成一个底边在北的等腰三角形。每一个酋邦的领地面积大约是1200平方千米,与今天河南省会郑州市城区的面积相差无几。环嵩山地区的文明化进程,很大程度上取决于这三大酋邦的演化和竞合。

从地图上观测聚落分布的特征,可以发现三大酋邦以河流或者险要地势为天然界限,形成泾渭分明的对立关系。如颍河上游的王城岗酋邦与瓦店酋邦之间,存在一条9千米左右的白沙谷地隔离带,以西是悬崖陡峭、"一夫当关万夫莫开"的石羊关。《大清一统志·河南府二》中形容,石羊关"据岭上,颍水合流,至此汇为巨浸而出,道路险隘,关口陡峻",为王城岗酋邦的东南门户。王城岗酋邦、瓦店酋邦与王湾类型的古城寨酋邦之间,更是

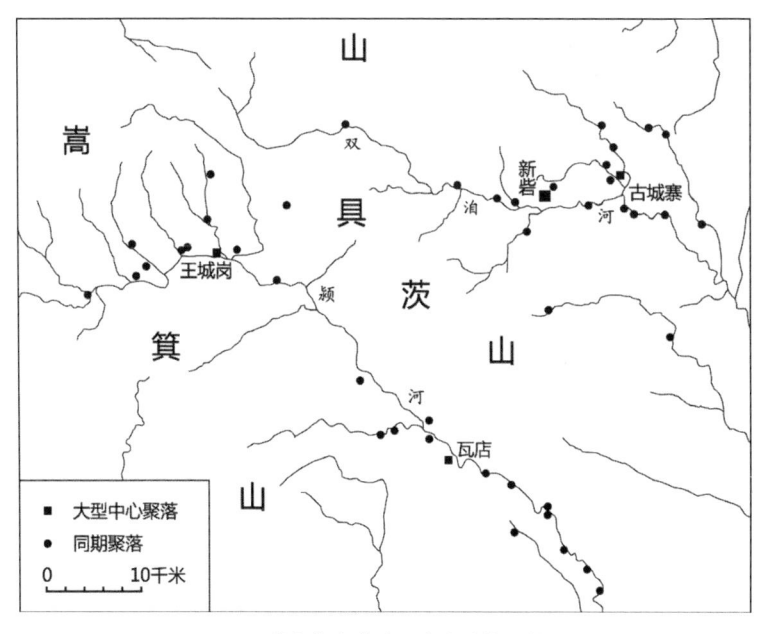

图33 嵩山东南麓地区龙山末期形势图

存在一片广阔的空白地带,这一时期几乎没有遗址分布,形成一个宽幅近20千米的缓冲地带。

对王城岗、瓦店、古城寨三个酋邦的规模进行比较[1],有助于我们了解当时的一些情况。王城岗酋邦的聚落总数为18个,瓦店酋邦也是18个,但王城岗酋邦中5万平方米以下的聚落占绝大多数,三个层次聚落("都—邑—聚")的总面积比瓦店酋邦小,可能仅占后者的一半左右。古城寨酋邦位于双洎河中游的河谷,聚落群中大型聚落地位突出,具有统领性地位,说明该酋邦的社会组织结构较为严密,集权特征更加鲜明。从聚落数目和规模来看,古城寨酋邦包含的聚落超过40个,不但数量最多,而且各个层次的聚落的面积普遍大于王城岗或者瓦店。古城寨酋邦很可能是当时环嵩山地区实力最强劲的酋邦,人口、经济实力都超过瓦店酋邦与王城岗酋邦。

王城岗、瓦店、古城寨三个城址的分期及相对年代如下表所示:

表16　瓦店、王城岗、古城寨城址的年代分期对比

瓦店城址	王城岗城址	古城寨城址
一期	一期	
	二期	一期前段
二期	三期	一期后段
三期	四期	二期前段
	五期	二期后段

1　许顺湛:《豫晋陕史前聚落研究》,中州古籍出版社,2012年,第131—133页。

从上可见，瓦店一期至三期的年代大体与王城岗一期至五期的年代相始终。其中，瓦店一期可能略迟于王城岗一期，瓦店二期约与王城岗三期同时，瓦店三期大致与王城岗四期同时或晚至王城岗五期。在王城岗三期时，小城衰落，大城始建。与此同时，瓦店的西北台地出现大型环壕，而面积近18万平方米的古城寨城址也开始兴建起来。可以说，三个酋邦的都邑大致在同一时间步入了繁荣期。

在三大酋邦以南，有颍河中游的养马台、颍河与双洎河之间的常村、双洎河下游的凤凰岗，再之南则有汝河上游的太仆、后庄、城高，沙河流域的邱公城、贺塘、蒲城店、郝家台、曹楼等中心聚落。更远的豫东南则有淮阳的平粮台城址，其已经深入大汶口文化段寨类型的分布区之内。平粮台城址长宽俱为185米，如此标准的正方形城址实属罕见，形制完备，堪称方形城的鼻祖。平粮台城址始建年代是距今4335±175年，使用了大约两百年，直至距今4130±100年（与大禹的年代相当）时仍在继续使用。[1]

三大酋邦以西的洛阳盆地中东部，是中国古代文明产生和发展的腹心地区。在伊河流域发现2个龙山晚期（王湾类型）的一级中心聚落，分别是伊河南岸支流沙沟河流域的南寨上村东（50万平方米）、东沙沟流域的高崖西（70万平方米），9个二级聚落，面积在15万—34万平方米之间，以及99个面积小于12万平方米的小村落。[2]这110个聚落遗址构成了两大拥有"都—邑—聚"三个层次的聚落群，二者均处于复杂酋邦社会中。在高崖西遗址西

---

[1] 河南省文物研究所、周口地区文化局文物科：《河南淮阳平粮台龙山文化城址试掘简报》，《文物》，1983年第3期。
[2] 中国社会科学院考古研究所、中澳美伊洛河流域联合考古队编著：《洛阳盆地中东部先秦时期遗址：1997—2007年区域系统调查报告》，科学出版社，2019年，第1218页。

南十余千米处的灰嘴遗址，面积10万平方米，是该地区的手工业中心，以生产石铲、石刀、石镰等农业器具为主。这个并不起眼的小村落将在环嵩山地区的文明进程中发挥重要的作用。

三大酋邦以北的郑州—荥阳平原，有站马屯遗址，巩义市东北、黄河与洛河汇流处的洛汭地带，也有双槐树、伏羲台等遗址。该地区人口众多，可能存在酋邦组织。伏羲台发现有祭坛，其位于遗址西北角，有上下两层。下层呈长方形，东西长80米，南北宽65米，高3米；上层为椭圆形，东西长55米，南北宽40米，比方坛高2至3米。下层的方坛象征大地，上层的圆坛是祭祀天神的场所，表现出明显的沟通天地的愿望，双槐树、青台遗址萌生的崇天观念在此获得了薪火相传。

龙山晚期，环嵩山地区的酋邦版图大致如此。酋邦之间、族群之间，对生活空间和自然资源的争夺异常激烈。经过长年累月的部落冲突及族群融合，嵩山地区的数十个酋邦逐渐产生分化。《管子·君臣下》曾经对当时中原地区酋邦之间的竞合态势作了如此的推测：

> 古者未有君臣上下之别，未有夫妇妃匹之合，兽处群居，以力相征。于是智者诈愚，强者凌弱，老幼孤独不得其所。故智者假众力以禁强虐，而暴人止。为民兴利除害，正民之德，而民师之。

酋邦之间凭借自身的实力，相互兼并，遵循自然界残酷又公平的淘汰规则，弱肉强食，小型酋邦不断地被大型酋邦并吞。环嵩山地区的政治版图频繁变更，但总的来看，整合趋势日益明显，而这个整合将由王城岗酋邦来完成。

第七章

禹王天下：涂山之会与南征三苗

　　大禹治水的遗迹与传说遍及神州大地，在全国超过16个省市都有发现，如河南、四川、重庆、陕西、山西、浙江，等等。其中，安徽蚌埠涂山南麓的禹会村尤为古老又令人信服，不但《尚书》《左传》《天问》《吕氏春秋》《史记》有记载，而且也发现了龙山时代的"禹墟"遗址。相传大禹忙于治水，担忧误了继嗣，于是仓促之间与涂山氏之女娇野合于台桑。四天之后，大禹又抛弃新妇匆匆离去。其后女娇产下儿子启，大禹却因治水救民而常年在外，无心顾及女娇母子，甚至三过家门而不入。女娇日夜思念大禹，让人在涂山南边守候着，等待大禹的归来。苦等数年，却盼不到大禹的身影，于是女娇唱出了一首让人动容的情歌："候人兮猗——"这首情歌在《吕氏春秋·音初》中被称为南音之始。

第一节　禹涂山大会及夷夏联盟

大禹治淮与禹会村遗址

远古时期的滔滔洪水，为环嵩山地区夏部族的崛起提供了难得的历史契机。禹的夏部族因治洪水而崛起，又因治洪水将环嵩山地区的大大小小酋邦联结起来，并逐渐完成了酋邦之间的整合，初步构筑了一个同舟共济的命运共同体，我们称之为"酋邦联盟"。这为夏王朝的建立铺了一条宽敞的前进大道，由此出现考古学上"周边开花，中原结果"的奇特文化现象。

淮河干支流作为史前文化交往的大走廊，是大禹治水的主要发生地。这些地方分布着众多东夷的大小酋邦，有可能存在一些层次较低的部落组织，洪水之后它们都应融入了大禹的酋邦联盟之中。禹的势力范围几乎遍及嵩山以南和淮河流域，最东端当远及淮河中游的安徽蚌埠禹会村遗址。

禹会村遗址位于安徽蚌埠西郊的涂山南麓4千米处，东距天河1千米，西毗邻淮河，海拔为32米。涂山（海拔338米）坐落在淮河蜿蜒向东流淌之处的南岸，与北岸怀远境内的荆山（海拔258米）夹淮河而对峙。禹会村、涂山两个地名的由来，与《左传·哀公七年》中记载的"禹合诸侯于涂山，执玉帛者万国"非常吻合，说明两者之间存在一定的内在逻辑关系。

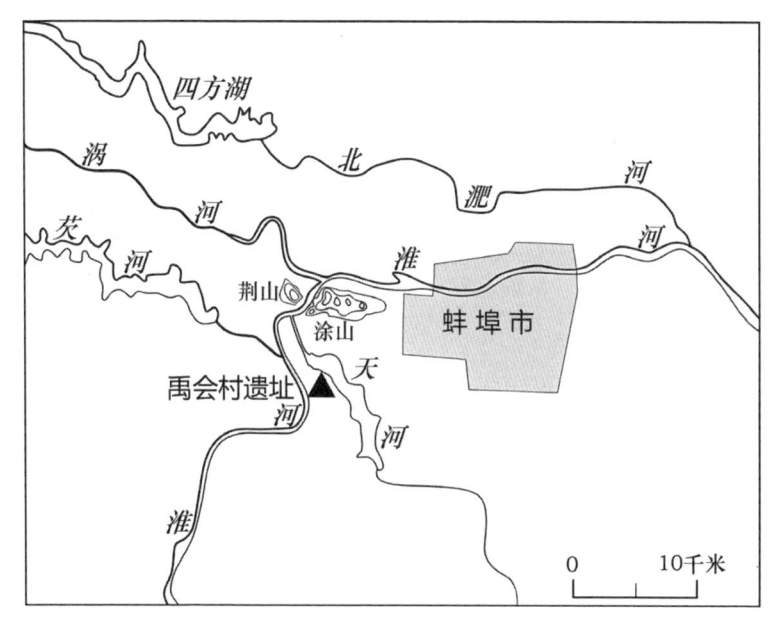

图34 禹会村遗址位置

根据文献记载和民间传说，大禹在涂山做了三件事。

一是禹娶妻涂山氏。这个传说开始流行于战国晚期，最早出现在《尚书·皋陶谟》，之后的《天问》《帝王世纪》《吕氏春秋》等都有记载，并被司马迁采信入史，如《史记·夏本纪》中云："禹曰：'予辛壬娶涂山癸甲，生启，予不子，以故能成水土功。'"

涂山所在之地曾经有五种说法：四川渝州（今重庆）、河南三涂山（今嵩县西南十里）、安徽蚌埠、安徽当涂、浙江会稽（今绍兴西北四十五里）。其中，安徽蚌埠说与文献记载最契合，如《帝王世纪》："涂山氏合婚于台桑之野涂山，□之钟离西七十里五涂山也。"[1] 文献记载与考古发现可以相印证。2006年至2008年发掘

---

1 徐宗元辑：《帝王世纪辑存》，中华书局，1964年，第52页。

的安徽蚌埠淮上区双墩一号墓中，随葬器物包括九件镈钟、两件铜簠、一件铜戟，铭文中皆有"童丽君柏"。"童丽"就是钟离。2007年发掘的安徽凤阳卞庄一号墓，随葬五件镈钟，铭文中皆有"童丽君柏之季子康"。两座墓葬都属于春秋时期钟离国贵族的墓葬。禹会村遗址在卞庄一号墓以西44千米处，与《帝王世纪》的记载惊人地一致，从而确认了安徽蚌埠的涂山就是当年大禹的娶亲之处。

二是大禹在此劈山导淮，治平水土。《史记·夏本纪》中记载，大禹曾经治水于涂山。通过研究发现，禹会村遗址确实发生过异常的史前洪水事件。[1] 洪水的迹象反映在一些环境替代指标中，如沉积物磁化率、粒度，以及锆石的磨圆形态[2]等，无不表明了当时气候湿润，降雨量暴增，洪水泛滥，这在4000aBP前后（相当于龙山时代中后期）达到顶峰，支持了大禹在涂山治水的传说。

《太平御览·皇王部》引《吕氏春秋》："禹年三十未娶，行涂山，恐时暮失制，乃娶涂山女。"禹在涂山之时年已三十，未娶亲，所以跟涂山氏之女野合于台桑，是因为担忧没有后嗣。屈原《天问》中云："闵妃匹合，厥身是继，胡维嗜欲不同味，而快鼌饱？"王逸注曰："言禹所以忧无妃匹者，欲为身立继嗣也。……言禹治水道娶者，忧无继嗣耳。"这可能是事实。涂山治水、娶亲应当发生在禹的早年时期。

三是禹会盟诸侯。该事最早见于《左传·哀公七年》，《汉书·王莽传上》中引作"至于夏后涂山之会，执玉帛者万国"，《史记·外戚世家》序中云"夏之兴也以涂山"。涂山会盟是夏代

---

[1] 张广胜、朱诚、王吉怀等：《安徽蚌埠禹会村遗址4.5-4.0 ka BP龙山文化的环境考古》，《地理学报》，2009年第7期。
[2] 在洪水层中的锆石都会有很好的磨圆形态。

史乃至中国历史上划时代的里程碑式事件，禹会村大概就是因之而得名。禹会村遗址蕴藏着远古文明的密码，破解这个密码为考证大禹治水和探索夏王朝提供了新的希望。

禹会村遗址的文化年代最早可追溯至7000年前，当时气候湿润，淮河处于高水位，四周一片水乡泽国，在遗址北部出现了双墩文化遗存。其后气候趋于干旱，淮河水位下降，于是遗址中部出现了大汶口文化遗存。其族群应是从鲁南、苏北迁徙过来的东夷先民，在早期典籍中被称为"淮夷"。

距今4500年前，进入龙山时代，禹会村遗址的规模急剧扩大，总面积达200万平方米。在遗址南部出现了一座古城，年代约为公元前2400年—前2100年，是淮夷先民经过漫长的两三百年，利用较高的自然地势，逐层堆筑而成的。城基完工之后，还铺垫一层纯净的灰白色土，土面上发现有碎陶片、烧土和炭屑分布，说明那里曾经作为居住面。其后，城垣又经过数次的增高。整座古城规模可能超过18万平方米，与嵩山地区的河南新密古城寨城址旗鼓相当，为目前淮河中游规模最大、级别最高的龙山文化城址，是当时淮夷部族的一个区域性政治、经济中心。

禹会村遗址最引人注目的是发现了一座大型祭祀台基，考古人员赋予其一个专业性的名称——"礼仪性建筑基址"。该台基位于龙山文化古城的东北部，是东城垣的一部分。面积约2000平方米，呈甲字形，分上中下三层，逐层堆筑。下层是灰土，中层是黄土，上层是纯净细腻的白膏泥土层，边缘清楚。这种白膏泥土层经日晒之后不易开裂。在白膏泥土层上，大体沿南北中轴线，自北往南依序排列着凸岭、柱洞、凹槽、烧祭面、方土台、圆形圜底坑和长排柱坑等一系列遗迹。它们是密不可分的一个整体。

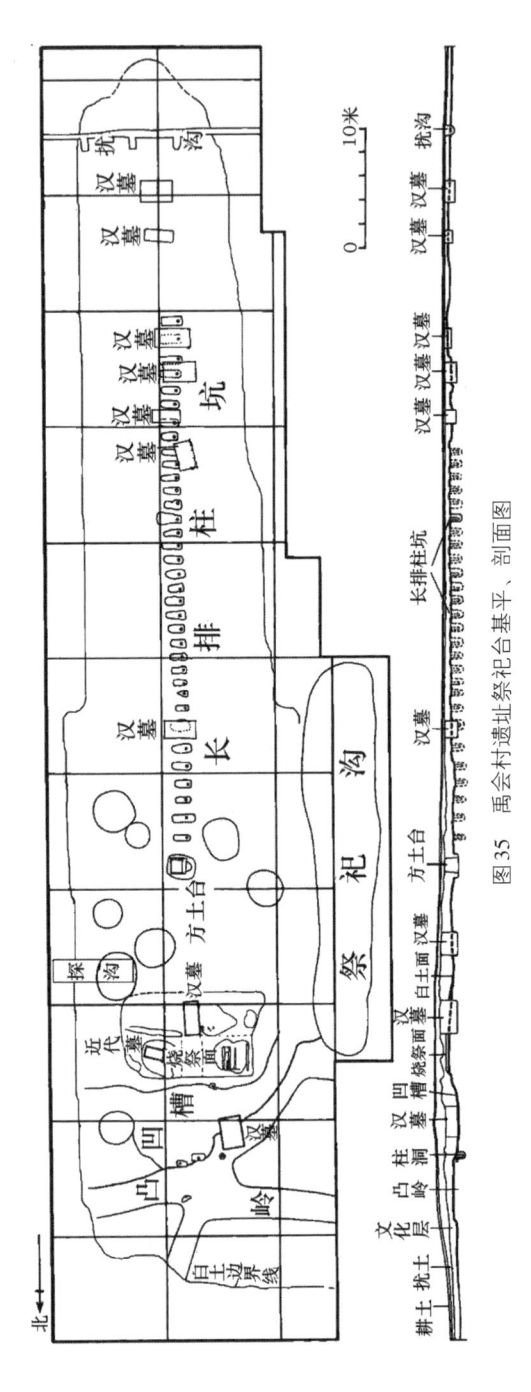

图 35 禹会村遗址祭祀台基平、剖面图

夏王朝：天崇拜与华夏之变

凸岭位于最北端，呈不规则的交叉形状，其南部是5个无规律分布的柱洞，以及低洼的凹槽，形似一条缓缓流淌的河流。凹槽以南的烧祭面，近似圆角长方形，面积约90平方米，是国内目前发现的最大烧祭场所。烧祭面的西半部分有5条南北向的沟槽，每条沟槽都是烧后硬面，有明显的圆木印痕。推测在烧祭前应嵌入相应长短、粗细的木棍，然后再进行烧祭。烧祭面的东半部分北侧有3件磨石，并发现火烧过的小动物骨渣，南侧则有陶器碎片，复原出的陶甗和陶杯各一，当是祭祀用的礼器。烧祭面以南、白土面的中间位置是方形土台，底部东西长1.85米、南北宽1.4米，顶部四边均为1.1米，现存高度1.25米，仅能容纳一人。当年部族中的首领很可能就是站在这里主持祭祀仪式的。方土台为纯黄褐色土，异常坚硬，应是版筑或夯筑而成。方土台四周分布着8个圆形圜底坑，大小不一，是人为刻意挖成的。

方土台南边是35个带有柱洞的长方形柱坑，柱坑大小相似，间距相等，呈南北一字形竖列，跨度达45.3米。在柱坑的西端，均有直径0.2米的柱洞，柱洞底部无铺垫物，说明栽入木柱的时间较短。台基西侧有一条长35.7米、南北走向的祭祀沟。祭祀沟内堆满祭祀之后的垃圾物，形成②和③两层堆积，也就是两次清扫祭祀垃圾，说明曾经举行过两次大型的祭祀仪式。祭祀沟堆积物中含有17879块破碎陶片，其中，夹砂红褐陶约占55%、泥质红陶约占23%、泥质灰陶约占12%、泥质灰褐陶约占10%，夹砂白陶仅6块，占0.03%。祭祀沟里除了碎陶片，还有大量的草木灰和炭屑，以及动物碎骨，能够鉴定的是猪骨和羊骨。台基西南侧清理出8个祭祀坑，埋藏器物跟祭祀沟内的相似，都有巨量的碎陶片，以及动物碎骨等。祭祀沟和祭祀坑出土的陶器残片中，能够复原和辨识的一共有416件，其中，鼎49件，深腹罐43件，最富有特色的是成组祭器假腹簋、高档薄胎陶器、红陶壶,以及大型平底陶盘等。

台基以西是日常生活和居住区,目前发现的房址大多属于十分简陋的工棚式建筑物,面积数十至数百平方米不等。其简陋主要表现在没有固定的门道,仅发现一面墙基槽和柱洞,屋顶覆盖茅草,以遮风避雨。屋内居住面非常平整,所铺垫的土土质较为纯净,但没有明显的踩踏迹象,也没有灶址等与生活相关的遗迹,说明房址使用的时间比较短促,并非长期定居的房子,应是临时搭建起来的"招待所"。

涂山会盟传说及其文化互融、政治意蕴

从台基白土面上分布的遗迹来看,这是一处典型的祭天礼仪遗址。上古时期,先民们的祭祀方式有四种:坛祭、墠祭、坎祭、庙祭。其中,坛祭对象是天神或天帝。白土面中间的方土台,显系祀天的祭台。方土台北侧有大面积的烧祭面,当是燎祭的遗迹。燎祭,也是祭天的仪式之一。"燎",在甲骨卜辞与西周金文中作"尞"。甲骨卜辞中,"尞"的字形是木架在火上,木旁有若干点象火焰上腾之状,这就是燎的本意。《说文解字·火部》:"尞,柴祭天也。从火,从昚。昚,古文慎字。祭天,所以慎也。"一句话道出了古人祭祀天帝时的那种虔诚谨慎与庄严肃穆。

烧祭面、方土台和35个长方形柱坑,一字形纵列排开,朝向正北方,说明祭祀的是中原先民观念中的天帝,因其以北天极为居所。方土台为主祭台,大祭司登上此台,主持整个典礼。北边的燎祭则表达了与天帝交流的愿望,如陈澔所云:"积柴于坛上,加牲玉于柴上,乃燎之,使气达于天,此祭天之礼也。"

燎祭时使用的物品,通常有三种:柴薪、肉牲、玉帛。肉牲属于自然界之物，玉帛属于人间之物，肉牲与玉帛本来各自属于自然界与人间的对立范畴，柴薪烧火这一媒介，将对立的自然界与人间统一起来，而后焚柴升烟，"使气达于天"，天、人、自然融合为一体，因而在燎祭时需要产生大量的烟雾。

根据先秦文献的记载，商周时期，燎祭所用的柴薪主要是柞、棫，如《诗经·小雅·车舝》中有"陟彼高冈，析其柞薪"。柞通常指落叶乔木，少数为灌木。棫，是指丛生的灌木。当然，具体柴薪种类要取决于当地的植被环境。对从禹会村遗址祭祀坑采集到的木炭样本进行鉴定可知，其所用的柴薪有麻栎、栎属和硬木松[1]，与《诗经》所说的基本一致。栎木和松树高大，耐冲击，不但是建筑房屋的优质木料，而且具有很高的燃烧热值，火力强大，燃烧持续时间长，能够产生浓烈的烟雾，完全适合祭天礼仪上的需求。

关于祭天所用的肉牲，在禹会村遗址祭祀台基以西的祭祀沟和祭祀坑内发现有大量的动物碎骨，可鉴定的有猪和羊，这也是新石器时代燎祭遗迹中常见的肉牲。

玉帛是祭天活动中必不可少的物品。但在禹会村遗址的祭祀活动中，没有发现玉器的踪迹。为什么这样？考古报告中作了三个推测：一是事后人们带走了；二是遗址破坏严重，揭露的面积有限；三是当时根本就没有玉。[2] 玉属于十分贵重的珍奇物品，应该说事后被人带走的可能性更大。上古祭天要用苍色的玉璧，《周礼·春官宗伯》云"以苍璧礼天"，东汉学者郑玄解释说"璧圆像

---

[1] 中国社会科学院考古研究所、安徽省蚌埠市博物馆编著：《蚌埠禹会村》，科学出版社，2013年，第269页。
[2] 中国社会科学院考古研究所、安徽省蚌埠市博物馆编著：《蚌埠禹会村》，科学出版社，2013年，第204页。

天",即玉璧呈环圆形,是天的象征。玉璧在凌家滩遗址、良渚文化遗址中都有发现,是东方先民宗教信仰中通天的灵物。在禹会村遗址发现了不少陶璧形器,全部出土于祭祀沟中,能够修复成形的仅4件,均为泥质陶或夹炭陶,整体为圆形,陶质疏松,制作粗糙,一面平直,另一面边缘微凸,中间有一圆孔。这应该就是用以祭天的璧类器物。很可能当时的祭天仪式上既使用玉璧,又有临时手工制作的粗糙陶璧,祭毕之后,玉璧被带走,留下陶璧作为替代品。

在烧祭面附近有多个圆形小烧痕,说明在举行大型燎祭活动的同时,又有小群体的烧祭。从整个台基规模以及出土物情况来推测,这次集体性会议中,与会者数量众多,祭天并非唯一的议程,但对整个活动至关重要,是会议的核心主题之一。

禹会村遗址的文化内涵非常复杂,包括多种文化因素,仿若在举办一次不同地方、不同族群文化风格的器物博览会。根据出土的陶器可以判断当时有哪些文化族群参与活动。具体说来有:

(1) 豫东的造律台类型。该类型的典型器物诸如侧三角形足鼎、深腹罐,在禹会村遗址都有大量出土。其中,侧三角形足鼎在禹会村遗址出土的鼎类器物中更是占七成以上。

(2) 海岱地区的山东龙山文化。禹会村遗址出土的少量白陶鬶和鬼脸式鼎足,明显受到海岱地区东夷文化的影响。

(3) 长江中游的石家河文化。禹会村遗址出土的陶甑、红陶盉,具有江汉平原三苗文化的因素,凹底罐是肖家屋脊石家河文化遗址的典型器物。

(4) 环太湖地区的史前文化。禹会村遗址出现的夹砂灰黑陶和泥质黑皮陶,在江苏南京牛头岗遗址也可以见到。上海广富林遗址的鼓腹鼎,也出现在禹会村遗址中。

（5）钱塘江流域的良渚文化。禹会村遗址出土的大袋足陶鬹，与良渚古城卞家山遗址的同类器物较为接近。

禹会村遗址的主体部分是祭天遗存，这些具有不同文化背景的器物在短时间内汇聚到一起的原因，应是不同地方的文化人群有备而来，共同出席一次有重要意义的政治活动。台基白土面南部有35个长方形柱坑，柱洞底部没有铺垫物，应是为临时性、短暂性的栽入行为而设，很难跟建筑联系起来。柱洞中很可能插上代表35个部落或酋邦的徽帜。通常认为，这些遗迹应该就是《左传》中"禹合诸侯于涂山，执玉帛者万国"在考古学上的具体反映。[1]

对祭祀台基上采集到的木炭样品进行测定，其年代为公元前2190±40年，但这仅仅是木炭的年龄。而用木炭做的一般年代测定，误差较大。[2]所以，实际上的祭祀事件可晚至约公元前2100年，这意味着涂山会盟发生的时间很早，应当在传说中的夏朝建立之前二三十年。

涂山是禹治水的最后一站。根据对禹会村区域古环境的研究，4000aBP冷事件之后，安徽淮河流域气候趋于干旱，淮河高涨的水位退去，洪涝灾害也随之逐渐消失，而刚好发生于大禹在涂山治水的收尾阶段。因而大禹治水的成功，是区域环境向干旱变化的结果，不完全是人力作用的结果。这种说法推测成分较大，但可以自洽。当时先民们的科学认知有限，并不知道气候突变与洪水之间的联系，而将功劳归于大禹非凡的组织能力与领导能力，如豳公盨铭文中用"成父母"这三个字，来形容大禹功成之后先

---

[1] 孙庆伟：《鼏宅禹迹：夏代信史的考古学重建》，生活·读书·新知三联书店，2018年，第226页。

[2] 仇士华：《14C测年与中国考古年代学研究》，中国社会科学出版社，2015年，第92页。

民们对他的拥戴。

大禹治水长达数十年（《史记》说是十三年），劳身焦思，造福百姓，威望崇高。在治水过程中，禹通过不断协调酋邦之间的关系，将人员、物资的调配权力集中在自己手中，如《史记·夏本纪》中记载："令益予众庶稻，可种卑湿。命后稷予众庶难得之食。食少，调有余相给，以均诸侯。"由此逐渐成为凌驾于各酋长之上名正言顺的王者，独占联盟的主导权，因而被推举为酋邦联盟的最高酋长，即《史记·五帝本纪》中所说的"诸侯归之，然后禹践天子位"。

所以，涂山会盟的核心议题，应是建立政令归一的酋邦联盟，推举大禹为最高酋长或者天子。"天子"是天帝之子，与天帝有名义上的血缘关系。因此，涂山会盟始终笼罩在天帝神圣的氛围之中，祭天礼仪理所当然成了核心主题。这集中反映在禹会村遗址的礼仪性建筑基址上。祭天之前，可能制定了统一的进出场程序，而且，从台基面通往西侧的临时居住区，有一条人工挖槽、堆筑的专用通道，长80米，宽3米，四周可能受到严密的监控，以确保整个祭祀过程的庄严、神秘。这座大型的祭祀台基，可视为文献中有关涂山会盟文字记载的物理表征。

涂山大会上产生的酋邦联盟，既跨血缘，又跨地域，已经具备了早期国家的一些特征。《国语·鲁语下》中云："昔禹致群神于会稽之山，防风氏后至，禹杀而戮之。"禹杀防风氏，意味着当时已经出现凌驾于众多小政治实体之上的超强势力或者极权型人物，这是早期国家制度形成的组织基础。禹会村遗址出土的石器共233件。其中，石镞32件，有5件器身呈圆柱形，铤部明显，穿透能力强，其余的27件石镞也是尖部两翼锋锐，均属于杀伤力大的武器。另有石斧7件、石锛7件、石钺4件，等等。这些石器中，生产工具极为罕见，大部分为狩猎工具和战争武器，透露出一种威严和杀伐之气，暗合涂山大会上禹杀防风氏的传说。这些武器与祭天礼仪，也与《左传·成公十三年》中"国之大事，在祀与戎"的说法不谋而合，很可能是上古时期神权和政权合二为一治国理念的滥觞。

某种意义上说，涂山会盟实则大禹王天下的登基大典，而传说中的禹娶涂山氏，乃是践天子位之时的册妃活动，也就是通过与淮夷的一支——涂山氏缔结政治婚姻，建立夷夏联盟，逐步完成华夏与淮夷的一体化。大禹被推举为中原共主的背后，可能隐藏着一桩政治交易，即禹和淮夷首领如皋陶、伯益等，形成执政联盟，共治天下。司马迁在《外戚世家》序中的"盖亦有外戚之助焉，夏之兴也以涂山"，无意中揭露了涂山会盟特殊的政治寓意。

禹的名字来源与龙有关

大禹与涂山氏的缔盟，结合考古学和文献记载进行分析，是中原文化和东夷文化融合的产物。禹会村龙山文化遗址是江淮地区一种新的文化类型，年代比大汶口文化尉迟寺类型晚，而早于造律台类型。因其炊器以侧装高足鼎最为常见，也有人将其纳入嵩山以南的煤山类型。[1]但是，禹会村龙山遗存中有典型的海岱龙山文化器物——鼎和鬶，这是淮夷先民使用的器物，故禹会村遗址应属于东夷文化系统。在环嵩山地区，移民众多，东夷文化因素占很大的比重。大禹的夏后氏主要分布于汝、颍河上游，娶亲涂山氏，就是以婚姻为纽带与淮夷结成政治、军事联盟，从而有

1　袁飞勇：《煤山文化研究》，武汉大学博士学位论文，2020年。

效地控制环嵩山地区乃至淮河流域的淮夷，扩大夏后氏的势力范围，进而开启夷、夏一体化的序幕。

大禹与东夷之间的亲密关系在文献记载中也有迹可循。禹会村遗址附近发现了春秋古钟离国贵族的墓葬，《史记·秦本纪》载："秦之先为嬴姓。其后分封，以国为姓，有徐氏、郯氏、莒氏、终黎氏……蜚廉氏、秦氏。"可见，终黎（钟离）氏与徐氏、秦氏等，同属嬴姓之国，也就是东夷少昊氏的后裔。徐与涂山氏关系密切，甲骨卜辞中没有"涂"字，但有"余"和"俆"。"余"与"俆"字形相近，都像干栏式建筑，是南方民族巢居的象形。"塗""涂""舒"等，同源于"余"字。商周时期的徐夷与涂山氏有着很深的渊源关系。徐夷是淮夷的最大部族。古时"徐""舒"音韵相通，如《毛诗正义》中说："舒而脱脱兮。舒，徐也。"根据徐旭生的考证，西周时期安徽淮南一带的群舒小国，都是由徐夷分离出来的支系。[1]"群舒"见于《左传·文公十二年》："群舒叛楚。"杜预注曰："群舒，偃姓，舒庸、舒鸠之属。"除了舒庸、舒鸠，尚有舒蓼、舒龙、舒鲍、舒龚等，合称"偃姓群舒"。群舒在今安徽六安、舒城一带，该地区也是皋陶后裔的封地，如《史记·夏本纪》中云："封皋陶之后于英（今河南固始）、六（今安徽六安），或在许（今河南许昌）。"由此来看，群舒很可能是传说中淮夷首领皋陶的后裔，涂山氏与皋陶一族关系极为密切，很可能属于同一个血亲族群。皋陶是禹治水的助手，因而禹娶涂山氏就是要与淮夷皋陶部族联姻，建立牢固的夷夏联盟，共同治平水土，以安百姓。

考古发现中也有禹娶涂山氏和涂山会盟的蛛丝马迹。2009年，

---

[1] 徐旭生：《中国古史的传说时代（增订本）》，文物出版社，1985年，第167页。

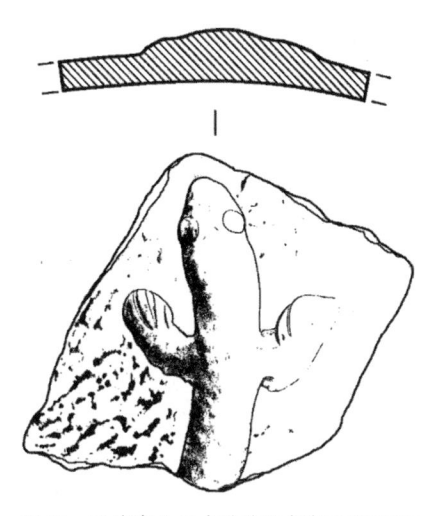

图 36　禹墟出土的龙纹陶片侧剖面和正面

图 37　甘肃省鲵鱼纹彩陶瓶

禹会村遗址第三次发掘时，在大型祭祀台基西侧的祭祀沟②层中，出土一件残损的爬行动物陶塑（编号JSG②：20），长7.7厘米。考古报告中作如下描述：

> 泥质红褐陶，夹少量细砂，伴有浅灰色，手制。仅存器身残片，器表附塑爬行类动物上半身，似壁虎形，身体细长，头部略粗，吻部较尖，头上部两眼凸起，前两肢作爬行状，整体造型在贴塑后又用利器加工出肢体细部，古朴中透出灵动。[1]

这件奇异的爬行动物陶塑，究竟是什么形象？有学者认为是鲵鱼（俗称娃娃鱼）[2]。与甘肃甘谷西坪遗址出土的鲵鱼纹彩陶瓶对比，两种动物形象确实很肖似。但还是有区别的，西坪遗址彩陶瓶上鲵鱼的足部线条简略，而禹会村陶塑的动物足部雕画有细致生动的刻纹，吻部尖突，更接近鳄鱼。而鳄鱼是龙形象的原型之一，所以这件爬行动物陶塑应当属于龙形陶塑。禹会村祭祀台基西侧的祭祀沟②和③两层堆积，属于两次祭祀仪式之后形成的垃圾堆。两层堆积物中的陶器器形相差很大，说明两次祭祀时间有一定的间隔。龙形陶塑出土于②层堆积，年代更晚些，很接近大禹的年代。

东方文化是崇鸟文化，龙是环嵩山地区华夏部族的崇拜灵物，龙的形象却出现在400千米之外淮河中游的禹会村遗址，并作为淮夷的祭祀对象出现，推测跟禹娶涂山氏和涂山会盟相关。禹建

---

[1] 中国社会科学院考古研究所、安徽省蚌埠市博物馆编著：《蚌埠禹会村》，科学出版社，2013年，第175页。
[2] 许永杰：《禹会村祭坛是否为涂山会盟之地？》，《三水集：许永杰考古文存》，科学出版社，2021年，第445页。

立了一个跨地域、跨血缘的酋邦联盟，夏部族的崇祀灵物——龙，自然而然成为这个酋邦联盟的共同崇祀对象。

夏部族的崇龙文化传统，则与仰韶初期的濮阳西水坡遗址有渊源关系。文献中有关夏部族崇龙的记载很多。传说夏部族的首领鲧死后变成黄龙，这其实是夏部族崇龙文化的反映。《山海经·海内经》郭璞注引《开筮》："鲧死三岁不腐，剖之以吴刀，化为黄龙也。"《左传·昭公七年》和《天问》中又称鲧死后化为黄熊，黄熊应该就是黄龙。这是因为，古时"龙"与"能"字形相似，所以黄龙常常误作为黄能，黄能又误作为黄熊。《左传·昭公七年》中说："昔尧殛鲧于羽山，其神化为黄熊，以入于羽渊，实为夏郊，三代祀之。"羽渊是池塘，黄熊入池塘，匪夷所思，难以解释清楚。倘若是黄龙飞入羽渊，那就好理解了。夏后氏是姒姓夏部族的大宗，盛行崇龙传统，如《礼记·明堂位》有"夏后氏以龙勺"。后世文献中也流传许多有关大禹得龙之助的传说，如《吕氏春秋·恃君览·知分》云："禹南省，方济乎江，黄龙负舟。"敦煌旧抄《瑞应图》残卷引《括地图》："禹平天下，二龙降之，禹御龙行域外，既周而还。"《拾遗记》："禹尽力沟洫，导川夷岳，黄龙曳尾于前，玄龟负青泥于后。"这些传说虽然年代很晚，但是并非全都荒诞不经，应属于夏后氏崇龙文化的余音。

肇始自双槐树遗址的原始天崇拜，也因之传扬至这里来。龙腾飞于涂山，潜游于淮河。大禹被推举为酋邦联盟的最高酋长——天子，主持盛大庄严的祭天典礼，并以天帝之名来号令诸族，使得上古各部族首先在信仰观念上获得了初步的统一，由此奠定了日后早期国家形成的思想基础。

龙形象的起源有蛇、鳄鱼等说法，从西水坡遗址的蚌塑龙和禹会村遗址的爬行动物陶塑来看，中原地区崇拜的龙与蛇无关，

图38　且辛禹方鼎铭文拓本 　　　　图39　斝且辛罍铭文拓本

| 且辛禹方鼎 | 斝且辛卣 | 斝且辛罍 | 豳公盨 | 秦公簋 |

| 叔夷钟 | 芈加编钟 | 禹鼎 | 叔向父簋 | 《说文解字》|

图40　商周青铜器上的"禹"字

而起源于南方地区鳄鱼、鲵鱼、蜥蜴之类的两栖动物或爬行动物。大禹治水造福百姓，并娶妻于涂山氏，在淮夷中拥有超强亲和力，深得他们的爱戴，从而成为南方民众心中的英雄人物，再之后逐渐演变成神灵，受到世世代代的崇祀。由此来看，顾颉刚所说的"禹是南方民族神话中的人物"，似乎有一定的根据，并不完全是

无稽之谈。

从禹会村遗址的龙形陶塑，或许可以推测"禹"这个名字的真正来源。

"禹"字在殷商晚期就已经有了，如山东长清小屯出土的且辛禹方鼎（《殷周金文集成》2112）和冀且辛罍（《殷周金文集成》9806）。且辛禹方鼎腹内壁铸刻铭文"冀祖辛禹"，冀且辛罍口沿内侧铸刻铭文"举祖辛禹妣"。当然，这两处"禹"，显然都不是四千年前治水的夏禹，而应是青铜器主人的私名。且辛禹方鼎和冀且辛罍铭文中的"禹"，与禹会村爬行动物陶塑上的形象基本相同，都是外形似壁虎，身体细长扭曲，头部粗大，两眼呈明显凸起状。这不禁使人想起顾颉刚先生说过的话："禹，……以虫而有足蹂地，大约是蜥蜴之类。我以为禹或是九鼎上铸的一种动物，当时铸鼎象物。"[1]

《说文解字·内部》："禹，虫也。从厹，象形"。段玉裁注："夏王以为名。从厹，盖亦四足。""厹"，同"蹂"，四足虫蠕动爬行之状。可见，禹字的本意确实如顾颉刚所言，是"一种动物"或者"一条虫"，只不过是一只四足蠕行的虫。它的外形就是禹会村遗址祭祀沟出土的爬行动物陶塑，似壁虎形，身体细长头上部两眼凸起，前两肢作爬行状。这种爬行动物可能是南方民族崇祀的灵物，似鲵鱼，又似蜥蜴，更似鳄鱼，但肯定不是蛇，当是中原文化龙形象在淮河流域的演变形态。

西周青铜器铭文中"禹"的字形发生了变化，成了"虫"和"又"的组合。"又"是手，意即执，呈手执农业工具耒的形象。"虫"依然象征龙。禹成了龙和耒字形的组合。龙既是天上的星

---

[1] 顾颉刚：《顾颉刚全集·古史论文集卷一》，中华书局，2010年，第183页。

象,也是沟通天地的第一神兽,与天帝密不可分。耒为治水和农业生产工具。在上古先民的思想观念中,禹就是龙,是天上神灵,代表天帝降临人间治平水土,拯救众民于苦难之中,是第一个天命之君。禹之前,尚无人能有如此之功勋。这是豳公盨铭文"天命禹敷土"的真正含义。禹之所以成为周人记忆中的第一个人王,其原因恐怕也在于此。

第二节 石家河文化的兴衰与禹征三苗

石家河文化的繁荣

禹治平水土、涂山会盟之后,将嵩山以南煤山类型分布区内的数十个大小酋邦、部落,其范围大致从颍河上游的王城岗遗址、颍河中游的瓦店遗址,直到南方淮河中游的禹会村遗址,初步整合为一个跨血缘、跨地域的夷夏联盟。禹也被夷、夏尊崇为天子,成了中原共主。禹的势力遍及环嵩山地区、淮河上中游流域,在其南部的强大的石家河文化,却因4000aBP冷事件陷入衰退之中,等待着大禹去征服。

石家河文化是长江中游地区三苗先民的文化遗存。它的文化中心是湖北天门石河镇的石家河古城,由内城、城壕(护城河)和外郭城构成,总面积为348.5万平方米,比长江下游的良渚古城(面积约290万平方米)还要大,也大出临汾盆地的陶寺中期大城不少,恰好相当于十个禹都阳城——王城岗大城。石家河古城的内城近长方形,南北长1200米,东西宽1100米,面积约132万平方米，可使用面积约120万平方米。城垣外侧环绕一周的是人工开挖的护城壕，宽60至100米，深4至6米，城址之大，实属史前罕见。

以其为中心的8平方千米的范围之内，还有三四十个聚落，它们共同组成一个超大型的聚落群，拥有都—邑—聚三个等级，说明已经处在复杂酋邦社会，石家河古城则是这个酋邦的都城，可直接称之为"三苗酋邦"[1]。

更令人惊叹的是，在石家河古城的周围，还分布着16座城址。另外，湖南澧县的城头山古城，始建于大溪文化一期，约在公元前4300年，比中原地区年代最久远的河南郑州西山古城（约公元前3400年）还要早900多年，堪称中国上古时期的城之源。这17座古城中，有5座位于洞庭湖西北平原华容隆起地带，属于石家河文化划城岗类型；有3座位于江汉平原西部、荆山南麓，属于石家河文化季家湖类型；有9座位于江汉平原北部大洪山南麓，属于石家河文化石家河类型。如下表所示：

表17　江汉平原史前时代古城址简表

所在区域	名称	面积（平方米）	海拔（米）
华容隆起地带 （划城岗类型）	澧县城头山	7.6万	42—45
	澧县鸡叫城	15万	35—37
	公安青河	6万	29—35
	公安鸡鸣城	15万	36—40
	石首走马岭	6万	34—40

---

[1] 黄尚明：《从环境史视角看石家河古城崛起的背景》，《江汉考古》，2010年第3期。

（续表）

所在区域	名称	面积（平方米）	海拔（米）
荆山南麓 （季家湖类型）	荆州阴湘城	20万	38—44
	沙洋马家垸	24万	42
	沙洋城河	60万	42
大洪山南麓 （石家河类型）	天门龙嘴	8.2万	25—31
	天门石家河	348.5万	33—45
	天门笑城	6.3万	26—29.5
大洪山南麓 （石家河类型）	应城门板湾	20万	29—36
	应城陶家湖	67万	41—44
	孝感叶家庙	15万	27—31
	黄陂张西湾	9.8万	40
	安陆王古溜	24万	70
	大悟土城	4.1万	90

倘若用一条线将这17座古城圈围起来，我们就可以清楚地看到，沿着古云梦泽北部边缘地带，它们呈现出半月形的带状分布态势，一个蔚然壮观的史前城市群崛起了。

规模宏伟的石家河古城就位于"云梦泽半月形城市群"东北部的中心地带，是在谭家岭老城基础上逐步扩建的。谭家岭老城位于石家河遗址的核心部位，始筑于油子岭晚期（约公元前3200年），内城面积17万平方米，外壕面积26万平方米。到了屈家岭时期，以谭家岭老城为中心，城市规模向外极速扩张，发展为120万平方米的石家河大城。按照林沄的每户占地面积150—160平方米的密度指数来计，石家河城内可容纳居民三四万之众，在当时

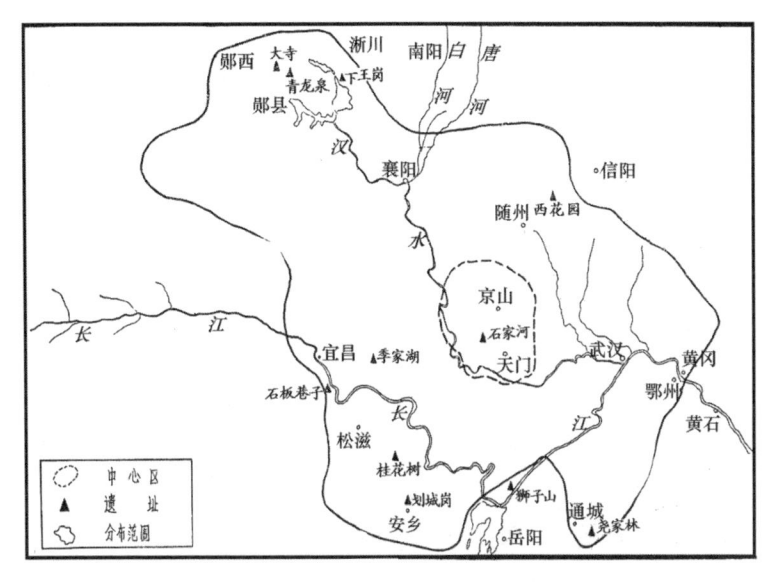

图41　石家河文化地理分布

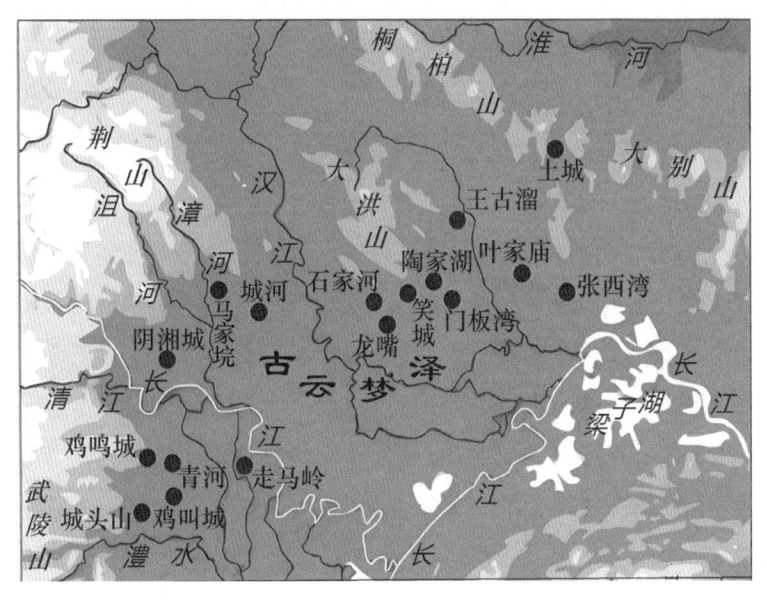

图42　长江中游史前城址分布

算是一个大城市。

石家河城内功能区划分明确，贵族居住区位于中心部位的谭家岭老城，在其东部发现一个长方形的建筑台基，面积达144平方米，很可能是宫殿的遗存。

制陶作坊区位于城内西南部、靠近古城城垣的三房湾。在不到7000平方米范围内竟然发现堆积如山的厚胎红陶杯残件，以及与制陶有关的窑址、黄土坑、储水缸、烧土面、洗泥池等遗迹。这些红陶杯残件的年代约在公元前2300年—前2000年，堆积厚度达1—2米，总数可能有200万之巨。

宗教祭祀区位于古城西方，与西城垣隔护城河相望，是人工堆筑的方形台地——印信台，南北长110米，东西宽130米。印信台上有四座黄土台基，最大者东西30米，南北宽13米，台基边缘发现100余套瓮棺遗存，包括盖鼎、扣碗、立缸等。台基之间的低洼地还发现两组由数十个红陶缸有序排列、口底套接而成的套缸遗迹。陶缸底部大多被凿穿，说明并非日常生活中的器物，而有特殊的内涵。陶缸上面有着镰刀、号角、杯子之类的刻符，达40多种，应是宗教性的祭祀符号。这些祭祀遗迹的发现，向世人生动展示了三苗先民奇特的宗教祭祀习俗。

城垣内北部的邓家湾是祭祀区和墓葬区，该处发现墓葬和半椭圆形土台。土台上残留灰烬、火烧石，灰烬中有彩陶杯、石斧、烧焦的兽骨等祭祀遗物。土台以南有长方形建筑基址，应该也跟祭祀有关，可能是神庙之类的建筑物。土台附近的灰坑内也发现陶壁厚重的套缸遗迹。还有上万个小陶偶，捏塑成人以及鸟、鸡、狗、猪、象、虎等动物的形状。其中，小陶人呈跪坐式，头戴圆帽，身披长袍，直身正跪，双手横抱一鱼。陶偶可能是祭祀用品，属于巫觋作法时的通灵工具，或者是先民们表达对现实生活的愿望如祈求丰收的媒介。陶缸上也发现宗教性的祭祀符号。这一系列发现都证明邓家湾是当时的宗教祭祀中心。

城外西南方的罗家柏岭是玉石制作区，发现庭院式建筑遗迹以及精美的玉石制品。罗家柏岭以南的肖家屋脊是贵族墓地，墓葬分土坑葬和瓮棺葬，土坑葬中等级最高的是M7，面积超过7平方米，随葬品多达104件。墓主随葬一把石钺。石钺是军权的象征，推测墓主应为早期的军事首领。肖家屋脊还出土一件中口罐，腹部赫然刻着一个武士的形象：头戴羽翎冠，腰系短裙，足穿长靴，右手高举一把石钺。这幅图案或许就是当时军事酋长的写真。随葬石钺，陶罐上刻画有手持石钺的武士，透露出三苗先民勇猛尚武的剽悍民风。

如果将江汉地区与中原地区的社会发展状况进行对比分析，可以看出江汉地区的社会发展水平遥遥领先于中原地区。

约公元前4300年，湖南澧县诞生了"中国最早的城市"——城头山古城。彼时中原先民尚居住在半地穴式的房屋之中，直到900年后才出现了一座面积为3.45万平方米的西山古城，但其尚不及城头山古城的一半。在此后的800年之间，江汉平原陆续崛起了十几座规模宏伟的城市，形成了异常壮观的云梦泽半月形城市群。中原地区仍然只有一座规模很小的西山古城，且很快被摧毁了。中原地区普遍兴起城址是在公元前2300年左右，整体上比江汉地区晚了近千年。

城市的出现是人口因素、社会组织能力和经济发展水平的综合作用的结果。统计发现，史前长江中游的人口增长呈现不断加速的趋势。[1]在早期向大溪文化的发展过程中，每百年的人口增长

---

1 彭小军：《试析屈家岭文化城址的人口增长方式》，《南方文物》，2022年第6期。

率为12.8%，比较缓慢。由大溪向屈家岭文化的发展过程中，每百年的人口增长率达23.33%，已经很高了。在邓家湾遗址发现一个奇特的现象：筑城之后不久就在城垣内埋葬。很可能是因为当时人口迅速繁殖，居民人数已趋于饱和状态，城内拥挤不堪，不得不把城垣开辟为墓地。人口快速增长的迹象也出现在谭家岭等地，普遍存在密集的房屋，而且建筑面积很大，有一种鳞次栉比之感。江汉地区呈现出一派繁华富庶的景象，澧阳平原的大小河流沿岸集中的石家河时期的遗址多达192处，[1]不到5千米就有一处，这种荣景在同时期的中原地区很难见到。所以，龙山时代的发展中心并不在中原地区，而是长江中游的江汉地区。人口高增长率的背后是社会经济的蓬勃发展，云梦泽半月形城市群就是在这样的背景下崛起的。

中原地区的相对落后状态持续了1300多年。直到4000aBP冷事件降临，"天"助大禹，在涂山完成治水大业，并召集三十五路"诸侯"（实际上是酋长或部落首领），建立酋邦联盟。就在这个时期，豫西南丹江下游与南阳盆地，乃至整个江汉平原的文化面貌都发生了突变。变化主要反映在陶器上，石家河文化的最具代表性的器物——红陶杯群不见了，个别残存的退化成细高实心柄的红陶杯，取而代之的是灰陶杯。石家河文化盛行的小高领罐、腰鼓罐、宽扁足鼎、漏斗形擂钵也消失了，出现了新的器物，如陶盉、敛口厚唇瓮、侧装三角形高足鼎、夹砂罐、敞口浅盘豆、敛口深腹钵、粗圈足盘，等等。这种变化是一种文化断层现象，基本上与石家河早期文化没有直接的关系，应该是另一种文化，通常被命名为后石家河文化，年代约在公元前2200年—前1800年，

---

[1] 郭伟民：《新石器时代澧阳平原与汉东地区的文化和社会》，文物出版社，2010年，第192页。

已经进入夏代纪年。

石家河文化与后石家河文化的更替在豫西南地区南阳盆地尤为明显。石家河前期，南阳盆地炊器几乎都是江汉平原所流行的宽扁足鼎和罐形小鼎。及至后石家河时期，炊器依然是鼎，但是宽扁足鼎已经绝迹，来自嵩山以南煤山类型的侧装三角形高足鼎和柱足鼎突然间盛行一时。葬俗是考察文化属性的关键因素。石家河时期，豫西南地区的墓葬以屈肢葬为主，因屈肢葬是南方部族的流行葬式。到了后石家河时期，即相当于煤山类型的晚期阶段，该地区的屈肢葬仍旧普遍流行，说明彼时先民主要是当地三苗的后裔，文化面貌虽然发生骤变，但是并没有换为另一个族群。

豫南地区也产生了同样的变化。石家河时期，该地区随处可见红陶杯、宽扁足鼎等典型的三苗文化器物。之后，其被中原文化取代，红陶杯、宽扁足鼎等器物基本上不见了，代之而起的是河南龙山文化中常见的矮足鼎、锥足鼎，说明该地区的文化属性已经改变。考古学家将豫南地区新出现的龙山文化遗存命名为"河南龙山文化杨庄二期类型"。

石家河酋邦的崩溃

大约在豫西南、豫南地区的石家河文化相继嬗变的同时，江汉平原的政治、经济、文化中心——石家河古城也发生了翻天覆地的根本性变化，对长江中游史前文明的影响尤为深远。石家河古城的巨变主要发生在两大方面。

其一，城址被废，统治瓦解。

考古发掘表明，在石家河时代晚期，古城东南城垣已经被夷为平地。城垣北面也遭到严重破坏，东面和东南面只留下一段不长的黄金岭墙体。邓家湾祭祀区西北角的西城垣，在民舍南侧突然消失。城址东北角则发现有瓮棺葬打破了城垣夯土层。[1]出现这些迹象，说明了进入后石家河时期，城垣已失去它的本来意义。宏伟高大的城垣不复存在了，曾经鼎盛一时的石家河古城死气沉沉，城内大面积建筑区普遍荒废。目前所能见到的大型建筑只有古城西南方罗家柏岭的一处大型房屋基址，有墙体、活动面，以及数量众多的玉石成品或半成品。还发现5件铜器残片和铜渣，这意味着后石家河时期已经产生了青铜冶铸业。

古城是酋邦社会的控制中枢，控制中枢一旦瘫痪，势必导致整个社会陷入失控无序的状态之中。在后石家河时期，聚落遗址数量锐减，由前期的63处减少至14处，遗址集中分布在原石家河古城的东南一带。[2]聚落等级规模也出现历史性的大倒退，尚不及一千年前油子岭文化时期（约公元前3900年—前3100年）的水平，而且缺乏统领性的聚落中心，整个聚落群一盘散沙，不但小而且杂乱无章。以石家河古城为核心的聚落结构至此土崩瓦解，石家河酋邦的统治已然走向溃灭。但是石家河古城的废弃不能代表长江文明的衰亡，拥有发达的玉器制造业、青铜冶铸业也初步发展起来，表明江汉地区的史前文化并不因为石家河酋邦的瓦解而停滞不前，反而继续创造新的辉煌。

其二，族权丧失，俗权兴起。

石家河文化时期，江汉地区的先民强调宗族血统观念，高度重视祭祖，族权意识强烈，这可以从邓家湾遗址观察到。

邓家湾遗址位于石家河古城的西北部，由墓葬和东边紧邻的

---

1 北京大学考古系、湖北省文物考古研究所石家河考古队、湖北省荆州地区博物馆：《石家河遗址群调查报告》，四川大学博物馆、四川大学考古学系、成都文物考古研究院编：《南方民族考古（第五辑）》，四川科学技术出版社，1993年。
2 湖北省文物考古研究所：《大洪山南麓史前聚落调查——以石家河为中心》，《江汉考古》，2009年第1期。

祭祀遗迹组成。没有日常生活遗迹，所以仅仅是公共墓地及祭祀场所。墓葬集中分布于邓家湾遗址南北两个区域，中间有一条20多米的隔离带，说明分属两个不同的家族。按墓圹尺寸和随葬品情况，可以将这些墓葬区分为四个等级。北区以瓮棺葬为主，6座土坑墓中，一等的1座，二等的1座，四等的4座；南区土坑墓密集分布，四个等级俱全，其中，一等的3座。可见，两个家族之内都已经出现贫富分化，而贫富分化是产生族权的基础。如一等的M32，随葬品超过50件，为全墓地之首，墓主生前可能是族中之长，拥有很高的族权，所以私有财产最多。四等的M63中则一无所有。[1]这说明贫富相差悬殊。不过，区内墓葬较为集中，说明家族内部还是由血缘纽带密切联系着，这是三苗先民重视宗族血统观念的体现。

邓家湾墓葬区东南方发现两处套缸带遗迹，一处在南墓区东缘，另一处在南墓区东北缘。陶缸以夹砂红陶缸为主，陶壁厚重，小平底或尖圜底，口底相互套接。有学者主张，套缸遗迹象征着聚落子孙绵延不绝。[2]这个观点很有启发性。因为套缸遗迹出现在墓葬附近，而且似乎一条套缸带配属于一个墓葬区，应是为了祈祷祖灵佑护，让家族子孙不断地繁衍下去，是当时三苗浓厚宗族观念的具体反映。有的陶缸上刻画着一些符号，有镰刀、杯子和类似号角的图案。杯子图案跟遗址出土的红陶杯一样，只是杯中插了一根细棍。[3]这似乎可以证明三苗文化的典型器物——红

---

1 王银平：《湖北天门邓家湾石家河文化墓葬相关问题探讨》，《长江文明》，2009年第1期。
2 郭静云、郭立新：《生命的本源与再生：从石家河到盘龙城丧葬礼仪中的祖先牌位、明器与陶缸》，湖北省文物考古研究所编：《纪念石家河遗址考古发掘60年学术研讨会论文集》，科学出版社，2019年，第231—233页。
3 严文明：《邓家湾考古的收获》，北京大学考古文博学院编：《考古学研究（五）》，科学出版社，2003年，第105—110页。

陶杯是宗教祭祀活动的"圣杯",而细棍可能用来搅拌圣杯中的"圣水"。

除了墓葬和套缸遗迹,附近还有为数众多的灰坑。灰坑通常是日常生活中的垃圾坑,但是邓家湾遗址属于墓葬区和祭祀区,因而这些灰坑应该是祭祀坑。坑内出土的器物基本上与墓葬中随葬品一致,只是多了些陶塑,包括小陶人、小陶动物等。它们当属于供祀品,目的是让祖灵亡魂在另一个世界不会寂寞,或者继续享受人世间的生活。

墓葬、套缸、祭祀沟,共同构成一个严密的祭祖礼仪系统,这说明在石家河早期,三苗先民拥有原始的宗教崇拜观念。这种观念让整个社会在血缘关系的束缚之下得以有序地运行着。但是,这一切在后石家河时代走向了终结。

后石家河时代出现的玉器,是后石家河文化与石家河文化分期的重要标志物之一。玉器大量发现于肖家屋脊、谭家岭、罗家柏岭等遗址,其中绝大多数属于随葬品。当玉器开始盛行时,石家河古城却被毁了,两者之间可能存在某种内在联系。与此同时,与屈家岭文化、石家河文化相始终的陶器随葬传统在后石家河文化被抛弃了,邓家湾遗址的套缸、陶塑组成的祭祖礼仪系统消失了,取而代之的是全新的玉器随葬体系。这种随葬体系包括面目恐怖的玉人像、玉虎、玉蝉、玉鹰等玉器,反映出当时的社会制度、精神领域都发生了深刻的变化。

在肖家屋脊遗址,石家河时期流行土坑葬,随葬品以陶器为主;后石家河时期,流行瓮棺葬。等级最高的W6(W:瓮棺)中,随葬品共59件,占全部瓮棺葬随葬品的半数以上。其中包括56件玉器,不仅数量最多,而且质量也属于最上乘,如制作精致的玉人头像、飞鹰、玉坠、玉璜等。玉人头像共发现7件,其中W6就占了6件。更有甚者，唯有W6出土斜腹杯、猪牙、石珠等器物。史前时期随葬的猪牙，是财富等级的象征。在墓葬布局中，W6居于中心位置，周边的墓葬围绕着W6，形成众星拱月之势。这显示出墓主的地位非常之高，可能是一族之长，生前拥有与众不同的权力及财富，也表明在后石家河时期，突出个人崇拜，对世俗权力的重视更甚于族权，宗族血缘关系渐渐退居其次。

在对个人权力的狂热追捧之中，以宗族为核心的集体意识遭到冷落，整个社会不断趋于涣散，直至石家河酋邦的崩溃——城垣被夷为平地，大型建筑物被废弃，祭祖礼仪传统不再延续下来，随葬玉器的瓮棺葬取代随葬陶器的土坑葬，大量涌现煤山类型的陶器，等等。一条长长的文化链条，从屈家岭时期一直延伸至石家河时期，持续了一千年之后，突然间就断了。江汉地区迎来了一个完全陌生的后石家河社会，颇有点改朝换代的意味。

夷夏联军伐三苗

关于后石家河时代的文化断链或者"改朝换代"，学界初步达成一种共识，普遍相信这就是传说中"禹征三苗"所带来的直接后果，后石家河文化所反映的是代表中原文化的禹对代表长江文明的三苗进行讨伐后的社会情形。[1]

传世文献中，较早记载伐三苗事件的是《尚书·吕刑》和《墨子》。在《尚书》中，讨伐三苗的是传说中的尧舜，如《吕刑》有"遏绝苗民，无世在下"，《舜典》也有"窜三苗于三危"。《墨子》则说是禹征三苗，不关尧舜的事。这或许代表了四代史观产生前后，关于华夏先民与三苗先民之间紧张关系的不同历史记忆。

---

1 方勤：《"三苗"与"南土"——长江中游文明进程的考古学探索》，《三苗与南土——湖北省文物考古研究所"十二五"期间重要考古收获》，《江汉考古（增刊）》，2016年。

有些文献记载似乎可以跟考古发现相呼应。比如战国晚期的《吕氏春秋·恃君览·召类》中记载:"尧战于丹水之浦,以服南蛮。"丹水,在河南南阳盆地;浦,意即滨水之地;南蛮指的就是三苗。屈家岭文化时期,三苗北进中原,南阳盆地首当其冲。河南淅川位于汉江中上游,豫、鄂、陕三省交界的黄金地带,地理位置十分重要,传说是尧儿子丹朱的封地。这里也是三苗北扩的必经之处,有丰富的三苗文化遗存。

在淅川县城南、丹江南岸的下王岗遗址出现了一些不寻常的屈家岭早期墓葬,尸骨断残,甚至有生前被活埋、虐杀的迹象,可能是当时华夏部族反抗外来入侵者的遗存。

下王岗遗址西北大约8千米处的丹江口水库南岸也发现了一座史前城址——淅川龙山岗古城。现存面积14万平方米,城内有分间式房屋和祭祀区等大型遗迹,在石家河文化时期遭到废弃,前后历经一千年左右。[1]龙山岗古城位于丹水南岸,是三苗文化进军中原地区的重要据点,华夏部族要收复失土,龙山岗古城是必争之地,恰好能与《吕氏春秋》中的"尧战于丹水之浦"相吻合。不过,龙山岗古城的废弃原因尚不清楚,有可能毁于洪水,也有可能毁于战火,所以无法作为尧伐三苗的考古学证据。但它是三苗文化在南阳盆地兴衰的见证者,在石家河晚期突然间废弃了,很容易让人联想到传说中的禹征三苗。

《墨子》对大禹征三苗的记载最为详尽。《兼爱下》中盛赞禹征三苗的正义性,云"禹之征有苗也,非以求以重富贵、干福禄、乐耳目也,以求兴天下之利,除天下之害"。《非攻下》中有"昔者禹征有苗,汤伐桀,武王伐纣",更是将禹征三苗视为上古时期

---

[1] 梁法伟:《淅川龙山岗 丹江岸边的史前城址》,《大众考古》,2013年第6期。

三大开国战争之一,同时还交代了禹征三苗战争的经过:

> 昔者有三苗大乱,天命殛之,日妖宵出,雨血三朝,龙生于庙,犬哭乎市,夏冰,地坼及泉,五谷变化,民乃大振。高阳乃命玄宫,禹亲把天之瑞令,以征有苗。四电诱祇,有神人面鸟身,若瑾以侍,搤矢有苗之祥。苗师大乱,后乃遂几。禹既已克有三苗,焉磨为山川,别物上下,卿制大极,而神民不违,天下乃静,则此禹之所以征有苗也。

墨子说,禹征三苗是"天命殛之",奉天帝之命,行天命之征。这表示战国早期世人的观念中,禹征三苗和禹治水土一样,所奉之命都来自上天,而不是世间的某个人王。至于命禹治水或者征三苗的为尧舜,应该是战国晚期四代观兴起以后的事。

关于大禹如何获取天帝的命令,墨子说,"高阳乃命玄宫,禹亲把天之瑞令"。高阳最早出现在春秋时期(约公元前570年)的秦公一号大墓石磬铭文中,云"高阳又(有)灵,四方以鼏(宓)平"(《商周青铜器铭文暨图像集成》19781)。大概意思是秦人的始祖高阳在天有灵,让秦国拥占四方,天下得以静谧和平。这是春秋时期秦国君主的自述,可信度较高。据此,《墨子》中传达天帝之令,授令禹征三苗的就是秦人祖神高阳。秦人是东夷少昊氏之后,以此推之,高阳应该也是东夷的神祇。

一般认为高阳氏就是颛顼大帝,如《庄子·大宗师》中有句"颛顼得之,以处玄宫",可与《墨子·非攻下》中的"高阳乃命玄宫"相呼应。但春秋时期高阳和颛顼不是同一人,《左传·文公十八年》中云:"昔高阳氏有才子八人:苍舒……颛顼氏有不才子,不可教训……"上下文先后提到了高阳氏、颛顼氏。新蔡葛陵楚简中有句话:"昔我先出自颛顼,宅兹沮、漳,以徙迁处。"

意思是说，楚人的先祖为颛顼之后，选择在沮、漳二水之间筑建都城。这是目前所见最早记载颛顼的出土文献，年代约为公元前377年。一百年之后，约公元前278年，屈原在《离骚》中吟唱道："帝高阳之苗裔兮。"这两则材料都是楚人对自己祖先的追述，有一定的可信度。说明在战国中晚期，楚人已经承认他们的始祖是高阳或者颛顼，二者实乃同一人，而且当时还可能流行着一个秦、楚同源的传说。秦汉之后的《史记·五帝本纪》中，已经正式将高阳与颛顼并称起来了。

那么大禹身为华夏的领袖，为什么会尊奉东夷的神祇呢？大禹通过涂山会盟，建立了一个跨血缘、跨地域的酋邦联盟。该酋邦联盟实质上就是夷夏共同体，拥有统一的天崇拜或者崇天观念。为了能够进一步联合东夷的势力，大禹接纳东夷的宗教信仰，东夷的祖神高阳也因之被尊为传递天帝之令的神使，夷夏一体化首先在宗教信仰上得到了实现。

墨子又说："有神人面鸟身"辅佐大禹征服三苗。这位"人面鸟身"的天神，根据杨宽先生的考证，就是秦人远祖或者东夷首领伯益。[1] 传说中伯益是玄鸟的后裔，本人又能调驯鸟兽，其后裔有鸟俗氏而鸟身人言，这实际上就是东夷崇鸟文化的反映。伯益是大禹治平水土的得力助手，在酋邦联盟中属于决策层的高层人物，自然也是辅佐大禹征三苗的主要统帅。《战国策·魏策二》："禹攻三苗，而东夷之民不起。"将三苗灭亡的原因归于与东夷的关系疏远，以致在大禹进攻时，东夷没有起兵相救，坐视三苗败亡。战国之际距离禹征三苗的年代非常遥远，产生的历史记忆难免会有一定程度的曲解。实际上征伐三苗的是夷夏联盟，伯益率

---

1 杨宽：《古史探微》，上海人民出版社，2016年，第326页。

领的东夷作为大禹的同盟军,正是灭亡三苗最重要的进攻力量。

禹征有苗辟南土

大禹治水和禹征三苗,是文明形成之初的两个标志性事件。史前时期由于缺乏成熟文字,先民们通过口耳相传的方式,把当时发生的重大事件代代传述下去,使其得以保留在早期文献中,最终以文字的形式流传于世。记载禹征三苗的早期文献有《墨子》《尚书》《逸周书》等,根据这些文献,三苗灭亡的原因大致有两个。

第一个原因:三苗政乱,滥用刑罚。战国中期的墨家和儒家追忆禹征三苗时,在自身的理论框架之中叙事,因都主张善政爱人,反对严峻刑罚和不义之战,故为大禹征三苗辩护。如《墨子·尚同》说"逮至有苗之制五刑,以乱天下";《尚书·吕刑》中也有"苗民弗用灵,制以刑,惟作五虐之刑曰法。杀戮无辜,爰始淫为劓、刵、椓、黥"。徐旭生先生引《说文解字·玉部》"灵,巫也"的说法,认为禹征三苗与三苗不遵守北方华夏较先进的宗教(巫教)习俗有关。[1]不过,《礼记·缁衣》中将上引《尚书》中的"苗民弗用灵"引作"苗民匪用命",可见"灵"通令、命,意思是三苗不听令。所以,战争的起因应该是三苗统治者制定并实行了摧残肉体的粗暴刑罚,遭到民众的反抗,引发三苗动荡内乱。

无论怎样,大禹讨伐三苗,目的是惩罚失德的三苗统治者,战前还发布动员令,称为《禹誓》,其保存在《墨子·兼爱下》中:

---

1 徐旭生:《中国古史的传说时代(增订本)》,文物出版社,1985年,第107页。

> 禹曰："济济有众，咸听朕言！非惟小子，敢行称乱。蠢兹有苗，用天之罚。若予既率尔群对诸群，以征有苗。"

《墨子》与大禹虽然相距1600多年，但是中华历史文化具有独特的延续性，华夏部族高度重视历史记忆的传承，因而后世文献也包含着一定的客观真实。就《禹誓》而言，有两处值得注意。一是"用天之罚"。上古时期，德是天命观的核心符号，统治者失去了德，也就是失去了天命。大禹征三苗，就是替天惩恶，以正天命，符合上古时期的道德观念。二是"群对诸群"。清代经学家孙诒让《墨子间诂·兼爱下》中云："此'群对诸群'，当读为'群封诸君'，'封'与'邦'古音近，通用。'封''对'形近而误。群封诸君，言众邦国诸君也。"封、邦，就是酋邦。群封诸君，其实指的就是大禹建立夷夏酋邦联盟。酋邦联盟基于共同的天崇拜，故天帝的意志被视为最高的道德准则。墨子用2400年前的语言道出了其中的真谛。

《逸周书·史记解》中这样总结三苗败亡的教训："外内相间，下挠其民，民无所附，三苗以亡。"三苗统治阶层的失德乱政，不断地将江汉地区社会推向崩盘的深渊。石家河文化晚期，城垣被夷为平地，大型建筑物遭到废弃，祭祖礼仪传统不再延续下来等，就是文献中"苗民匪用命""三苗大乱""民无所附"等相关记载的考古学反映。

第二个原因：气候剧变，农业衰颓。《墨子·非攻下》中云："昔者有三苗大乱，……夏冰，地坼及泉，五谷变化，民乃大振。"所以三苗之亡，与气候环境的突然变迁有关。而古人不可能认识到气候环境的变迁，只是将之归于三苗统治者的失德以及因之而来的天帝的惩罚。

大禹征三苗，发生于4000aBP冷事件前后。有人对江陵地区的古气候进行研究，结果发现江汉平原在4160—3950aBP（约公元前2210—前2000年）之间处于短暂升温期，但气温很快就下降，3950—3800aBP（约公元前2000—前1850年）为低温时期。[1] 禹征三苗之时，正处在由短暂升温期向低温时期的急速转换阶段，气候波动频繁，极不稳定，所以出现了"夏冰"的反常现象。也有人观察到江汉平原在4420—4000aBP（树轮校正后的年代，公元前2420—前2000年）之间经历显著的干旱事件，此前持续了3500年的湿润期迅速结束。[2]气候干旱也得到了考古发掘的证实，在三房湾遗址下部三米处出土了石家河文化晚期的墓葬，该处海拔比谭家岭遗址更低，表明当时由于干旱，地下水水位较低。[3]气候趋冷、转干旱，势必对江汉地区的稻作农业造成极大影响，所以"五谷变化"。农业生产萎缩，导致石家河酋邦社会陷入大衰退之中。大禹趁机挥兵进剿，加速了三苗的灭亡。

文献中对禹征三苗经过的记载较为简略，《墨子·非攻下》中仅有短短的两三句话，"擒矢有苗之祥。苗师大乱，后乃遂几"。这几句话的意思也不是很清楚，大概是说"鸟面人身"之神（当指句芒）射死了三苗的统将。三苗为大禹所灭，"后乃遂几"。"神民不违，天下乃静"，三苗覆没，从此神民和顺，人间得以安定下来。

《尚书·大禹谟》却是另一种说法："三旬，苗民逆命。益赞

---

[1] 谢远云：《江汉平原江陵地区9ka BP以来的气候演化》，中国地质大学博士学位论文，2004年。
[2] 李枫、吴立、朱诚等：《江汉平原12.76cal.ka B.P.以来环境干湿变化的高分辨率研究》，《地理科学》，2012年第7期。
[3] 吴立、朱诚、李冰等：《江汉平原石家河谭家岭遗址新石器时代环境考古》，《地球环境学报》，2016年第2期。

于禹曰:'惟德动天,无远弗届。'"可见禹的进攻非常艰苦。三苗民风悍勇,故夷夏联军久战不胜。禹征三苗是天命之战,东夷首领伯益建议禹以德服人,因为只有德才能感动天帝,得天之助。于是大禹"班师振旅","诞敷文德",即推行德教,"七旬,有苗格",没多久三苗不战请降。《大禹谟》记载的禹征三苗过程与《墨子》明显不同。

据清代学者考证,东晋梅赜所献的《古文尚书》有二十五篇属于伪作,《大禹谟》就是其中之一,但是考古发现能与这部伪书相洽。后石家河文化的玉器繁荣发展,制作技艺水准在史前已属巅峰,并对其后的二里头文化、商周文化产生重大影响。而且,在后石家河文化中,来自环嵩山地区的煤山类型因素和来自东方的山东龙山文化因素居多。这一些似乎可佐证《大禹谟》中的说法,大禹征三苗无功而回,不得不诞敷文德,以德来收服三苗。

从史前时代战争的特征来看,也确实如《大禹谟》所言,战争过程艰苦曲折,大禹很难彻底征服三苗。哈西格(Hassig, R.)对中美洲玛雅人的战争进行研究,其结果是玛雅人携带军粮和兵器徒步行军,每天只能走19至32千米。另一位西方学者大卫·韦伯斯特(David Webster)估计,玛雅人的远征行军时间通常在4至6天之间,极限为14天。[1]大禹若从中原远征至石家河古城,地图上的直线距离约400千米,实际上的路途更加遥远,其间又有桐柏山、大洪山等天然险阻,基本上属于山地行军,困难重重,至少得耗时二三十天,大大超出了石器时代14天的行军极限。当时交通条件非常落后,禹的夷夏联军既要拿着石钺、石斧等笨重的武器,又要背着一大袋米粟军粮,途中还得跨越高山峡谷。连

---

1 David Webster. "The not so peaceful civilization: a review of Maya War," *Journal of World Prehistovy*, Vol 14, No. 1, 2000.

续行军一个月，几乎是不可能完成的任务。

出土于湖北随州的芈加编钟铭文中有句"帅禹之堵，有此南洍"，说明随枣走廊曾经纳入大禹的版图。根据芈加编钟铭文，大禹征三苗时，经南阳盆地抵达枣阳、襄阳，而后继续南下，抵达大洪山以北的随州一带。从嵩山至随州约200千米，基本上是石器时代最大的作战半径，每天以20千米计，也在行军极限时间的临界点。这是目前出土文物能证实的禹所及的最南地方，也是有史以来华夏部族势力向南的最远延伸。后人对这段辉煌的历史记忆犹深，因而西周在分封南土诸侯时，仍对此念念不忘，将其视为一个引以为傲的标志性事件，遂刻下"帅禹之堵，有此南洍""行相曾邦，以长辝夏"之类震彻人心的豪言壮语。

《墨子·非攻下》中还记载了禹征三苗之时发生的怪异天象——"日妖宵出"，有人认为是"天再昏"现象，即黄昏前后发生日全食，或接近全食发生时，天色突然变黑，几分钟后全食结束天色转亮，接着是正常的天黑过程。天文学家计算出天再昏即日食发生的六个可能年代——公元前2104年、公元前2075年、公元前2072年、公元前1974年、公元前1972年、公元前1863年，并且认为公元前2072年相当合适。[1]不过，在文字发明之前，最早的历史传播者是巫觋。《墨子》中的"日妖宵出，雨血三朝，龙生于庙，犬哭乎市"，可能是巫觋一代一代传述下来的历史记忆，难免会增添主观臆造的种种神怪元素，让人们加深对自己的崇拜与敬畏。所以，将日妖宵出当作确实发生过的日食现象，有削足适履之感，明显证据不足。考古学上，禹征三苗的年代被推定在王

1　刘次沅：《"三苗日食"的可能年代》，《陕西天文台台刊》，2001年第1期。

湾三期文化晚段（约公元前2100—前1900年）早期[1]，时间比涂山会盟要晚得多，大致就在公元前2072年的日食前后十数年。

后石家河文化新气象

禹征三苗战争结束以后，部分东夷迁徙至江汉地区，与三苗余部融为一体，共同创造了灿烂的后石家河文化。考古发现可以佐证这一点。玉器制造业的崛起是后石家河时代最为辉煌的成就。石家河文化的标志性器物是红陶杯，后石家河文化的标志性器物则是各种精致的玉器。后石家河时代的玉器主要有三种：人头像、动物像、杂饰品。

人头像是最具代表性的玉器之一。目前后石家河文化一共出土五批玉器，有四批出现人头像，大约有15件，其中，肖家屋脊遗址就占了7件。人头像中有两类形象最为引人注目，一是嘴吐獠牙、双耳带环的玉神像，二是具备典型五官模样的玉人像。玉神像头戴介字形冠或集束状高冠，下颌尖削，嘴巴大张，露出四颗牙齿，嘴两侧各有一对獠牙，鼻子宽大，耳部上缘卷曲，作弯钩喙状，耳下戴耳饰，脸庞两侧有左右横出的鸟翼，整体表情威严，有点骇人。玉人像嘴巴闭合，无獠牙，脸庞两侧也没有鸟翼，比较接近普通人形。

两类人头像一致的地方在眼部，均为梭形眼，即外眼角上斜，内眼角下勾，眼中有明显的圆形眼球。邓淑苹将这两类人头像统称为"神祖面纹"[2]，其主要流传于长江中游的后石家河文化、黄河下游的山东龙山文化。它们有可能是先民崇拜的神灵，也有可能

---

1 方燕明：《夏商周断代工程"夏代年代学研究——早期夏文化研究"结题报告》，《夏商考古探索文集》，科学出版社，2021年，第34页。
2 邓淑苹：《新石器时代神祖面纹研究》，杨晶、蒋卫东执行主编：《玉魂国魄——中国古代玉器与传统文化学术讨论会文集（五）》，浙江古籍出版社，2012年，第257—258页。

图43 后石家河文化的神祖面纹玉饰器线描图

是权杖顶端的饰品。

　　玉人头像等玉器是在后石家河时代大规模传入江汉地区的，融入了本地文化因素，其祖形主要是来自山东海岱地区的玉器。如山东日照两城镇兽面纹玉圭上的神像与谭家岭编号为W8：13的鹰攫神面形玉器，它们的介形冠与獠牙、翅上用平行线纹表示翎羽等都非常相似；临朐西朱封龙山时代墓葬中编号为M202：1的玉冠饰，与谭家岭编号为W9：50的镂空玉牌饰极为相似，均为平雕镂孔。西朱封M202的年代是龙山前期，谭家岭W9是龙山后期，且西朱封玉冠饰雕琢精细，而谭家岭玉牌饰仅仅是一个轮廓，显然受到西朱封玉冠饰的影响。

　　具有东夷文化鲜明特色的神祖面纹出现在江汉地区，应该是禹征三苗之时，由伯益的东夷部族传播过去的。从海岱地区和江汉地区神祖面纹的文化内涵来看，都是东夷崇鸟文化的反映，海岱地区崇祀的鸟类以鹰隼和鸱鸮居多，因而神祖面纹两侧的鸟翼呈鹰纹状。学界认为，海岱地区玉器上的鹰纹，很可能就是少昊与句芒的形象[1];而江汉地区出土的咧嘴獠牙、脸部两侧有鸟翼的神祖面纹,就是传说中拥有人面鸟身的东夷神祇——句芒。[2]

传说句芒是东夷始祖少昊氏之子,为木正(木官之臣)。"句"通"勾",《说文解字》释为"曲也",意思是像钩子那样弯曲;"芒",从艸,意即草叶的尖端。"句芒"可解释为春天时草木露出勾芽,呈现初生萌发之状。所以东夷神祇句芒的身份是木神、春神。文献中句芒的形象就是人面鸟身,秦穆公曾经在宗庙中见到他,此事见于《墨子·明鬼下》:

> 昔者郑穆公,当昼日中处乎庙,有神入门而左,鸟身,素服三绝,面状正方。郑穆公见之,乃恐惧奔。神曰:"无惧!帝享女明德,使予锡女寿十年有九,使若国家蕃昌,子孙茂,毋失。"郑穆公再拜稽首,曰:"敢问神名?"曰:"予为句芒。"

这里的"郑穆公",郭璞注《山海经·海外东经》引作"秦穆公",东汉王充《论衡》中也作"秦穆公",因而"郑穆公"应该就是秦穆公的误写。句芒在秦人的宗庙中显灵,说明他是秦人的祖神。《史记·秦本纪》记载:秦人远祖伯益,传说是玄鸟的后裔,伯益后代又有"鸟俗氏",其"鸟身人言"。《尚书·舜典》中,伯益担任虞官,主管草木、鸟兽、五谷的成长。以此推之,句芒实则伯益,或者两者之间存在密切的联系。伯益为佐禹征三苗的主帅,在江汉地区出现"句芒类玉器",如肖家屋脊、谭家岭等遗址的神祖面纹,就不足为奇了。

---

1 邓淑苹:《古代玉器上奇异纹饰的研究》,(台北)《故宫学术季刊》,1986年第1期。
2 孙庆伟:《鼏宅禹迹:夏代信史的考古学重建》,生活·读书·新知三联书店,2018年,第423页。

《山海经·海外东经》中有"东方句芒,鸟身人面,乘两龙",这实际上反映了中原龙崇拜与东方鸟崇拜的融合,是文献中关于句芒与龙合体的较早记载,应属大禹时期夷夏联盟遗留的远古回音,尽管很嘈杂,但是过滤之后依然可以辨析出本来的音符。句芒与龙合体的最早实物图像,是江苏淮阴高庄战国墓葬中铜匜、铜算上的刻纹。根据文献记载,战国时期的徐夷长期活动于淮南徐州一带,洪泽湖北岸相传有徐国故址,与高庄战国墓葬仅一水之隔,咫尺相视。这种句芒与龙组合的图像,可能与徐夷有着千丝万缕的联系,是华夏崇龙文化与东夷崇鸟文化交汇融合后产生的标志性符号。

玉虎头像也是后石家河文化典型的器物,在动物类玉器中的数量仅次于玉蝉。肖家屋脊遗址等级最高的墓葬W6中,出土玉器56件,玉虎头像占了5件。这些玉虎头像也可以分为两类:一类较抽象,颇似咧嘴獠牙的玉神像,头戴冠帽,虎耳卷曲,眼部镂空,与神祖面纹中的梭形眼异常相近;另一类较为具体,有普通的虎耳,但虎目也似玉人像的神目。甚至出现了玉人头像与玉虎头像的组合体。

美国萨克勒美术馆(Arthur M. Sackler Gallery)收藏一件双面雕人面虎头玉器,高7.9厘米、宽4.5厘米、厚0.7厘米,人头像与虎头像相连,上下穿孔,属于玉柄形器。北京故宫也有一件人虎器物,形态、大小与萨克勒美术馆所藏的差不多。玉虎头像或玉人虎复合器,属于宗教祭祀活动中的灵物,显然是崇虎文化的象征。

禹征三苗之后,崇虎文化族群趁机进入江汉地区,从而出现瑰异的玉虎头像或者玉人虎复合器。禹征三苗,也把中原的崇龙文化传至江汉地区。在后石家河文化发现一些龙形玉器,如天门肖家屋脊遗址的玉盘龙、澧县孙家岗遗址的龙形玉佩、天门罗家柏岭遗址的龙形玉环，等等。这是目前所见后石家河文化中年代最早的玉龙，造型简略，粗具形态，明显受到中原文化的影响。甚至出现了龙、虎复合的抽象器物，如罗家柏岭遗址的龙形玉环、钟祥六合遗址的玉管等，均可以看到类似虎目的梭形眼，这是中原崇龙文化与南方崇虎文化的混合产物。

由此可见，史前三大崇拜文化——龙、鸟、虎，在后石家河时代齐聚、交汇于江汉地区，此时，后石家河时代的崇虎文化与东方的崇鸟文化、中原的崇龙文化，形成三大灵物崇拜的鼎足之势。再之后，鸟类崇拜中的鹰鸮逐渐演变为凤，由此形成的龙、虎、凤文化，成为中华传统文化中的重要元素，不断地重塑着华夏先民丰富多彩的精神世界，最初的源头应当追溯至大禹征三苗。

概而论之，当前学界对禹征三苗的基本认识是：河南龙山文化（煤山类型）的南扩、石家河文化与后石家河文化的兴衰更迭、句芒类玉器的出现，都能够在禹征三苗这一历史事件中得到合理的解释。[1] 换而言之，禹征三苗并非虚构的神话，而在考古学上获得了一定的佐证。

---

[1] 孙庆伟：《鼏宅禹迹：夏代信史的考古学重建》，生活·读书·新知三联书店，2018年，第429页。

第八章
中原共主：禹、启之际的社会整合

相传河南禹州是夏族的活动中心之一，大禹因治水有功，受封为"夏伯"。禹州就是大禹的受封地。此后，大禹的儿子启在此建立了中国历史上第一王朝，以受封地为名，称之为"夏朝"。禹州也因此得名"夏邑"，是传说中夏王朝的早期都城之一。1979年在禹州的颍河两岸发现了瓦店遗址，出土了一批龙山文化时期精美的陶酒器。数十年的考古研究表明，瓦店遗址是多元文化长期共存、融合与发展之地，其年代下限已经进入文献所记载的夏代纪年。所以，瓦店遗址被视为早期夏文化遗存之一。通过对瓦店遗存的分析，我们可以看到在早期夏文化的形成过程中，多元文化的大融合与创新，这是中原地区国家起源的一种独特模式。

第一节　嵩山南北迈向整合

瓦店东台地："夷夏共居"局面

禹征三苗之后，史前大格局由华夏、三苗、东夷的西、南、东三足鼎立之势,衍变为夷、夏东西对峙争雄的格局。[1]颖河中游的瓦店遗址,成了史前大格局演化的缩影。

根据陶器器形特征,可以发现瓦店遗址存在三个文化群。第一个是中原文化群,使用的陶器与王城岗遗址类似,如乳足鼎、鼓腹罐、深腹罐、高领瓮、刻槽盆等,属于本地区的器物;第二个是三苗文化群,陶器中,鼎足与江汉地区肖家屋脊遗址的鼎足类似,刻槽盆与肖家屋脊的漏斗形擂钵类似;第三个是东夷文化群,使用的陶器包括甗、鬶、盉、三足盆等,与山东龙山文化的同类器形相似。由此可见,瓦店遗址是史前多族群的文化大熔炉,中原文化、三苗文化、东夷文化在这里得到了初步融合。

但是,文化的交融过程并非那么简单、顺利。瓦店遗址通常分为三期,各个阶段的器物都存在差异,三个文化群此消彼长的态势非常明显。

瓦店一期,相当于王城岗一、二期,彼时王城岗小城刚刚兴建起来,这个阶段瓦店东夷文化群的陶器以鬶为主,三苗文化群则是宽扁足鼎、漏斗形擂钵。

瓦店二期,相当于王城岗三期,彼时王城岗小城衰落,大城出现,兴建者极有可能是大禹。瓦店遗址的西北台地开挖出大型的环壕,环壕内布满了居民点。东台地中不断发掘出东夷崇祀的鸟形器物,比如1982年出土的陶盉,编号H28:12,口部有写实的鸟形盖。

瓦店的东台地在1997年发掘时,发现一个瓦店二期的成人瓮棺葬群,其以IVT4W1为核心。IVT4W1随葬墨绿色的玉鸟、玉铲各一件。瓮棺,文献中称为"瓦棺",如《礼记·檀弓》中"有虞

---

[1] 河南省文物考古研究所编著:《禹州瓦店》,世界图书出版公司,2004年,第136页。

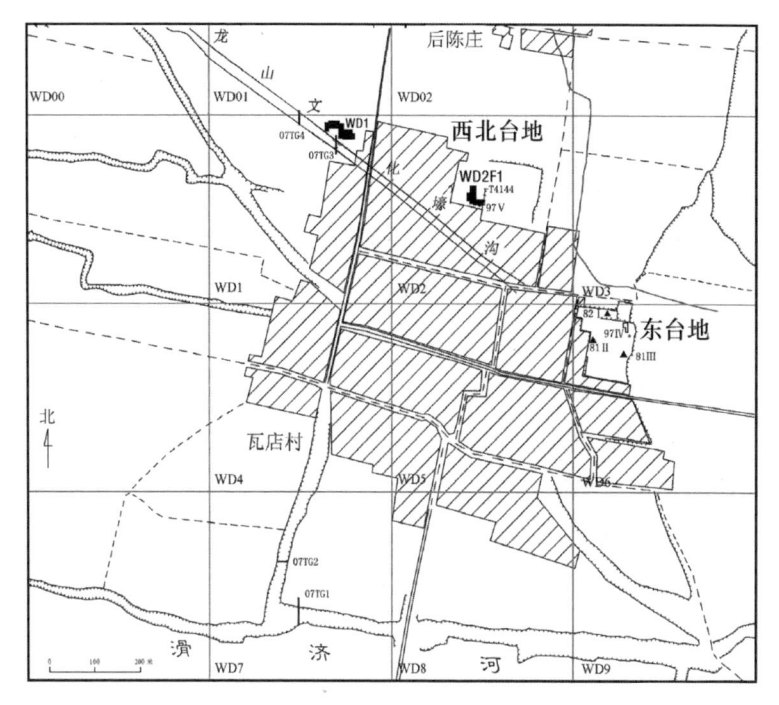

图44　瓦店遗址分区平面图

氏之瓦棺葬"的记载。在环嵩山地区，瓮棺葬的对象一般是幼儿和少年，成人很罕见，只有瓦店遗址这一处。因随葬东夷崇祀的玉鸟，其主人应是瓦店中东夷的权贵人物，而且有可能受到三苗文化的影响。

玉鸟为圆雕，柱形站立，高6.3厘米、直径1.5厘米。鸟首、鸟喙栩栩如生，双翅用刻线纹表示，鸟尾呈圆锥形，上面钻一圆孔，可以穿绳。[1] 玉鸟与江汉地区湖北天门肖家屋脊、钟祥六合、荆州枣林岗出土的玉鸟非常相似，但质料差别很大，而且雕琢简

1　河南省文物考古研究所：《河南禹州市瓦店龙山文化遗址1997年的发掘》，《考古》，2000年第2期。

单,不如江汉地区的玉鸟复杂。瓦店遗址的玉鸟原料来自本地区的含石英硅质大理岩,肖家屋脊的玉鸟则为透闪石玉。从年代上看,见于肖家屋脊等遗址的玉鸟,很可能是瓦店玉鸟南传的结果。[1] 玉铲磨制精致,呈长方形,长7.6厘米、宽4厘米、厚0.6厘米,双面弧刃。质料为在禹州附近有分布的石英岩,该玉鸟应是本地的手工艺品。随葬的玉铲没有实用价值,属于宗教礼仪器物。

在瓦店二期,三个文化群出现的变化以中原文化群最为明显。来自颍河上游王城岗遗址的器物,如高足鼎、澄滤器等,突然间在瓦店遗址出现,这应该是王城岗的族群向瓦店遗址大量迁徙,或者王城岗酋邦势力向瓦店酋邦渗透的考古学证据。嵩山以南零散的酋邦世界,由此朝着整合方向迈开了第一步。瓦店的东夷文化群继续使用鬶,但也新出现了盉,东夷势力有增强的趋势。这些反映了涂山大会之后,由于大禹建立酋邦联盟,夷夏一体化不断加深。

1982年的试掘中,东台地第三期文化层中出土一件盉(编号H28:12),口部有鸟形盖,盖身满饰羽毛,与盉的口沿外部所饰羽毛花纹浑然一体,鸟塑呈回首凝眸状,形态生动逼真。鸟形盖显然是东夷崇鸟文化的器物。东台地第一期文化层中的深腹横篮纹高足鼎、素面泥质细颈壶,东台地第二、三期文化层的大袋足鬲等,在环嵩山地区比较少见,但是在豫东地区(大汶口文化颍水类型)则可以见到。[2] 这些说明了东夷文化在瓦店遗址中占有很大的份额。很可能在瓦店一、二期时,东台地是东夷文化和三苗

---

1 方燕明:《禹州瓦店遗址龙山文化玉鹰形笄及相关问题》,《夏商考古探索文集》,科学出版社,2021年,第505页。
2 河南省文物研究院、郑州大学历史系考古专业:《禹县瓦店遗址发掘简报》,《文物》,1983年第3期。

文化的天下。当随葬玉鸟、玉铲的IVT4W1出现时，禹征三苗的大军大概已经走在路上了。

到了瓦店三期，相当于王城岗四、五期，大禹已经征服三苗。瓦店三苗文化群的陶器中漏斗形擂钵消失了，新见后石家河文化的红陶鸟，说明三苗的影响力急剧减弱。东夷文化群的陶器继续沿用甗、盉，但是鬶不见了，新见大量的三足盆，东夷势力呈现出猛增的迹象。瓦店遗址呈现出明显的夷夏两雄并立格局，成了一座夷夏共管、共居的城市。

该阶段的东台地兴建有F8、F1等建筑基址，其中，F8面积四五十平方米，F1面积约十平方米。F1附近的H17中出土大卜骨，上有30多个烧灼的痕迹，据此推测F1为宗教祭祀类建筑物。H17西北方的H3中，出土一件白色玉璧残片。玉璧为东方族群的祭天之物，卜骨起源于东夷，表明此地在意识形态上受到了东夷文化的控制。同时期还发现两件刻有符号的陶片，分别是中原本土的小口高领瓮、东夷风格的圈足盘。刻符通常是祭司之类的权贵阶层创造的。这些都是夷夏共掌格局的考古学反映。

在瓦店遗址的西北台地，夷夏共居的痕迹并没有那么明显，这里的器物以中原本地的传统陶器为主，如乳足鼎、陶瓮、夹砂罐，与王城岗遗址的同类器物相似。当时的决策者可能对瓦店遗址进行了一定的规划，将夷夏共居的东台地辟为小型祭祀区，由华夏主导的西北台地辟为大型祭祀区，两个祭祀区的作用或许有所不同。

瓦店西北台地：祭祖遗迹"社"

瓦店遗址西北台地中部南侧发现了两组大型夯土基址群，它们东、西相对，相距约300米。东部为WD2F1基址，由数条围沟组成，呈回字形，面积约900平方米。WD2F1基址西侧紧邻着另一座夯土建筑，也发现用于奠基或祭祀的人殉或动物骨骸，可能与WD2F1是同一组建筑。西部基址群由WD1TJ1、WD1TJ2、WD1TJ3三座基址组成。其中，WD1TJ1面积近千平方米，奠基层中发现人骨，据推测为埠；WD1TJ2为平地起建的圆形建筑，面积约60平方米，可能是祭天之坛；WD1TJ3面积也有数百平方米，表面有几个大小不等的环形土圈呈东西向排开，具体作用不明。

现在已探明，WD2F1基址属于祭祀性礼仪基址。在WD2F1周围，有不少人骨和动物遗骸，这些是房屋奠基时用于祭祀神灵的祭品。在WD2F1中间，有三处堆积物，构成直角三角形，堆积物中包含烧土粒、动物碎骨、大量螺壳、陶片、石器等遗物。附近还有一处墓葬，内有一成年女性，其双脚缺失，显然也是祭祀时的牺牲品。烧祭面共发现四处，两处在北，一处在西南，一处在东南，均质地坚硬，表面平整。说明当时有多个群体，进行了多次的烧祭活动。

WD2F1内还发现六处土坑墓、四处瓮棺墓，所葬人骨存在不同程度的戕害痕迹，都与祭祀活动有关。如M11葬一中年男性，双脚紧紧收拢，生前可能被捆绑，左手侧有一件蚌刀，或许是杀害死者的凶器；M12也葬一中年男性，双手置背后，也是捆绑所致；M13葬一中年女性，膝盖以下肢骨残缺，应是被砍断了。除了这些，尚有令人不忍描述的人骨坑（层），完整的人骨架和支离破碎的人骨，几乎遍布WD2F1内各处，可见当时祭祀时人殉现象十分普遍。当时嵩山地区重视家族伦理，血缘关系较为稳定，几乎不用本族民众作人殉。故这些人殉不可能来自本地，应是战争中被俘的外地奴隶。对瓦店遗址人骨牙齿标本的锶同位素比值进

图 45　禹州瓦店遗址的人牲坑

行测定后，获取的数据可以证明这一点。[1]

　　史前先民的祭祀形式有四种：坛祭、墠祭、坎祭、庙祭。根据文献记载，参考相关遗存的特征，基址内的祭祀遗存有墠祭和坎祭两种。墠祭和坎祭的对象，通常是地神、人鬼（祖灵）等。"除地为墠"，WD2F1三处表面堆积和四处烧祭面应该就是墠祭的遗迹。坎祭，是在地面挖出坑洞，而后瘗埋祭祀品。发现的五谷坑、动物坑、红烧土坑等数量众多的坑状遗迹，都可归类于坎祭遗存，如WD2F1基址中发现的馈食坑、人祭坑、碎骨坑等，用来祭祀祖灵。祭祀坑中，出现五谷与动物骨、人碎骨混合烧煮的熟食，这是献给祖先魂灵享用的。如WD2H84是一个大杂坑，不但有人指骨，猪下颌骨和桡骨，犬肢骨，而且有煮熟的粟1块，以

---

[1] 赵春燕、方燕明：《禹州瓦店遗址出土部分人类牙釉质的锶同位素比值分析》，《华夏考古》，2014年第3期。

及水生的鳖、蚌、大量螺等；WD2H6发现大量植物，其中，粟、黍、稻、豆等农作物占一半，出土煮熟的粟7块，还有猪头骨、肢骨、盆骨、鸡尺骨，也有人骨。

有学者初步判断，西北台地的WD2F1建筑基址，可能是祭祀土地神或人鬼（包括祖灵）的社。[1]祭地和祭人很难分清，因而社祭的对象在历史上存在两种说法。《左传》说，社祭句龙，是人神而非地祇；《孝经》说，社祭土神，句龙配食。有关社祭对象的分歧与社祭起源有关。

古人的祭祀活动起源于灵魂崇拜。几万年前的旧石器时代就有灵魂不灭的意识，产生"鬼犹求食"的观念，所以活人只有给逝去的祖先提供用品，才能得到祖灵的佑护，祭祀由此产生。郭沫若根据甲骨卜辞中"土（社）"的字形与"且（祖）"的字形相近，认为"社""祖"二字同源，所以社祭应起源于祖灵崇拜。凌纯声进一步指出，社祭最初源于男女生殖器的崇拜，其后社、祖分家，才有社祭和祭祖之别：

> 最原始的祖或社即在郊野，除地为墠或封土为坛，又在墠坛之上，立"且"以为神祇或祖神。而祖形的"且"，为性器的象征，进而将"且"斫成人形，再进则刻人之形貌。所谓庙，貌也。……但后来中国之祖与社分开，祖称祖庙或宗庙，在庙中之"且"，则称主，如《礼记·曲礼》曰："措之庙，立之主，曰帝。"[2]

---

[1] 方燕明、梁法伟：《禹州瓦店龙山时期WD2F1祭祀遗存初探》，《华夏考古》，2021年第6期。
[2] 凌纯声：《中国古代神主与阴阳性器崇拜》，《"中央研究院"民族学研究所集刊》，1959年第8期，第1—2页。

也有不少人主张社祭源于原始土地崇拜，而且大多将之与传说中的土神后土联系起来。土地崇拜出现在新石器时代农业兴起之后，晚于祖灵崇拜。土神后土出现的年代更晚，甲骨卜辞中有"后"，可通假"司""祀"，解释为王妃或者祭祀，但没有"后土"。"后土"一词最早见于《尚书·武成》："告于皇天后土。"

因此，从年代上看，社祭应起源于祖灵崇拜，社祭的最初对象是祖先的亡灵。瓦店遗址西北台地的WD2F1基址是目前所见中原地区时间较早的祭祖遗存。

《孟子·梁惠王上》中有"七十者可以食肉矣"，孟子理想中的美好社会莫过于七十岁以上的老人可以吃到肉。在战国中期，肉犹被视为宝贵的食物。商周之前，肉食就更加难得了。用于祭祀的肉食称为牺牲。先秦时期，猪、狗是祭祀祖先的主要牺牲，《礼记·王制》云："士无故不杀犬、豕。"郑玄注曰："故谓祭飨。"意思是说，犬、猪是重要的祭祖物品，不得随意乱杀。张光直也指出，肉是供祖先享用的。[1]

以猪、犬作牺牲，是环嵩山地区史前社会普遍流行的祭祖习俗。WD2F1基址中的牺牲就有猪、犬、牛、羊等家畜，基本可以判断其为祭祖遗存，而不是其他遗存。WD2F1基址中也出现人牲，而且数量相当多。人牲是供神灵和人鬼食用的，"吃"敌人是一个古老的传统，被吃掉的是俘虏或者仇人[2]。这样残忍的人牲习俗，在史前环嵩山地区很常见。基址中献祭给祖灵的人牲可分成四类：一为完整人骨，二为无头人骨，三为单个人头骨，四为零碎的人肢骨。三、四两类通常伴着煮熟的粟块、麦粒一起出土，属于烧熟之后的馈食。

---

[1] 张光直：《中国青铜时代》，生活·读书·新知三联书店，2013年，第287页。
[2] 黄展岳：《古代人牲人殉通论》，文物出版社，2004年，第1页。

WD2F1基址出土的祭祀礼器,包括成套的陶鼎、陶甏,以及盉、鬶、觚、豆、盘等盛器。至于灰坑中的鳖、蚌,以及成堆集中出土的螺壳,可能不属于祭祀品,而是贵族们在宴飨之后的残余。有学者对WD2F1基址西南部WD2H72、WD2H84、WD2H108、WD2G16等四处集中出土的螺壳进行研究后,初步推测每个遗迹内的螺壳各代表一次宴饮后的残余。其中,WD2H72代表一次秋祭,有6人参加宴饮;WD2H84、WD2H108各代表一次春祭,分别有20人、10人参加宴饮;WD2G16代表一次规模庞大的春祭,参加宴饮的总人数达到69人。这说明当时的季节性祭祀,有春祭和秋祭,但是春祭的规模和次数远大于和多于秋祭,参与祭祀活动的部分人可以参与宴饮。宴饮人数有逐渐增加的趋势,代表祭祀规模也不断扩大。[1]

瓦店西北台地WD2F1基址的祭祀遗存,在环嵩山地区是前所未有的,弥漫着一股浓郁的宗教祭祀新气息,即强化祖灵崇拜的突出地位,血亲宗族关系凌驾于一切社会关系之上。这种宗教祭祀的新风,加之禹州瓦店遗址与大禹、启密切相关,或许可以为解开传说中有关禹及其儿子启的种种疑窦提供一些线索。

文献中与禹、启有关的很多历史事件都是在今河南禹州地区发生的。其中比较重要的是"禹都阳翟",与之相关的记载举例如下:

> 《史记集解》引徐广:"夏居河南,初在阳城,后居阳翟。"
> 《帝王世纪》:"禹受封为夏伯,……今河南阳翟是也。"[2]

---

[1] 王良智、方燕明:《河南禹州瓦店遗址出土螺壳初步研究》,《华夏考古》,2021年第4期。
[2] 徐宗元辑:《帝王世纪辑存》,中华书局,1964年,第48页。

《汉书·地理志》："阳翟，夏禹国。"应劭曰："夏禹都也。"

《水经注》卷二十二"颍水"条："颍水自竭东径阳翟县故城北，夏禹始封于此为夏国。"

阳翟，就是今河南禹州，春秋时期是郑国的栎邑，战国初期韩国定都于此，称"阳翟"。春秋战国时期的"阳翟故城"在今河南禹州朱阁镇八里营村北侧，瓦店遗址就位于阳翟故城西边7.7千米处。瓦店遗址发现了大型环壕，有东、西北两个台地的祭祀基址群，出土高档礼器。根据其所处的地理位置、年代及文化内涵，结合史料记载，瓦店遗址很有可能是"禹都阳翟"。或许，王城岗酋邦与瓦店酋邦实现整合之后，大禹将酋邦联盟的宗教祭祀中心设置在瓦店遗址。另外，河南禹州曾以翟鸟命名，翟鸟以其羽毛鲜艳，又称"夏"，所以此地称作"夏翟"。上古"夏""阳"音、义相近，因而"夏翟"又称"阳翟"。《说文解字·羽部》："翟，山雉尾长者。从羽，从佳。"瓦店遗址出土的陶塑长尾鸟和陶器上的鸟类刻纹，似乎可作为阳翟之名来自翟鸟的佐证。

不过，根据年代测定，WD2F1基址始建于瓦店二期晚段（约公元前1980—前1900年），鼎盛时期在瓦店三期早段（约公元前1910—前1810年），瓦店三期晚段被废弃（约公元前1810年—前1750年）。WD2F1西边的WD1TJ1基址年代为约公元前2040年—前1950年。[1]大禹的年代相当于瓦店二期早段（约公元前2110—前1990年），那么瓦店西北台地的WD2F1、WD1TJ1等大型祭祀性基址，从年代上看，它们的使用者不是大禹，而可能是禹的儿子

---

[1] 河南省文物考古研究院、河南省夏文化研究中心、北京大学考古文博学院：《河南禹州瓦店遗址WD2F1建筑发掘简报》，《华夏考古》，2021年第6期。

启。这些大型祭祀性基址也可能是传说中禹的儿子启"钧台之享"之处。

古城寨衰亡：嵩山南北初步整合

大禹建立的酋邦联盟，初步将嵩山以南、颍河流域大大小小的酋邦整合起来。这当中最重要的是同处颍河上游、毗邻的两大酋邦：王城岗和瓦店。酋邦形成联盟通常有两条途径，一是和平协作，二是战争兼并。王城岗酋邦和瓦店酋邦之所以能够走向联合，首先是因为二者拥有相同的文化传统，生产、生活中使用的器物基本一致，考古学上都属于煤山类型。大禹拥有丰富的治水经验与高超的治水技术，威望崇高，领导王城岗、瓦店等酋邦，携手合作，一起抵御洪水，拯救众民。在天帝的召唤和旨意下，基于彼此信任与协作配合，王城岗和瓦店率先实现一体化，共同迈向文明时代。《史记集解》引徐广："夏居河南，初在阳城，后居阳翟。"这可能就是王城岗与瓦店融合为一体的反映。阳城和阳翟所处的颍水上游，也因之成为早期夏部族活动的中心地带。

嵩山北麓的古城寨与王城岗、瓦店形成三足鼎立之势。古城寨酋邦以古城寨城址为都邑，包括五虎庙、新砦两个地方性中心聚落，以及数十个普通村落，集权特征明显，是当时环嵩山地区实力最强的酋邦之一。考古学上，古城寨的炊器以夹砂罐为主，有一定数量的鼎，以及少量的甗和甑，属于王湾类型；陶器纹饰极具特色，绳纹为主，篮纹次之，方格纹再次之。而嵩山南麓的王城岗、瓦店在炊器上以鼎为主，陶器纹饰以方格纹为主、篮纹次之、绳纹少见，[1]与古城寨的差异非常明显，二者属于不同的文

---

[1] 孙庆伟：《鼏宅禹迹：夏代信史的考古学重建》，生活·读书·新知三联书店，2018年，第159—177页。

化族群。

有学者从考古资料观察到，王城岗城址的筑建是为了与古城寨城址抗衡。[1]彼时嵩山南北各酋邦之间的关系异常紧张，尚未形成统一的政治秩序，存在军事冲突的可能性，因而纷纷筑起城址，由此出现了文献记载中万邦林立的社会局面。

古城寨城址是一座龙山时代少见的坚固城池，位于洧水、溱水交汇处北约1.5千米处，总面积约270万平方米。洧水发源于河南登封大冶镇，自西东流至新密曲梁交流寨村，与溱水汇合后称为"双洎河"。双洎河流域位于黄河流域和淮河流域的接壤地带，水土丰茂。依靠得天独厚的自然禀赋和资源优势，一座宏伟的古城崛起了。

从地理位置和整体形制来看，古城寨城址就是为应对战争威胁而筑建的。城址屹立在溱水东岸的台地上，高出周围地面3米，高出溱水水位10米，经复原，城内面积17.65万平方米，内外总面积27.65万平方米。[2]尽管古城寨城址经过了四千多年的风雨侵蚀，但是北垣西端至今仍有16米之高，由此可以想象当年城址的巍峨雄姿。南、北挖有人工壕沟，沟宽34至90米，深4.5米，联结东面的无名河、西面的溱水，与高耸的城垣形成封闭性的双重防御圈。城门仅开两个，南北相对，使得整座城址处在全方位的防护之下。深沟高壁，又有严密的防御体系，易守难攻，是一座极具军事化性质的上古城池。

古城寨城址内发现一组规模较大的建筑群。其中，F1位于城

---

[1] 方燕明：《禹州瓦店龙山时期环壕城池考古》，《夏商考古探索文集》，科学出版社，2021年，第547页。
[2] a.河南省文物考古研究所、新密市炎黄历史文化研究会：《河南新密市古城寨龙山文化城址发掘简报》，《华夏考古》，2002年第2期。b.河南省文物考古研究院：《河南新密古城寨城址2016~2017年度发掘简报》，《华夏考古》，2019年第4期。

址中部偏东北，坐西朝东，面积383.4平方米。房基上发现6排柱洞，将房基分割成面宽7间、进深6间的格局。房基内没有隔离墙，是一个由6排柱子撑起来的宽敞大空间。F1的南、北、东三面还有回廊。在F1以北有一座狭长的廊庑式基址F4，发现三个门道。F1东侧夯土层中有一个人头盖骨，F4西廊庑旁边葬一个狗骨架，它们都与房址奠基时的祭祀活动相关。

F1西北部的一堵东西向的木骨泥墙，将F1与F4连接起来，揭示了F1与F4之间的关系，即二者是一个建筑群组中的两个建筑单体。其中，F1为主殿，室内相当空旷，应该是古城寨酋邦贵族阶层的议政场所；F4为廊庑——北庑和西庑，建筑廊庑的目的可能是形成一个封闭性的活动空间，将F1中的贵族统治者更好地与外面的民众隔离开来。这种主殿、廊庑的建筑格局为之后的二里头宫殿所沿袭，开早期宫殿之先河。

发现的器物也显示了城内居民的地位很高。石器稀少，不足十件，完整的仅有一件石镞。其余的如石斧、石镰、石铲等，大多残缺，推测它们可能是劳动中损坏之后被遗弃的。出土的用羊肩胛骨制作的卜骨，占卜时直接用火烧灼，是巫觋祭祀作法时的器具。还有一定数量的陶刻符号。陶符有两种，一种由刀刻，另一种是用硬物在陶器表面连续捺印，形成一连串规整的数码，如"一二二二二二二"，其可能属于某些记事内容。劳动生产工具的罕有，说明了居住者并不以从事生产劳动为主，几乎寄食于城外居民。他们是社会中的权贵阶层，垄断着政治、经济和宗教祭祀大权。

通常认为，史前时期有壕沟的聚落不一定是城市，但古城寨城址出现宫殿就另当别论。该地区聚落群的拟合首位度（规模和人口集中程度）揭示了古城寨城址在整个聚落群中地位突出，具

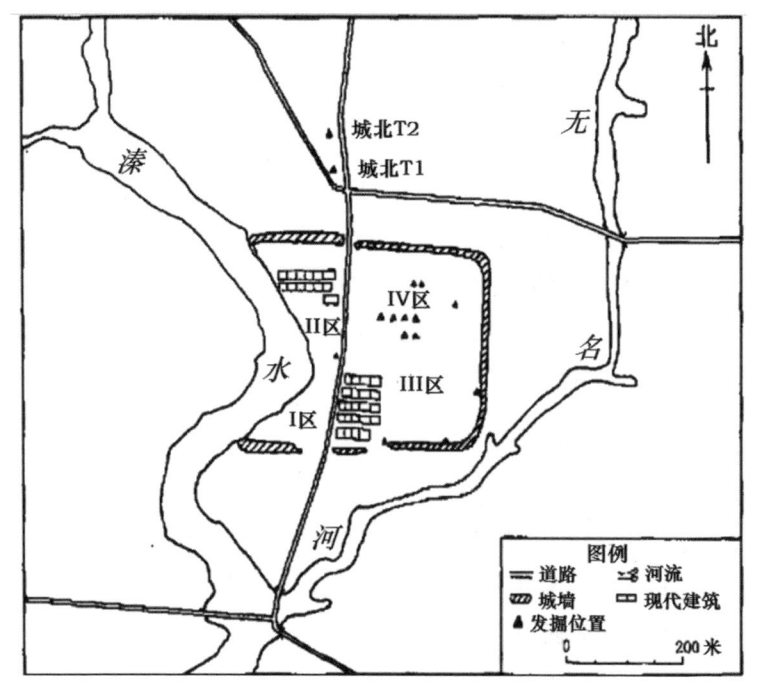

图46 古城寨龙山文化城址

有统领地位。[1]这反映了古城寨酋邦已经拥有初步的等级政治体系。F1的主人应当就是早期的王。建筑巍峨壮观的宫殿，以展示王的权威；卜骨和陶刻符号则说明王的身边有一批官僚，为王服务；出土的石镞并不属于生产工具，可能是王宫卫队使用的武器；在城外还有大批民众，为王劳动，他们创造的财富属于王。宫殿是国家的物质化载体，古城寨可能已经站立在早期国家的门槛之上。

但是，古城寨酋邦的辉煌昙花一现。根据考古研究，古城寨城址的始建与使用都在古城寨一期，相当于王城岗三期（约公元

---

[1] 李中轩、吴国玺、孙艳丽等：《4.2~3.5 ka B.P.嵩山南麓的史前社会对逆向环境的适应》，《山地学报》，2018年第6期。

前2090年—约前2030年）。古城寨二期前段，或王城岗四期以后，随着城址墙基和廊庑的废弃，古城寨酋邦不复存在了。具体年代上，约公元前2060年为古城寨城址的始建期，公元前2018年前后为废弃期[1]，兴亡不过短暂的五十年，而且均进入夏商周断代工程拟定的夏代纪年之内，与传说中启的年代相当。

那么，古城寨的王是谁？古城寨遗址以西8.8千米处的新砦城址，被认为是黄台之丘附近的"夏启之居"，即启的都城，因而古城寨与启之间的联系可以排除。不少学者根据文献记载，再从时空方面进行对比，推测古城寨城址的族属，说法有好几种。如当地民间传说中古城寨城址为"鬼修城"，所以与"鬼方氏之妹"相关[2]；或说是《路史·循蜚纪》中的"有隗氏、大隗氏"；或说是黄帝的轩辕丘；或说与传说中的"祝融之墟"的地望相合，并认为该城一直使用到西周时期，作为邻国的都邑。这些推测均有一定的合理性，但是所依据文献的年代较晚，仍需考古学上的进一步研究与证实。

古城寨城址的衰落可能与战争有关，也可能是内部势力的竞争导致了分裂，甚至败亡。城中F4廊庑被数量众多的龙山晚期灰坑打破，说明古城寨城址的功能区在龙山晚期频频变动，城址结构极为不稳定，这反映了环嵩山地区乱象纷呈、动荡不安的时代特征——酋邦与酋邦之间，部落与部落之间，对抗日益加剧，冲突频仍。考古发掘显示，该时期环嵩山地区非正常死亡现象大量出现，诸如肢体破碎的墓葬的数量增加，尸骨缺失的部位更多更

---

1 方燕明：《关于新密古城寨遗址的年代与性质》，《夏商考古探索文集》，科学出版社，2021年，第559页。
2 鬼方氏之妹的传说见于《太平御览》引佚书《世本》："陆终娶于鬼方氏之妹，谓之女隤，生六子，孕而不育，三年，启其左胁，三人出焉；启其右胁，三人出焉。"

重要，乱葬坑的数量与种类也明显增加，活埋的比例超过以往的任何一个时期，等等。[1]这些惨象的背后是战争频繁爆发，规模也不断扩大。

文献上记载禹、启之际多次发动对外战争。《太平御览》引《博物志》："处士东里蒐责禹乱天下，禹退作三城，强者攻，弱者守，敌者战。城郭，禹始也。"《左传·昭公元年》云："夏有观、扈。""观"，杜预注"观国，今顿丘卫县"，即在今河南清丰一带；扈，今陕西西安鄠邑区。观、扈之乱是启在位期间的事，说明启曾经发动北伐与西征。《古本竹书纪年》中有"（启）二十五年，征西河"，[2]指的就是启北伐观之役。汉代之前，黄河下游河道北流，观在河道以西，因而称之为"西河"。与禹都阳城有关的王城岗古城出现人殉祭祀坑，与夏都阳翟有关的瓦店遗址的西北台地WD2F1祭祀基址中也出现了大量的人殉现象。对这些人殉的牙齿标本进行科学检测，结果显示人殉大都是外来的战俘，印证了史书中禹、启之际战争频仍的相关记载。

古城寨城址在王城岗五期（约公元前2030年—前1965年）之时，城垣基址、F1宫殿、F4廊庑继续遭受严重的破坏。古城寨城址废弃的原因可能与禹、启时期的战争有关。启从阳翟北伐观，新密古城寨是必经之地。因而，古城寨城址的毁灭很可能是启挥师北上征服的结果。在考古学上，古城寨遗址二期后段（公元前1997年前后）器物特征的演化也接近新密新砦期。由此，嵩山南北大整合的序幕拉开了，华夏共同体初步形成。

---

1 裴安平：《中国史前聚落群聚形态研究》，中华书局，2014年，第230—233页。
2 范祥雍订补：《古本竹书纪年辑校订补》，上海古籍出版社，2011年，第6页。

第二节 华夏共同体:"九鼎"和"九州"

"九鼎"与"九州"的传说

环嵩山地区南北的逐渐融合,促成了华夏共同体的初步形成,将最广泛地域内的民众团结起来,一种崭新的政治形态从此登上历史舞台。作为生产力进步的最重要标志,冶金术也在这时候成熟起来。这一切预示着华夏先民迎来了一个前所未有的时代大变局,而"夏初铸九鼎"与"禹画九州"的传说,则是这个大变局的映射。

冶金术的发明与发展,是文明形成的标志之一。人类社会最早的冶金术,也就是烧炼铜矿石,制造铜器。通常把殷商之前的铜器称为"早期铜器",其主要包括红铜器、青铜器、黄铜器。史前的冶铜技术产生于仰韶文化时期。在陕西西安半坡遗址一座墓葬的扰土中发现的一件铜片,属于铜镍合金的白铜,这是目前国内年代最早的铜器;陕西临潼姜寨遗址F29居住面出土的一块圆形铜片,在地层中发现的一块铜管残片,年代为公元前4020±110年,由黄铜制成,这也是世界上最古老的黄铜制品。

从考古发现可以看出,早期制铜技术的发展历程分为三个阶段。约公元前4500年—前2900年为形成阶段,主要冶炼各种原生铜矿。约公元前2900年—前2000年为发展阶段,西北地区的马家窑文化首先进入青铜时代,中原地区红铜居多,山东海岱地区则以黄铜为主。约公元前2000年以后是成熟阶段,中原地区的青铜冶炼技术不断走向成熟，由此进入了青铜时代，这是华夏文明开始的标志性事件之一。

中原地区的铜器大多出现在公元前2500年之后。山西临汾陶寺遗址一共发现四件铜器，其中，二件砷铜器——铜齿轮和铜口沿残片，二件红铜器——铜铃和铜环。[1]铜铃出土于陶寺晚期M3296，属于纯度较高的红铜器，距今3835±130年（约公元前1900年）。

1980年，在河南登封王城岗城址西城内西南部的H617出土了一件青铜鬶的腹底残片，其大约5厘米见方，厚度超过0.1厘米，重35克。表面有褐色土锈和铜绿锈，经检测为铜锡铅合金。[2]H617属于王城岗四期，距今3850±165年（约公元前1900年），与陶寺晚期M3296相当。这件青铜鬶残片的制造技术，是较为成熟的多合范法（利用多个陶模范进行铸造），说明在王城岗四期，青铜冶铸技术已经达到较高的水准。据此可知，在王城岗四期之前，青铜制造业早已产生并发展起来。嵩山南部的煤山类型继筑城技术之后，又掌握了青铜冶炼技术，由此巩固了相对嵩山北部王湾类型的先进地位。凭借这些先进技术上的优势，以及强大的社会凝聚力，环嵩山地区南弱北强的局面逐步逆转，煤山类型在地域的扩展上较王湾类型略胜一筹。

环嵩山地区的青铜器铸造技术在传世文献中也有些许痕迹，其中最著名的莫过于夏初铸九鼎的传说。但是九鼎的铸造者说法不一，《左传》和《史记》认为是禹，《墨子·耕柱》则说是夏后开（启）。夏初九鼎是否存在？春秋战国时期有诸侯或贵族亲眼见证过九鼎，并留下楚庄王问鼎中原的典故。文献记载言之凿凿，

---

1 高江涛、何努：《陶寺遗址出土铜器初探》，《南方文物》，2014年第1期。
2 李先登：《王城岗遗址出土的铜器残片及其它》，《文物》，1984年第11期。

虽无法证实但也无法推翻。根据传世文献的记载，夏后启所铸的九鼎，是三足方鼎，上绘有饕餮纹，"使民知神奸"，目的是教导臣民辨别善恶是非。但是，夏代的青铜器是否具备如此强烈的政治礼器功用，是可疑的。而且这些有关禹或启铸九鼎的记载，均出自春秋战国时期的史料。

目前商代以前的青铜器仅有二里头遗址出土的一件青铜鼎（编号87YL Ⅴ M1∶1），其呈浑圆状，折沿，沿上有两耳，平底，空心四棱锥状足，腹部饰有带状网格纹，器壁较薄，造型朴实。[1]该青铜鼎年代为二里头四期（约公元前1560年—前1520年），当然与传说中禹或启铸九鼎无关。

不过，与九鼎相关的九州传说，或许有助于对九鼎传说的分析。九鼎是伴随着九州传说而出现的，没有九州也就没有九鼎。史载，大禹治平水土之后，划地为九州，用"九州之牧"（九州的长官）进贡的青铜铸造九鼎。如《左传·宣公三年》中云："昔夏之方有德也，远方图物，贡金九牧，铸鼎象物。"西晋杜预注："使九州之牧贡金。"

最早记载"九州"的可能是已经散佚的上古文献《虞人之箴》，《左传·襄公四年》中引用了其中的一句话："芒芒禹迹，画为九州。"鲁襄公四年是公元前569年，此后不久叔夷受齐灵公封赏而铸叔夷钟镈，其铭文中也有"咸有九州，处墒之堵"。传世文献和考古文物相互印证，说明了至迟在春秋中期就流传着九州传说，而且其受到了世人的广泛认可，所以被庄严肃穆地铸刻在青铜器上。同时，"禹画九州"是政治地理与经济地理的最佳结合，是华夏共同体的形成标志之一。此后，"九州"由一个广泛的地理

---

[1] 中国社会科学院考古研究所二里头工作队：《河南偃师二里头遗址发现新的铜器》，《考古》，1991年第12期。

概念，逐步上升为政权概念，最终演变为中国的代名词，其意义无疑十分重大。

叔夷钟镈铭文与《左传》中的"九州"，都是泛称。而"九州"的具体所指，在不同的年代，有不同的说法。如下表所示：

表18 《容成氏》与传统文献中"九州"的对照

上博竹简《容成氏》(公元前5至前4世纪)	《尚书·禹贡》(约公元前3世纪)	《周礼·夏官·司马》(战国时期)	《尔雅·释地》(战国末年)	《吕览·有始览》(约公元前3世纪)
	冀州	冀州	冀州	冀州
夹州	兖州	兖州	兖州	兖州
扬州	扬州	扬州	扬州	扬州
荆州	荆州	荆州	荆州	荆州
敍州	豫州	豫州	豫州	豫州
虖州	雍州	雍州	雝（雍）州	雍州
竞州	青州	青州	营州	青州
涂（徐）州	徐州		徐州	徐州
	梁州			
蓏州		幽州	幽州	幽州
		并州		
莒州				

这五份文献的年代都属于战国时期，它们所列出的九州具体名称，飘忽不定。五份文献共有的仅四个州——兖州、扬州、荆州、豫州，它们的地理范围大致在黄河中下游、淮河流域，以及

长江以南地区。这一地带恰恰是传说中夏朝的统治区域，或者大禹治水时足迹所至之处，可见有一定的史实依据。其他五个州，很有可能是战国时期诸子百家的附会之说，因而名称很不一致。由此可知，九州并非大禹划定的地方行政区。春秋时期的"九州"也不是一个专有名词。"九"，虚指数量之多，如"九韶""九天"，等等。"州"，意即"邦"或者"国"，其实就是酋邦。大禹建立了一个跨血缘、跨地域的酋邦联盟，统御有几十个酋邦，这种社会形态接近早期国家，但又不是严格意义上的国家。在周人的视界中，用"九州"来指代记忆中遥远的大禹酋邦联盟最为合适。因此最初的"九州"不完全是一个地理名词，而被赋予了一定的政治内涵，属于社会概念。

顾颉刚说"古代对于禹的神话只有治水而无分州"[1]，又说"区画天下的九州说是春秋时发生的，西周人决不知道有这回事"[2]。豳公盨铭文中没有提及九州的事，顾颉刚的看法可能是正确的。战国以后，饱经战乱之苦的人们渴盼早日安定、统一，由此产生了大一统思想。人们憎恨分裂与战争，因而托古幻生了一个乌托邦式的美好愿景，"九州"也由春秋时期的泛称演变为具称。九州的多种说法，反映了周人对战国时期政治版图的不同认知。

五份文献中，《禹贡》被认为是战国时期一部重要的地理学著作，记录九州年代最早也最详尽。《禹贡》成书于大禹之后两千年，真实性如何？邵望平从考古学角度对《禹贡》中九州的物产、风土、习俗，作了非常细致的考证。大致内容如下表所示：

---

[1] 顾颉刚：《顾颉刚全集·古史论文集卷八》，中华书局，2010年，第2页。
[2] 顾颉刚：《顾颉刚全集·古史论文集卷五》，中华书局，2010年，第53页。

表19 邵望平对《禹贡》中九州物产的考证

九州	对应地区及考古学文化	禹贡记载的物产	邵望平的释解
雍州	陕西龙山、齐家文化	织皮	
梁州	黄河上游齐家文化	璆铁银镂	冶金技术
豫州	黄河中游河南龙山文化	未列出	
冀州	华山与燕山之间陶寺类型等龙山文化	鸟夷	渤海海峡的崇鸟部族
青州 徐州	黄河下游海岱地区的东夷文化	翟	山雉
		桐	落叶乔木
		磬	乐器
		蠙珠	蚌珠
		鱼	鳄鱼
兖州		降丘宅土	堌堆遗迹
荆州	长江中游"三苗文化"	大龟	龟甲
扬州	长江下游良渚文化	瑶琨	良渚玉器
		岛夷	舟山岛居民
		织贝	贝壳制成的扁珠

邵望平据此认为，《禹贡》中含有九州、导山导水、五服三个篇章。其中，九州与五服的内容非但不相呼应，反而完全不同。但是，九州基本内容之古老、真实，绝非后人单凭想象所能杜撰出来的，"九州篇的蓝本很可能出自商朝史官之手，是商人对夏代的追记。当然也有可能是西周初年对夏、商的追记。九州篇蓝本

出现不迟于西周初年"[1]。因此，只有九州篇章不是战国时期的托古假设，它有三代史实依据，应属于公元前2000年的作品，而包含三个部分的《禹贡》可能经过春秋战国时期的人为拼凑与修改和后世的几番折腾，才成为今天的文本。赵春青也对《禹贡》中的五服部分作了一番考证，认为《禹贡》中五服篇章描绘的是一幅中央与地方及四邻相互关系的理想化网络图景，与龙山时代考古学文化分布格局基本吻合。因此，《禹贡》的五服内容，也不是古人的臆想，和九州篇章一样，均属于具有一定真实素地的历史文献。[2]

两位学者的研究表明，尽管《禹贡》无法证实大禹时期已经形成了中央与地方的国家制度体系，但是其背后隐藏着一些可信度很高的历史信息，可与文物和考古发现相印证。西周中期豳公盨铭文的第一句话"天命禹敷土，随山浚川，迺差地设征"，与《禹贡》中的"禹敷土，随山刊木，奠高山大川"极为相似，也证明了《禹贡》中的某些内容在西周初年就有了，不能说全都是战国时期的托古造假。

禹"差地设征"与瓦店的陶鬶量器

九鼎、九州传说，与贡赋制度有关。根据《左传》和《史记》的记载，九鼎是大禹用"九州之牧"的贡金铸造而成的。当时社会发展水平非常之低，耒耜耕作为主的农业，无法创造大量的财富，以满足治水过程中物资调配的需要，或者贵族阶层奢华生活的供给。大禹作为酋邦联盟的最高酋长，只有通过贡赋的形式，

---

[1] 邵望平：《〈禹贡〉"九州"的考古学研究》，苏秉琦主编：《考古学文化论集（二）》，文物出版社，1989年，第29页。
[2] 赵春青：《〈禹贡〉五服的考古学观察》，《中原文物》，2006年第5期。

敛取大量的财物,才能够达到垄断经济大权的目的。因此,禹铸九鼎的传说,实际上是大禹向九州之牧强索贡品、征收赋税的反映。

传世文献记载了大禹之时已经有贡赋制度。如《孟子·滕文公上》云:"夏后氏五十而贡,殷人七十而助,周人百亩而彻,其实皆什一也。"《史记·夏本纪》也有"自虞、夏时,贡赋备矣"。按照孟子的说法,夏商周三代都实行了什一税制。孟子所说的夏代贡赋制度,是否与当时的实情相吻合,尚无法得到考古学的证实。但至少可以说明战国中期,在世人的记忆中,上古三代的统治者都向百姓收取贡赋。

上述《孟子》和《史记》的相关内容,也能够与豳公盨铭文互相印证。不同学者对铭文的第一句有不同的释读,但是都和征收贡赋有关。争议最大的是李学勤释读的"差地设征"四个字,朱凤瀚释读为"奏方艺征"[1]。"奏方"的意思是大禹在水灾泛滥时,给庶民送食物;"艺征"可以理解为定立贡赋。"奏方艺征"实际上是说,大禹在文献记载的定九州、治平水土之外,还有两项重要的功绩,即赈济众庶、相地制贡。冯时又是另一种读法——"任地艺征"[2]。他认为,"任地艺征"与《尚书·禹贡》的"任土作贡"意思相同,都是说按照土地的贫瘠情况来制定贡赋。《史记·夏本纪》有句话,"禹乃行相地宜所有以贡,及山川之便利",指的就是豳公盨铭文中的"任地艺征"。尽管释读有所不同,但是所表达的意思都差不多。从出土的西周豳公盨铭文到战国时期的《孟子》《禹贡》等传世文献,说明了周人早已有共识,贡赋制度最早是从大禹开始的。

---

[1] 朱凤瀚:《豳公盨铭文初释》,《中国历史文物》,2002年第6期。
[2] 冯时:《豳公盨铭文考释》,《考古》,2003年第5期。

征收赋税意味着拥有强大的经济结构，是酋邦演进到国家阶段的社会特征之一。统一的度量衡（亦即量制）是国家时期赋税制度的产物。"量"，指的是容量，与容量相关的制度称为"量制"。文献中记载，夏代就已经存在量制，并设置专门的税收部门负责征收赋税。如《国语·周语下》引用《夏书》中的一句话："关石和钧，王府则有。"《夏书》是传说中的夏代文献，早已散佚。"关"，是征收的机关；"石"为容器，或指容量单位。"关石"，代指赋税。整句话的意思是说，征收赋税的量制准确，国家就会富足。

量制起源于新石器时代。在甘肃秦安大地湾遗址仰韶晚期的F901主室中，出土一组陶量器，包括泥质槽状条形盘、夹细砂长柄麻花耳铲形抄、泥质单环耳箕形抄、泥质带盖四把敞口罐等。陶抄外形为前斗后柄，前斗用于盛物，后柄用于握提，类似今天的簸箕，与古代的量器如秦商鞅铜方升、新莽始建国时的铜方升等相同。这些量器的容积非常有规律，其中，条形盘容积264.3立方厘米，铲形抄容积2650.7立方厘米，箕形抄容积5288.4立方厘米，敞口罐容积26082.1立方厘米。[1]如果条形盘容积为1，那么铲形抄是10，箕形抄是20，敞口罐是100，形成一定比例的递增关系。考古学者给这些陶器分别冠以升、斗、斛的名称，即条升、抄斗、四把斛。结合前堂后室的建筑特征，大地湾遗址F901现存面积约420平方米，年代约为公元前3500年—前2900年，由此被誉为"史前最早的宫殿"。这些原始的量制实物向后人证明了F901在当时的最重要社会功能，就是一个用以分配生活资料的主要场所，是大地湾史前社会的最高管理机构所在处。主持量分

---

1 赵建龙：《秦安大地湾遗址的发掘对历史研究的贡献》，《丝绸之路》，1997年第4期。

食物的部落首领则成为权贵阶层。因而陶量器的产生，预示着原始公有制正慢慢走向私有制，是文明诞生的前奏。除了大地湾遗址，陕西扶风案板遗址（约公元前3500年—前3000年之间）、陕西长安花楼子遗址（约公元前2300年—前2000年）等地也出土陶抄，说明了至迟在仰韶晚期就已经出现陶量器，以及早期的量制。这些遗址都位于聚落群的中心位置，是部落或酋邦的政治、经济中心。

在瓦店遗址，也出土了一组陶瓿，它们可以分为若干个序列。每个序列均由形制相同但大小不同的陶瓿组成。其中，最清晰的一个序列为折腹瓿形量器，共有7个，每个量器的容积从50至4500毫升，呈倍数关系递增，与大地湾遗址发现的陶量器容积递增关系非常相似。[1] 如下表所示：

表20 瓦店遗址出土系列陶瓿容积表

（径、高单位为厘米，容积单位为毫升）

标本编号	口径	底径	通高	实测容积
04YWADH4③：1	20.8	10.4	37	4500
81ⅠT4（4B）：13	12.8	—	—	1000（推算值）
81ⅠT5H28：8	8	7	25.2	400
81ⅡT1H61：4	5.9	5	19.4	200
81ⅡT1H61：5	6.5	5	17.8	150
81ⅡT3H12：14	6.4	5.5	15.8	100
81ⅡT1H10：1	6	5.8	11.1	50

---

1 张海：《中原核心区文明起源研究》，上海古籍出版社，2021年，第240页。

这些陶甒集中出土于位置十分接近的几个灰坑，属于同一个年代的器物。相似的陶甒在颍河上游的王城岗遗址以及颍河下游的郝家台遗址，都可以见到，而且属于年代相同、形制完全一样的同类器物。这表明这种陶量器的使用范围主要在嵩山以南的颍河流域，其他地区基本没有。由此可见，龙山晚期嵩山以南的颍、淮河流域曾经推行统一的量制，开展对各地方进行税赋征收的官方行为。这与流传数千年的九鼎、九州传说，豳公盨铭文中的"差地设征"，《孟子》《史记》等文献的相关记载可以互相呼应。

税赋是垄断经济、维护贵族统治的手段。这在传世文献中也

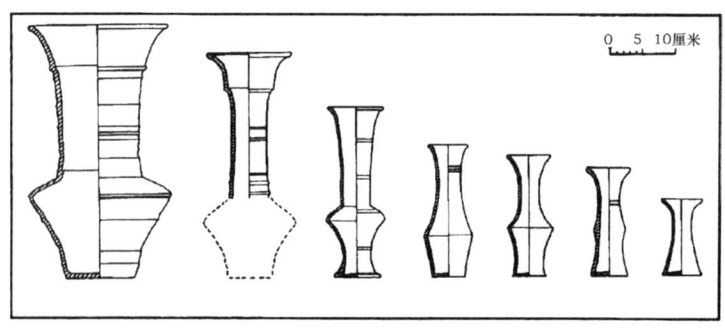

图47 瓦店出土的系列甒形陶量器及平面图

有记载，如《尚书·禹贡》中云，"九州攸同，四隩既宅……庶土交正，厎慎财赋"。同时，财赋征收有一定的准则。根据土壤的优劣以及土壤上所种植的农作物进行等级划分，并以此为依据，决定赋税征收的多少，于是一个统一的量制应运而生。量制能够在大范围的地区之内得到不同程度的实施，说明赋税制度已经在一定程度上走向成熟，其背后推手必定是一个强大的权力机构。也就是说，嵩山以南的煤山类型分布区，已经存在一个统一的政治组织，其在该地区享有政治上、经济上、宗教文化上的管辖权力。这个统一的政治组织应即大禹时期建立起来的酋邦联盟，其后"启有钧台之享"，变禅让制为世袭制，不但继承了其父的基业，而且渐渐挥别酋邦时代，走上了一条通往早期国家的前进大道。

第九章
夏家天下：启及世袭制的开端

　　夏王朝的诞生标志着龙山时代禅让制的终结，以及世袭制的确立。《史记》中说，大禹在崩于会稽之前，就已经对权力交替问题作了周密的安排，先后选择贤臣皋陶、伯益作为自己的接班人。但根据有关文献的记载，在大禹死后很可能发生了一次血腥的暴力革命。屈原《天问》中云："启代益作后，卒然离蠥。何启惟忧，而能拘是达？皆归射鞠，而无害厥躬。"大禹的儿子与伯益争抢权位，伯益将启囚禁起来。但是启的拥护者打开囚牢，救出启。启率领人马向伯益发起进攻，伯益的部属纷纷放下弓箭武器。伯益众叛亲离，被启杀掉。"益启之争"的惨烈，可能超乎世人的想象。禅让制的基础是尚贤，而世袭制则是重血缘。启自称"天命之君"，继承了其父禹的帝位。血缘从此取代尚贤，成为政权更迭的基本依据，是华夏文明史上一次至关重要的大变革，对后世影响极为深远。那么，这次大变革是否可以在考古学上找到蛛丝马迹？

第一节　启的继位与挑战

皋陶传说与"益启之争"

大禹不但是古史传说中一位举足轻重的人物，而且也是早期文明史上一位关键性和里程碑式的人物。大禹治水，举全社会之力，在安民守土共同信念的驱使之下，将不同地方不同族群有机地结合在一起，形成了一个跨地域跨血缘的酋邦联盟，由此凝练出华夏共同体发展的新篇章。

传说大禹建立夏朝之后崩于浙江绍兴一带。《史记·夏本纪》载："十年，帝禹东巡狩，至于会稽而崩。"会稽，位于今浙江绍兴东南。虽然从考古学上看，王湾三期文化很难影响到遥远的东南沿海地区，但是《墨子》《史记》等不少典籍都有记载，而且秦始皇巡游天下时，专门到会稽去祭祀大禹，司马迁也亲自"上会稽，探禹穴"。据统计，今绍兴地区有64个与大禹有关的遗迹，如大禹的葬地"禹穴"、禹王庙、岣嵝碑亭，等等。因而，禹崩于会稽并不完全是后人的附会之说，或许存在某些我们尚未得知的历史依据。

《史记·夏本纪》中说：禹死之后，儿子启即天子之位，称"夏后帝启"。司马迁《殷本纪》中所载的商朝世系大多已获得甲骨卜辞的证实，那么《夏本纪》中记载的夏王世系链应该也有所据，至少夏后氏的始祖禹在西周初年是受认可的。但是具体落实到每一代夏王，文献中与他们相关的事迹记载，则不能全信。禹的儿子启应该不是向壁虚造的人物。夏后启最早出现在《逸周书·世俘解》中的"崇禹生开","开"就是启。裘锡圭将《逸周书·世俘解》中关于武王狩猎的一段记载,与甲骨卜辞中有关商王狩猎的记载(《甲骨文合集》10198)相对比,发现二者文例极为相似,《世俘解》关于人祭的记载也与卜辞相近,不是后人所能臆造得出来的。[1] 所以,《世俘解》应作于西周初年。足见禹、启父子关系在西周前期就已经盛行开来。

启的出生,充满了神话与传奇的色彩,有三个传说与之相关。

其一,禹娶妻四天而生启。《尚书·益稷》中有句话:禹自言"娶于涂山,辛、壬、癸、甲。启呱呱而泣,予弗子,惟荒度土功"。"辛、壬、癸、甲"四个字颇令人费思,孔安国说:禹辛日娶亲,三天后的甲日,离开新婚妻子,去治水了。但"启呱呱而泣,予弗子"的内涵无法解释,怀疑当时的竹简在流传过程中散佚了一些重要的文字,导致语义难以说清。

其二,涂山氏化石生启。对《汉书·武帝纪》中"夏后启母石",颜师古注:"涂山氏往,见禹方作熊,惭而去,至嵩高山下化为石,方生启。禹曰:'归我子。'石破北方而启生。"今河南登封嵩山脚下的启母阙阙身石刻画像中,就有"夏禹化熊"的神话。

其三,启诞生时其母遇难。该传说早在战国晚期就产生了,而且比"化石生启"更加惨烈。屈原《天问》:"何勤子屠母,而死分竟坠?"王逸解释,这是因为启出生时难产,禹将涂山氏剖身之后取出启,涂山氏被肢解,满地尸骨。如此违逆人伦的神话,产生背景可能是中原地区父权制与东夷母系氏族制度之间的激烈冲突。

---

[1] 裘锡圭:《谈谈地下材料在先秦秦汉古籍整理工作中的作用》,《裘锡圭学术文集(第四卷)》,复旦大学出版社,2012年,第379—380页。

禹死之后，权位如何传至启，文献上的记载也出现了差异。司马迁《史记·夏本纪》中说，禹本来准备按照禅让制的传统，让东夷首领皋陶承袭自己的王位，不幸的是皋陶死得比大禹还要早。皋陶出现在《尚书》的《尧典》和《皋陶谟》中，担任尧舜时期的廷臣，司马迁采纳了这种说法。但清华简《厚父》中提及"启惟后，帝亦弗巩启之经德少，命咎䌛下，为之卿事"，咎䌛即皋陶，可见皋陶是启时期的人物，这与《尚书》和《夏本纪》的记载大相径庭。

那么，皋陶到底生活在什么年代？清华简《四告》第一篇中，周公向皋陶祷告时说到皋陶及"夏用配天"，可见皋陶与夏是有关联的，可与《厚父》相印证。《尚书》成书的年代可能晚于清华简《厚父》，皋陶为尧舜廷臣应该流行于四代史观产生之后，属于晚出之说。

其他文献也可以佐证皋陶为禹启之际的人物。如《逸周书·商誓》中云："在昔后稷，惟上帝之言，克播百谷，登禹之绩。"周人自己承认他们的始祖后稷晚于大禹。《史记·殷本纪》中引古《尚书·汤诰》，将禹、皋陶、后稷并称为"三公"。显而易见，这是司马迁按照年代顺序列出禹、皋陶、后稷，皋陶在禹、后稷之间，与《史记·夏本纪》所说的皋陶死在大禹之前并不相谐。这是因为《夏本纪》的年代比古《尚书》更晚。《太平御览》云："《归藏》曰：'昔夏后启筮，享神于大陵，而上钧台枚占，皋陶曰：不吉。'《史记》曰：昔夏后启筮，乘龙以登于天，枚占于皋陶，皋陶曰：吉而必同，与神交通。以身为帝，以王四乡。"印证了清华简《厚父》所言，皋陶是启在位时期的廷臣。

皋陶死后，禹又把王位禅让给东夷的另一个首领伯益。伯益既是禹治水的得力干将，也是征三苗的主帅。《史记·秦本纪》

中,大禹自言治水"非予能成,亦大费为辅","大费"就是伯益,可见伯益确实为治平水土立下功勋。禹之后,依据禅让制原则,伯益顺理成章,将成为禹的继承人。《夏本纪》云,"禹子启贤,天下属意焉",伯益知难而退,主动交出王位,自己则躲到箕山南麓,以避开启锐利的锋芒。战国早期的《墨子·尚贤上》中云:"禹举益于阴方之中,授之政,九州成。"可见当时周人的记忆中,伯益是和大禹一样的圣贤,也没有人对启的王位继承权提出异议。墨子的说法似乎可以跟《夏本纪》相洽。但是战国中期以后,流传着益启之争的传说:启通过一场惊心动魄、你死我活的斗争,将威望很高的伯益排挤走了,取得了天子大位的继承权。

关于益启之争的传说,有三种解释。

其一,益让于启。启的天子之位取于伯益,而不是直接继承自其父大禹。因此,实际上并没有违背非暴力推举与交接的禅让模式。战国中期的孟子首倡此说,在儒家的圣人观中,禹、伯益、启,都是大公无私的圣人,都是历史的赢家。司马迁沿袭了孟子的说法。如:

《孟子·万章上》:禹荐益于天。七年,禹崩。三年之丧毕,益避禹之子于箕山之阴。

《史记·夏本纪》:十年,帝禹东巡狩,至于会稽而崩。以天下授益。三年之丧毕,益让帝禹之子启,而辟居箕山之阳。禹子启贤,天下属意焉。及禹崩,虽授益,益之佐禹日浅,天下未洽。故诸侯皆去益而朝启,曰:"吾君帝禹之子也。"于是启遂即天子之位,是为夏后帝启。

其二,启干益位。伯益本应即天子之位,但是启利用暴力,杀死伯益,窃取了王位,违逆了当时通行的非暴力推举与交接的禅让原则。在战国中晚期之交，启干益位的说法盛行一时。如：

《韩非子·外储说右下》：古者禹死，将传天下于益，启之人因相与攻益而立启。

上博竹简《容成氏》：禹有子五人，不以其子为后，见皋陶之贤也，而欲以为后。皋陶乃五让以天下之贤者，遂称疾不出而死。禹于是乎让益，启于是乎攻益自取。[1]

《楚辞·天问》：启代益作后，卒然离蠥，何启惟忧，而能拘是达？

其三，益干启位。大禹"以其无私成其私"，违背了禅让制原则，准备让启继承王位。该种说法流行于战国晚期，可能在燕国子之之乱以后，受其影响，世人对禅让制持否定态度，由此产生与儒家完全不同的说法。如：

《战国策·燕策一》：禹授益而以启为吏，及老，而以启为不足任天下，传之益也。启与支党攻益而夺之天下，是禹名传天下于益，其实令启自取之。

《古本竹书纪年》：益干启位，启杀之。[2]

益启之争的三种说法，属于见仁见智。启的统治权究竟如何取得，是通过伯益的谦让，还是通过暴力手段夺来的？从目前极有限的史料来看，尚不宜妄下结论。但不论是益干启位，还是启干益位，都反映了夏后氏贵族集团攫夺世袭统治特权的过程，即家天下的转向，而这必然与当时盛行的公天下或者禅让传统产生

---

[1] 俞绍宏、张青松编著：《上海博物馆藏战国楚简集释》（第二册），社会科学文献出版社，2019年，第174页。
[2] 范祥雍订补：《古本竹书纪年辑校订补》，上海古籍出版社，2011年，第6页。

冲突。

启取代伯益，夺得了王位，甚至先杀伯益，后伐有扈氏，彻底破坏了禅让制原则，被当时的人视为违逆天命之人，因而早期文献中都把启描述为一个失德或者德薄的君主。如：

> 《墨子·非乐上》引《武观》：启乃淫溢康乐，野于饮食，将将铭苋磬以力。湛浊于酒，渝食于野，万舞翼翼，章闻于大，天用弗式。

> 《吕氏春秋·季春纪·先己》：夏后相（应为启）与有扈战于甘泽而不胜。六卿请复之，夏后伯启曰："不可。吾地不浅，吾民不寡，战而不胜，是吾德薄而教不善也。"

失德或德薄，则会失去天命，也必然丧失统治权。启为了巩固自己的权位，拉拢与夏后氏贵族亲近的其他酋长，其中，皋陶扮演一个十分重要的角色。启的生母涂山氏与皋陶的族人间的关系极为密切，所以皋陶是支持启的东夷首领，史书上称之为启的"支党"。皋陶担忧启失去大禹披荆斩棘打下的基业，于是悉心辅佐，最终巩固了启的权位。在清华简《厚父》中，天帝担忧启"经德少"，命皋陶降临人间辅佐他。经德少，就是不能敬天、保民。启的经德少，不仅仅指"淫溢康乐"和"舞《九韶》于大穆之野"，更应当是启悖逆禅让传统，杀伯益夺取权位。启在支党包括夏后氏贵族和皋陶等其他势力的帮助下，击败了伯益，夺得天子之位，从而实现了由禅让制向世袭制的巨大转变，奠定了延续近四千年的王位世袭传承制。

但是，在一些文献中，夏王并不被称为"王"，而是"后"，如《古本竹书纪年》。清华简《厚父》中，厚父也不称启为"王"，而称为"后"，《说文解字·后部》云："后，继体君也。

象人之形，施令以告四方。"在清华简《三不韦》中，启有另一个称号"大放"。《史记·五帝本纪》中，帝尧也被司马迁称为"放勋"。"后""放"，意为君长，都是早期文献对上古时期最高层统治者的专用称呼，说明古人似乎已经意识到尧、启与商周时期实行绝对统治的王有所区别。王是国家时代的统治者，后、放实则与酋邦联盟的最高酋长相当。而且，战国之前，禹从不与夏并称，很少见到"夏禹"或"夏后"的称呼，通常只称为"帝禹"或"大禹"。"夏后"意即夏的君主，启，是传世文献中第一个被称为"夏后"的君主。所以有学者提出夏朝的第一个君主应当是启，或者说禹是夏朝的奠基人，启是夏朝的创立者。

"钧台之享"传说与天崇拜

传说中的"钧台之享"，实际上就是启为解决权力继承问题而召集的酋长大会。在"天帝"的幌子下，启逼迫其他酋长们共同推举自己为酋邦联盟的最高酋长，使自己拥有天子的合法权位，结果遭到一些酋长的抵制，如《史记·夏本纪》中所说的"有扈氏不服"。启不得不动用武装，弹压异己，"伐之，大战于甘"。作为启权力巩固的反映，钧台之享传说产生并广泛流传。

"启有钧台之享"最早见于《左传·昭公四年》。杜预注曰："启，禹子。河南阳翟县南有钧台陂，盖启享诸侯于此。"钧台的具体位置在哪里？《水经注》交代得非常清楚，阳翟西边有㶏水（今名小泥河），其源头在三峰山（三封山）北的㶏泉，东流注入颍水，东南流经大陵的西边，大陵之上就是钧台。[1] 禹都阳翟的说法出现在东汉之后，年代较晚，仍有待考古学的进一步论证。与"禹都阳翟"相比，"启有钧台之享"年代更早，而且有更多的文献来佐证。

除《左传·昭公四年》之外，涉及钧台之享的记载还有：

> 《太平御览》引《归藏》：昔夏后启筮，享神于大陵，而上钧台枚占，皋陶曰："不吉。"
>
> 《文选》李善注引《归藏》：昔者夏后启筮享神于晋之墟，作为璇台，于水之阳。
>
> 秦简《归藏》：昔者☒［夏后启］卜享帝晋之墟，作为☒☒［璿台，于水之阳］。
>
> 昔者夏后启卜享帝晋☒336[2]
>
> 《初学记·居处部·台》：其后夏有璇台、钧台。注引《归藏》曰：夏后启筮享神于晋之墟，为作璇台。

这几条文献意思相同，都出自《归藏》。该书属于卜筮之作，是《周礼》所说的三易之一。[3]《礼记·礼运》中载孔子曰："吾得《坤乾》焉。《坤乾》之义，夏时之等，吾以是观之。"东汉郑玄为这句话作注时说："得殷阴阳之书也。其书存者有《归藏》。"可

---

1 《水经注》原文：(颍水)又东南过阳翟县北。……(阳翟)县西有故堰，堰石崩褫，颓基尚存，旧遏颍水枝流所出也，其故渎东南径三封山北，今无水。渠中又有泉流焉，时人谓之㶏水，东径三封山东，东南历大陵西连山，亦曰启筮亭。启享神于大陵之上，即钧台也。《春秋左传》曰：夏启有钧台之享。是也。杜预曰：河南阳翟县南有钧台。其水又东南流，水积为陂，陂方十里，俗谓之钧台陂，盖陂指钧台取名也。……颍水自堨东径阳翟故城北，夏禹始封于此为夏国，故武王至周曰：吾其有夏之居乎？遂营洛邑。徐广曰：河南阳城、阳翟，则夏地也。引自(北魏)郦道元著，陈桥驿校证：《水经注校证》，中华书局，2007年，第512—513页。
2 王辉：《王家台秦简〈归藏〉校释(28则)》，《江汉考古》，2003年第1期。
3 三易是指《连山》《归藏》《周易》。见《周礼·春官宗伯》："大卜……掌三易之法，一曰《连山》，二曰《归藏》，三曰《周易》。"

见，孔子看到的《坤乾》就是《归藏》。秦简《归藏》出土于湖北江陵荆州镇王家台15号秦墓，年代不早于公元前278年白起攻占郢城，不晚于秦代[1]，属于战国末期的抄本。因而郑玄说孔子看过《归藏》，或许为真。说明至迟在春秋中期，"启有钧台之享"就广为流传，信而有据，真实性颇高，所以被载入典册。

《山海经·中山经》中有"帝台之所以觞百神也"。钧台就是帝台之类祭祀天帝的高台建筑。文献中的"享"或"享神"，意即祭祀神灵。启有钧台之享实则启主持的一次祭天仪式，参加助祭的是酋邦联盟中的酋长们。

钧台与上古天文学中的"钧天"密切相关。《吕氏春秋·有始览》云："天有九野，地有九州。……何谓九野？中央曰钧天，其星角、亢、氐。""钧"，同"均"，平分也。"钧天"，即天上九野之中，也就是天帝的居所。传说大禹分天下为九州，与天上九野一一对应。豫州位于九州之中，所以也被称为"中州"。钧台在豫州，与钧天相对应，是天下四方之中。钧天为什么是角、亢、氐三个星宿？因为角宿一（室女座α）与角宿二（室女座ζ）的连线与黄道垂直，将天空均分。钧天代表角、亢、氐，可能跟此有关。

钧天也与龙或者天崇拜息息相关。古人将二十八星宿分为四宫：东方苍龙、西方白虎、南方朱雀、北方玄武。角、亢、氐属于东方苍龙。冯时先生发现，东方苍龙七星宿是天上的象形文字，即甲骨文、金文中的"龙"字。[2] 用线将这七个星宿联结起来，可以看到天空中一条飞龙的形象，其中，角为龙角，亢为龙咽，氐为龙首。钧天是角、亢、氐，代表龙的上半身。后世有大禹依北

---

1 荆州地区博物馆：《江陵王家台15号秦墓》，《文物》，1995年第1期。
2 冯时：《文明以止：上古的天文、思想与制度》，中国社会科学出版社，2018年，第285—287页。

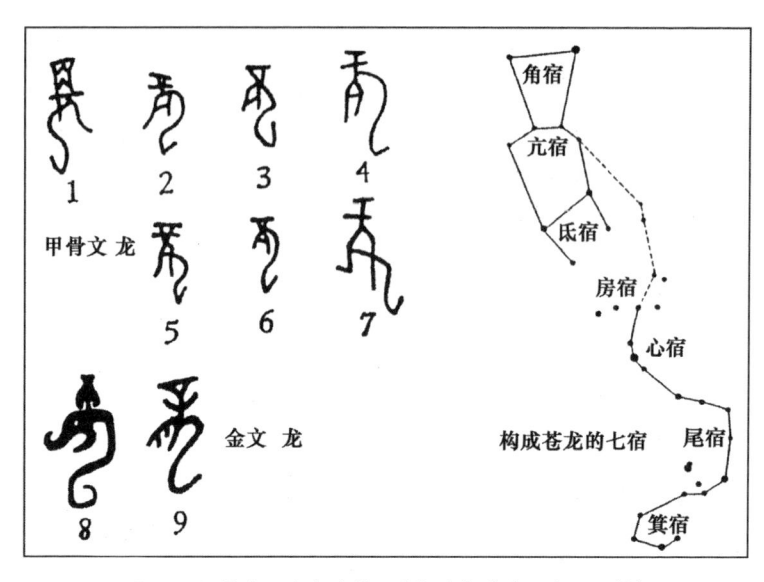

图48　甲骨文、金文中的"龙"字与苍龙星宿之比较[1]

斗七星排列位置而创制禹步的说法,其见于唐代孙思邈《千金翼方·禁经上》:"至艾作禹步北斗七星讫。"这样的传说是有一定的渊源的。龙与北斗七星是原始先民天崇拜的两大因素,滥觞于濮阳西水坡遗址M45中的蚌塑龙虎图。真实天象与西水坡遗址的蚌塑龙虎图一致,斗杓正指向东方苍龙的角宿,也就是钧天的区域。

龙是通天的灵物,钧天是神话传说中天帝的居所,那么与之对应的钧台,自然就是人间最便捷的通天之处。启有钧台之享,启选择在钧台举行祭天仪式,就是要呼应高高在上的天帝,宣示自己是天命之君、人间之主。《归藏·郑母经》的"夏后启筮,御飞龙登于天",《山海经》的启"乘两龙",清华简《厚父》中也说启"能格于上,知天之威",这三者与"启有钧台之享"在本

---

[1] 冯时:《中国天文考古学》,社会科学文献出版社,2001年,第307页。

质上是一样的，表达的都是启能沟通天帝，是天帝统治世间的代理人。

传说"启舞《九韶》"，也与天崇拜有关。《古本竹书纪年》："（启）九年舞《九韶》。"[1]可见舞《九韶》应该是启即位之初的事。《九韶》，又作《九招》，据称是舜禹时期的韶乐之舞，可能是屈原《天问》中的《九辨》与《九歌》。《史记·五帝本纪》有"于是禹乃兴九招之乐，致异物，凤皇来翔"，说是禹舞《九招》，这是把禹、启父子混淆了。《山海经·海外西经》中，启舞《九韶》在大遗之野（或天穆之野），而且"乘两龙""左手操翳，右手操环，佩玉璜"。《归藏·郑母经》也有类似的话："夏后启筮，御飞龙登于天。"龙是天地之间的交通工具，与天帝息息相关，这其实是夏后氏崇龙文化的反映。

另外，《山海经》中启身上所佩戴的玉璜，最早起源于长江下游的良渚文化。良渚文化大量出现玉璜，开中华文明之先河。玉璜与玉璧，均属于"礼天地四方"的祭天玉器。因而，启"乘两龙""佩玉璜"，与"钧台之享""钧天"如出一辙，都是夏初天崇拜的映射。当然，这些都是神话演绎的结果。神话情节多是荒诞不经的，而且文献中"启有钧台之享"的记载距启已有一千六百年，"钧天"概念的提出更是在启之后两千年。

神话、传说与考古，同源于真实的历史，却无法汇流。认识真实的历史，离不开考古学。禹州瓦店遗址的考古发掘或许能够给启有钧台之享传说一个合理的诠释。

---

[1] 范祥雍订补：《古本竹书纪年辑校订补》，上海古籍出版社，2011年，第6页。

第二节　启的历史新纪元

公天下到家天下：权力大变局

禹州瓦店遗址东台地出土的白色玉璧、大卜骨，西北台地的WD2F1等大型祭祀性建筑基址群，形象地向世人展示了当时丰富多样的"祭天""享神"等宗教祭祀活动。

玉璧原属于东方地区祭天的通灵器物。在涂山禹会村遗址的祭天大典上，可能当时玉器非常匮乏，因而以粗糙的陶璧来取代。瓦店遗址出土的白色玉璧尤为珍稀，是高等贵族使用的祭天礼器，不但赓续了双槐树遗址的天崇拜传统，而且说明举行过类似涂山大会那样的祭天活动。共同的天崇拜是酋邦联盟形成的思想根基，而举行隆重的祭天仪式则是维系酋邦联盟的必要活动。所以，瓦店的白色玉璧可视为夷夏酋邦联盟的物质象征。

用牛羊肩胛骨制作的大卜骨，是农耕民族在咒语信仰的基础上，发现的一种沟通天地神鬼的媒介。大卜骨蕴藏着神秘的灵气，祭司或者巫觋通过烧灼大卜骨，口中念诵咒语，以此与天地、自然界的神鬼进行对话。可见，当时瓦店遗址是环嵩山地区或者颍河流域一个非常重要的宗教祭祀中心，是酋邦联盟的精神文化中心，能够与启有钧台之享的传说相呼应。

1959年，徐旭生在豫西调查"夏墟"时，禹县（今禹州）城内有一用砖建筑的高台，正中镶嵌石板一块，上镌刻"古钧台"三个字。徐旭生认为："这自然是后人根据文献所修的纪念物，但钧台在今禹县境内，古无异说。"[1] 徐旭生当年所见到的古钧台，位于瓦店遗址东南6千米处。考古与神话，似乎在瓦店遗址上获得了统一。

当时黄河中下游地区存在一个普遍性原则：酋邦内部实行嫡长子继承制，酋邦联盟的最高酋长或天子的继替，依照非暴力推举与交接模式，周人称之为"禅让"。酋邦联盟内部事务的决策，仍然带有原始的民主特征，属于集体性质，而非取决于最高酋长的个人专制。因而，大禹作为最高酋长，不能完全以权力代表者的面貌出现，要为民众的利益着想。禹的主要职责是通过主持祭祀仪式，与天帝、神鬼沟通，代表天帝，治平水土，为民谋福祉，也就是周人所说的"敬天、保民"。如《吕氏春秋·恃君览·知分》中大禹自己所说的那样："吾受命于天，竭力以养人。"这虽是后人的记载，却也大体符合当时的实情。

在这样的权力规则之下，民众反而成为权力的主体，大禹受到了民众的严密监控，甚至受制于某个未知的政治机构，一如《艺文类聚·人部》中所说的："禹之居民上，栗栗如恐不满。"后世的儒家将当时社会的权力特征总结为四个字——天下为公，其见于《礼记·礼运》："大道之行也，天下为公，选贤与能，讲信修睦。"战国时期诸子百家大量提及的禅让制，就是一种"天下为公、选贤与能"的公天下权力更迭模式。

公天下制度产生的背景，是当时中原地区存在众多基于血缘关系的社会组织。社会管理以血缘亲疏为基础，形成血亲统治，酋邦或者部落内部，按照血缘亲疏，划分不同的等级地位。酋邦之间实力相差不大，权力结构也较为平衡，基于共同的天崇拜缔

---

[1] 徐旭生：《1959年夏豫西调查"夏墟"的初步报告》，《考古》，1959年第11期。

结跨血缘、跨地域的治水联盟。大禹虽是最高酋长，但也不得不小心翼翼地拥抱龙山晚期举贤制的权力传统。

龙山晚期举贤制的权力传统在大禹之后发生了巨大转变。这体现在瓦店西北台地的WD2F1基址中，该基址反映了宗教祭祀的世俗化倾向和血亲宗族意识的强化。先公先祖被视为祭祀中最高的神祇，凸显出家族利益至上的原则，家族观念和私有观念日益膨胀，公天下的观念则渐渐淡薄。

WD2F1基址中的四处烧祭面，或许代表四个不同的血亲群体，也可能是同一个宗族中不同等级的贵族群体。考古发掘展示了当时祭祀活动中极为震撼的场面，各种各样的祭祀坑应有尽有，包括血腥残忍的人牲坑，层层堆累的碎骨坑，猪、犬等牲品混合五谷的馈食坑，等等。根据统计，祭祖所用的供品不但种类多而且数量庞大。发现的烧熟的五谷残余，含粟751粒，黍189粒，稻125粒，大豆144粒，小麦13粒，当时祭祀礼仪中所用的五谷就更多了；共收集动物骨骼近150千克，3万余块，牲品包括猪、犬、黄牛、绵羊、鸡等，还发现一块鳄鱼骨板，可能是通过远程贸易得来的；人牲数量则在百以上，如此密集地出现人牲在史前时期实属罕见。猪、犬、人牲，都是献祀祖灵的牲品。古人相信鳄鱼是神灵的化身，龙的形象就源于鳄鱼，因而鲜有用之来祭祀的。以鳄鱼为祀品，说明所祭对象的地位十分崇高，已经上升到了神灵的层面。

在祭礼之后，往往有隆重的宴饮。仅仅WD2F1基址西南方就发现了四个集中出土螺壳的地点，说明当时至少举行过四次祭祀后的宴饮，参加宴饮的人员约115人。这是维系宗族关系的一种策略，或者彰显主祭者特殊作用的手段，其借以加强宗族首领的权威。因为宴饮可以建立政治性权力，或者加强与神鬼、祖灵的联系，并凭此规范社会集团之间的关系结构。[1]

可见，WD2F1是一处至关重要的社类祭祖遗迹，在当时的生活空间中占据非常突出的位置，说明祖灵崇拜已成为一种支配性的信仰。隆重的祭祖仪式，强化了主祭人的地位，也进一步稳固了血亲集团的组织结构，使之更加紧密，也更加强大。WD2F1祭祀基址代表当时一个实力雄厚的血亲集团，该地方出土的器物与"禹都阳城"——王城岗几乎相同，据此判断该血亲集团应是夏后氏贵族。夏后氏贵族占有大量的剩余财富，而祭祖活动就是主要的消费途径。后世流传大禹为社神的传说，如《史记·封禅书》有"自禹兴而修社祀"，《淮南子·泛论训》也有"禹劳天下，而死为社"。WD2F1基址的祭祀对象应当是禹在内的夏后氏先公先祖。

夏后氏贵族拥有政治、经济、宗教祭祀等特权，已经高高凌驾于其他血亲集团之上，形成了足够统治其他宗族的强权。这是因为大禹被推举为酋邦联盟的最高酋长或"天子"，与人们崇祀的天帝有着直接的关系。禹的族人——夏后氏在全社会的宗教祭祀活动中拥有主持仪式或统领其他族群的当然资格，他们居权力金字塔的塔尖和社会的核心。为了捍卫既得的利益和地位，夏后氏贵族不但迫使其他集团屈从于己，而且尤加强调世袭制，让夏后氏贵族子弟凭血缘谱系世世代代享有政治、经济、宗教祭祀等特权，由此出现了文明诞生过程中最重要的一次权力大变革。当时社会的集体决策权被单一血亲集团垄断，原始民主举贤任能的禅让制消失，取而代之的是基于血缘关系的世袭制。根据史书记载，这一次权力大变革由禹的儿子启来实行。

---

[1] ［澳大利亚］刘莉著，陈星灿、乔玉、马萧林等译：《中国新石器时代：迈向早期国家之路》，文物出版社，2007年，第37页。

"夏后启之居"与新砦城址

夏后启以家天下取代公天下，昭示着禅让制的终结、世袭制的确立，开创了上古历史的新纪元。夏后启即位之后，都于何地？《史记集解》引徐广曰："夏居河南，初在阳城，后居阳翟。"学界认为，阳翟能够与瓦店遗址相联系起来。禹、启父子先后设都于阳翟，由此完成了王城岗酋邦与瓦店酋邦的整合，并凭借在建筑城池和青铜冶炼等先进技术上的优势，开始向嵩山北麓拓展，试图一统嵩山南北。龙山末期环嵩山地区实力最强劲的古城寨酋邦，在公元前2018年前后衰落下来，当与此有关。几乎在古城寨城址废弃的同时，在其西边不远处又崛起了一座大城址，即新砦遗址龙山古城。

新砦遗址位于河南新密刘砦镇新砦村西北的台地上，东依圣寿溪河，西靠武定河，南临洧水，东部是洧水故道，西、北为开阔平原。遗址下层为龙山文化层，中层为新砦期（约公元前1850年—前1750年）文化层，上层为二里头早期文化层，此即夹心三明治式的文化"三叠层"现象。经过发掘之后，发现两座古城，一座是河南龙山文化晚期城址（简称为"龙山古城"），另一座是新砦期城址。

新砦龙山古城兴建于古城寨城址衰落后不久，使用年代约为公元前2000年—前1900年之间，实际上也是夏代纪年初期的城址。新砦龙山时代的遗存，如陶器中的乳足鼎、高足鼎、小口高领罐等，带有浓厚的煤山类型色彩，因而可归入煤山类型。[1] 嵩山以南王城岗、瓦店等与夏部族相关的遗址都属于煤山类型，嵩山

---

1 北京大学古代文明研究中心、郑州市文物考古研究所：《河南省新密市新砦遗址2000年发掘简报》，《文物》，2004年第3期。

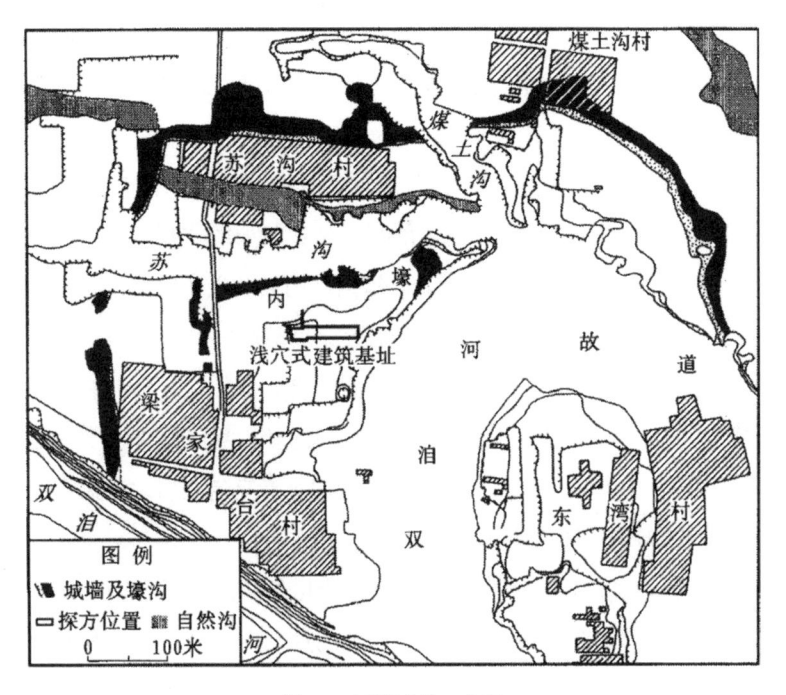

图49　新砦城址示意图

以北的古城寨则属于王湾类型。新砦龙山古城距王城岗39.4千米，距瓦店30.8千米，而距东边的古城寨不足9千米，应是煤山类型向嵩山以北拓展过程中的重要据点。

新砦龙山古城平面近圆形，南以双洎河为自然屏障，其余东、西、北三面都建有城垣和护城河，形成一个面积约70万平方米的大城，相当于两个王城岗大城，或四个古城寨城址，是目前河南境内面积最大的龙山文化城址。外壕仅见于新砦龙山大城北边，东西长1500米左右。大城西南部地势较高之处是一个内壕圈占的小城（内城），面积超过6万平方米，由此形成了外壕，城垣和护城河，内壕组成的三重防御体系。在新砦龙山古城四周，分布着大量的中小型聚落。这些聚落大多位于浅山丘陵或河流台地上,古城寨城址衰落之后,新砦龙山古城取而代之,成为双洎河中游聚落群的核心。

从年代学上分析,不排除新砦龙山古城始建于夏后启之时的可能性,所以新砦城址很可能与文献记载中的"夏启之居"有关。[1]"夏启之居"见于《穆天子传》:"丙辰,天子南游于黄室之丘,以观夏后启之所居,乃□于启室。"郭璞注:"疑此言太室之丘。嵩高山,启母在此山化为石,而子启亦登仙,故其上有启石也。"近代学者丁山说,"黄室之丘"(又称作"黄台之丘")就是《水经注》中的黄台冈。周穆王在黄台冈观看夏启之居,可见夏启之居距离黄台冈不会太远。

《水经注》中记载的黄台冈附近的几条河流,至今仍在新砦遗址附近。新砦遗址周围与黄台相关的地名有两处:一处是黄台村,西南距新砦城址不足5千米;另一处是西北距新砦城址约3千米的力牧台。根据《密县志》的记载,力牧台又称为黄台冈,如此惊人的巧合绝非偶然。实地考察后发现,力牧台为黄土丘,地面上留存有周代的夯土台,四周散布着周代和汉代的陶片。站在力牧台上,眺望东南方,确实可以清楚地看到新砦遗址。由此可知,新砦城址的位置完全与《水经注》记载的夏启之居的地望相符,城址年代也在夏代纪年早期,附近没有比它更大的同期城址。结合传世文献的记载,新砦城址可以跟夏启之居相联系起来。

启是上古时期与"帝"或"天帝"联结最多、最密切的一位君主。启与天帝的联结,除了"钧台之享""启舞《九韶》",战国晚期的阴阳家在清华简《参不韦》中也有所追述。虽然清华简

---

[1] 赵春青:《新密新砦城址与夏启之居》,《中原文物》,2004年第3期。

《参不韦》形成于启之后1700多年，但是与众多的出土文物如幽公盨铭文、叔夷钟镈铭文、上博竹简等一样，能够与传世文献相对读，证明了古人关于夏代的历史记忆总体上是一致的。也就是说，几千年以来勾勒出的夏代轮廓，有其真实的基础，绝非凭空虚构。《参不韦》属于战国晚期的古史记忆，真实细节未必完全如此。不过在可信的文字材料问世之前，《参不韦》可以为我们探讨夏后启时期的天崇拜提供一些宝贵的历史信息。

《参不韦》讲的是大禹治水之后，天帝为了恢复人间秩序，制作了"五刑则"，并让天神参不韦降临人间，将五刑则传授给夏后启，以此作为治世的基本纲领。[1]但是五刑则实际上代表了战国晚期阴阳家的天命观，包括五则（建后、大放、七承、百有司，万民，及士、司寇）、五行（金、木、水、火、土）、五音（宫、商、角、徵、羽）、五色（青、赤、白、黑、黄）、五味（苦、甘、酸、咸、辛）。"五刑则唯天之明德"，五刑则就是德。"德之五权，百神弗享"，乱了五刑则就是失德、失天命，被神灵抛弃，最后走向覆灭。

可见，从西周中期的幽公盨铭文，到春秋战国时期的清华简《厚父》《参不韦》，在这七百年间，不同时代、不同学派的人，均有一个共识：天命的内涵就是德。这固然是周人的意识形态，但并非无源之水。万物皆有渊源，上述认识很可能延续了禹、启时期的天崇拜以及关于天人关系的认知、实践。

这种年代久远的认知和实践就体现在新砦龙山古城中。从残存的城垣来看，新砦龙山古城北垣东西长924米，中部呈微微内凹弧线状；东垣南北残长160米，呈外凸弧线状；西垣南北长470

---

[1] 清华大学出土文献研究与保护中心编，黄德宽主编：《清华大学藏战国竹简（拾贰）》，中西书局，2022年，第109—138页。

米，也是外凸弧线状，与东垣形成对称关系；南垣被双洎河故道冲毁之前，也应该与北垣相对称。总体上，龙山大城外形不是之前盛行的四方八正，复原后基本上接近圆形。[1]

  大城中的内城略呈方形，大致构成了外圆内方的城市格局，反映了天圆地方的早期宇宙概念。内小城为方形，是最高统治者的居所，象征地之中，即钧台；外大城为圆形，是天帝之居，象征天之中，即钧天。整座城市的设计理念透露出强烈的崇天观念，清晰地表达出天赋君权的统治思想，这也与文献中的"启有钧台之享"和清华简《厚父》《参不韦》所蕴含的天崇拜内涵不谋而合，互通互融。如此的筑城理念在之后为郑州商城等所承袭。

---

[1] 2023年6月22日，河南大学历史文化学院张立东教授在郑州图书馆"天中讲坛"作讲座"文明初成——夏王朝的文明成就"，提出新砦城址是城壕并具的"大城"，可以大致复原成八边形，由此构成"内四（边形）外八（边形）"的总体格局。但从现存弧线状的城垣来看，复原后更像一座扁圆状的城址。

第十章
龙鸟竞合:"新砦期"的夷夏文化萃聚

河南新密地处嵩山东麓与具茨山西部之间的过渡带，溱、洧水交汇于此，是华夏文明的起源地之一。《庄子·徐无鬼》云:"黄帝将见大隗乎具茨之山。"具茨山一带流传着大量的黄帝神话传说。新密东南的曲梁镇大樊庄村一带，被当地人称为"交流寨"，又称"轩辕丘""黄帝口"，相传也是五千年前黄帝活动的主要区域之一。1997年，在这里发现了古城寨城址。文献中记载，黄帝都于有熊，居轩辕丘。轩辕丘就在溱、洧一带。古城寨城址与轩辕丘的地望相合，其文化遗存包括仰韶文化晚期及龙山文化早、中、晚期，距今约4500年—5000年，恰好和黄帝的文化年代相呼应。因而有人认为，古城寨城址就是黄帝所居的轩辕丘，是华夏文明的源头。在古城寨城址西边的不远处，也有一座龙山时期的大城址——新砦古城。城址的始建年代落入夏代早期年代范围之内，其地望也完全符合文献中记载的"夏启之居"，所以被认为是夏朝前期启至少康之际的都城。

第一节　夏前期历史与"新砦期"的重识

动荡磨难：夏朝前期的历史传说

根据文献记载，夏后启死之后，夏王朝前期的一百多年间，政局动荡不安，因遭到外族的入侵，国祚一度中断了数十年。后世流传的夏代前期历史传说主要有三个。

其一，太康失国。"五子之歌"说的就是太康失国，事见《尚书》《史记》等：

> 《古本竹书纪年》：大康居斟寻，羿亦居之，桀又居之。[1]
>
> 《尚书·五子之歌》：太康尸位，以逸豫灭厥德，黎民咸贰，乃盘游无度，畋于有洛之表，十旬弗反。有穷后羿因民弗忍，距于河，厥弟五人御其母以从，徯于洛之汭。五子咸怨，述大禹之戒以作歌。
>
> 《史记·夏本纪》：夏后帝启崩，子帝太康立。帝太康失国，昆弟五人，须于洛汭，作《五子之歌》。太康崩，弟中（仲）康立，是为帝中康。
>
> 《后汉书·东夷传》：夏后氏太康失德，夷人始畔。

太康是启的长子，启死后太康继位，都城由阳翟迁往斟鄩。斟鄩地望有两种说法，一说是河南偃师二里头遗址，另一说是河

---

[1] 范祥雍订补：《古本竹书纪年辑校订补》，上海古籍出版社，2011年，第6—7页。

南巩义小訾殿的稍柴遗址。[1] 太康沉溺于游猎，数月不归，朝政荒废。东夷有穷氏首领后羿趁虚而入，窃夺权柄，占据了斟鄩城。太康的五个兄弟在洛汭之地，苦苦等待着太康的归来。他们绝望地唱起哀怨之歌，史书中称之为"五子之歌"。《尚书·五子之歌》通常被认为是后世的伪作，是依据《国语·楚语上》中的"启有五观"以及《墨子·非乐》所引《武观》的八句逸文创造出来的，不过，"五子之歌"与"启有五观"混为一谈。《左传·昭公元年》载称："于是乎虞有三苗，夏有观、扈，商有姺、邳，周有徐、奄。"据此"启有五观"其实是指夏后启北伐"观"国（即西河），汉代才流行启封五个儿子于观的传说，所以"五子之歌"很可能并无其事。

其二，仲康日食。《史记·夏本纪》记载，太康死后，弟弟仲康即位。孔颖达《尚书正义》中说，东夷首领后羿把持朝政，他废掉太康之后，又立其弟仲康为夏王，仲康成了后羿的傀儡。仲康一朝，后羿继续为相，独揽大权。仲康时期的最重大事件是命胤侯征羲和。征伐的原因有不同说法：一说羲和是当时的天文官员，负责观测与记录天象，而他沉湎于酒，烂醉如泥，结果发生了日食却没有及时上报，所以受到仲康的惩罚；另一说羲和是后羿的党羽，仲康为了剪除后羿的羽翼，以"废时乱日"为由，命胤侯掌六师，攻打羲和。传统上认为，胤侯征羲和与发生日食有关。因为日食的时间可以精确地推算出来，所以仲康日食引起后人的关注。

有关仲康日食的记载出自三处：

---

[1] 张松林、张莉：《嵩山与嵩山文化圈》，韩国河、张松林主编：《中原地区文明化进程学术研讨会文集》，科学出版社，2006年，第113页。

《左传·昭公十七年》引《夏书》:"辰不集于房,瞽奏鼓,啬夫驰,庶人走。"此月朔之谓也。当夏四月,是谓孟夏。

《尚书·胤征》:惟仲康肇位四海,胤侯命掌六师。羲和废厥职,酒荒于厥邑,胤后承王命徂征。告于众曰:"……惟时羲和颠覆厥德,沉乱于酒,畔官离次,俶扰天纪,遐弃厥司,乃季秋月朔,辰弗集于房,瞽奏鼓,啬夫驰,庶人走,羲和尸厥官罔闻知,昏迷于天象,以干先王之诛。"

《史记·夏本纪》:帝中康时,羲和湎淫,废时乱日。胤往征之,作《胤征》。

这三处记载的到底是不是日食?其中,《左传》引用的失传史籍《夏书》,年代较早,只是说"辰不集于房"。日月相会称为"辰",辰不集于房说明日月位置异常,可以解释为日食。但《左传》只是提及其发生于孟夏四月,并没有说在仲康时期。《尚书》基本上沿用《左传》的记载,日食的年代很清楚,发生在仲康"肇位四海"之际,而且明确指出是"季秋月朔",即阴历九月初一,而不是《左传》中的孟夏四月。《史记》虽未点明日食,但以"废时乱日"这四个字来喻指日食。因而,这些记载指的都是日食现象。

那么文献记载中的仲康日食真实可靠吗?虽然《尚书·胤征》是伪书,但是编造者依据的是口耳相传的日食事件,或者其他真实的史料。这是因为上古时期,天文观测在社会文化中起着十分重要的作用,既是统治者敬天的活动,也是通天的手段。日月食一旦发生,势必引发整个社会的关注,从而深深地留在人们的记忆之中,经过口耳相传,流传后世。

后世推算仲康日食发生的时间，大多依据《尚书》中的季秋九月，而不是《左传》的孟夏四月，似有南辕北辙之嫌。僧一行利用《大衍历》，郭守敬利用《授时历》，二人算出的日食时间为公元前2128年10月13日。这次日食确实发生过，但其与仲康日食的对应关系目前已趋于否定，因为食带并不经过洛阳地区。近代以来对仲康日食的研究中，只有19世纪荷兰的什雷该尔（G. Schlegel）和德国的叩纳特（F. Kühnert）两位学者依据孟夏四月，他们计算出来的时间为公元前2165年5月7日。[1] 夏商周断代工程对仲康日食的研究，也是将《尚书》的"季秋月朔"作为前提，将季秋设定在10月1日至12月18日之间，而后对公元前2250年—前1850年这400年间洛阳地区可见的日食进行筛选，符合季秋的且食分超过0.5的日食共11次，其中，公元前2043年10月3日、公元前2019年12月6日、公元前1970年11月5日、公元前1961年10月26日等4次可作为夏初年代的参考。[2]

在古人看来，天象是天命的体征、天帝的表情，攸关人间祸福。除了日月食，其他罕见的天象如五星聚、彗星、超新星也会成为历史记忆中的焦点，如《古微书》："禹时五星累累如贯珠，炳炳若连璧。"科学家经过推算，公元前1953年2月26日五大行星之间的角距小于4度，是迄今五千年以来最难得的一次五星聚。这次奇异壮观的五星聚发生在大禹之后百余年，但是往事越千年，以后人的视角回看过去，五星聚与大禹相距并不十分遥远，自然而然地与大禹联系起来。而且，纬书中的"禹"常常指整个夏代，如《易纬·稽览图》中云，"禹四百三十一年"。所以，仲康日食和"禹时五星累累"都属于珍贵的上古天象记录，不可盲目否定。

---

[1] 陈遵妫：《中国天文学史》，上海人民出版社，2006年，第610页。
[2] 夏商周断代工程专家组编著：《夏商周断代工程报告》，科学出版社，2022年，第356页。

史书中记载，禹在位45年、启39年，太康在位19年为羿所废，夏始于约公元前2070年，假使这些数据都是确切无误的，那么仲康日食应发生于公元前1961年，与五星聚的天文奇观大致都发生在新砦龙山古城兴建前后。

其三，后羿代夏与少康复国。后羿代夏和少康复国，是夏代前期的一次大剧变。《左传》中作了非常详细的记载，司马迁却在《史记·夏本纪》中全然不提，令人困惑，由此大受后世的诟病，后人纷纷责怪司马迁忽略了这段重要的史事，都说这是他的失误。李学勤认为，《史记》中的本纪、年表仅依靠《尚书》，包括当时发现的新史料《古文尚书》，而《古文尚书》中没有这方面的内容，[1] 司马迁因此对《左传》的记载半信半疑，故而未予采录。涉及后羿代夏、少康复国的传世文献主要包括《帝王世纪》,《左传》之《襄公四年》《昭公二十八年》《哀公元年》，以及屈原的《天问》，等等。依据这些文献的记载，我们梳理一下后羿代夏与少康复国的大致过程。

后羿原来是东夷的首领，精通箭术。本居于鉏，《括地志》云，"故鉏城在滑州（韦城）（卫南）县东十里"，[2] 也就是今河南滑县一带。太康之时后羿迁于穷谷，据考证该地在河南荥阳汜水[3]，在花地嘴遗址以东不远处，为从嵩山东部地区西入洛阳盆地的必经之地。后羿趁着太康出外游猎，"因夏民以代夏政"，篡夺了政权。郑玄笺注《诗经·商颂·玄鸟》曰："后，君也。"后羿之名应该由此而来。后羿掌权之后，废太康，立其弟仲康，又杀夏朝贵族伯封，并重用来自东夷伯明氏（今山东潍坊东北）的谗子弟寒浞。

---

1 李学勤：《夏商周年代学札记》，辽宁大学出版社，1999年，第255页。
2 （唐）李泰等著，贺次君辑校：《括地志辑校》，中华书局，1980年，第52页。
3 《尔雅·释丘》："穷渎，汜。"可见上古时期汜水称为穷渎，穷谷即汜水河谷。

仲康死后，儿子相继位。相为后羿所逼，被迫东迁帝丘，依靠同姓的部落斟灌、斟寻立足。[1]或认为，河南濮阳五星乡高城村的高城遗址，可能与相所迁居的帝丘有关。高城遗址是一座春秋战国时期的大城址，面积达916万平方米，发掘者认为该遗址可能是春秋时期的卫国都城、战国时期的濮阳城。城垣夯土基址叠压着仰韶文化、后岗二期文化、二里头文化等文化层。有人主张后岗二期文化应是"相迁帝丘"在考古学上的反映，而该文化晚期在鲁西地区的扩张，可能与"相伐诸夷"有关。[2]《古本竹书纪年》中记载，相在位期间多次征伐东方诸夷部落，"元年，征淮夷、畎夷；二年，征风夷及黄夷；七年，于夷来宾"，[3]大大扩大了自己在东方的影响力。

夏王相东征西讨之际，骄横的后羿却重蹈太康的覆辙，在他出巡游乐之时，狡黠的寒浞发动政变，结束了后羿的统治。寒浞霸占后羿的妻室，生下儿子寒浇（又作奡）、寒豷。寒浞命寒浇袭杀夏后相，灭二斟（斟灌、斟寻）。相的妃子身怀六甲，从洞穴偷偷溜出来，逃回娘家有仍氏之地（今山东济宁、泰安一带），在那儿生下少康。少康长大以后担任有仍氏的牧正（负责掌管畜牧的官员）。寒浇又派兵追杀少康，试图斩草除根，少康逃亡至有虞氏之地（今河南商丘虞城）。

有虞氏之君虞思将纶邑赐予少康。纶邑的地望，据《通典·州郡七》"虞城"条下的"有纶城，即少康邑"和《元和郡县

---

1 斟灌又名斟戈，先居于河南清丰一带，后迁至山东青州或安丘；斟寻先居河南巩义，也就是花地嘴遗址所在地，后迁至山东潍坊。见孙庆伟：《鼏宅禹迹：夏代信史的考古学重建》，生活·读书·新知三联书店，2018年，第61页。
2 河南省文物考古研究所、首都师范大学历史学院、濮阳市文物保护管理所：《河南濮阳县高城遗址发掘简报》，《考古》，2008年第3期。
3 范祥雍订补：《古本竹书纪年辑校订补》，上海古籍出版社，2011年，第8页。

图志》卷八中的"故纶城县东南三十五里,《左传》少康逃奔有虞,虞妻以二姚而邑诸纶",在今河南虞城一带。少康广布仁德,终于积聚了一支强有力的队伍,"有田一成,有众一旅",由此开始了波澜壮阔的复国运动。逃至鬲地(今河南新密境内)的夏代旧贵族伯靡也收拢二斟的遗民。[1]少康令女艾为间谍,刺死寒浞,又令儿子季杼诱杀寒豷,在伯靡的配合之下,很快就灭掉寒氏政权,光复了大禹的基业,将都城设置在禹、启时期的旧都阳翟。《太平寰宇记》记载:"阳翟县,西北九十里,依旧四乡,即禹之都。……康城,《洛阳记》云:夏少康故邑也。"河南禹州花石镇阎寨村的阎寨遗址曾发掘出成排的龙山中晚期房址、窑穴、灰坑和墓葬等遗迹。由于该遗址与战国时期所谓康城故城遗址相距仅1500余米,因此安金槐认为阎寨遗址与传说中"夏少康故邑"有关。[2]

少康复国,是夏王朝国祚中断百年之后一次成功的复辟,其功业之辉煌,前所未有,少康因此也被称为中兴之君。《左传·哀公元年》中有"祀夏配天,不失旧物",就是说少康又得了天命,重新祭祀天帝,禹建立的王朝也得到了恢复。

只是,文献中的这些记载,可信度有几分?有些传说如"相迁帝丘""少康故邑"能够在考古学上找到一点痕迹,但是目前都不能得到确证。而且,少康中兴来自晋国大夫魏绛的口述,未必可信。另外,一些细节过于怪诞,使之更加可疑,比如后羿被他的家众烹煮,怀孕的后缗爬出地洞逃过一劫,少康命女艾为谍等,明显带有一定的传奇色彩和杜撰成分。一千多年前的历史,流

---

1 《括地志》云"故鬲城在(洛)[郑]州密县界",见(唐)李泰等著,贺次君辑校:《括地志辑校》,中华书局,1980年,第179页。也就是今河南郑州新密。疑与新砦遗址"新砦期"城址有关。
2 安金槐:《豫西颍河上游在探索夏文化遗存中的重要地位》,《考古与文物》,1997年第3期。

传到了战国时期早已走调变样，难免会染上后世所特有的时代色彩。战国时期是一个幻象主义时代，诞生出许多奇怪的思想，《庄子·天下》中记载，惠施说："南方无穷而有穷，今日适越而昔来，连环可解也。我知天下之中央，燕之北、越之南是也"。女艾为谍，也是春秋战国盛行间谍、刺客的反映。司马迁不采录《左传》上的这些记载，可能与此有关，或者这些传说当时鲜为人知，不被世人认可。

有关夏朝前期历史的传世文献记载，基本上都遵循一条逻辑，即夏始终是一个统一的王朝，拥有统一的集权政体，周边的其他族群都是夏的臣属。而考古发掘展现给世人的是一个多中心并存的竞争社会，并不是如史书所描述的那样。因而，夏朝前期的后羿代夏及少康中兴，很可能是后世附会的传说，属于多元文化大融合的倒影与映射。

多元荟萃：推陈出新的"新砦期"

学界认为，"新砦期"中存在相当数量的东方文化因素，很可能跟后羿代夏有关，即新砦期代表的是后羿代夏时期形成的夏文化[1]。从新砦遗址的考古发掘报告中，我们可以看到多元文化的深度交融。

新砦龙山古城废弃了数十年甚至上百年后，梅开二度，在原有的城基上又筑起一座古城（新砦期古城），而后持续繁荣了一个半世纪，年代约公元前1870年—前1720年，最终沉寂于二里头早期。新砦古城的重建有两次。第一次是在新砦期早段（约公元前1850年—前1790年），修整新砦龙山古城颓废、崩塌的城垣，并

---

[1] 北京大学震旦古代文明研究中心、郑州市文物考古研究院：《新密新砦——1999~2000年田野考古发掘报告》，文物出版社，2008年，第542页。

在龙山城垣的外坡之上直接夯筑新的城垣。打夯时，首先就地取材，将龙山时代护城河内的淤土作为新城垣底层的垫土，然后在上面相继夯筑灰褐色黏土层和黄花土层。第二次是在新砦期晚段（约公元前1790年—前1750年），向外扩展并新建城垣，同时开挖了新的护城河。扩建之后的城址面积超过70万平方米，可能达100万平方米。

大城中的内小城继续使用，并在小城中央偏北部筑起了一座大型浅穴式建筑，其东西长99.2米、南北宽14.5米，呈刀把形状，面积超过1000平方米，比二里头遗址的1号宫殿还要大。在内小城南墙之外的地面上，直接放置着一具完整的猪骨架，其应是祭祀所用的牲品。在其南边还发现大量的红烧土，与燎祭有关。猪是上古时期祭祀祖灵的主要牲品，说明该建筑与瓦店遗址西北台地的WD2F1基址一样，都是祭祖遗存，血亲宗族观念在此得到了进一步的强化。因为是浅穴式，低于地面，也不是一座盖有屋顶的建筑，所以应当属于墠之类的祭祖遗迹。在其东部大约10米处，还有一座小型房址F4，呈圆角方形，面积约6平方米，可能是附属建筑。

与浅穴式建筑同期的器物主要包括深腹罐、子母口罐、高领罐等等。这种器物组合有点特殊，既有嵩山南北王湾三期文化的色彩，又带有二里头文化早期的特征。发掘者意识到这是一种过渡性文化，介于王湾三期文化晚期与二里头文化早期之间，犹如一座坚实的桥梁，把河南龙山文化和二里头文化连接起来，[1]因而将其命名为新砦期文化。这个概念一经提出，立即遭到业内不少学者的质疑，他们认为之所以有所谓新砦期器物，只是因为尚未

1　赵芝荃：《略论新砦期二里头文化》，中国考古学会编：《中国考古学会第四次年会论文集》，文物出版社，1985年，第13—18页。

将混合在一起的王湾三期文化晚期与二里头文化早期的器物完全分类清楚而已,因此根本就不存在什么"新砦期"。其后二十年的考古发掘中,在新砦遗址三个探方2000T5、T6、T11中出现了叠压清晰的文化层,第一期为王湾三期文化,第二期为之前提出的新砦期,第三期为二里头文化一期。其中,二里头时期的文化层叠压在新砦期地层之上,为新砦期的确认提供了地层依据。按照考古学文化命名的规则,应称之为"新砦二期文化"或者"新砦文化",但是为了减少争议,沿袭了"新砦期"的提法。

新砦期文化遗存分布的地域非常狭小,仅限于嵩山以东的郑州地区,大概在今河南巩义、新密、荥阳、新郑一带,东止于郑州附近,西不进洛阳盆地,南不过颍河,北不越黄河,大致与造律台类型的西界、后岗二期文化的南界相邻。发现的遗址寥寥无几,屈指可数。最典型的有两个:新密新砦、巩义花地嘴。已有考古学家对王湾三期文化晚期、新砦期、二里头文化一期的典型器物特征作了极为详尽的比较,使得这三种考古学文化之间的差别一目了然。[1]如下表所示:

表21 王湾三期文化晚期、新砦期、二里头文化一期典型器物对比

类别	王湾三期文化晚期	新砦期	二里头文化一期
炊器	深腹罐、圆腹罐、鼎	深腹罐、圆腹罐、鼎	圆腹罐、深腹罐、鼎
盛器	双腹盆、高领瓮罐、刻槽盆、器盖	深腹盆、平底盆、高领瓮罐、刻槽盆、器盖	深腹盆、平底盆、捏口罐、刻槽盆、高领瓮罐、器盖

---

[1] 常怀颖:《二里头文化一期研究初步》,北京大学震旦古代文明研究中心、河南省文物考古研究所、河北省文物研究所等编:《早期夏文化与先商文化研究论文集》,科学出版社,2012年,第45—71页。

（续表）

类别	王湾三期文化晚期	新砦期	二里头文化一期
食器	豆、碗	豆、碗	豆、三足盆
饮器	鬹、斝	鬹、斝	斝、爵

表22　王湾三期文化晚期、新砦期、二里头文化一期器物特征对比

内容	王湾三期文化晚期	新砦期	二里头文化一期
质地	泥质陶多，夹砂陶不超四成	泥质陶多于夹砂陶	泥质陶、夹砂陶比例相近
颜色	灰陶居多，磨光黑陶比例大、褐（红）陶比例高	灰陶居多，黑皮陶、磨光陶也占一定比例	灰陶略多，黑灰陶、黑皮陶比例较大
纹饰	篮纹居多，也有方格纹、绳纹	素面占三四成。其余为篮纹、方格纹、绳纹	篮纹为主，细绳纹次之，少量方格纹和附加堆纹

可以看出，作为一种过渡性的文化，新砦期承上启下的特征非常明显。三种考古学文化在总体面貌上一脉相承，形成一条完整的文化链条。在炊器上，基本上保持一致，变化最明显的是盛器，颜色和纹饰，说明它们属于同一个文化体系的不同发展阶段。那么，这种过渡性文化为何而来，因何而去？为什么要重建新砦古城？

新砦期器物包含的文化因素非常之复杂，据统计有六种：

第一种，新砦期所特有的陶器，数量很多，是这一文化的主体。包括尖圆唇且饰有篮纹或方格纹的深腹罐、折壁和弧壁的各式器盖、簋形豆、双腹豆、小口折肩罐、尊形瓮，等等。

第二种，来自本地区的煤山类型，诸如侈口折沿深腹罐、敞口斜壁碗、浅盘弧腹豆、小口高领瓮，等等。

第三种，与之后二里头文化一期（约公元前1730—前1680年）共有的陶器，包括绳纹夹砂罐、刻画人字纹及云雷纹的鼎足、刻画兽面纹的器盖，等等。陶器纹饰盛行篮纹、方格纹、绳纹。

第四种，来自豫东、鲁西南地区的造律台类型，包括各种子母口器、侧装三角形足罐形鼎、折壁器盖、袋足鬶、麻花状器耳和镂空鼎足。其中，素面陶器占有很大的比例。

第五种，来自南方江汉地区的三苗文化，诸如筒形厚胎小杯、单把饰泥条的盉等，但这类器物比例很小。

第六种，来自豫北冀南的后岗二期文化，如覆钵形器盖、平底盆、三足皿或四足皿等，这类器物比例也很小。

可见，新砦期遗存是多种文化融合与创新的产物，荟萃了当时中原地区、海岱地区、长江中游等各大地区史前文化的精华。如此庞杂的文化来源，也只有淮河中游的蚌埠禹会村遗址堪可匹配。禹会村遗址与传说中的涂山会盟有关，能够在短短的几个月之内，将来自中原地区、长江中下游地区、海岱地区的数十个文化族群汇聚于此，也跟禹会村所处的地理位置密切相关。蚌埠地区是南北的地理分界点，是联结史前各大文化的一个重要节点，堪称史前水陆交通、文化交流的大枢纽。新砦期遗存主要分布于中原腹地，偏安于嵩山东北一隅，周边地形以高山、丘陵、平原为主，交通并非那么便捷，却也融合了这么多的族群文化，其背后一定有错综复杂的历史文化因素。龙山文化晚期，曾经孕育高度发展的考古学文化的中原及其周边地区，都进入了一个发展的瓶颈期，或者低潮期，出现了停滞、低落甚至倒退的现象。但是新砦期总体上实现了文化低潮中的一种局部突变，这是周边各种文化人群在此初步汇合的结果，预示着环嵩山社会正处在一个缓慢的整合过程之中。

从目前公开的考古调查材料来看，新砦期遗存与王湾三期文化遗址在嵩山以东的郑州地区呈现出犬牙交错的态势。在新砦期早段，主要是新砦、黄寨、花地嘴等遗址，新砦期晚段有不断蔓延的趋势，相继扩展到郑州附近，并向北、向西挺进，最终受阻于黄河、洛阳盆地东部的山地，向南则到颍河上游。早期形成的新砦、花地嘴南北两大中心对峙格局，一直持续到新砦期结束。其影响远及嵩山以南的煤山类型分布区与洛阳盆地内的王湾类型分布区。

第二节　夷夏天崇拜文化的交融

新砦的崇天灵物：龙与鸟

在新砦期，先民重新筑起了颓废已久的龙山文化城址，并进行了扩建，使之成为龙山时代河南境内规模最大的城市。新砦期古城的中心部位——大型浅穴式建筑西南侧的梁家台东北台地上，出土的礼乐性器物，体现了一种特殊的文化因素，能够让我们走进当时新砦先民的精神世界。其中，最引人注目的是三件奇特的器物。

第一件是猪首形陶器盖（编号2000T6⑧：782），为泥质浅灰陶，高18厘米，径23厘米，厚0.6至1厘米。盖顶运用雕塑、刻画的手法，塑造为猪首形状。鼻、嘴、眼、耳乃至舌头、鼻孔、猪鬃等各部，均塑造得细致入微、惟妙惟肖。盖面隆起，呈半球状，别出心裁地将猪鬃作为把手。尤其是把猪嘴置于盖顶部位，

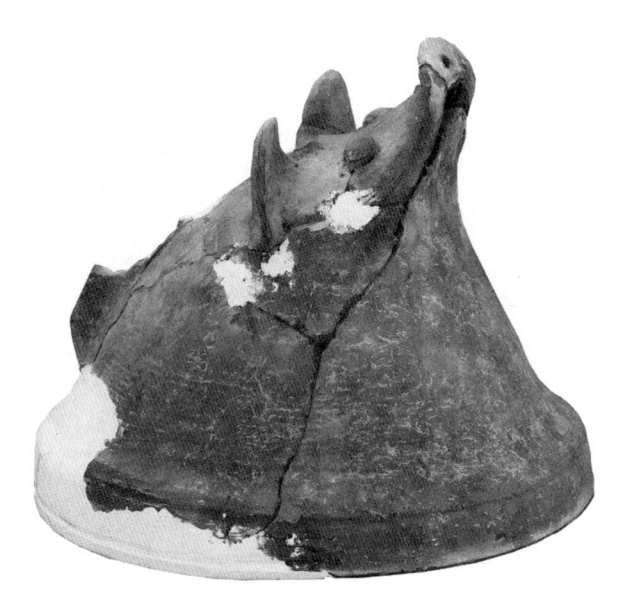

图50　新砦遗址猪首形陶器盖

塑造成仰首长啸、恣意张扬的雄壮之态，仿佛在对着苍天咆哮，显露出目空一切、舍我其谁的霸道气势，让人见而难忘。这件猪首形陶器盖的年代属于新砦期晚段，内壁不见使用的痕迹，盖壁下端四周也没有磨损的痕迹，说明它并不被经常使用，与普通的器盖有别，不是日常生活用品。据此推测，有可能是宗教祭祀活动中使用的陶礼器的一部分，但是究竟盖在什么器物之上，尚有待进一步考证。[1]

史前的猪形类遗物主要分布在东部或东北部。如辽宁朝阳牛河梁红山文化遗址"女神庙"主室北侧，发现一件猪龙泥塑残块，以及一号积石冢M4出土两件玉猪龙，说明当时曾经流行猪崇拜；浙江余姚河姆渡文化遗址出土一件猪纹陶钵（编号T243④A：

---

[1] 赵春青：《试论新砦遗址出土的"猪首形陶器盖"》，《考古学集刊》，2010年第2期。

图51　河姆渡遗址猪纹陶钵

235），陶钵外壁两侧各刻绘猪图像；江苏新沂花厅遗址M21墓主腰腹左侧摆放一件造型别致、形象生动的猪形罐（编号M21：14），年代属于大汶口文化中晚期[1]；等等。

  史前与猪相关的遗物的内涵通常有三种。一是作为崇拜的对象或者某一聚落的图腾。先民认为，猪有呼风唤雨的神力，因而猪受到崇祀时，成了丰收之神，其文化内涵与农业生产有关。如红山文化猪与"女神"、龙互相融合，猪、北斗、龙三位一体，故而被先民供祀。二是作为随葬品，代表财富，遗物一般是猪下颌骨、猪头或陶猪等器物，如花厅遗址M21的猪形罐，兴隆洼遗址118号居室墓甚至随葬公母整猪。三是作为牲品，用来祭祀祖灵，如瓦店WD2F1祭祀基址发现的大量猪骨。

  冯时提出一个观点，上古先民具有一种根深蒂固的以猪象征北斗的古老观念，新石器时代以来，以猪为母题的礼器几乎都体

---

[1] 南京博物院：《1987年江苏新沂花厅遗址的发掘》，《文物》，1990年第2期。

现了这个传统,也就是说猪是原始崇天观念的象征。河南渑池班村庙底沟类型遗址的一个窖穴中,出土了7具比较完整的小猪骨架,其可能属于祭祀北斗的遗迹。西汉卜千秋墓壁画中,猪被绘于星图上北斗的位置,或者与北斗七星的图像合绘。这一文化传统滥觞于安徽含山凌家滩遗址,祭坛东南07M23随葬的一件大型玉猪形器,呈东北至西南方向侧卧。这件置于墓主上方的大型玉猪形器显然是天宇中心北斗帝星的象征。它从根本上反映了古人的天崇拜,其本质就是以猪象征天帝。[1]河姆渡遗址的猪纹陶钵就是以猪象征天帝,是当年祭天的礼器。以此类推之,新砦遗址的猪首形陶器盖,应当也是祭天的礼器,是天崇拜的灵物。

第二件是朱砂绘陶鸟塑(编号2016AT0203H52:7),通体陶塑而成,黑皮磨光,残长16厘米,残高7厘米。头部顶端两侧突起双目,目向右下偏,双翼贴于背部,双足朝下,尾部略平。其中,两翼与背部饰的红彩,初步判断当为朱砂。整体造型栩栩如生,仅足部残,足部以下的物件可能是祭天仪式中使用的通天灵物,也可能是权杖。[2]新砦朱砂绘陶鸟塑较为写实,风格上与瓦店长尾鸟陶塑明显不同,却跟尉迟寺遗址的鸟形神器、良渚文化玉器上描绘的"鸟立高台"图像非常相似,都是站立的小鸟形象。东方先民盛行鸟崇拜文化,新砦遗址的朱砂绘陶鸟塑是当时鸟崇拜西传的实物载体。

伴随朱砂绘陶鸟塑一起出土的,包括豆、钵等陶器,石镰、石刀、石钺等石器,以及卜骨等文化遗物。上古时期,石钺多为

---

1 a.冯时:《中国天文考古学》,社会科学文献出版社,2001年,第120页。b.冯时:《文明以止:上古的天文、思想与制度》,中国社会科学出版社,2018年,第509—533页。
2 耿广响:《试论新砦遗址出土的彩绘陶鸟》,《黄河·黄土·黄种人(华夏文明)》,2019年第2期。

图52　新砦遗址朱砂绘陶鸟塑

象征权力和威严的礼器，通常是酋长或部落首领使用的工具。在新砦遗址也发现了鹿角权杖等权贵器物，所以朱砂绘陶鸟塑更可能是权杖顶端的饰物。权杖作为贵族威权人物如首领、酋长等的权力象征，根据有关学者的研究，最早出自西亚、小亚细亚的早期文明，年代可早至一万年以前。随着铜石并用时代的到来，以及不同区域文化交流进程的加快，权杖经过中亚传到中国的西北地区，继而进入中原腹地。目前所见中原地区最早的权杖有两件，均出土于偃师二里头遗址。一件是象牙权杖，杖首为半圆蘑菇状，下接一小圆盘，再下为略呈弯曲状的细长杖柄，全长47厘米；另一件是半圆蘑菇状骨器，下端凿刻榫槽，全长47.5厘米。[1]只是，新砦朱砂绘陶鸟塑足部残缺，因而不清楚是否可以嵌装在权杖之上，也不确定鸟足以下的物件是否像二里头的象牙权杖下端那样拥有细长杖柄。

无论是祭祀礼器，还是权杖首，朱砂绘陶鸟塑都给人一种神

1　李水城：《中原所见三代权杖（头）及相关问题的思考》，《中原文物》，2020年第1期。

秘与敬畏之感，属于崇鸟文化的器物。史前东方的崇鸟文化随着东夷先民的西迁，也逐渐传入中原腹地。首先由海岱地区传至淮河中游，这里的尉迟寺遗址出土了鸟形神器。而后继续西传到颍河流域，这里的郝家台古城出土的陶鸟与石鸟，瓦店遗址出土的鸟形陶盖及瓮棺内随葬的玉鸟，都是崇鸟的遗存。再之后，伯益统领东夷大军参与禹征三苗之役，崇鸟文化也随之南传至长江中游。肖家屋脊、枣林岗等遗址出土的玉鸟，以及脸部两侧有鸟翼的句芒类玉器，都是后石家河时代江汉地区的崇鸟器物。

新砦期早段，嵩山南部的煤山类型向北扩张。但是，新砦遗址出土的朱砂绘陶鸟塑，不一定就是煤山类型北上带来的，也可能是索须河流域东夷移民的崇祀灵物。索须河流域具备优越的地理条件，因而是龙山时代环嵩山地区人口最密集之处，也是外来移民的重要聚居地。该流域分布着众多含有东夷文化因素的遗址，如新郑唐户、郑州大河村遗址。猪首形陶器盖和朱砂绘陶鸟塑，都是东夷崇拜的灵物，在新砦古城中心区出现，说明了东夷已经掌控全城。东夷首领很有可能手握朱砂绘陶鸟塑权杖，在该地区行使统治权。

第三件是兽面纹陶器盖（编号1999TIH24：1），该陶器盖主要为泥质，杂有细砂，外表涂黑衣，器表磨光，器内为素面，陶胎厚重。水平盖顶近折壁处有一周凹槽，凹槽与盖钮（已残缺）之间刻有兽面纹，也有人称之为"饕餮纹"。兽面纹主体近方圆形，鼻呈蒜头形，长条形鼻梁上刻四条平行阴线，眼睛纵向，梭形状，似臣字，眉毛高挑，浓厚似弯月，双耳呈尖圆三角形，两腮有鬓至耳附近，吻部较长，两侧有双阴线勾带内弯，与中间的吻部构成嘴形。

目前环嵩山地区尚未发现与新砦兽面纹相类似的同时期兽面

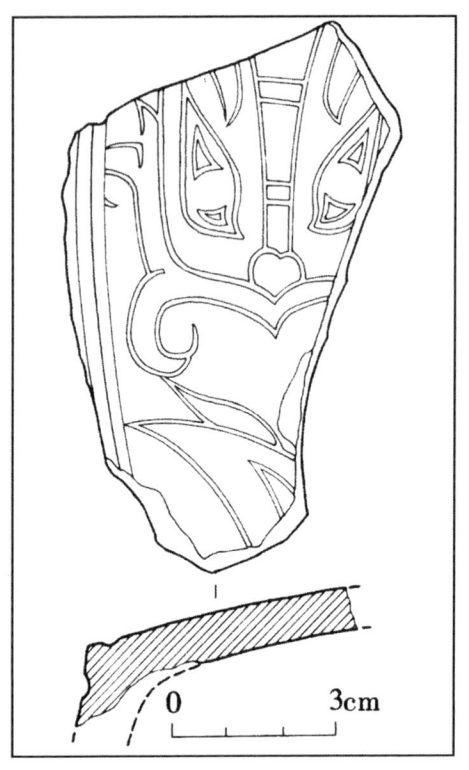

图53　新砦1999T1H24：1陶器盖上兽面纹

纹，而且该兽面纹图案已残缺，所以关于它的文化内涵，说法不一。有学者进行复原之后，其类虎面，认为是受到东夷观念强烈影响的结果。[1]也有学者认为，新砦兽面纹与二里头遗址出土的3件兽面纹铜牌饰上的，均为面额方圆的兽面，可以放在一起比较，最后推断其为龙纹。进而指出，新砦兽面纹是中原地区比二里头文化更早的龙形象，极为珍贵。[2]

1　顾万发：《试论新砦陶器盖上的饕餮纹》，《华夏考古》，2000年第4期。
2　李丽娜：《也谈新砦陶器盖上的兽面纹》，《中原文物》，2002年第3期。

图54　殷墟妇好墓铜盘（编号M5：777）内的蟠龙纹

新砦兽面纹到底是虎面还是龙纹？我们将其与二里头遗址的镶嵌绿松石铜牌饰（编号M11：7）、2002ⅤM3出土的绿松石龙形器，以及殷墟妇好墓铜盘（编号M5：777）内底铸刻的蟠龙纹作比较，就可以发现它们之间拥有惊人的相似性。尤其是新砦兽面纹与妇好墓铜盘内的蟠龙纹之间，年代相隔六百年，但几乎是一个模子造出来的，眼睛皆呈梭形状，鼻准长而丰隆，下有卷须角。二里头绿松石龙形器上的龙呈蛇身且有鳞片，完全是龙的形象，龙首图案也与新砦兽面纹高度相似。如果一味认定是虎面蛇身，那只好见仁见智，无言以对了。二里头镶嵌绿松石铜牌饰中也有眼球呈圆形的,如M4：5、M57：4,但其实都是龙纹,梭形目和圆形目是因为雌雄的区别。因而,新砦兽面纹是崇龙文化的实物体现。文献上记载,夏后氏以龙为图腾。实际上,龙崇拜是中原地区华夏各个氏族共同的信仰。

龙纹与陶鸟在新砦遗址同时出现,意味着崇龙文化与崇鸟文化曾经在此并存,两者之间可能存在冲突,也有交融。龙、鸟分别是华夏先民与东夷先民祭祀天帝的灵物,属于天崇拜的象征符号。据此推测,当时新砦有可能发生过一场"龙、鸟之战",东夷与华夏争夺该地区的控制权,或者酋邦联盟的主导权。但彼时此地的东夷已非血统纯正的大汶口文化先民。仰韶晚期他们的祖先从遥远的海岱地区经淮河走廊辗转而来,来到环嵩山地区之后,与华夏部族进行了一次长达数百年的民族大交流、大融合,与中原各族群进行通婚,早已成了一个中原化的外来族群。不过,他们很可能保留东夷的传统习俗,拥有自己的首领。

从出土的陶器来看,新砦期城址早段,来自煤山类型的器物居多,煤山类型的斝、双腹盆等在晚段几乎绝迹,被大量的东夷文化器物如子母口器、穿孔鼎足等取代。朱砂绘陶鸟塑应该就是东夷统治者的权力象征,猪首形陶器盖则是东夷贵族阶层的祭天礼器。新砦期城址早段与晚段之间发生了文化面貌上的巨变,有种改朝换代之感。这说明龙、鸟之战以东夷文化的胜利而告终,东夷部族建立了一个地方性的政权,并成为该地区的主人。

花地嘴遗址的祭天器物：玄圭

几乎与新砦期古城同时,位于黄河南岸2千米处、河南巩义站街镇北瑶湾村南的台地上,出现了一个典型的新砦期遗址——花地嘴遗址。

花地嘴遗址面积约35万平方米，海拔约100米，东、南远望猴山等嵩山余脉，西邻伊洛河，北为断崖，断崖下就是水峪沟村。花地嘴在伊洛河与黄河汇流处附近，扼守洛阳盆地的东门户，夹在虎牢关和黑石关两大要塞之间，地理位置十分重要。其西南35千米是"夏都"二里头遗址，东南62千米是新砦遗址，可算是二里头遗址的近邻。

花地嘴遗址中的新砦期（约公元前1850年—前1730年）遗存共发现四条环壕。其中，内三条环壕相距很近，均为圆角方圆形，外环壕距离内环壕约150米，宽约16米、深8—9米。四条环壕的东南部都有缺口，而且位于同一直线上，据推测缺口处应该就是花地嘴遗址的东南大门。四条环壕层层相叠，颇为壮观，为史前所未见。遗址西北部发现三个祭祀坑，坑中埋藏数具人骨、动物骨骼及祭祀器物。遗址中、南部是十余个地穴式房址，房址周围则是灰坑。与新砦遗址一样，花地嘴也出土了三件特殊的器物，其中两件是朱砂彩陶瓮、一件是墨玉牙璋。

两件朱砂彩陶瓮（标本编号分别为T57H144：1、T57H145：1）出土时都已成碎片，分别散落在环壕北部T57东、西相近的两个灰坑——H144、H145中，坑内有火烧迹象，说明其属于祭祀礼器。经复原后，两件彩陶瓮外形、大小、色质几乎相同，都是泥质，褐红陶，属于子母口器，双横宽带耳，瓮腹外鼓略垂。瓮口径约23厘米，高42厘米，瓮底径13厘米，而且陶瓮上端都用朱砂绘一神兽面纹饰，神兽面下端与两耳上端连线平行，在两耳下端，还有一条朱砂绘宽带。

不同的是，H144出土的陶瓮盖顶上绘有四个朱砂圆圈，H145出土的另一件陶瓮盖顶上绘有六个朱砂圆圈。H144陶瓮神兽双目近方形，鼻端及嘴唇上腭呈倒置的介字形，这种风格的图像只出现在山东海岱龙山文化中，与日照两城镇兽面纹玉圭上的神祖面纹非常相似；H145陶瓮神兽双目呈单旋符形，鼻子如⊥字形，这种风格在江汉平原的石家河遗址出现过，也跟台北故宫博物院收藏的山东龙山文化玉圭神像相似。根据孙庆伟的说法，神祖面纹是东夷神祇句芒的画像，因而花地嘴两个陶瓮的神兽面很可能就是东夷的祖神句芒。也有学者认为，两个陶瓮的器盖实际上是天盖形冠，所绘的神兽面纹饰是一对雌雄北斗神像[1]，属于北斗星象崇拜的实物。类似的陶瓮器形在山东海岱地区与豫东造律台类型中多有发现，所以花地嘴的两件朱砂彩陶瓮都是东夷文化的祭天器物。

花地嘴的墨玉牙璋（编号T17H40：1），长30厘米，厚1.01厘米，顶端为弧刃，柄部穿孔，正面孔径1.11厘米，侧面孔径0.7厘米，穿孔之后可以捆绑木柄，便于握持。牙璋属于玉礼器，有人将其归类于玉璋。牙璋外形通常呈扁平长条形。自上而下分为本体、扉牙和柄部三部分。柄部穿孔，扉牙是柄部上方两侧边缘凸出的部分，也称为"阑"，通常有若干个凸起，称为"列齿"。牙璋本体的顶端形状有凹弧刃、丫字形刃或斜平刃等。

牙璋最早起源于山东海岱的大汶口文化，目前在4个地点共发现9件，包括沂南县罗圈峪村5件、临沂大范庄村2件、五莲上万家沟北岭1件、海阳司马台遗址1件，年代约公元前3000年—前2300年。随着大汶口文化沿着淮河走廊西传中原，牙璋也向黄河中游地区传播与扩散。花地嘴遗址的墨玉牙璋是目前中原地区考古发现中年代最早、形制最原始的牙璋，与临沂大范庄村的一件牙璋（编号LD：211）非常相似。两者的扉牙都是由5个列齿、

---

1 顾问、张松林：《花地嘴遗址所出"新砦期"朱砂绘陶瓮研究》，《中国历史文物》，2006年第1期。

4个齿尖组成，不同的是大范庄牙璋的列齿分成前后两组，而花地嘴牙璋牙尖则由高而低倾斜排列。[1]花地嘴牙璋的年代比大范庄晚三四百年，应是海岱地区牙璋西传的产物。花地嘴之后的二里头遗址发现4件牙璋。陕北地区的石峁遗址是目前出土牙璋最多的地方，共采集到34件，大多属于龙山式牙璋。但是石峁遗址南部的陶寺遗址没有发现牙璋，可能当时尚未传播到晋南地区。

通常认为牙璋是由铲或耒耜等劳动工具演变过来的，但是器身扁薄，脆弱易折断，而且目前有明确出土层位的牙璋全部发现于墓葬和祭祀坑中，说明不属于实用型的器物。《周礼·春官宗伯·典瑞》中记载，"瑑、圭、璋、璧、琮、缫皆二采一就，以眺聘""璋邸射，以祀山川""牙璋，以起军旅，以治兵守""以敛尸"，可见周代时牙璋的功用有四个：诸侯贡品、祭祀礼器、军中信物、随葬品。

石峁遗址的牙璋和长刀，系用含铁量高的墨玉制作，质地致密，而且牙璋薄锐，充满杀气，也可以用作杀戮的兵器。收藏于北京故宫博物院的一件石峁文化牙璋，最厚处仅0.7厘米，顶端弧形刃锋利无比。石峁遗址中成坑的女性头颅，很可能就是在祭礼中被这种牙璋顶端的弧刃砍断的[2]。

有学者根据花地嘴牙璋的外形及安装木柄的方式，推测其也是一件直击类的兵器。[3]但是花地嘴牙璋与石峁文化牙璋相比，器身更加厚实，给人以一种庄严凝重之感，不可能沾染血腥之味。孙庆伟认为，这种牙璋应当便是文献中记载的"禹赐玄圭"，"为大禹平

---

1 邓聪、栾丰实、王强：《东亚最早的牙璋——山东龙山式牙璋初论》，山东博物馆、良渚博物馆编：《玉润东方：大汶口—龙山·良渚玉器文化展》，文物出版社，2014年，第51—62页。
2 邓淑苹：《牙璋探索——大汶口文化至二里头期》，《南方文物》，2021年第1期。
3 朱乃诚：《从牙璋看夏文化向南方地区的扩散》，《江汉考古》，2021年第6期。

治九州、四海会同、膺受天命的象征物，是夏代的核心礼器"[1]。

古书中对璋与圭的外形有所记载，如《说文解字·玉部》："璋，剡上为圭，半圭为璋。"这是说圭顶端尖突，下端平直，削去一半就变成璋。《考工记·玉人》中有"牙璋、中璋七寸"，汉郑玄注："二璋皆有锄牙之饰于琰侧。""锄牙"意为锯齿状，侧有锄牙为璋。因而，清代吴大澂在《古玉图考》中将顶部锐刃状、柄部穿孔、两侧有锄牙的长条形玉器命名为牙璋。孙庆伟则认为，吴大澂只作了一种简单的附会，这是对玄圭的误称。

"玄圭"最早见于《禹贡》的"禹赐玄圭，告厥成功"，其后被《史记·夏本纪》引用："东渐于海，西被于流沙，朔南暨声教，讫于四海。于是帝锡禹玄圭，以告成功于天下。""禹赐玄圭"就是"赐禹玄圭"，汉代孔安国注释说："玄，天色。禹功尽加于四海，故尧赐玄圭以彰显之，言天功成。"这显然加上了自己的主观感受，因为《禹贡》中没有一处提到尧，授大禹玄圭的不是尧，而是天或者天帝，玄圭是大禹膺受天命的象征。其后玄圭出现在禹征三苗之役中，《墨子·非攻下》云："高阳乃命玄宫，禹亲把天之瑞令，以征有苗。"这里的"天之瑞令"是一种瑞玉，也就是玄圭，显示了天命所在与大禹进攻三苗的正当性。伯益率领的东夷是征三苗的主力部队，牙璋（玄圭）最早起源于海岱地区，高阳是东夷的神祇，故赐予大禹的玄圭自然就是东夷的崇天灵物。大禹秉持玄圭，征服三苗之后，在酋邦联盟的基础之上，将嵩山以南、淮河流域的零散部族进一步整合起来，朝国家时代迈了一大步。玄圭由此成为天命的符号，也是大禹酋邦联盟的标志性器物。

---

[1] 孙庆伟：《鼏宅禹迹：夏代信史的考古学重建》，生活·读书·新知三联书店，2018年，第431页。

花地嘴牙璋距离大禹的年代不会太遥远，约一两百年，牙璋传入中原地区的时间更在这之前，暗合了《禹贡》中所说的"禹赐玄圭"。启抛弃禅让制的传统，以家天下取代公天下，嵩山地区的酋邦联盟继续由夏后氏来主导。禹或启的后裔世袭酋邦联盟的最高酋长。远离新砦的洛汭之地出现玄圭，意味着这里也是嵩山地区的一个政治中心。统治阶层宣称膺受天命，并使用朱砂彩陶瓮祭祀神祇，深挖四重壕沟，跟南边的新砦遥相呼应。

　　除了花地嘴遗址，还在河南郑州高新区沟赵街道赵村村发现了一座新砦期城址——东赵小城。东赵小城面积仅约2.2万平方米。城池虽小，却建造有城墙和城壕两重防御圈，具有浓厚的军事防御色彩。这也是嵩山以北地区第一座新砦期城址。东赵小城的文化面貌较为接近花地嘴遗址，不见新砦期晚段遗存，[1]说明城址使用时间主要在新砦期早段。有意思的是，东赵小城与花地嘴遗址、新砦遗址几乎等距离，都是43千米，三个遗址似乎形成三足鼎立之势。因为目前对该地方的聚落分布情况所知甚少，所以不知道是否形成酋邦组织。

　　有一种观点认为，花地嘴遗址位于洛汭之地，夏前期的"五子之歌"也发生在洛汭，它们之间可能存在某些联系。不过，五子之歌故事流传的年代很晚，大概在汉代之后，真伪难辨。而且，花地嘴有四条壕沟环绕护卫，构成一个防御体系，说明了当时嵩山地区的社会竞争非常激烈，花地嘴遗址更应当是嵩山北麓的一个地方政治中心，与双洎河流域的新砦遗址形成南北并立之势。

---

[1] 郑州市文物考古研究院、北京大学考古文博学院：《郑州市高新区东赵遗址小城发掘简报》，《考古》，2021年第5期。

第十一章
崛起之路：二里头文化的形成与演进

　　洛阳盆地北倚黄河天险，南临汝、颍河，东接富庶的华北平原，西出函谷关、潼关，与八百里秦川相联结，控带山河，制约四方，其地理位置非常重要，历来就是兵家必争之地和各个王朝的建都之所。1959年徐旭生发现的二里头遗址，位于洛阳盆地东部，其西边是汉魏故城、隋唐东都故城及东周王城，东边则是偃师商城。在一千平方千米的狭长范围之内，竟然聚集着五座古都，年代跨度近两千七百年，洛阳盆地堪称华夏文明演进与发展的腹心地带。考古界认为，以二里头遗址为代表的二里头文化，已迈入了真正的国家阶段。二里头文化不仅在年代上确属于夏朝，而且文化分布、文化内涵、社会形态及地理位置等，都与文献中记载的夏王朝历史基本相符。尽管二里头遗址是否就是"夏墟"或者夏桀的都城——斟鄩，还有待进一步的考证与确认，但是至少说明"夏文化"已经被发现，这是不争的事实。

第一节　洪水：二里头文化的催生剂

王都频迁：夏朝中后期的历史传说

根据文献记载，夏王朝经历了"太康失国""五子之歌""后羿代夏"与"少康中兴"等一系列动荡事件之后，进入了中后期阶段。

少康的主要功绩是芟平寒氏家族之乱，而后自纶归还旧都。夏王朝在中断了一百多年后，又复国成功，史称"少康中兴"。这是史书上第一次用"中兴"来命名一个时代，所以元代陈栎《历代通略》中说"后世言中兴者，当自少康始"。《左传·哀公元年》对少康的功业给予高度评价，说少康"复禹之绩，祀夏配天，不失旧物"，意即少康光复了大禹的基业，让夏王朝重新获得了天命，使夏后氏的先公先王能够配享天帝。

但是少康所回的"旧都"在哪里？《今本竹书纪年》说是夏邑，即"禹都阳翟"，今河南禹州。少康的儿子杼"居原，自原迁于老丘"[1]。原，据《水经注》，在济水东、西二源之间，大概就在今河南济源市区西北一带。1959年，这里发现庙街遗址，面积约60万平方米，是一处含龙山、商、春秋等几个时期文化遗存的遗址。杼所徙居的老丘，在今河南开封东北的陈留镇一带。杼迁至老丘之后，都城暂时确定下来。其后杼的儿子槐、槐的儿子芒、

1　范祥雍订补：《古本竹书纪年辑校订补》，上海古籍出版社，2011年，第8页。

芒的儿子泄、泄的儿子不降、不降的弟弟扃都以老丘为都。但是到了扃的儿子廑，又把都城迁至西河，也就是今河南汤阴至内黄一带。

从少康至廑，大约两百年间三次迁都。迁都，意味着政治、文化、经济中心的大挪移，这必然在考古学上有所反映。倘若二里头文化代表少康中兴以后的夏文化，那么夏王的每一次迁都都会把王室使用的各种器具带至新的都邑，这将在考古学文化上表现出来。文献中记载，有的夏王在位时间相当长，如槐在位44年、芒在位58年、不降在位59年甚至69年，较长期的定居必然在当地发展出一支非常繁荣的考古学文化。但是，文献记载与考古学之间出现极大的偏差。

少康之后的夏王所迁新都或地处二里头文化分布区的边缘，或位于另一类型的考古学文化区内。如夏代中期的帝杼居原，原在黄河北岸的济源，位于沁河流域。该地区的二里头文化遗址十分稀少，仅有济源原城和新峡等几个遗址。[1]这些遗址是豫西北地区最西端的二里头文化遗址，均属于二里头三期以后的遗存，并未发现更早的二里头一、二期或者龙山晚期的遗存。而二里头三期的年代为约公元前1610—前1560年，正处在夏商替代之际，与夏王杼的年代严重不符。

在二里头二期的时代，山东海岱地区兴起的岳石文化，也是东夷的遗存。[2]但这时的东夷可能是包括海岱地区的土著，以及北方南下的某些族群，甚至少量中原居民的混合族群，与大汶口—龙山时期血缘较为单一的东夷（包括迁徙至淮河流域的淮夷）有所区别。文献中记载夏王杼迁居的老丘，在河南开封附近，但是

---

1 常怀颖：《从新峡遗址再论二里头与东下冯之关系》，《文物季刊》，2022年第1期。
2 严文明：《东夷文化的探索》，《文物》，1989年第9期。

当时开封、杞县等豫东地带均属于岳石文化区。直至二里头二、三期之际,随着二里头文化的强势扩张,多种文化在豫东一带开始交汇、冲突和融合。这个时期二里头文化分布的东线,基本上在杞县—太康—淮阳—沈丘一线,以东、以北属于东夷的岳石文化或者先商的下七垣文化。因而在年代上与考古学文化上,均无法印证夏王帝杼"自原迁于老丘"的相关记载。

同时,二里头文化的年代为约公元前1750年—前1520年,大约共230年。根据《古本竹书纪年》的记载,都城在老丘的夏王有五六个,定居时间超过150年,占全部二里头年代的三分之二,老丘却没有发展成为二里头文化时期的一个区域性中心,这难以理解,说明相关的文献记载可信度不足。

夏王胤甲迁居的西河,位于豫北一带,至今尚未发现二里头文化遗址。豫北冀南地区在龙山晚期是后岗二期文化,之后又属于下七垣文化,该文化是早商文化的源头。因此,夏王胤甲迁西河很可能并未发生过。

随着最高统治者的迁都,旧的都城失去了一个王朝的政治、经济、文化中心的地位,魅力全无,导致人口外流,因而颓废下去。但是二里头遗址从一期到三期,呈现出文化日益繁荣、经济蓬勃发展的态势。一个100万平方米的大型聚落,经过一百多年的发展之后,逐步演变为面积300万平方米,人口高度集中,居民总数逾两万的超大型都邑。辉煌了近两百年,直到进入商朝纪年的二里岗时期才衰落下去。如果夏王迁都了,从内在逻辑角度分析,二里头遗址的规模显然是很难理解的。

部分传世文献中有关夏王朝的记载,主要取材自春秋战国时期流行的口述传说。如在《左传》中,少康派遣女艾当卧底刺杀寒浞,但是到了屈原的《天问》,女艾变成女岐,身份也由间谍变成寒浞的寡嫂。《天问》中云:"惟浇在户,何求于嫂?何少康逐犬,而颠陨厥首?女歧缝裳,而馆同爰止。何颠易厥首,而亲以逢殆?"寒浞半夜找上门,与女岐同房。少康趁机驱使猎犬咬断寒浞的头,但也错砍了女岐的脑袋。如此离奇的情节,杜撰的成分居多。史书中的夏代事迹,很多都是这类民间传闻。

两千年前的司马迁早已洞察到有关夏王朝纪事的失实之处,本着严肃、郑重的态度,尤加注意甄别史料的真实性,因此对所谓千古奇功——少康中兴视若不存,宁缺毋滥,不著录于《史记·夏本纪》中。司马迁著史始终遵循一条原则,如果不可信,本纪便不收,有可疑的地方则存其疑,不能断定的则诸说并存。在《吴太伯世家》中,司马迁以伍子胥的口吻引述了少康中兴的事迹,可见绝非如《史记索隐》的作者司马贞所讥讽的那样,是司马迁"疏略"了,而是认为传说中的少康中兴不可信,所以《夏本纪》不予收录。

从《史记》《尚书》中的"太康失国""五子之歌",到《左传》中的"后羿代夏""少康中兴",再到王都频迁,基本叙事逻辑是一个统一的政治实体遭到外族的侵略,流亡的贵族在颠沛流离之中重新凝聚起来,最后复辟成功,"夏道复兴,诸侯毕朝",统一的王朝再度出现。

而考古发现揭示了文献记载以外的另一面:环嵩山酋邦社会的多个政治中心,相互对抗,在竞争之中由分散逐渐走向整合。整合的历史使命由嵩山以南的煤山类型来担当,其沿嵩山东侧北上,经由郑州地区而进入王湾类型的腹地。[1] 其中,新砦遗址继承

---

1 王立新:《从嵩山南北的文化整合看夏王朝的出现》,杜金鹏、许宏主编:《二里头遗址与二里头文化研究:中国·二里头遗址与二里头文化国际学术研讨会论文集》,科学出版社,2006年,第414页。

了本地区的王湾类型、煤山类型，吸收了来自东方的造律台类型因素；花地嘴遗址在承袭煤山类型、王湾类型之外，还被大量注入泛东方文化系统的因素（如后岗二期文化）、部分泛西北文化系统的因素（如石峁遗址），[1] 从而推动了二里头文化的形成。

目前学界认为，二里头文化代表的是少康中兴至商汤灭桀的夏文化。[2] 也就是说，二里头文化是传说中少康中兴之后的夏王朝文化。不过，从上述分析来看，这种观点尚待确切考古材料的进一步证实。

文明的萌芽：二里头一期遗存

新砦期遗存，诸如新砦遗址、东赵遗址、花地嘴遗址，很可能代表了煤山类型向北推进过程中建立的小型地方集团，其糅合了多种文化于一体，但最终融入了二里头文化。

但是，新砦期演变为二里头文化之后，丢失了很多重要的文化因素，诸如双耳深腹罐、麻花状耳鼎、子母口器等十余种[3]新砦风格器物。可见，新砦期只是煤山类型一统嵩山南北进程中的一段小插曲，或者偶发事件，虽然有很大的影响，但是并未完全改变整个历史趋势。

在新砦期的同时甚至更早，二里头一期遗存就已经出现。环嵩山地区的文化格局因此变得更加复杂。嵩山以南的煤山类型，嵩山北侧伊洛平原的二里头一期遗存、嵩山东部郑州地区的新砦期，以及嵩山以西洛阳盆地的王湾类型，多种文化类型同时并存，错综复杂。

---

1 张海：《中原核心区文明起源研究》，上海古籍出版社，2021年，第183—193页。
2 李伯谦：《新砦期遗存——"后羿代夏"确有其事的证据》，《黄河·黄土·黄种人（华夏文明）》，2017年第1期。
3 魏继印：《论新砦文化的源流及性质》，《考古学报》，2018年第1期。

二里头一期遗存的分布范围较小。迄今所知含有二里头一期遗存的遗址除偃师二里头遗址之外还有20余处，分布地域西起崤山，东未及郑州、新郑一线，北不过黄河，南不越伏牛山，主要集中于嵩山北侧的伊洛平原，嵩山南侧的北汝河、颍河一带也有，但少见。而且，二里头一期遗存与新砦期晚段遗存各有其地，罕见二者相互叠压的现象。新砦遗址出现的新砦期文化层与二里头一期文化层的叠压，则属于特殊情况。

那么，二里头一期遗存源流在哪里？属于什么性质的文化？已有学者对二里头一期遗存的器物特征做了深入的研究，[1]参考他们的成果列表如下：

表23　二里头文化一期遗存出土陶器简表

陶器	来源
夹砂深腹罐、鬶形盉、高柄浅腹豆、三足盘、敞口弧腹刻槽盆、敞口深弧腹盆（甑）	煤山类型 王湾类型
侈口圆腹罐、侈口鼓腹罐形鼎、盆形鼎、觚、矮柄碗形豆、不带双耳的小口高领瓮	煤山类型
敛口罐形鼎、爵、高柄深腹豆、大口尊、捏口罐	二里头文化
花边罐、侈口罐、单耳小罐、大口瓮、双大耳罐	客省庄二期文化 齐家文化
三足盘、大平底盆、蘑菇状纽器盖	后岗二期文化

从上表可以看出，二里头一期的陶器，主要来源于本地区的王湾三期文化，包括煤山类型和王湾类型，其中，煤山类型的影

1　隋裕仁：《二里头类型早期遗存的文化性质及其来源》，《中原文物》，1987年第1期。

响远超过王湾类型。在这基础之上，吸收多种外来文化因素（关中、陇东及豫北），再加上本身的器物创新，由此形成了有自己特色的新型文化。所以，不论新砦期遗存，还是二里头一期遗存，都是煤山类型在环嵩山地区不断拓展的产物。煤山类型所代表的很可能就是夏后氏主导的酋邦联盟。夏后氏的文化拓展，促使环嵩山地区挥别万邦林立的龙山时代，走进早期国家形成的二里头时代。至于文献中夏初历史的相关传说，如五子之歌、后羿代夏、少康中兴等，实际上反映了煤山类型的文化拓展是一个充满曲折而艰辛的过程。

但是，各个地区由龙山文化（王湾三期文化）向二里头文化的演变并非同步进行，大体上有三种不同的模式。第一种是过渡式，嵩山以东的郑州地区经由新砦期过渡到二里头一期，进而发展为二里头二期；第二种是突进式，嵩山以北的伊洛流域不存在新砦期，直接演化为二里头一期，迈入二里头时代，但是历经漫长的210多年之后，才发展为二里头二期，而这两百多年间的文化面貌一直在探索之中[1]；第三种是跳跃式，其他地方龙山文化的结束时间相当迟，没有经过新砦期，甚至也没有经过二里头一期，而是直接进入二里头一期晚段，然后演变为二里头二期，飞跃式地进入二里头时代。

---

[1] 目前对二里头文化绝对年代的最新认识是，一期为公元前1750—前1680年，二期为公元前1680—前1610年，三期为公元前1610—前1560年，四期为公元前1560—前1520年。见中国社会科学院考古研究所编著，许宏、袁靖主编：《二里头考古六十年》，中国社会科学出版社，2019年，第77页。但是根据中外联合考古队公布的成果，伊洛地区二里头一期的年代不应晚于公元前1890年，二期开始于公元前1680年，以此推算，伊洛地区的二里头一期长达210年，而四期的年代可能延续到公元前1500年以后。这显示出二里头文化的总跨度比以前估计的要长得多，将近400年。见中国社会科学院考古研究所、中澳美伊洛河流域联合考古队编著：《洛阳盆地中东部先秦时期遗址：1997—2007年区域系统调查报告》，科学出版社，2019年，第1228页。

表24　环嵩山地区龙山到二里头演变过程对照

郑州地区	龙山文化	"新砦期"	二里头一期晚段	二里头二期	二里头三期	二里头四期
洛阳盆地	龙山文化	二里头一期早段	二里头一期晚段	二里头二期	二里头三期	二里头四期
伊河流域	龙山文化	龙山文化	二里头一期晚段	二里头二期	二里头三期	二里头四期
沙颍汝河	龙山文化	龙山文化	二里头一期晚段	二里头二期	二里头三期	二里头四期
涧河流域	（空白）	（空白）	二里头一期晚段	二里头二期	二里头三期	二里头四期
济源盆地	（空白）	（空白）	少量线索	二里头二期	二里头三期	二里头四期

（参考张海：《中原核心区文明起源研究》，上海古籍出版社，2021年）

有学者称，二里头遗址出现的二里头一期为"局部性部分质变的文化遗存"[1]，许宏认为，这种"局部性部分质变"，是二里头遗址在文化上的一种突进，突进可能与伊洛地区共同体的社会结构上的变化以及政治文化中心的迁移有关。[2]

二里头遗址以南河川密布，包括伊洛河及其支流坞罗河、干沟河等。在这片地区的考古调查中，发现仰韶时期干沟河流域最先出现两个层次的聚落群，中心聚落是赵城遗址，面积约20万平方米，另外包括18个面积5万平方米以下的小村落。坞罗河流域的聚落群没有显示出等级分化。无论干沟河地区还是坞罗河地区，

1　隋裕仁：《二里头类型早期遗存的文化性质及其来源》，《中原文物》，1987年第1期。
2　许宏：《嵩山南北龙山文化至二里头文化演进过程管窥》，韩国河、张松林主编：《中原地区文明化进程学术研讨会文集》，科学出版社，2006年，第212—222页。

都没有贵族阶层存在的确切证据，也就是说，仰韶时期的这片地区仍然是一个平等社会。[1]进入了龙山时代之后，坞罗河（包括支流圣水河）流域出现了两个层次的聚落群，中心聚落是罗口东北遗址，面积约20万平方米，另外还有15个小村落，可能形成简单的酋邦社会组织。仰韶时期干沟河地区的中心赵城遗址急剧萎缩，被府西村北遗址取而代之。

伊洛河以北的二里头遗址在仰韶晚期默默无闻，可能有小范围、小规模的人类活动。龙山早期的年代与仰韶晚期的年代部分重叠，说明了该地区有先民连续居住于此。但是龙山早期（庙底沟二期）与龙山晚期（王湾三期文化）之间，即公元前2600年前后存在大约200年的空缺，说明该地区有可能在公元前2600年前后人口极端稀少。[2]到了龙山晚期，小村落成了废墟，没有发现人类活动的踪迹。二里头一期，该地突然间出现了一个面积超过100万平方米的大型遗址，缺乏源于本地的聚落发展基础，显然是外来人口迁徙的结果。移民可能来自邻近的灰嘴或者伊洛河流域等其他地方，但是没有证据表明嵩山以东新砦期陶器的使用人群直接迁徙到这里来，而且在伊洛地区也没有发现新砦期遗存，说明二里头遗址的出现与新砦期相关性并不很大。这应该就是考古学家指出的局部性部分质变或者文化上的突进。

那么，二里头遗址是如何横空出世的？是什么力量驱使人们不断地涌向二里头？这可能跟史前的一系列洪灾有关。

---

1 陈星灿、刘莉、李润权等：《中国文明腹地的社会复杂化进程——伊洛河地区的聚落形态研究》，《考古学报》，2003年第2期。
2 中国社会科学院考古研究所、中澳美伊洛河流域联合考古队编著：《洛阳盆地中东部先秦时期遗址：1997—2007年区域系统调查报告》，科学出版社，2019年，第1219页。

苦难与新生：洛阳盆地大洪水

对古环境的研究表明，大约距今4000年前，洛阳盆地曾经发生一次特大的异常洪水事件[1]，这或许能够解释为什么二里头遗址在龙山晚期是一个荒凉的无主之地。

考古人员为了研究二里头遗址的周边环境，选择遗址南边的伊河北岸、北边的洛河北岸、西边的伊、洛河分水岭处（大郊寨村与西大郊村一带）三个地点进行钻探。在伊河北岸的22个钻孔中，有4个钻孔发现洪水堆积，其在深度4—5米。在伊河高于今天地面4—6米的二阶高地上，也发现普遍存在洪水沉积层，据测定，年代距今4000年—3800年。在洛河北岸的9个钻孔中，有3个发现洪水泛滥的堆积。在伊、洛河分水岭的15个钻探孔中，只有2个未发现明显的洪水堆积遗迹。在大郊寨村以南，还存在一个扇形堆积体，据推测是古洛河决口之后的堆积物。当古洛河决口时，洪水涌入伊河，并形成决口扇，迫使古洛河在二里头西边改道南流，汇入伊河。其后的汉魏时期，此地又一次发生了洪灾。

4000年前的洪水沉积层打破了龙山早期的灰坑，洪水层之上则是二里头文化层。这说明当时洛阳盆地的洪水异常凶猛，淹没五六米的二阶高地，给河岸的龙山文化先民带来灭顶之灾。

洪水的巨大危害与洛阳盆地封闭性地形特征有关。洛阳盆地东宽西窄，四面高山环抱，东为嵩山，西为崤山和熊耳山，南为外方山，北为邙山。盆地内河流众多，水资源十分充沛，其中最大的是伊河、洛河，它们由西南向东北横切洛阳盆地，在距离二里头遗址上游不远处交汇，交汇处则称为"伊汭"。汇流后的伊

---

1 宋豫秦、郑光、韩玉珍等：《河南偃师市二里头遗址的环境信息》，《考古》，2002年第12期。

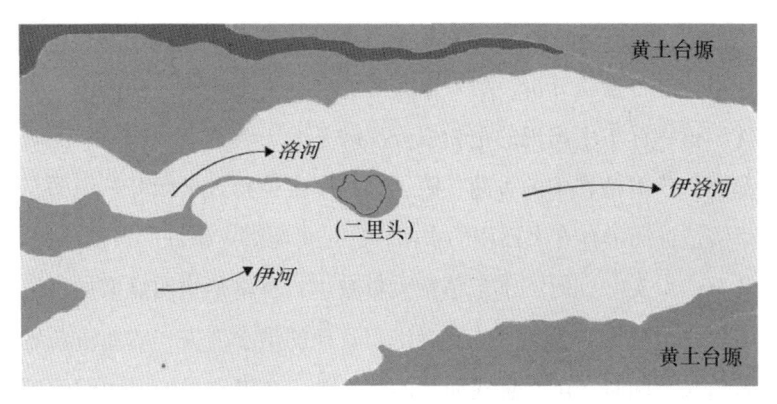

图 55　二里头地区4000aBP前后异常洪水后期泛滥的范围

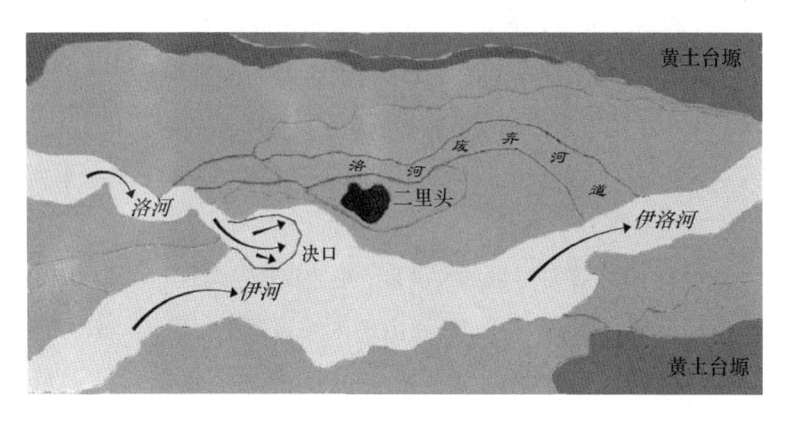

图 56　二里头地区4000aBP前后异常洪水泛滥后期洛河的决口、改道及废弃河道

洛河一路向东北逶迤蛇行，经唯一的出口处——洛口流出洛阳盆地，在巩义花地嘴遗址附近的洛汭注入黄河。洛口两侧沟壑纵横，水道较窄，一旦遭遇大洪灾，排水不通畅，盆地内就会积水成大湖泊。4000年前的大洪水之时，洛阳盆地顿成汪洋大海，二里头遗址完全被淹没于水下，只剩几处高地露出水面，变成孤零零的岛屿。

从二里头遗址距今4000年至3600年之间的文化层中采集植物标本，进行孢粉分析，结果也支持了洛阳盆地4000年前的洪水事件。植物标本中出现的孢粉成分反映了龙山晚期该地区气候温暖湿润，草本植物中的香蒲、眼子菜等水生植物含量颇高，说明二里头遗址周围存在大面积的水面，这是可能洪灾事件的植被反映。及至二里头一期时，水生植物大量减少，旱生植物明显增加，说明气候由湿润转为凉干。此时洛阳盆地的洪水消失，陆地重新显露出来。同时，洪水裹挟而来的冲积土，在洪灾后形成肥沃的泛滥平原，有利于发展农耕。洪灾过后，先民们开始迁居于此，并建立了村落，沧海变桑田，二里头文化也由此诞生。

4000年前的洛阳盆地大洪水与大禹时期的洪水是否为同一次？由于洪灾发生的确切时间很难确定，尚不能判断。不过从大致年代上看，它们极有可能属于4000aBP冷事件影响下的一系列洪灾连锁事件。

4000aBP冷事件导致的大洪水，绝非仅仅这两次。在4000aBP冷事件前后一两百年内，环嵩山地区频繁发生过洪灾。公元前1800年前后，或者相当于新砦期，河南郑州地区也发生了一次降水量显著增加的气候异常事件，又引发了一场大洪灾。有学者认为，这次洪水驱动东方的造律台类型先民西迁中原，创造了新砦期遗存，然后进入洛阳盆地，又推动形成了辉煌的二里头文化。[1]

郑州地区新砦期洪水的证据主要保存在新砦遗址东部的古河道中。[2] 古河道呈东北—西南方向，穿越新砦遗址。古河道顶面位于地表以下1.45米，底面位于地表下4.69米，形成超过3米的水

---

1 魏继印：《新砦文化时期的大洪水与二里头文化的形成》，《南方文物》，2020年第2期。
2 北京大学震旦古代文明研究中心、郑州市文物考古研究院：《新密新砦——1999~2000年田野考古发掘报告》，文物出版社，2008年，第502—506页。

深。古河道最窄处仅15米，最宽处可达68米，四级阶地中嵌入的一个宽度无常的沉积层，推测属于洪灾时期的决口扇堆积。堆积物中含有新砦期晚段的陶器碎片，可能是古河流决口时，洪水洗劫新砦遗址，将城内的陶片搬运至此。决口扇堆积夹在二里头文化层和王湾三期文化层之间，在横向上与新砦期文化层呈水平过渡关系，本身又包含新砦期遗物。以此推断，河流决口的发生时间就在新砦期。

有学者进一步认为，新砦遗址的洪水与洛阳盆地龙山晚期的大洪灾，应是同一次洪水。但是具体年代的分析，似乎无法支持这一说法。新砦期的具体年代，约公元前1850年—前1750年，持续了大约一百年。对洛阳盆地洪积层所包含的陶片进行热释光测定，洛阳盆地洪水的发生于距今约4044±338年至3805±248年之间（约公元前2000年—前1800年），[1]早于新砦期一百多年。两地的洪水当属于两次发生于不同时期、不同地区的洪水。

学界大都主张，新砦遗址中二里头文化层叠压在新砦期文化层之上，年代应比后者更迟，而且新砦期是介于河南龙山文化与二里头文化之间的一种过渡遗存。但是在1997—2007年伊洛河流域的区域系统考古调查中，并没有发现一个明确的新砦期过渡阶段，新砦地区和伊洛地区两地的陶器有各自的渊源和发展序列，应分别对待。更有甚者，伊洛地区的二里头文化遗存样本的年代测定结果中出现早于公元前2000年的异常值，来自新砦二里头一期遗存的样本年代也超过公元前1900年，与伊洛地区二里头时期早段一致。[2]

---

1 魏继印：《新砦文化时期的大洪水与二里头文化的形成》，《南方文物》，2020年第2期。
2 中国社会科学院考古研究所、中澳美伊洛河流域联合考古队编著：《洛阳盆地中东部先秦时期遗址：1997—2007年区域系统调查报告》，科学出版社，2019年，第1222页。

年代上的混乱有两种可能，一是检测样本中混进龙山晚期的遗物，二是伊洛地区的少数先民（如灰嘴一带的）确实在公元前2000年以前，就开始使用二里头风格的陶器。经测定，新砦遗址二里头一期年代在公元前1901年至公元前1642年之间。而最新的测年数据显示，新砦期的年代上限应不早于公元前1870年。[1] 显然该地区的二里头一期遗存的时间范围，已经涵盖了新砦期的全部时间范围。

嵩山南北与伊洛地区的二里头文化早期年代基本一致，它们是否同步发展？对此，考古报告语焉不详，没有作出明确的解释。

第二节 稻谷：二里头文化的推动力

"稻谷革命"：洪灾后的奇迹

4000年前洛阳盆地大洪水的最重要影响，就是在洪灾过后的滩涂和泥沼之上，诞生了二里头文化。洛阳盆地大洪水的另一个重大影响是"粮食革命"，即南方的稻谷在洛阳盆地获得了很大范围的推广。

上古时期，先民们所食主粮的起源地有两个。一是黄河中游，形成以粟（小米）和黍（黄米）为代表的北方旱作农业，粟也称为"稷"，是由青狗尾草驯化而来的，黍的野生祖本则不能确定。二是长江中下游，形成以水稻为代表的南方稻作农业，水稻有两

---

[1] 张雪莲、仇士华、蔡莲珍等：《新砦—二里头—二里冈文化考古年代序列的建立与完善》，《考古》2007年第8期。

个亚种，高秆、米粒细长的籼稻和矮秆、米粒粗短的粳稻。

北方粟作农业最早产生于距今8000年前太行山东麓的磁山文化，凭借粟抗旱、适应性强、易繁殖、耐贮藏等特性，从山前地带向平原地区扩散，并南下嵩山东麓，迅速地传播至环嵩山地区。而后西传，入关中平原，向东传播到黄河下游，继而向北扩展到辽河流域。及至仰韶文化早期，粟作农业成为华北地区生计经济的主体。公元前3800年左右，粟作农业由洛阳盆地南下，首先出现在长江中游澧阳平原的城头山遗址，并在之后的千余年中扩散到辽阔的南方稻作农业区。根据有关学者的调查研究，洛阳盆地从仰韶至商周时期的6000年间，粟在所有的农作物品种中比例（91.39%）最高，遥遥领先于黍（6.62%）、豆（1.12%）、麦（0.53%）、稻（0.34%），占据绝对优势。[1] 粟黍组合成为早期先民们最主要的口粮，是推动华夏文明形成的恒久"核动力"。

南方稻作农业有多个起源地，包括长江下游、长江中游、华南地区等。最古老的稻作遗存出现在岭南西部的广西桂林甑皮岩等遗址，距今12000—11000年，不过此时的稻也可能是无意识采集的野生稻。长江下游最早的稻作农业遗存出现在浙江浦江的上山遗址，距今11000—9000年之间。长江中游的新石器时代早期遗址中，如彭头山、皂市、汤家岗等遗址，普遍发现炭化稻的遗存，宣示了长江中游也是一个独立的稻作起源地。但稻作农业真正意义上的腾飞是在河姆渡文化时期，距今6000—7000年，锄耕农业出现，此后稻作农业完全取代采集狩猎，成为长江中下游地区的经济主体。

南方稻谷的北传，大致有两条路线。东路，即由长江下游北

---

[1] 张俊娜、夏正楷、张小虎：《洛阳盆地新石器–青铜时期的炭化植物遗存》，《科学通报》，2014年第34期。

上黄、淮河地区。在裴李岗文化时期的河南舞阳贾湖遗址，发现了中原地区年代最早的稻作遗存。海岱地区以泰沂山为界，以南稻占主导地位，以北粟黍占主导地位。山东栖霞的杨家圈遗址，是目前已知纬度最北的史前稻谷种植遗迹，年代约公元前2800年—前2500年。黄淮之间由此并存稻作与粟作两种耕作方式，分界线大体维持在北纬32°淮河一线，以南为稻作农业区，以北为粟作农业区。西路，即长江中游江汉平原的稻作耕种，随着屈家岭文化和石家河文化的北渐，顺沿桐柏山东侧北上沙颍汝河流域，或者经随枣走廊抵达南阳盆地，而后进入环嵩山地区，也形成了稻粟混合农业生产模式。

中原地区的史前社会完全建立在农业基础之上，稻作的北传，推动了龙山晚期酋邦社会的形成。对王城岗、瓦店和古城寨出土的植物遗存进行分析，可以看出一些引人深思的现象。

王城岗与古城寨两个对立的酋邦，农作物模式非常相似，都属于粟作农业。而同处颍河上游的王城岗与瓦店，尽管相距不过34.5千米，可谓比邻而居，地理环境也高度相似，但是它们的农作物存在明显的差异性。王城岗农作物重要程度以粟、黍、豆、稻的顺序，依次递减；瓦店农作物的重要程度则以粟、稻、黍、豆的顺序依次递减，水稻的重要性仅稍次于粟，这意味着该地拥有粟作农业和稻作农业两种生产模式。在瓦店遗址西北部发现疑似水田的区域，或可证实当时已经出现稻作农业。[1]稻谷所占的比例超过四分之一，而且还发现少量的小麦。小麦起源于西亚地区，目前国内年代最早的小麦遗存出现在山东胶州赵家庄遗址，年代

---

[1] a.唐丽雅、李凡、顾万发等：《龙山—二里头时期环嵩山地区农业演变》，《华夏考古》，2019年第3期。b.陈相龙：《中原地区新石器时代生业经济的发展与社会变迁：基于河南境内碳、氮稳定同位素研究成果的思考》，《南方文物》，2021年第1期。

约公元前2400年—前2200年。小麦传入环嵩山地区，大概就是从瓦店开始的。此后，小麦凭借优良的高产品质，对粟和黍形成强有力的冲击，并逐步取而代之，奠定了北麦南稻的传统农业格局，一直持续至今。所以，瓦店出现小麦遗存，是史前农业格局的一个重大转折点。

王城岗和瓦店农作物模式的不同，跟地形和居民成分有关。王城岗所处的登封盆地，地形封闭，四面为嵩山、箕山及其余脉所环抱，可耕作的河滩地和易于浇灌的土地有限。瓦店所处的颍河河谷，湿地较多，适宜种植水稻。而且瓦店社会中的居民成分比王城岗更加复杂，有大量的东夷和三苗移民，他们带来了南方稻作农业，由此形成多种农作物模式并存的局面。

新砦期继承了龙山晚期的稻作农业，并有所发展。根据新砦遗址植物浮选结果，粟、黍和稻谷的绝对数量多，出土概率高，[1] 这说明双洎河地区已经出现了粟稻混合的农业经济模式。

稻谷北传，虽然在总体上并未撼动粟黍在中原先民饮食结构中的主食地位，但是形成了两种不同的饮食传统，一种是以稻谷等C_3类植物（该类农作物包括小麦、大麦、燕麦、稻谷、豆类等）为主食、食肉较多的饮食传统，另一种是以粟黍等C_4类植物（该类农作物包括粟、黍、玉米、高粱和甜菜等）为主食、食肉较少的饮食传统。

两种不同饮食传统的人群在瓦店、郝家台、煤山等遗址中明显区分开来。这些遗址的食物谱系中，粟、黍以及用C_4类植物喂养的家畜所占比例最高，但其中有一个人群以食用稻米为主。[2] 主

---

[1] 钟华、赵春青、魏继印等：《河南新密新砦遗址2014年浮选结果及分析》，《农业考古》，2016年第1期。
[2] 周立刚：《稳定碳氮同位素视角下的河南龙山墓葬与社会》，《华夏考古》，2017年第3期。

食为稻米的人群在社会上拥有明显的优势,或者说社会地位较高,墓葬随葬品较为丰富,尤其是煤山遗址M7出土1件穿孔玉斧、2件獐牙;主食为粟黍的人群,在社会上地位低贱,随葬品贫乏,或者没有任何随葬品,甚至惨遭斩杀,如煤山遗址M9人骨无头和脚,胸部上方和足似被截断,骨骼切断得十分整齐。

由此可见,当时环嵩山地区存在一个食稻群体,其活跃于嵩山以南沙颍河流域的煤山类型分布区,诸如郝家台、煤山、瓦店等遗址。这个特殊的群体就是环嵩山地区的贵族集团,他们的生活条件优越,日常食物以稻米、肉为主,可能并不从事生产,寄生于其他主食为粟黍的劳动者。主食为稻米者和主食为粟黍者,几乎不存在于同一个群体内,说明当时社会等级界限清晰,贵族阶层与平民阶层之间的对立非常明显,似乎形成水火不容之势。但是贵族集团肩负着历史重责,引领环嵩山地区迈向文明时代。

稻谷从嵩山东南的沙颍河流域进入嵩山西边的洛阳盆地是在仰韶文化晚期,温暖湿润的气候为稻谷种植范围的扩展创造了极有利的条件。目前洛阳盆地内,从仰韶到二里头时期,出土的稻谷遗存近二十处,主要分布在黄土台塬沟谷区,如偃师缑氏镇的灰嘴、偃师大口镇的寨湾、巩义西村镇的罗口东北、巩义涉村镇的上庄等遗址,平原区如偃师二里头遗址,巩义芝田镇的羽林庄、稍柴、南石等遗址,以及洛阳周围地区洛阳关林镇的皂角树等遗址。其中,圣水河西岸的羽林庄遗址发现的水稻植硅体,年代在仰韶晚期(约公元前3200年),是洛阳盆地最早的水稻栽培证据之一。虽然黄河中游的河南郑州大河村、陕西渭南华州区泉护村两个仰韶文化遗址,均出土过稻谷遗存,但是它们的年代及性质都没有得到确认,因而羽林庄的水稻植硅体也是华北最早栽培水稻的证据之一。[1]水稻栽培技术与食稻居民的迁徙有关，伊洛河流域出现的水稻，很可能是大汶口先民或东夷西进中原带来的。

但在总体上，在仰韶晚期，稻谷对洛阳盆地或者伊洛河流域先民生计的贡献率非常低，根本无法与沙颍河流域的瓦店、煤山、郝家台等遗址相比，呈现出一种滞后状态。到了龙山晚期，沟谷侵蚀，导致盆地内沟谷冲积平原面积减少，适宜种植稻谷的湿地消失了，因而黄土台塬沟谷区的稻作也消踪匿迹了。只有在水洼地、平原上的一些遗址，诸如灰嘴、罗口东北和南石遗址，出土过稻谷遗存。

二里头时期，洛阳盆地的稻作农业突然间繁荣起来，发现的稻谷遗存大大增多。主要分布伊洛河流域的平原上，如巩义稍柴、洛阳皂角树、偃师二里头等遗址，当时先民们已经在湖泊周围或河边洼地种植水稻，而这与《史记·夏本纪》中禹"令益予众庶稻，可种卑湿"的记载相吻合。其次，伊、洛河南岸的黄土台塬沟谷地区，如偃师灰嘴、巩义罗口等遗址也有稻谷遗存。这意味着稻作农业开始在洛阳盆地流行起来，显然应归功于4000年前大洪水过后形成的沃腴的泛滥平原。因为泛滥平原给土壤带来丰富的营养物质，一般都较适合耕种，引水灌溉方便，属于极佳的稻麦种植区。

稻米：贵族的消费品

有学者对二里头时期洛阳盆地大遗址和中小遗址农作物的出土概率进行对比，罗列出一组耐人寻味的数据。从数据可以看出，

---

1 陈星灿、刘莉、李润权等：《中国文明腹地的社会复杂化进程——伊洛河地区的聚落形态研究》，《考古学报》，2003年第2期。

中小遗址中稻谷在农业中的比重远远低于大遗址。[1]如下表所示：

表25 二里头时期洛阳盆地二里头遗址、中小遗址农作物出土概率

遗址	农作物出土概率（%）				
	粟	黍	稻	小麦	大豆
二里头遗址	91	64	70	1	12.5
中小遗址	87.5	54.2	12.5	12.5	36

出土概率通常是指在遗址中发现某种植物种类的可能性，其数值反映的是该种植物在遗址中分布的范围和密度。洛阳盆地中，无论大中小遗址，粟的出土概率都远远领先于其他作物品种，黍的数值也不小，说明当时二里头先民以粟黍为主食。但是，稻谷的出土概率悬殊，二里头遗址为70%，而中小遗址仅为12.5%，前者是后者的六倍多。这意味着稻谷种植主要集中于二里头遗址中，其他中小遗址只是辅助性的种植。

不过，二里头遗址34例人骨的碳氮稳定同位素分析结果显示，二里头先民以粟黍等C_4类植物为主食，[2]而不是C_3类的稻谷。再看二里头遗址各个时期的农作物遗存绝对数量统计[3]表：

---

1 张俊娜、夏正楷、张小虎：《洛阳盆地新石器－青铜时期的炭化植物遗存》，《科学通报》，2014年第34期。
2 《考古发掘六十年，专家共话二里头：纪念二里头遗址科学发掘60周年国际学术研讨会发言摘要（四）》，《洛阳日报》，2019年10月28日第五版。
3 赵志军、刘昶：《偃师二里头遗址浮选结果的分析和讨论》，《农业考古》，2019年第6期。

表26 二里头遗址一至四期的农作物遗存绝对数量统计对比

分期	粟		黍		稻谷		大豆		小麦	
	数量	占比	数量	占比	数量	占比	数量	占比	数量	占比
一期	155	13.5%	36	3.1%	953	83.2%	1	0.1%	1	0.1%
二期	7956	43.3%	1603	8.7%	8742	47.6%	69	0.4%	1	0.001%
三期	599	80.0%	24	3.2%	87	11.6%	39	5.2%	0	0
四期	3666	40.9%	343	3.8%	4923	54.9%	39	0.4%	3	0.001%
合计	12385	42.3%	2006	6.9%	14705	50.3%	148	0.5%	4	0.001%

从上表可以看出，出土的稻谷和粟为最大宗，稻谷尤为突出，在二里头一期中的占比竟然超过八成，当然也有可能是标本数量太少，难以准确地反映出真实情况。在二里头二期，稻谷占比将近五成，四期则超过粟。由此可见，粟和稻谷是二里头遗址居民最重要的主食。北方地区属于旱作农业传统区，稻谷在农作物中所占比例很大，这在先秦时期北方旱作农业分布区域内的史前考古遗址中属于非常罕见的现象。

学界现在已经基本确认，二里头遗址是一座都邑性的大城市，城内居住的是高高在上的贵族阶层，他们追求奢侈豪华的生活。稻米口感好，香味浓郁，优于粟和黍，无疑是贵族们首选的日常主食。但是，由于北方地区气候条件限制，难以形成大面积的种植，稻谷产量低，因而稻米被视为上等、稀缺的食物，由此成了贵族阶层的"特供品"，普通民众无法享受到。

从后世文献中也可以得出这一结论。即使在相比夏代文明发达、物资丰饶的春秋战国时期，稻米仍然被奉为尊贵的消费品。如《左传·哀公十三年》中有"粱则无矣，粗则有之"，孔颖达注疏说"食以稻粱为贵";《荀子·礼论》也有"刍豢稻粱,五味调香,所以养口也",把稻米和肉食视为满足口欲的美味;《论语·阳货》中,孔夫子责备学生宰予不懂孝道,"食夫稻,衣夫锦,于女安乎?"孔子将吃白米饭与穿华丽的锦绣衣裳等同起来,认为这都是贵族们的奢侈生活的一部分。一千多年后对稻米的珍视尚且如此,更遑论生产力落后、生活物资异常贫乏的二里头时代。

二里头时期,洛阳盆地中小遗址的居民大部分是普通的劳动者,他们所种植的稻谷主要供应给二里头遗址的贵族统治者,而不是自己消费。这就不难理解,为什么中小遗址农作物结构中稻谷所占的比例会远远低于二里头遗址。但是,二里头遗址内贵族数量众多,对稻米的需求旺盛,单凭本地的种植恐无法满足贵族们的需求,因而还需要在附近地区种植稻谷,或者从远方的臣服之地索取贡品,即《禹贡》中所记载的九州贡赋制度,或者豳公盨铭文中的"差地设征"。

贵族阶层之所以消耗大量的稻米,是因为除供应日常主食之外,尚有两个功用:祭祀和酿酒。

在禹州瓦店遗址西北台地的WD2F1基址中,发现了瘗埋五谷的祭祀坑,都有稻谷的踪迹。比如,WD2H6祭祀坑中,出土植物遗存697粒,其中农作物占一半,有稻谷12粒;WD2G3中,有稻谷7粒;WD2H8中,有稻谷92粒;等等。[1] 燔燎的红烧土坑中,也发现稻谷遗存,如WD2H102未见动物,有粟4粒、黍5粒、稻2粒,等等。WD2F1是史前一处非常重要的祭祖遗存,稻谷与粟、黍等农作物的出现很可能是因为它们一同蒸煮之后,作为馈食进

---

[1] 方燕明、梁法伟:《禹州瓦店龙山时期WD2F1祭祀遗存初探》,《华夏考古》,2021年第6期。

献给夏后氏的先公先王。春秋战国时期的丧礼中，常常让死者口含稻米，以充实其口，寓意身后不会饿肚子，称为"饭含礼"。如《周礼·春官宗伯·典瑞》中云："大丧共饭玉、含玉、赠玉。"郑玄注："饭玉，碎玉以杂米也。"饭玉，就是把玉块捣碎之后，混杂在米饭中。这种丧俗可能与瓦店遗址的五谷祭有一定的渊源。

上古时期，用谷物酿酒的历史源远流长。河南偃师灰嘴仰韶晚期遗址的F1，发现地面、陶缸、陶瓮中的三组淀粉粒残留物，都具有酿造谷芽酒的特征。酿造酒的原料有黍、稻米、小麦种子及山药，可复原的酿酒程序至少包括糖化和发酵。[1]山东日照两城镇龙山文化遗址的23件陶器标本中，也检测出酒类遗存。研究发现，此遗址年代约公元前2500年—前2200年，酿酒原料以稻米为主，另有蜂蜜、水果、植物树脂等，酿成的酒为混合型。[2]

二里头文化时期的陶酒器，主要是鬶、盉、爵。尤其是白陶器，是典型的贵族器物。研究人员择取二里头遗址中出土的16件陶器残片，其分别来自1件大口尊、5件尊（2件为白陶尊）、5件盉（4件为白陶盉）、3件白陶鬶、2件白陶爵，进行残留物分析。结果显示，这些贵族才能够拥有的权威器物都与酒有关。大口尊用于发酵酿酒，尊用于储酒，鬶、盉用于温酒和备酒，爵用于饮酒。16件陶器残片中有14件中发现了稻米的淀粉粒和植硅体，说明稻米是二里头酿酒的基本原料之一。在一个储酒的陶尊标本中，发现酿酒原料共有5种，其中，数量最多且出现频率最高的植物

---

1 刘莉、王佳静、陈星灿等：《仰韶文化大房子与宴饮传统：河南偃师灰嘴遗址F1地面和陶器残留物分析》，《中原文物》，2018年第1期。
2 麦戈文、方辉、栾丰实等：《山东日照市两城镇遗址龙山文化酒遗存的化学分析——兼谈酒在史前时期的文化意义》，《考古》，2005年第3期。

是稻米，[1]远超过小麦和其他植物，可见稻米是最重要的酿酒原料。用稀有的白陶器饮酒是贵族阶层的特权，足证稻米是二里头贵族的奢侈食物。

稻米作为酿酒的上等原料，在传世文献中也有记载，如《诗经·豳风·七月》中有"十月获稻，为此春酒，以介眉寿"。酒，不仅仅是一种含有机化合物乙醇的液体，同时也是沟通天人、神人的一种媒介。先民们用稻谷酿造美酒，首先是用来祭祀天帝的。早期文献中，酒是天帝命令酿造的。《尚书·酒诰》云："祀兹酒，惟天降命，肇我民，惟元祀。"北宋朱翼中在《酒经》中对这句话作如此解释："言天之命民作酒，惟祀而已。"意思是天帝让民众作酒，只是为了祭祀而已。酒，也因此被赋予一种神圣的崇天属性。清华简《厚父》中对此郑重地表达出来："酒非食，惟神之飨。"朱翼中也有同样的话："酒之于世也，礼天地、事鬼神。"《孟子·离娄下》有"禹恶旨酒而好善言"，孟子说大禹厌恶美酒，但大禹并非真的对酒充满憎恨，而是唯恐后人嗜酒，违背了天帝造酒的初衷，从而失去了天命。酒因此与天帝相联结，是严格合乎规范的天命承载物，因其神圣，后世也用来祭祀祖灵，《诗经·周颂·丰年》有"为酒为醴，烝畀祖妣"，意思是说把粮食酿成甜酒，敬献给祖先。

由此可见，上古时期贵族们酿造美酒的首要动机，就是祭祀天帝，以获取上天的佑护。作为酿酒的最佳原料之一，产量稀少的稻谷也因此成了贵族的专属食物，与统治者集团的特权紧紧捆绑在一起。那么，这些以稻谷为主食的贵族阶层是怎么来到洛阳盆地的？稻谷在二里头文化形成的过程中产生了哪些作用？

---

1 贺娅辉、赵海涛、刘莉等：《二里头贵族阶层酿酒与饮酒活动分析：来自陶器残留物的证据》，《中原文物》，2022年第6期。

第三节　石器：二里头文化的加速器

石器、稻谷、白陶：夏后氏"三剑客"

龙山晚期，在洛阳盆地内生活着来自不同地区的族群，除了本地居民，尚有西迁而来的大汶口文化先民，南来的屈家岭文化先民，还有西部的三里桥，西北的石峁、陶寺，关中平原的客省庄文化先民，等等。他们各据一方，形成互不关联的血亲宗族，既有对立，也有融合。文明大前夜的洛阳盆地，呈现出一盘散沙的碎片化局面。

在伊洛地区通过考古调查观察到的三个层次的聚落等级，可能拥有多个小型的酋邦组织。其中，一个酋邦在坞罗河流域，共有16个遗址，最大的罗口遗址坐落在坞罗河中游肥沃的冲积平原上，是该地区的中心聚落。南石遗址位于坞罗河下游与伊、洛河汇流处的南岸。两个遗址水源充沛，农业生产条件优越，都发现了稻谷遗存。另一个酋邦在坞罗河西边的干沟河流域，中心是府西村北遗址，其附近的干沟河两岸，密集分布着众多的遗址，似乎已经具备小规模的纳贡经济特征。[1] 该地区的社会结构较为严密，酋长牢牢控制着周围的村落，并征收贡赋。

干沟河以西的马涧河、浏涧河地区，小村落众多，面积都在12万平方米以下，可能也都受控于干沟河的酋邦。灰嘴遗址就是

---

[1] 中国社会科学院考古研究所、中澳美伊洛河流域联合考古队编著：《洛阳盆地中东部先秦时期遗址：1997—2007年区域系统调查报告》，科学出版社，2019年，第1303—1315页。

其中的一个，农夫们在这里耕种作物，制作石器，然后贡给东边的干沟河酋长。

灰嘴位于浏涧河西岸一块平坦的冲积平原上，海拔183米，北距偃师约20千米，南距嵩山余脉青罗山3至4千米。一条冲沟将灰嘴遗址分开为东、西两个部分。其中，东址面积约10万平方米，先民们从仰韶中晚期开始定居于此，直至东周，长达数千年。由于居址反复被使用，文化层重重叠叠，形成厚达3至4米的灰土，因之得名"灰嘴"。西址面积近4万平方米，纯为二里头文化遗址，年代在二里头二、三期，使用时间不长，文化层堆积相对简单。

灰嘴背山面水，拥有得天独厚的自然环境。它的南边，嵩山北麓的寒武纪地层中岩石种类繁多，可供选择的石料大约有25种。其中有4种最适宜用来打造各种石器，它们是鲕状白云岩、辉绿岩、细云母砂岩和其他种类的砂岩。鲕状白云岩用来制造石

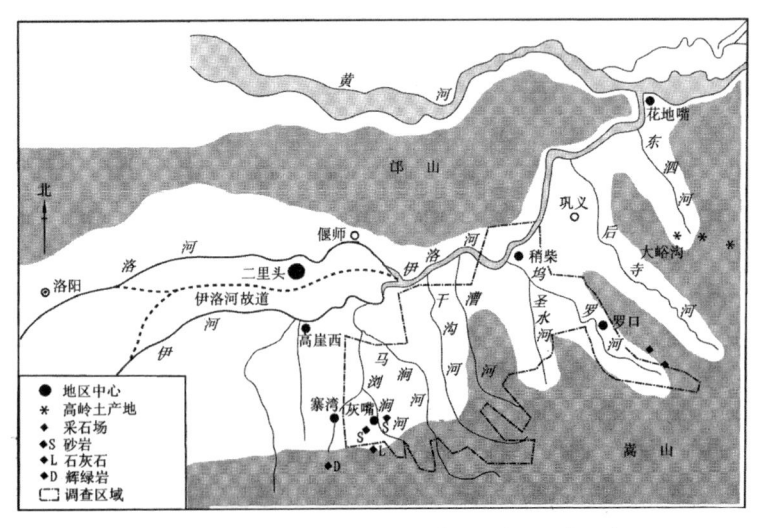

图57　伊洛地区二里头时期重要遗址及资源分布示意图

铲，辉绿岩用来制作石斧、石锛、石凿等，细云母砂岩用来制造薄锐的石刀和石镰，其他种类砂岩包括粗粒砂岩、中粒砂岩等，可以用来生产磨盘、磨石等。

灰嘴遗址拥有丰富的石料资源，不但开采方便，而且水陆交通十分便捷。浏涧河顺流而下，与马涧河交汇，而后向北流淌，注入伊河，再联结其他的河流，共同构成了一个庞大的水路交通网，将洛阳盆地南部偏远之地灰嘴生产的石器，输送到各个酋邦的酋长手中。酋长再分配给他的民众，借此巩固自身的权力。距灰嘴不远的寨湾东南、马寨西、双泉东北等遗址也发现石器加工的产物，但是生产规模、遗迹情况均远不及灰嘴。因而，灰嘴是洛阳盆地最重要的石器生产基地之一。龙山时代，石器是最重要的社会生产和生活工具之一，石料也是一种极其重要的战略资源。谁控制了石器生产，谁就能左右洛阳盆地的生产劳动，进而控制整个洛阳盆地。灰嘴等石器加工场由此成为各个族群竞相角逐的目标。

石铲是新石器时代一种挖掘工具，生产劳动、建筑和制陶，都严重依赖石铲的使用。迄今在嵩山北麓一共发现过19处龙山至二里头时期的石铲加工点，[1]其中，灰嘴遗址面积最大，同时也是唯一经发掘确认的典型石铲加工场。目前发现的石铲所用石料大概有七八种。但是，灰嘴的石器制造者非常聪明地选择了鲕状白云岩作为石铲的原料。鲕状白云岩的硬度介于3—3.5之间，易于打磨，而且很大一部分就位于嵩山北麓脚下，上面覆盖一层薄而松软的泥灰岩，泥灰岩因风化剥落之后，鲕状白云岩马上就显露出来，开采十分便利。

---

[1] 李永强：《嵩山北麓的石铲工业——以伊洛河流域调查为线索》，《南方文物》，2021年第6期。

对稻谷及石器加工遗存进行比较，可以发现一个有趣的现象：龙山晚期洛阳盆地内最早的一批稻谷遗存，几乎都出现在嵩山北麓的石器加工场和石料资源分布区内。如浏涧河的灰嘴、寨湾遗址，周围布满了石灰岩、辉绿岩和砂岩；坞罗河中上游的罗口、上庄遗址，附近不远处有采石场。稻谷遗存的分布与石器加工遗存的分布高度重合，这绝非偶然，因为石匠大都由农夫兼任，而石料产地附近需要一定规模的农田来供应足够的粮食。洛阳盆地内灰嘴等地第一批石器加工业者，就是从嵩山东南迁徙而来的食稻人群。他们也是伊洛地区最早制造二里头风格陶器的少数居民，年代在公元前2000年之前。[1]

如前所述，龙山晚期的环嵩山地区存在两种饮食传统：一种主食为C_4类的粟黍，食肉较少；另一种主食为C_3类的稻米，食肉较多。其中，主食为粟黍的"C_4类饮食传统"占绝大多数，而主食为稻米的"C_3类饮食传统"仅出现在瓦店、新砦、郝家台、煤山等遗址，影响范围局限于嵩山东南的沙颍河中游地区，这一带正是传说中夏族或夏后氏的活动区域。豫西南地区的南阳盆地、豫东地区的平粮台遗址则未受C_3类饮食传统的影响，仍然沿袭C_4类饮食传统。[2] 在二里头居民的食谱中，也有C_4类和C_3两类植物，C_4类植物比例高于C_3类。可见当时的二里头居民以粟黍为主食，但同时存在一个主食为稻米的群体。[3]

食稻群体在环嵩山地区的社会中占据明显优势，属于贵族阶层。《史记·夏本纪》中两次提到大禹推广稻种，一处是"令益

---

[1] 中国社会科学院考古研究所、中澳美伊洛河流域联合考古队编著：《洛阳盆地中东部先秦时期遗址：1997—2007年区域系统调查报告》，科学出版社，2019年，第1222页。
[2] 周立刚：《稳定碳氮同位素视角下的河南龙山墓葬与社会》，《华夏考古》，2017年第3期。
[3] 中国社会科学院考古研究所编著，许宏、袁靖主编：《二里头考古六十年》，中国社会科学出版社，2019年，第358—360页。

予众庶稻,可种卑湿",另一处是"与益予众庶稻鲜食"。司马迁一再提及大禹令众人种植水稻,而不提及中原先民的主食粟和黍,可见大禹与稻种关系密切,大禹的族人是一个谙熟水稻种植技术的族群。因而,环嵩山地区深受南方稻种民族影响的食稻人群,很可能就是主导酋邦联盟的夏后氏贵族集团,包括夏后氏、东夷的上层权贵人物。他们对下层大众拥有支配权。

以此推之,灰嘴、上庄、寨湾、二里头等遗址的食稻群体,应当就是嵩山以南的食稻群体或者夏后氏贵族集团迁徙过去的。他们沿着颍水水系及其山间谷道,翻越嵩山进入洛阳盆地,率先发展石器工业,生产石铲、石刀、石斧等劳动工具,开发遭受洪水重创的洛阳盆地,是二里头文化陶器最早的使用者之一。

我们可以从出土的器物中推测食稻群体迁徙的轨迹。在灰嘴龙山文化遗存内发现了1件细泥质白陶鬶残片[1],这是伊洛地区年代最早的白陶鬶。白陶鬶属于权威物品。二里头文化一共出土23件白陶鬶,数量稀少,其在二里头遗址中主要见于宫殿区和贵族墓葬中。带流的白陶鬶是宗教祭祀的礼器,与天崇拜有关,而且常常出现在贵族墓葬中,显然灰嘴存在一个地位较高的贵族群体。隔着嵩山,在与灰嘴遗址相距约38千米的王城岗西小城内,也发现了1件白陶鬶残片(编号WT155H413:39)。两件珍稀的白陶鬶残片都在龙山晚期,应属于同一个族群的器物。而且,该遗址出土的器物中含有大量的鼎。在1959年的发掘中出土8件鼎,其中,乳足鼎6件、扁足鼎2件,2002至2003年也出土鼎足23件,

---

1 河南省文物研究所:《河南偃师灰嘴遗址发掘报告》,《华夏考古》,1990年第1期。

它们具备了煤山类型的器物特征。[1]我们认为,煤山类型代表的是夏后氏酋邦联盟,其特性从考古材料可以看出,包括食稻米、肉和使用白陶鬶等高级器物。

从白陶器上看,灰嘴很有可能是嵩山以南煤山类型向洛阳盆地扩张的重要据点。煤山类型的扩张方向有两个:一个是沿着嵩山东麓向北挺进,从瓦店到新砦,而后抵达郑州地区,融合东方文化因素之后,发展出"新砦期";另一个是经河流低谷越过嵩山,走进洛阳盆地,在灰嘴等地开采石料资源,引入了稻谷耕种,并创造了二里头文化。可以说,是稻作推动了二里头文化的诞生。

二里头文化的核心陶器群如下表所示:

表27 二里头文化的核心陶器群

炊器	深腹罐、圆腹罐、鼎
食器	豆、三足盘
饮器	觚、爵、盉
盛储器	深腹盆、平底盆、刻槽盆、捏口罐、大口尊
其他	器盖

这些核心陶器群可以作为区分二里头文化与其他文化的标准与依据。[2]

---

1 a.河南省文物研究所:《河南偃师灰嘴遗址发掘报告》,《华夏考古》,1990年第1期。b.中国社会科学院考古研究所河南第一工作队:《2002—2003年河南偃师灰嘴遗址的发掘》,《考古学报》,2010年第3期。
2 孙庆伟:《鼏宅禹迹:夏代信史的考古学重建》,生活·读书·新知三联书店,2018年,第364页。

稍柴遗址:"新砦期"进入洛阳盆地的跳板

灰嘴是最早出现二里头文化的地方。该地的年代序列基本清楚,仰韶前期为公元前3491年—前3090年,仰韶晚期为公元前3096年—前2909年,龙山晚期为公元前2200年—前1831年。灰嘴的二里头文化遗存有三组数据,其年代基本上落在公元前1890年—前1630年的区间内。[1]

从上可以发现,仰韶时代与龙山时代之间有一个长达700年的年代缺环,说明在相当长的一段时间内没有居民生活于此。沉寂了几百年之后,龙山晚期,约公元前2000年,有人群迁徙于此,灰嘴重现生机。在年代上,龙山晚期与二里头早期之间有一定的重叠,意味着该遗址存在连续不断的人类活动。至迟在公元前1890年,灰嘴的居民就已经使用二里头文化陶器。过了140年之后,在灰嘴以北14.5千米的洛河南岸,崛起了二里头遗址。灰嘴贵族使用的白陶鬶,被二里头沿袭下来,作为贵族身份的象征或者充当礼器的角色。因此,二里头的居民中至少有一部分来自南部的灰嘴。至于这140年间,二里头文化的陶器该如何分类,或者怎么演化,目前还不清楚。我们只知道二里头遗址一出现,就以面积超百万平方米而惊艳全场。

在二里头遗址出现之前,约1000平方千米的洛阳盆地一共发现295个龙山时代的遗址。根据洛阳盆地区域系统调查,这些遗址主要集中于伊河南岸,以及伊洛河交汇处两河间的半岛状阶地,其他区域的遗址分布稀疏,面积较小。其中,面积超过30万平方

---

[1] 三组具体的年代数据是:公元前1891年—公元前1658年、公元前1876年—公元前1633年、公元前1872年—公元前1626年。见中国社会科学院考古研究所、中澳美伊洛河流域联合考古队编著:《洛阳盆地中东部先秦时期遗址:1997—2007年区域系统调查报告》,科学出版社,2019年,第1356页。

米的遗址有16个,绝大多数位于伊洛河南岸,在洛阳与偃师之间的洛龙区大致形成了一个长25千米、宽20千米的大型遗址密集分布地带。可以观察到,三个层次的聚落等级,比仰韶时期更加复杂。

根据刘莉的聚落规模分级标准,龙山晚期的洛阳盆地大致拥有八至十个复杂酋邦,酋邦的中心聚落相距约25千米。这样的社会形态呈多中心型特征,酋邦之间存在抗争关系。而早期国家的产生,就是这些小的政治实体之间长期抗争的结果。也就是说,战争是导致国家社会出现的主要动力。[1]

那么,最早的国家为什么会出现在洛阳盆地,而不是山东海岱地区或山西临汾盆地的陶寺遗址?这是因为山东海岱地区的贵族们中存在一个"贵族用品交换网",比如珍稀的贵族用高档器物——蛋壳黑陶,在海岱地区的大墓中经常性地出现,说明海岱地区的贵族之间经常进行蛋壳黑陶的交换。贵重物品的交换是为了给不同集团的首领提供一个解决争端的办法,从而使得各酋邦之间的统治范围保持长期稳定。在洛阳盆地,没有证据显示贵族阶层之间存在贵重物品比如蛋壳黑陶的经常性交换。虽然在干沟河流域的冯寨西南遗址出土几片蛋壳黑陶片,灰嘴遗址也发现了高档陶器白陶鬶,但这只是个别贵族使用的高档器物,很可能是人口迁移带来的。盆地内的酋邦之间缺乏一个维持地区长期稳定的协议,因而该地区的酋邦社会主要特征为军事冲突频繁。

在灰嘴遗址,发现数量众多的作战兵器,如器形扁平的石矛,双面刃,杀伤力强;远程投射兵器石镞有多种类型,侧锋经过磨砺,锐利无比。灰坑中人、牲共处一坑已成常态,坑中混杂各种

---

1 刘莉著,陈星灿译:《龙山文化的酋邦与聚落形态》,《华夏考古》,1998年第1期。

生产和生活垃圾。这可能跟各种石、骨制武器的大量增加有关，显示出该地区社会冲突、暴力和动荡的加剧。[1]

二里头文化尽管在灰嘴遗址最早出现，却没有迅速传播到洛阳盆地的其他地方，很可能是因为受到盆地内其他族群的抵抗，他们或来自西北陶寺、石峁地区，或来自西部的三里桥、客省庄文化区。以灰嘴移民的实力，尚不足以与洛阳、偃师之间的大型遗址群相抗衡。因此，灰嘴二里头文化的火种，并未形成燎原之势，迅速点燃整个洛阳盆地。龙山文化晚期类型依旧在洛阳盆地占据压倒性优势。打破这一沉闷的文化格局的，是伊洛河南岸、巩义西南10千米处的稍柴遗址。稍柴西南距灰嘴20千米，东北距花地嘴17千米，与"两嘴"处在同一条直线上。

稍柴遗址坐落在坞罗河、伊洛河交汇的台地上，有4层文化层堆积。第4层也就是年代最早的文化层，出土的陶器具有明显的新砦期器物特征。第3层文化层堆积发现的陶器与二里头早期的面貌非常相似，如纹饰以宽浅的篮纹为主，器物外形浑圆（通常以圆腹罐所占的比例大小来区分新砦期与二里头文化），而且也发现了二里头贵族使用的白陶鬶，等等。但是，没有二里头文化的典型器物花边罐和捏口罐。因而，稍柴遗址是一座过渡性的遗址，处在新砦期向二里头一期的过渡阶段。[2]

稍柴东边17千米是花地嘴遗址，西边40千米是二里头遗址。显然，稍柴是嵩山以东郑州地区的新砦期向西移动，试图进入洛阳盆地的一个桥头堡。在龙山晚期，洛阳盆地自偃师以东，几乎没有出现什么大型的遗址，只是在冲积平原的边缘地带、小河流

---

1 中国社会科学院考古研究所河南第一工作队：《2002—2003年河南偃师灰嘴遗址的发掘》，《考古学报》，2010年第3期。
2 林秀贞：《试论稍柴下层遗存的文化性质》，《考古》，1994年第12期。

沿岸两侧有一些稀疏的小遗址，稍柴遗址如同荒漠戈壁中的一片大绿洲，孤零零地矗立在洛阳盆地东部宽旷的原野之上。

稍柴遗址的白陶鬶出土于最早的第4层文化层5号墓葬中，墓主可能为男性，仰身直肢，头朝北，脸朝西，小腿两侧各放置1件白陶鬶、陶斝、陶爵、陶豆等。[1]随葬品均属于高档陶器，主人毫无疑问属于当时的特权阶层，很可能是早期移民的首领人物。鬶，本来是东夷鸟崇拜的器物，也是祭祀上天的礼器。《说文解字·鬲部》："鬶，三足釜也。有柄喙。"段玉裁注："有柄可持，有喙可泻物。"喙，即鸟嘴。鬶是上古时期的陶制炊器，三只足用以支撑，腹部下方可烧火，鸟嘴形状的引流用以倾倒。传播至中原之后，被各地区的考古学文化吸收、改造，超越地域与族群，成为史前诸文化共同的新因素，已经不再是东夷文化的特产。由鬶衍生出来的盉，后来成为商周时期重要的礼器。

白陶器以含铁量低的高岭土为原料，经过1200℃的高温烧炼之后精制而成，胎壁稀薄，质地坚硬。在山东海岱地区发现的数量很可观，但在中原地区较为少见。白陶鬶更是稀罕之物，是嵩山以东贵族阶层祭天时使用的礼器。洛阳盆地目前所见年代最早的白陶鬶，除了南边灰嘴遗址发现的1件细泥质白陶鬶残片，就是稍柴的这2件白陶鬶了。可见，无论是二里头文化，还是新砦期遗存，都是嵩山以南煤山类型对外扩张的产物。

由此推测，煤山类型进入洛阳盆地除翻越嵩山来到灰嘴之外，另有一路自郑州地区经花地嘴，进入洛阳盆地东部的伊洛河流域。稍柴的位置相当重要，地形复杂，紧紧扼守洛阳盆地的进出要道。而且该地附近石料资源也十分丰富，离嵩山东麓盛产的寒武系灰

---

[1] 河南省文物研究所：《河南巩县稍柴遗址发掘报告》，《华夏考古》，1993年第2期。

岩和白云岩仅5千米，开采异常方便。因此，煤山类型发展为二里头文化之后，首先占领此地，开发石料等重要的自然资源，作为继续向西发展的战略支点。

煤山类型代表的是夏后氏主导的酋邦联盟，我们称之为"夏后氏集团"，其中包括以夏后氏为核心的姒姓夏族，以及早已中原化的东方移民（东夷）和南方移民（三苗）。煤山类型的文化扩张，其背景很可能就是夏后氏集团在环嵩山地区不断地开疆拓土，以获取更多的资源。从灰嘴出现二里头文化算起，夏后氏集团经历了漫长的140年之后，才在洛阳盆地站稳脚跟。约公元前1750年兴建二里头大型聚落，并陆续征服其他族群，在军事冲突之中产生了早期国家。

第四节　王国：二里头文化的凝聚体

二里头国家横空而立

早期国家是由酋邦社会发展而来的。一般地说，早期国家是在酋邦联盟的基础之上产生的，或者说是一个最强大的酋邦对其他酋邦统一、凝聚的结果。大禹建立的酋邦联盟是颍、淮河流域夷、夏的联盟，代表嵩山以南的煤山类型。酋邦联盟的最高酋长的继替实行"禅让"推举的制度，也就是说建立联盟的酋邦的地位基本上是平等的，但是酋邦联盟的主导权落在大禹所在的夏后氏手中。"启有钧台之享"的传说，实际上反映了夏后氏权贵阶层争夺酋邦联盟的主导权，也就是以家天下取代公天下。家天下造成了最高酋长权力的高度集中，从而酝酿了早期国家的形态。其后，夏后氏集团在环嵩山地区展开强势扩张，同时发展出新砦期和二里头文化，以"两嘴"（灰嘴和花地嘴）为跳板，分进合击，占领洛阳盆地，在这基础之上，形成了一个以二里头为中心的早期国家。

这个国家该怎么称呼？考古学家直接称之为"二里头国家"[1]。之所以说二里头是个国家，是因为这里是文明的最早诞生地。美国汉学家艾兰（Sarah Allan）认为，文明就是精英文化。精英文化包括"文化表征"和"文化霸权"，文化表征主要是指政治在社会生活中占据了建构性（主导性）的地位，文化霸权具体表现为青铜礼器和相关事物。精英文化往往伴随着一系列特殊的宗教祭祀活动。这种精英文化最早在二里头区域中心形成。[2]

有关二里头文化国家形态的具体论述，刘莉和陈星灿作出了六大点的说明。[3]这也是目前中外考古学界所能达成的共同认识。六点说明可概括如下：

> 1.二里头文化拥有四个层次的聚落等级，等级—规模曲线从凸线转变为凹线，这些指标都是中央集权政治、经济控制能力加强的体现；
>
> 2.聚落遗址数量从龙山时期的700多个锐减到200多个，但是最大的遗址却从75万平方米剧增至400万平方米，反映了城市化与人口的高度集中；

---

1 刘莉、陈星灿：《中国考古学：旧石器时代晚期到早期青铜时代》，生活·读书·新知三联书店，2017年，第274页。
2 刘莉、陈星灿：《中国考古学：旧石器时代晚期到早期青铜时代》，生活·读书·新知三联书店，2017年，第271页。
3 刘莉、陈星灿：《中国早期国家的形成——从二里头和二里岗时期的中心和边缘之间的关系谈起》，《古代文明（第1卷）》，文物出版社，2002年，第76—82页。

3.政治结构从竞争性的小型政体,转变为一个大中心主宰众多小村落的模式;

4.陶器类型从大到少,这与制陶工业生产的"国家化"相关;

5.青铜器的出现,并成为国家控制的产业;

6.奢侈品的远程贸易交换发展到一个新的水平。

早期国家的形成必须具备两个条件:一是有两个对立的阶层,即贵族统治阶层和平民阶层;二是有一个高度集权和内部分工的政府。目前对国家形成的原因有两种阐述。一种是以新进化论学者塞维斯为代表的"压力整合(stress integration)说",强调国家的出现是为了应对人口、自然环境和外部社会的压力;另一种是以冲突理论学者亨利·J. M. 克莱森为代表的"压力冲突(stress conflict)说",强调国家就是维护不平等的集权体制,统治阶层动用权力化解不平等引起的各种社会冲突。[1]

二里头国家的形成,更适合运用"压力整合说"来解释。从仰韶晚期至二里头早期的一千多年间,洛阳盆地遗址数量呈现出"W"形的发展趋势。仰韶晚期目前已发现155个遗址,到龙山早期出现第一个低谷,骤降至61个,降幅达六成以上。但在龙山晚期,洛阳盆地的遗址数量又突然间增长,遗址数量暴增至156个,增幅相当可观,将近160%。[2]其中,洛阳盆地东部伊洛河地区的变化尤为明显,如伊洛河的支流干沟河流域遗址数量由仰韶晚期27个降至龙山早期的9处,聚落规模更是从66.26万平方米降

---

1 陈淳:《文明与早期国家探源——中外理论、方法与研究之比较》,上海书店出版社,2007年,第156页。
2 中国社会科学院考古研究所、中澳美伊洛河流域联合考古队编著:《洛阳盆地中东部先秦时期遗址:1997—2007年区域系统调查报告》,科学出版社,2019年,第1208—1218页。

至21.8万平方米，降幅达67%。但是，这一情形在龙山晚期发生了根本性的逆转，遗址数量有29个，聚落范围扩大至97.3万平方米，增加了近3.5倍。遗址数量的巨幅增加，人口数量也必定随着暴涨。伊洛河地区在仰韶晚期，人口总数估计为4447人，龙山早期仅剩下1242人，到了龙山晚期，人口总数为6211人，达到了史前相当的高度。[1]

石器时代落后的生产力使得先民们获取的自然资源利用率低，洛阳盆地人口在龙山晚期的突然增多，无疑加剧了资源的匮乏，先民们不得不去攫取更多的生活资源，由此造成生存压力极大，促使酋邦之间的竞争日益激烈，冲突频仍。同样的情形出现在整个环嵩山地区。长期的战争迫使酋长们不断提高社会管理能力、资源汲取能力，并逐步实现个人的绝对统治，以应对内外各种压力。故而有学者主张，战争在促使酋邦向国家形成的转变中起了相当重要的作用。[2]

不幸的是，龙山晚期酋邦向国家演化的进程，被距今4000年前后一场席卷洛阳盆地的异常洪水事件打断了。二里头文化诞生前夕是第二个低谷，洛阳盆地内无论是遗址数量或者聚落面积，都出现令人难以置信的下降幅度，这可能与洪水有关。在二里头一期，遗址仅剩下19个，几乎九成以上的村落消失在滔天洪水之中。龙山晚期形成的酋邦，在即将跨进国家社会的门槛时倒下了。在二里头一期，面积超过50万平方米的大型遗址仅剩下东沙沟流域的高崖西。

---

1 a.陈星灿、刘莉、李润权等：《中国文明腹地的社会复杂化进程——伊洛河地区的聚落形态研究》，《考古学报》，2003年第2期。b.中国社会科学院考古研究所、中澳美伊洛河流域联合考古队编著：《洛阳盆地中东部先秦时期遗址：1997—2007年区域系统调查报告》，科学出版社，2019年，第1245—1251页。
2 谢维扬：《中国早期国家》，浙江人民出版社，1995年，第61页。

此时，二里头遗址突然间崛起，显然是外部人群趁虚而入争夺资源的结果。从发现的贵族用品白陶鬶以及其他高等级的器物来看，这一人群应当来自嵩山以东的煤山类型，代表的是夏后氏集团。夏后氏集团选择在二里头建立一个庞大的聚落，是当时的形势所需。

　　二里头所在的洛阳盆地是一个狭长的碟状谷地，东西150千米，南北16至30千米，遗址就坐落在盆地中部偏东。仰韶晚期，古洛河从二里头北部流过，在古伊洛河北岸的台地上出现了三个临河的小村落：四角楼、圪垱头和北许。龙山早期，洛阳盆地的社会出现了第一个低谷，二里头区域内只剩下四角楼一个小村落。到了龙山晚期，四角楼也成了废墟。不过，在二里头8号基址的夯土层下发现了一座王湾三期文化的婴幼儿瓮棺葬，说明当时曾有零星的人类活动迹象。[1]距今4000年前的大洪水致使流经二里头以北的古洛河决口、改道，在二里头以西汇入伊河。洪水携带的泥沙在二里头北侧的古洛河河道中沉淀下来，形成一个土壤肥沃的冲积平原。洪灾过后，外来族群不断涌入洛阳盆地。二里头以西，洛阳与偃师之间的洛龙区，在龙山晚期密集分布着十余座面积超过30万平方米的大型聚落，众多的王湾文化居民生活在这里，土地资源早已被开发殆尽。有学者认为，从龙山时代中期开始，晋南乃至晋中地区的考古学文化就通过黄河谷地向东方渗透。到了龙山时代晚期，西边的三里桥文化继续向东迁徙，进入洛阳盆地。[2]

1　中国社会科学院考古研究所编著，许宏、袁靖主编：《二里头考古六十年》，中国社会科学出版社，2019年，第79页。
2　段天璟：《龙山时代晚期嵩山以西地区遗存的性质——从王湾遗址第三期遗存谈起》，《中原文物》，2013年第6期。

夏后氏集团取道东部的稍柴、南部的灰嘴，进入洛阳盆地，与盆地内的其他文化族群形成对峙之势。在刚形成不久的古洛河冲积平原上定居下来，无疑是明智而富有远见的抉择，一是能够避免族群冲突，让自己有立足之地；二是这片肥沃的冲积平原是尚未开垦的地方，土地资源开发潜力巨大，湿地可以用来种植夏后氏贵族们嗜好的稻谷。在洛阳盆地中，只有二里头遗址发现大量的稻谷基盘（稻谷与稻秆小枝梗的连接处用来承托稻谷的部分）遗存，这是二里头稻作耕种的重要证据。[1]

在二里头一期（约公元前1750—前1680年），二里头就显露出峥嵘之气，遗址范围超过100万平方米，是洛阳盆地最大的遗址。遗址周围分布着可准确判定年代和面积的18个遗址，主要集中在伊河及其支流两岸。

聚落遗址可观察到4个层次。其中，第一层次是1个超大型聚落，即二里头，是该区域的中心聚落（都邑），聚落内统治阶层拥有青铜礼器和陶礼器；第二层次是1个大型聚落，即高崖西，面积为79.5万平方米，聚落内统治阶层拥有陶礼器；第三层次是10至20万平方千米的中型聚落，共7个，聚落内统治阶层拥有陶礼器；第四层次是面积小于10万平方米的小村落，共9个，没有陶礼器。

拥有4个层次的等级聚落，意味着该地域社会已经站在国家社会的门槛上。洛阳盆地的聚落尽管在二里头一期不到20个，却能够由3个层次的聚落体系演变成4个层次的聚落体系，也就是实现了从酋邦到早期国家的跨越，表明该地区的社会秩序已经发生质变，出现了集权阶层。集权阶层拥有很强的号召力和执行力，

---

[1] 唐丽雅、李凡、顾万发等：《龙山—二里头时期环嵩山地区农业演变》，《华夏考古》，2019年第3期。

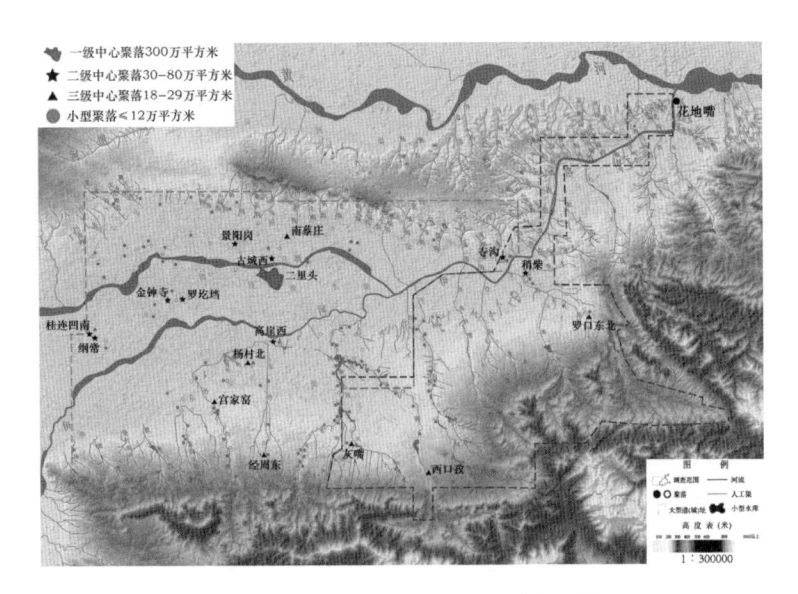

图58 洛阳盆地中东部的二里头文化聚落

洛阳盆地不同的族群在其引导之下向中心聚落流动，由此实现了人群重组，促使二里头快速迈向城市化。

手工业的集中和发达，是城市化的重要特征之一。这个时期二里头的手工业也初步发展起来，为贵族阶层生产一些高级消费品，如白陶、象牙、绿松石、小型青铜器，等等。Ⅳ M26出土了鸭形鼎、觚、绿松石珠等规格较高的遗物，很可能是当时的贵族墓葬。如此高规格的遗物在洛阳盆地龙山时期从未发现过，可见当时的手工业十分发达。

二里头一期晚段的遗存较多，年代约公元前1700年，出现了1号巨型坑。坑平面近似圆角长方形，总面积2200平方米，深度4至7米。据推测，1号巨型坑是为了解决大型夯土建筑物如宫殿、宗庙的用土，挖掘形成的。宫殿，是王权的象征。宫殿出现，意味着政治集权的形成，因而这一时期二里头的都邑地位已经初步确立起来。

宫殿、宗教与王权的诞生

大型宫殿群，开始出现于二里头二期（约公元前1680—前1610年）。目前共发掘出12座大中型建筑基址。其中，9座基址以1号、2号为核心，形成西部和东部两大宫殿群。10号基址位于宫殿群以南的大道上，整体形状为圆角长方形，该基址的始建、使用和废弃年代，都在二里头四期晚段。因为10号基址破坏了整个二里头都邑的格局，所以考古学家推测，它是二里头遗址废弃之后出现的。这些建筑基址的始建、使用、废弃年代如下表[1]所示：

表28　二里头遗址建筑基址的使用年代对比

建筑基址	始建年代	废弃年代	面积（平方米）
西部宫殿群1号	二里头三期之初	二里头四期晚段	9585
西部宫殿群7号	二里头二期	二里头四期晚段	357
西部宫殿群8号	二里头三期之初	二里头四期晚段	1800
西部宫殿群9号	二里头二、三期	二里头四期晚段	不详
西部宫殿群2号墙	二里头二期晚段	二里头四期晚段	
东部宫殿群2号	二里头三期晚段	二里头四期晚段	4200
东部宫殿群3号	二里头二期早段	二里头二期晚段偏晚	3000
东部宫殿群4号	二里头三期早段	二里头四期晚段	约520

---

1 参考中国社会科学院考古研究所编著，许宏、袁靖主编：《二里头考古六十年》，中国社会科学出版社，2019年。

（续表）

建筑基址	始建年代	废弃年代	面积（平方米）
东部宫殿群5号	二里头二期早段	二里头二期晚段偏晚	2700
东部宫殿群6号	二里头四期晚段	二里头四期晚段	2500
东部宫殿群11号	二里头四期	二里头四期	约100
东部宫殿群12号	二里头三期	二里头四期晚段	33
10号	二里头四期晚段	二里头四期晚段	192

二期时，二里头开始进入全盛阶段，遗址总面积扩增到300万平方米。

在城市建设方面，二期早段，宫殿区域开始产生井字形的道路网络。至二期晚段时，井字形道路网络已经形成，以此为框架，先民确定了历史上第一座都邑的城市格局：宫殿区居中，贵族墓葬区居东，祭祀区居北，手工业作坊区居南。但只是初具都城形态，各个功能区之间并没有修筑围墙加以隔开。

井字形围拢的九宫格的中心是宫殿区[1]，属于支配者或王的私人空间。最早出现的是东部宫殿群的3号、5号两座基址，东西并列，中间被宽约3米的通道相隔，通道下有长约百米的木结构排水暗渠。3号基址长约150米，宽约20米，至少有三进院落，院落内发现富有生活气息的水井、窖藏库，中院和南院则是成排的贵族墓葬。5号基址有四进院落，面积超过2700平方米，为迄今所

---

1 1960年，为了便于考古发掘，将二里头遗址分为9个工作区。1986年，发掘范围扩展至遗址西部和北部，新划定3个工作区。由此共有12个工作区，自下而上，从右到左按Ⅰ至Ⅻ编列序号。其中宫殿区所在的第Ⅴ区位于遗址的中心地带。

知年代最早、保存最好的多进院落宫室建筑。[1]但是外围没有宫墙绕护，形成了一个开放式的场所。在3号、5号的院落中都出现贵族墓葬，说明当时盛行居葬合一的布局形态。同时，这也反映出早期国家刚刚从酋邦社会脱胎出来，还带有原始民主制特征，军政大事的决策仍然属于集体性质的活动，而不是王一个人的专属权力。

王权来自神权，并且王垄断宗教祭祀权。掌握了宗教祭祀权，就掌管了政治权力、社会权力。这在二里头的祭祀遗存中有所体现。

二里头一期晚段出现的1号巨型坑，据估计挖土总量约为9000立方米，大致与二期的建筑物土方量相当。1号巨型坑形成之后，在坑底铺垫陶片，外围铺垫有料姜石块，出土4具刻意摆放整齐、姿势一致的完整幼猪骨骼，发现1处配备大圆灶、地面经过夯打而坚实并被火烧烤的小房屋，说明当时曾经充分利用这个巨型坑，将其作为祭祀的场所。上古时期，猪是最重要的祭祖牺牲，1号巨型坑位于宫殿区内，应该是二里头二期王的祭祖遗存，可能与瓦店西北台地的WD2F1祭祀性基址有渊源关系。

同时，在宫殿区以北出现坛类祭祀遗迹（编号为85ⅥF3），以及墠类祭祀遗存（编号为87ⅥF7、95ⅨC6、95ⅨC14等），表明祭祀区在二里头二期已经形成。

85ⅥF3是一个由边缘向中心缓缓隆起的圆形矮土台，土台直径约7米，现存高0.2米，土台上分布着8个红黏土夯打而成的圆形土墩，遗迹周围有一片片烧土面，以及几座小型墓葬。[2]

---

1 赵海涛、许宏：《新探索与新收获：近十年二里头遗址田野考古概述》，《南方文物》，2018年第4期。
2 杜金鹏：《偃师二里头遗址祭祀遗存的发现与研究》，《中原文物》，2019年第4期。

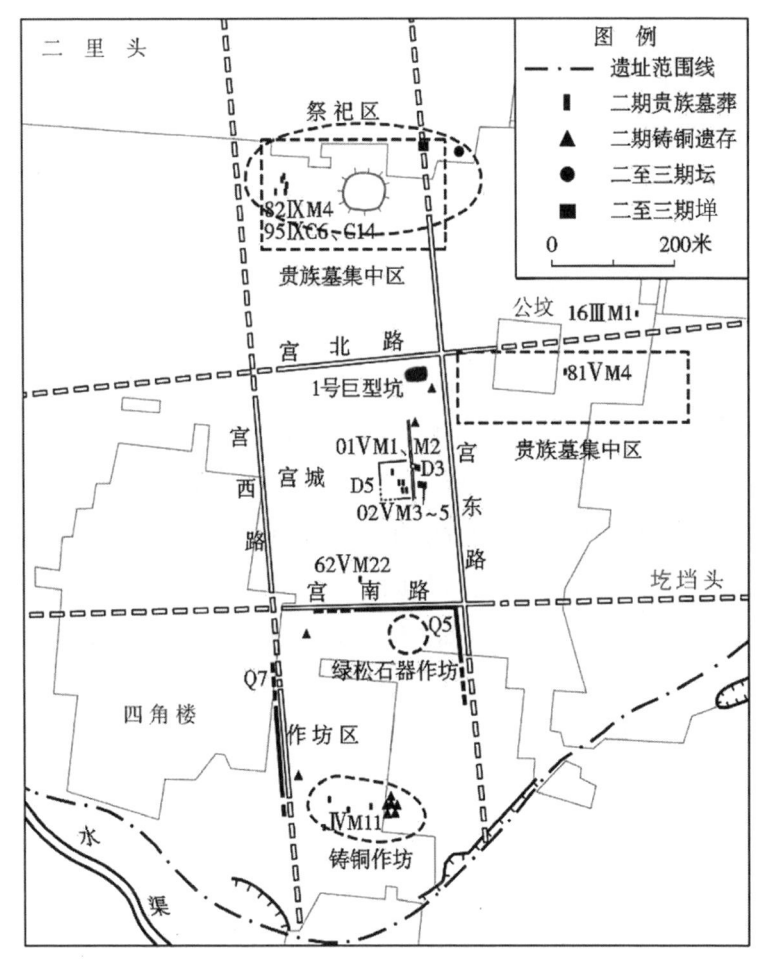

图59 二里头都邑二里头文化二期布局示意图

在85ⅥF3附近还有两处祭天的坛类遗存,一处是85ⅥF3西边的87ⅥF8,另一处是87ⅥF8以南的84ⅥF1。87ⅥF8是二里头三期的圆形土坛,直径约8.5米,台面中部有一圆形土坑,周围环绕内外两圈黏土圆墩,其中,内圈6个,外圈12个。其西侧有一座中型墓葬,出土2件铜爵等器物。84ⅥF1是一座二里头三期的长方形地面建筑物，南北长12米，东西宽7米。四周有围墙，围墙内的地面中部有略呈圆形且稍微隆起的土台，土台上有8个柱状遗迹围成的一个大圆圈，附近有5片烧祭面。84ⅥF1周围还发现7座墓葬，其中，M6、M9、M11随葬品较多，年代都属于二里头四期。M6随葬铜爵、玉柄形器、绿松石饰品、陶盉等，墓主胸骨上发现一枚铜镞；M11随葬品最丰富，有铜爵、铜铃、铜牌饰、玉圭、玉刀、玉戚、玉管、玉柄形器、绿松石饰件，等等。祭坛是祭祀天神、尊崇天命的重要场地。这三处祭天遗存应该是不同时期的祭坛。远古时期的崇天观念在此处得到了延续。

酋邦社会中，酋邦联盟的最高酋长或者天子即位之日，都要举行隆重的祭天仪式，以宣示自己是天帝的选择，是当之无愧的天命之君。最高酋长演变为早期国家的王之后，王的使命依然如故，即受到天帝的委派，降临人世间，代表天帝统治众民，因而顺理成章地继承了天崇拜的宗教礼仪内涵。王出现的那一刻，就确立了天赋君权的统治思想，此后一直沿袭了几千年。而当时的王应来自夏后氏，是大禹或夏后启的子孙。很有可能，王首先在这些地方祭祀天帝，然后登临宝座。

祭祀区中的另一类祭祀遗存，87ⅥF7、95ⅨC6、95ⅨC14等墠类遗迹，均属于浅穴式建筑。87ⅥF7平面不规则，大体上由三个长方形浅穴错位构成。浅穴地层中发现五座墓葬，东西按序排列。墓主头均朝北，其中两个为成年男女，分居东西两端，中间夹着三名儿童。95ⅨC6和95ⅨC14的中间或者四周，都没有发现墙基和柱洞遗迹，所以不属于地面建筑物，考古学家称之为"场"（代号C）。这些浅穴式的场类遗存，不禁令人联想到新砦内小城的大型浅穴式建筑，它们也是属于墠类遗迹，在文化内涵上相一致，很可能存在某种承袭关系。墠类遗迹通常是用以祭祀后土或神灵、人鬼。新砦的大型浅穴式建筑因邻近的地面上有一具完整的猪骨架，被推测是祭祖遗存。二里头的场类建筑物，除二期发现的三处之外，三期有一处95 IX C11，四期也有一处95 IX C12，这五处都发现成排的墓葬，四期的最多，竟然有10座，所以祭祀的不是后土，应当是祖灵或者其他的人鬼。

这个社会组织的一切宗教祭祀活动，都是以巩固宗族内部层级关系为目的。当时祭祀的对象主要是天神与人鬼。祭天神，是为了宣扬天命；祭人鬼，是为了强调宗族内部的血亲关系。尊天命、敬神鬼，是那个时期的意识形态。在《礼记·表记》中，孔子在确信夏代存在的前提下，认为夏代统治者的政治宗教观念就是"尊命，事鬼敬神而远之"，即以天命为核心，以宗族为倚仗，但治国之道是以人为本。周代统治者效仿尊天命的"夏道"，夏人的崇天观念也为周代贵族所承袭。二里头的坛墠类祭祀遗存，能够很好地与孔子的总结性词语"尊命""事鬼敬神"相呼应。

宗教祭祀大权完全掌控在王的手中，祭祀区与宫殿区相距不过三四百米，本来二者之间没有任何障碍，畅通无阻，王可以自由来往。但是到了二里头晚段，在井字形中心区早期四条主干道的内侧，修建了四面围墙，将宫殿区围拢起来，形成一个面积约10.8万平方米的封闭空间，即宫城。王从此有了自己的私密空间，并深居宫中，与外面的普通民众隔离开来，也远离神鬼。这不但凸显王权的尊严，而且神权也日渐被王权支配，沦为支撑王权合法性的工具之一。

在王宫围墙筑起来的同时，宫殿区以南的作坊区也建有围垣设施。作坊区南部的中间地带是铸铜作坊，总面积约15000至20000平方米。已发现4个长方形浅穴式建筑，它们大致南北排列，应为浇铸青铜器的"工坊"或"工棚"[1]。作坊区东北部是绿松石器作坊，面积超过1000平方米。在铸铜作坊附近发现几处小型房址，以及陶窑、水井、熔炉、成人和小孩的墓葬，这里应该是铸铜工匠的生活区。其中有一座中型墓葬Ⅳ M11，墓底撒朱砂，随葬陶爵、盉、玉柄形器、绿松石饰等，规格较高，说明墓主有一定的地位，很可能是负责作坊区的官员。作坊区与宫殿区隔路相望，有可能由国家控制，具备了商周时期工商食官的特征。此处生产的手工品主要供给宫殿区的权贵阶层。二里头出土的铜铃、镶嵌绿松石的铜饰牌，以及有特殊宗教意义的绿松石龙形器，绿松石管、珠类饰品等，大都来自这里。

二里头二期晚段出现的建筑物有7号基址，该基址横跨宫城的南垣之上，应该是当时最重要的门塾基址，也就是宫城南大门两侧的堂室。一个初级城市中心由此形成。

这些大型宫殿群规模宏伟、形制规整、排列有序，昭示着政治和宗教权力的高度集中。而严谨、清晰、规整的多网格式规划布局，表明当时的二里头社会结构层次明显，等级严格，统治格局秩序井然，拥有发达的统治制度和模式，这是二里头进入王朝国家的最重要标志。[2]

在王朝国家时期，王权获得了极大的加强，王集神权、军权、族权于一体，等级制度与血缘关系相结合，并实行基于血缘关系的贵族世袭制。不过，迄今为止，我们对二里头王国的权力结构所知甚少。根据文献记载，夏朝是由单一的血亲族群姒姓夏后氏建立起来的，夏王是中原共主。但是考古研究告诉我们，二里头

---

1 杜金鹏：《二里头遗址第二期考古的主要成就》，《中原文物》，2020年第4期。
2 中国社会科学院考古研究所二里头工作队：《河南洛阳市二里头遗址主干道路及墙垣2019~2023年的勘探与发掘》，《考古》，2024年第5期。

缺乏长期大规模使用的公共墓地，单独的墓葬或者由若干成排墓葬组成的小型墓群，遍布遗址各处。这说明二里头城市中心的最初形成，有赖于众多不同的小型血缘集团，又受控于一个城市集合体。[1] 换言之，二里头居民的成分非常复杂，统治阶层是一个由多个血亲群体组成的贵族集团。所谓"王"很可能是这个贵族集团的主导者，但非绝对控制人。

二里头都邑的扩建

如果说二里头二期是二里头遗址的"羽化成蝶"，是王朝国家初步形成的产物，那么二里头三期（约公元前1610—前1560年）则是王朝国家的"展翅高飞"，这时的王朝国家已经发展到了相当完备的阶段。

二里头三期时，都城的布局发生了重大变化，形成东、西两大宫殿群。

最早出现的3号、5号两座宫殿在二期即将落幕的时候废弃不用，被夷为平地。当时的王随着控制力和权威的不断增强，显然已不满足于屈居两座面积不足3000平方米的小型宫殿。3号、5号被推倒之后，该地空置了十数年，甚至更长。在3号基址的废墟之上散布着众多的小型房基和灰坑，应为小贵族或者普通民众的暂居地。王另辟蹊径，将3号基址北院内约1200平方米的大型坑池（编号ⅤD2HC）填实夯平，而后在其之上重新修建了2号、4号两座基址，3号基址大半被覆压在下。

其中，2号基址东依宫城东垣而建，平面呈长方形，有四面围墙，以及东、西、南三面廊庑，大门在南墙中间偏东的位置。基

---

[1] 许宏、刘莉：《关于二里头遗址的省思》，《文物》，2008年第1期。

址中部偏北是长方形的主体殿堂，面积412平方米，坐北朝南，面阔三间。殿堂前方是一个庭院。殿堂后面有一个大灰坑，与南大门相对。这个大灰坑最初被认定是一座大型墓葬，由此引发学者们对2号基址性质的大论战。多数人认为，它是当时最高统治者——王祭祀先公先王的场所，即宗庙。[1]不过2002年重新认定为一口大水井，深度超过9米。[2] 4号基址位于2号基址的正前方14米处，为单体建筑物，由主殿、庭院、东西廊庑组成。主殿呈圆角长方形，面积约468平方米。4号基址可能在2号基址之前建造，两者拥有统一的建筑轴线，共同组成东部宫殿群。

东部宫殿群西南方150米处是以1号基址为中心的西部宫殿群，另有7号、8号、9号三座基址。1号基址是一座宏伟的宫殿，平面略呈方形，面积达9585平方米，是二里头遗址目前所见最大的建筑基址。主殿位于宫殿的北部正中，面积358平方米，建立在台基之上，高出地面约1米，有种居高临下的优越之感。1号宫殿应是面阔八间、进深三间的大型殿堂式建筑物，上面覆盖着四坡出檐式的屋顶。大门在主殿以南70米，两者之间是一个面积超过5000平方米的宽阔庭院。主殿和庭院的外围是一组完整的廊庑，将1号宫殿与外面隔离起来。除了西侧廊庑向院落开放，且只有单廊，其余的东、北、南三侧都是内外双面的复式廊庑，中间以木骨墙隔开。整个宫殿结构复杂，布局严谨，给人以庄严肃穆之感，很有可能是王的生活区或者议事大殿堂。

但是，1号宫殿的东北角向内凹进，内凹部分面积将近1000

---

1 杨锡璋、高炜主编，中国社会科学院考古研究所编著：《中国考古学·夏商卷》，中国社会科学出版社，2003年，第129页。
2 中国社会科学院考古研究所编著：《二里头（1999~2006）》，文物出版社，2014年，第833页。

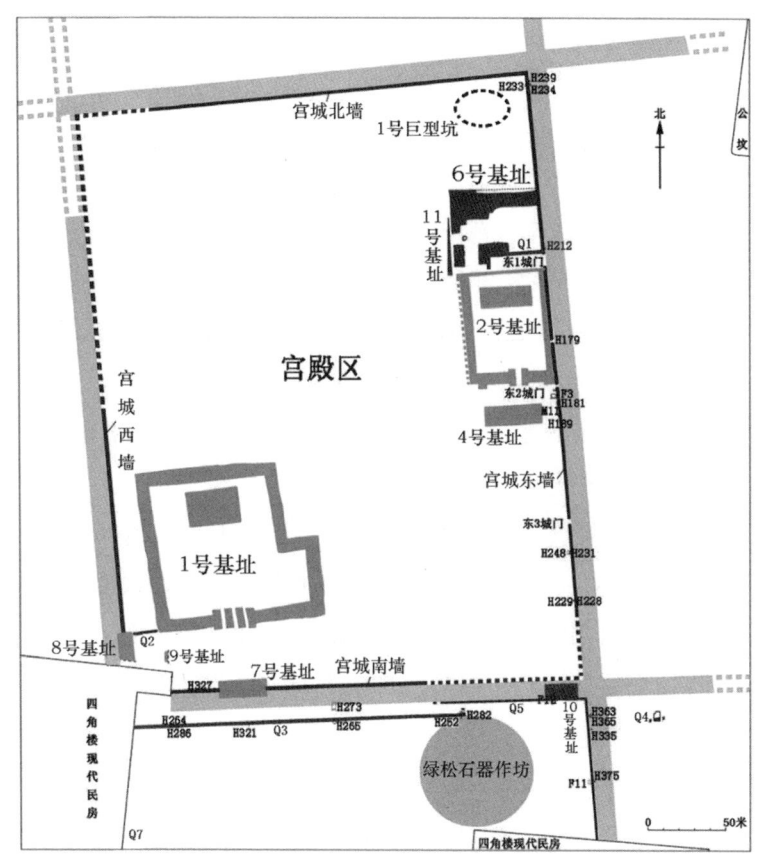

图60 二里头中心区道路网络、宫城城墙及相关遗迹平面图

平方米,比主体殿堂还要大,形成了不完美的视觉障碍。为什么宫殿要内凹如此大的空间?经钻探可知,这一片区域都是垫土,质地纯净,垫土以下是未经扰乱的生土,也没有发现建筑遗迹。据此推测,该内凹处很可能是一个大广场,人群经常在此地聚集活动,长期踩踏形成垫土面。不过,这广场是交易场所还是贵族们的娱乐场所,或者具有其他性质,尚不得知,有待进一步考证。

1号宫殿以南有8号基址和9号基址。两座基址是1号宫殿的附属建筑物，它们的功能和形制都不清楚。

总之，在二里头三期，大规模的扩建工程使之成为一座空前繁荣的城市，东、西两个气势恢宏的宫殿群，不但彰显了王权的威严，而且也代表当时的国力臻于极盛。王对整个国家的控制力不断加强，能够调动大范围内的民众为其筑造奢华壮观的大型宫殿。关于这个时期的二里头居民总数，各家的估计数字不一，至少有20270人[1]，或者在22500至28000人[2]，最多的达到6200户以上，人口总数超过31000人。[3]不管哪一种算法，人口都在20000以上，而当时普通村落不过一两千人，高度集中的人口反映了二里头王国已经发展到成熟阶段。

早期国家社会一般表现为特有的都市聚落形态，其中城市是最重要的部分。[4]二里头遗址所在的区域拥有四个层次的聚落等级，二里头是当时超大型的聚落中心，筑建有城垣和庞大的王宫群，说明了王的存在。城内有高度集权的统治阶层或者政府，以及为其服务的手工业者。

统治阶层与被统治阶层的差异明显体现在墓葬上，极个别墓葬随葬青铜器、精致的玉器或者高档的陶器，但是绝多数墓葬除了人骨，空空如也。

政府的存在反映在内部有专业分工的机构上，比如作为二里头三期东、西两大宫殿群的核心，1号宫殿被认为是王的议事场所，2号宫殿则是祭祀祖灵的宗庙。建筑形制与功能上的差异，意味着存在职能不同的行政机构。宫殿区以南的"国有"手工业作

1　王建华：《黄河中下游地区史前人口研究》，山东大学博士学位论文，2005年。
2　王妙发：《黄河流域聚落论稿——从史前聚落到早期城市》，知识出版社，1999年，第207页。
3　宋镇豪：《夏商社会生活史》，中国社会科学出版社，1994年，第113页。
4　许宏：《从二里头遗址看华夏早期国家的特质》，《中原文物》，2006年第3期。

坊区，与居住在宫殿区中的权贵们关系密切，绿松石器作坊主集中在北部，铸铜作坊主集中在南部，井然有序，倘若没有相对应的专业管理部门各司其职，绝对不会做到如此的分工细致与界限清晰。这些官方组织在清华简《厚父》中被称为"司民"。"天监司民，厥征如友之服于人"，司民负责监视民众的言行举止，但是他们自身也受到了天帝的监视。

有宫殿，也就有王，以及维持王朝统治的政府组织。毫无疑问，这是一个真正意义上的王朝国家，而二里头则是名副其实的"王权城市"。依附于这座王权城市的聚落有八九十个，不但数量超过二里头二期，而且面积也扩大了许多，说明二里头王国的实力在三期获得了明显的提升，这与城市的大规模扩建活动是相对应的。

二里头文化的传播与发展

在国运日益昌隆的同时，二里头王国也开始走上以开采资源为目的的文化拓展之路。二里头三期出土的石器中，武器（石镞、石戈等）的数量比二期明显增多。其中，石戈是新出现的武器类型，是后世青铜戈的祖型；箭镞（包括铜镞、石镞、骨镞、蚌镞）数量大幅增加，有377枚，是二期35枚的十倍多。最重要的军事上的变革是戈、钺、斧之类砍杀器的出现。这些有可能是二里头王国为了猎取更多的战略资源，在地域上不断地进行扩张，武器需求猛增的产物。[1]

二里头文化陶器的最早使用人群，是洛阳盆地南部灰嘴的石器加工业者，这与灰嘴附近蕴藏丰富的石料资源密切相关。开采

---

1 刘莉、陈星灿：《中国考古学：旧石器时代晚期到早期青铜时代》，生活·读书·新知三联书店，2017年，第279页。

各种重要的自然资源，以资源为本，仿佛是这个王朝国家未出母胎就已经制定的立国之策。

国家控制的最重要的手工业是铸铜业，垄断青铜器生产并向地方贵族分配，是这个王朝国家的基本职能。以王为首的贵族集团由于祭祀神鬼或祖灵的需求，必须消费大量的爵、鼎、斝、铃、钺、牌饰等青铜礼器。二里头遗址所处的冲积平原，土壤肥沃，利于农耕生产，但是各种自然资源如铜、锡、铅、盐等严重匮乏。这些矿产都是不可或缺的战略资源，为了保障供给，二里头的贵族统治者必然将部分政治、军事力量投放到富含矿产的周边地区。

二里头文化的向西发展主要在晋南地区。晋南中条山西段的南麓，有一条长80千米的大型矿床，有丰富的铜、锡、铅矿，其中，铜储量最大。在中条山以北的运城盆地，据估计二里头时期其盐池水平面高度大致为327米，面积约为143.76平方千米，[1] 可谓取之不尽用之不竭，是二里头以西豫、晋、陕地区唯一的产盐地。

史前时期，洛阳盆地与晋南的交通要道主要有两条：第一条路线是北渡黄河，自济源穿过"轵关陉道"，翻越王屋山，经垣曲盆地、中条山东麓，可达运城盆地；第二条路线是向西，通过豫西地区，而后北渡黄河，穿越中条山的孔道"虞坂颠軨道"或者"中条洼津道"，直抵运城盆地的河东盐池区。[2] 二里头文化在二期时就通过第一条路线，进入垣曲盆地。在此发现的几处二里头早期遗址，可分为两个小聚落群。晚期时，二里头文化遗址遍布垣

---

[1] 姜湾、田伟：《龙山至二里岗文化时期河东盐池分布范围研究》，《中原文物》，2023年第1期。
[2] "中条洼津道"，今山西芮城至解州，见高江涛：《洛阳盆地与晋南早期交通道路之"中条洼津道"》，《中原文物》，2019年第1期；"虞坂颠軨道"，今山西运城平陆县域至盐湖区与夏县交界地带，见高江涛：《洛阳盆地与晋南早期交通道路之"虞坂颠軨道"》，《中原文物》，2019年第2期；"轵关陉道"，今河南济源经轵关陉至山西垣曲，见高江涛：《洛阳盆地与晋南早期交通道路之"轵关陉道"》，《中原文物》，2019年第3期。

曲盆地全境，至少存在三个层次的聚落，其中心聚落应是王国设置的地方统治机构所在，相当于商周时期的"方国"。早期的一些遗址中发现了铜炼渣，说明已经发展铸铜业，但是规模很小。晚期时多处出现青铜器和铜炼渣，铸铜业全面发展起来，这是二里头王国征服与占领的结果。

分布于中条山以北临汾盆地、运城盆地的二里头时期文化遗存，考古界普遍认为是二里头文化的一个地方类型，没有可靠的证据显示其与龙山晚期的陶寺文化或者三里桥类型存在传承关系，故而称为"二里头文化东下冯类型"[1]。二里头文化向西发展，显然是直冲蕴藏量巨大的自然资源而来。东下冯遗址中的铸铜遗迹出现在二里头三期之后，共发现32件铜器、35块铜渣、10件铸铜陶范。在东下冯遗址南部有一个回字形壕沟，壕沟中发现有37个窑洞式房基，以及其他的生活遗迹，说明当时人烟稠密。另有4座陶窑、2个水井、20块铜渣、6件石范、1件石器半成品，据此推测该地是二里头王国控制的铸铜和制陶手工业区。

目前，河东盐池附近已发现20个二里头文化遗址，但距离盐池较近者只有5个，具体距离在6.2至8.8千米之间。当时采盐的单程时间是86.4分钟[2]，来回不到三个小时，就可以完成一次采盐，也算是便利之极。东下冯遗址位于河东池盐与中条山铜矿带之间，在二里头时期逐渐发展为国家控制的手工业生产中心。[3] 行业分工细致，包括铜铅矿开采、铸铜、制陶、制盐业，其产品通过轵关陉道、虞坂颠軨道或者中条涅津道，源源不断地输送到二里头

---

[1] 杨锡璋、高炜主编，中国社会科学院考古研究所编著：《中国考古学·夏商卷》，中国社会科学出版社，2003年，第91页。
[2] 姜湾、田伟：《龙山至二里岗文化时期河东盐池分布范围研究》，《中原文物》，2023年第1期。
[3] 刘莉、陈星灿：《城：夏商时期对自然资源的控制问题》，《东南文化》，2000年第3期。

的贵族统治者手中，成为支撑二里头王国形成与发展的重要战略资源。

二里头文化的南向扩张，主要在豫西南地区的南阳盆地以及长江以南的江汉平原，其目的也是湖北大冶的铜绿山矿以及江西瑞昌的铜岭矿。南下的路线大致沿用几百年前大禹征三苗的行军路线，即从南阳盆地，经随枣走廊进入长江中游的江汉平原地区。南阳盆地以淅川下王岗、方城八里桥、商州东龙山三个遗址为代表，年代在二里头三期，形成二里头文化豫西南地区的地方类型——下王岗类型。江汉平原地区主要有湖北黄陂盘龙城、荆州荆南寺等遗址，年代在二里头三期之后，有学者建议称之为"二里头文化盘龙城类型"[1]。

随着二里头文化的南进，江汉地区三苗文化的孑遗——后石家河文化彻底消失，南阳盆地、江汉平原等地区直接受到二里头王国的控制。湖北大冶等地的铜绿山矿也落入二里头的统治者手中。黄陂盘龙城遗址面积超过20万平方米，在其南部2万平方米的范围之内，集中了数量众多的陶坩埚残片，说明该地是当时二里头王国在南方地区的铸铜中心。

二里头文化向东方地区发展的情况比较复杂，因为嵩山以东的煤山类型或新砦期遗存，是二里头文化的两大发源地。洛阳盆地内，二里头以东坞罗河流域的中心聚落——稍柴遗址，面积逾60万平方米，是拱卫王都的东方屏障。稍柴曾经是郑州地区的新砦期进入洛阳盆地的中继站，这里出现伊洛流域年代最早的白陶鬶。二里头一期，稍柴遗址与二里头遗址同时出现白陶鬶，此后白陶器物诸如鬶、盉、斝在稍柴也屡见不鲜。这些白陶器主要出

---

[1] 向桃初：《二里头文化向南方的传播》，《考古》，2011年第10期。

土于二里头遗址的宫殿区和墓葬中，说明稍柴存在一个地位较高的贵族群体。稍柴附近不但蕴藏异常丰富的自然资源，如木材、石料和高岭土，而且控扼伊洛河水道，是二里头王国一个非常重要的地方中心。二里头一期晚段，以稍柴为基地，向东部的郑州地区反向输出二里头文化，突破虎牢关天险，进入郑州地区，在郑州西郊出现了荥阳竖河、郑州东赵等几个小遗址。

洛阳盆地南部的灰嘴，是最早使用二里头文化陶器的地方。在二里头一期早段，二里头文化很可能由此地经古颍水、伊水等水系及其山间谷道越过嵩山，向嵩南地带发展。至一段晚期，出现在沙、颍、汝河流域。沙、颍河流域的煤山类型是二里头的"文化母体"，选择这里作为文化拓展的突破口，显然与该地区的民众拥有相同的文化心理或者族群认同感有关，而不是由于对资源的刻意追求。

颍河上游的登封王城岗遗址，或者"禹都阳城"，是夏后氏先公大禹的始居地。大禹为了治平水土率领族人走出登封盆地，王城岗自此冷清了下来。但在二里头一期可见到多处小型的半地穴式建筑，以及一些生活遗迹，所以仍然是二里头王国一个较为重要的区域性中心城址。

及至二里头二、三期，正值二里头王国如日中天之际，向东已经到达豫东地区的杞县—太康—淮阳—沈丘一线，与海岱地区的岳石文化相接，东北方向则越过黄河，远及太行山东、南麓的洹河、沁河一带，与冀南豫北的下七垣文化交错分野。同时，分别在索河流域、双洎河下游修筑了两座坚固的城池——荥阳大师姑（面积51万平方米）和新郑望京楼（遗址总面积168万平方米），重建新砦期的东赵小城，作为拱卫二里头王国东疆的军事重镇。

第十二章

夏商剧变：二里头王国的崩溃

《史记·周本纪》中记载了夏代与龙有关的一个故事。夏朝将亡之时，有两条神龙飞落在王庭上，自言是褒国的两位先君。夏王令人占卜，是杀死，赶走，还是留下？结果都不吉利。再占卜，要把二龙的唾沫藏起来，这才吉利。于是夏王向二龙祷告，二龙留下唾沫之后飞走了。唾沫是龙的精气，夏王用木匣子将唾沫珍藏起来。夏朝灭亡后，木匣子相继传至商、西周，接连三代，没人敢打开。到了周厉王末年，命人打开匣子。龙的唾沫流得满地都是，无法清洗。周厉王让宫女裸身对着唾沫詈骂，唾沫竟化为一条黑色的大蜥蜴，爬进后宫，碰到一个幼小的宫女。结果那宫女未婚而孕，生下一女婴。这个女婴就是后来烽火戏诸侯祸亡西周的褒姒。褒国与夏后氏皆姒姓。故事虽荒诞离奇，却告诉我们，龙与夏王朝有着极其密切的关系。考古学家在二里头遗址宫殿区3号基址发现了一条神秘的绿松石龙，还有大量的崇龙器物，似乎印证了司马迁记录的故事，龙是夏王朝崇祀的"圣灵"，龙亡则夏朝失去天命，气数将尽。

第一节　二里头的两次社会变革

夏中晚期：史前最后的口传时代

有关夏代的历史，考古发现是一条清晰的明线，文献记载是一条隐晦的暗线，明线与暗线交汇的部分，很可能就是真实的历史。文献包括传世与出土文献。出土文献除了西晋时期的《古本竹书纪年》，还有一些残篇断简，如近年发现的一些战国竹简，诸如上博竹简、清华简等。这些出土文献中有关夏代晚期的记载，都是战国时期根据口耳相传整理出来的文献，应属于年代较早的口述史料，未经过后世的人为加工，属于原汁原味的早期文献，可以补传世文献中的疏漏。有的也能够与考古发现相呼应，可能比传世文献更加接近历史。当然，出土文献与传世文献一样，都不是当时的文字记录，也存在很大的局限性。结合《古本竹书纪年》、清华简等战国时期的出土文献，以及《史记》等传世文献，少康以后的夏代大致有以下事迹。

经历了后羿代夏、少康复国长达百年的大动乱之后，夏王朝逐渐走向全盛时期。《古本竹书纪年》曰："柏杼子征于东海，及三寿，得一狐九尾。"[1]少康之子后杼向东方扩张，一度打到山东海岱地区的三寿（平寿，今山东潍坊西南），"得一狐九尾"。九尾狐最早出现在《山海经·南山经》中，在青丘之山（今河南濮阳

---

[1] 范祥雍订补：《古本竹书纪年辑校订补》，上海古籍出版社，2011年，第9页。

一带），带有神话色彩。可见,《古本竹书纪年》也有荒诞之处。

后杼东征之后，周边诸族成为夏王朝的附庸。

到了后杼的儿子后芬（又名帝槐）即位之时，周边部族纷纷来朝，即"九夷来御"。

后芬的儿子后荒（又名帝芒），敬奉神灵，用玄圭（牙璋）祭祀河神，并命令九夷征讨对抗夏王朝的其他东夷部落。

后荒在位期间，商族的先公王亥因秽乱被有易氏之君绵臣杀害，王亥之子上甲微"借师助剿"，扫荡有易氏，统一了太行山东麓的华北地区，商族开始崛起，成为夏王朝最危险的潜在劲敌。

后荒的儿子后泄延续了后杼以来的百年盛世,《古本竹书纪年》载"后泄二十一年，命畎夷、白夷、赤夷、玄夷、风夷、阳夷"，[1] 以共主的名义册封周边部族。

后泄的儿子不降西征九苑，将势力扩展至遥远的河西走廊。夏王朝在不降时代臻于极盛。

不降死后，弟弟后扃夺走了不降儿子孔甲的王位，夏王朝大乱，突转急下，迅速衰败。

后扃死后，儿子胤甲（又名帝廑）继位,《古本竹书纪年》称当时"天有妖孽，十日并出"，[2] 中原大旱，民生凋敝，胤甲被迫迁居西河（今河南汤阴至内黄一带）。

胤甲死后，他的堂兄也就是不降的儿子孔甲，趁机夺回了属于自己的王位。

在《史记·夏本纪》中，有关少康中兴之后的夏代晚期历史的记载少之又少，只是罗列出一连串夏王的名单。司马迁唯一详细记载的事迹就是孔甲豢龙，可见孔甲是夏代晚期一位重要的君

---

1 范祥雍订补:《古本竹书纪年辑校订补》，上海古籍出版社，2011年，第11页。
2 范祥雍订补:《古本竹书纪年辑校订补》，上海古籍出版社，2011年，第12页。

主。"孔甲豢龙"出自《左传·昭公二十九年》,属于晋国史官蔡墨(又称史墨)口述的传说。同样是《左传》中的口述传说,司马迁为什么舍弃有多种史料佐证的少康中兴,却采信表面上更加荒诞不经的孔甲豢龙?个中缘由令人费思。司马迁采录"孔甲豢龙"的传闻,除了好奇心的驱动,可能更有借古讽今的意图。

司马迁笔端下的孔甲,是一个失德的统治者,"好方鬼神,事淫乱"——迷信鬼神,做事没有节制,违反道德。《吕氏春秋·季夏纪·音初》中也讲了一个孔甲的故事。孔甲曾经在东阳萯山田猎。东阳萯山即偃师首阳山,在二里头遗址东北10千米处。一日刮起大风,天色晦暗,孔甲因此迷路,走进了一户民居。主人正在给婴儿喂食,一个家人看到国君来了,说这是大吉兆,孩子后福无穷;另一个家人说,这不是好兆头,孩子日后要遭殃的。孔甲说道:"我把孩子领养回去,当作自己的儿子,看谁敢欺负他!"孩子长大以后被斧头砍断脚,孔甲感叹不已,作《破斧之歌》,这是最早的东方曲调。这个故事佐证了司马迁有关孔甲失德的记载。

然而,在更早期的传世文献中,孔甲是一位有德之君。《左传·昭公二十九年》:"及有夏孔甲,扰于有帝,帝赐之乘龙,河、汉各二,各有雌雄。"杜预注:"孔甲,少康之后九世君也,其德能顺于天。"帝,即天帝。杜预说孔甲有德,顺应了天命。清代梁玉绳也赞同杜预的观点,认为正因为孔甲得天命,所以天帝赐他雌雄二龙,"龙降于天,德之所致也,何言淫乱德衰乎?"梁玉绳认为,世人都说孔甲"淫乱德衰",那是误解了《左传》中的"扰"字。[1] 金文中"扰"的字形是抱着婴儿来回走动,在安抚它。可见,"扰"的本义是安抚、保护。"扰于有帝",意即崇祀天帝,

---

[1] 梁玉绳:《史记志疑》,中华书局,1981年,第41—42页。

所以能得天命。得天命者，永保祖宗江山，就是有德之君。

杜预、梁玉绳的说法，曲高和寡，响应者寥寥无几。出土的清华简《厚父》支持了他们的说法，刷新了世人的认知。《厚父》中说，后桀"弗用先哲王孔甲之典刑"，可见在厚父的记忆中，孔甲是一个"先哲王"即前代的圣明君主，孔甲的做法成为后人效仿的标准。厚父是大禹的裔孙，他对孔甲的评价恐怕要比史书更加切实。

司马迁诞生之前68年，一场文化大浩劫吞没了上古时期的许多真相。所以司马迁没见过《厚父》之类的早期文献，只是根据当时流传的说法，将孔甲描述成"淫乱德衰"的负面形象之人。

《左传》中天帝赐予孔甲的二龙，也似乎与二里头3号宫殿的绿松石龙形器存在某种内在的联系。绿松石龙形器呈现出向西北腾飞之象，与濮阳西水坡遗址M45第三组蚌图"人骑龙"一样，表示的都是主人升天的过程。龙是往来天地之间的灵物，人可以骑龙升天，天帝也可以把雌雄二龙赐予夏王孔甲。以此观之，孔甲豢龙看似荒诞不经的背后，其实有一定的历史依据。或许这就是司马迁采信孔甲豢龙的原因吧。

根据清华简《厚父》，孔甲即位之后敬奉天帝，颁发刑典，扭转了夏王朝的颓势，由此被厚父尊为"先哲王"，很可能与大禹、启并称"三后"，成了夏人心目中的三大偶像。

孔甲之子后皋相传在位时间很短暂，葬于崤山一带。1959年4月22日，徐旭生及其助手周振华2人乘火车经陕县（今陕州区）进山西，中途在陕县的雁翎关村，调查了传说中的夏后皋墓。冢不小，但没有发现任何文物，所以无法猜测它的年代。[1]

---

[1] 徐旭生：《1959年夏豫西调查"夏墟"的初步报告》，《考古》，1959年第11期。

后皋的儿子后发即位时,夏王朝又呈现出衰败的迹象。后发不得不利用重赏厚赂的方式,诱惑周边诸族前来朝觐,勉强地维系了体面的共主地位。

后发死后,儿子后桀继位。后桀又称"履癸",他上台后朝政日益腐败。后桀征伐岷山氏,虏获两女琰、琬,穷兵黩武,酒色浸骨;又大兴土木,修筑丹宫、璇室、瑶台、玉门,奢华无度,民怨沸腾。清华简《厚父》中则指责他"弗用先哲王孔甲之典刑,颠覆厥德,沉湎于非彝",终被天帝抛弃。

此时商部族在成汤的率领下,移师郑州地区,觊觎夏桀失落的天命。后桀是口述历史中的最后一个传说人物,桀最早出现在《尚书·汤誓》中。《汤誓》记载商汤伐桀之时发布了诫众的檄文,但檄文里并未直接提及桀的本名,而是以"夏王"代之。春秋时期的叔夷钟镈铭文、清华简《厚父》也没有直接提到桀,在清华简《汤处于汤丘》《殷高宗问于三寿》,上博竹简《容成氏》等战国竹简中作㮦、𠂤,很可能是桀的本字。叔夷钟镈铭文和传世文献中,夏代君主多称"后",据此推测,桀作"夏王"应为战国中期以后的历史追述。

与其交锋的成汤则是信史中的人物。成汤是上甲微的第六代孙,甲骨卜辞中称之为"唐"或"成唐""大乙"等,后世商部族尊之为"高祖乙"。《史记·夏本纪》记载:"汤修德,诸侯皆归汤。"成汤趁机率兵攻讨夏桀,终于夺取了天命。成汤遂"践天子位",取代夏朝成为中原共主,史称"商汤革命"。

口述传说与考古发现这两条不同历史线索的交叉点,就落在商汤革命这一具有里程碑意义的事件上,它标志着传说时代的终结与信史时代的开端。

第一次社会变革：青铜器繁荣背后的危机

按照学界观点，二里头文化是少康中兴之后到商汤革命的夏朝文化，从年代上看大差不差。但是，目前二里头文化还没有发现成熟的文字系统，所以无法确知在长达两个多世纪的时间内，二里头都邑到底发生了哪些大事？不过，考古学家通过研究建筑遗存和器物群，观察到了二里头都邑中曾经出现的两次社会变革，为人们探讨少康中兴之后的夏王朝提供了一个相当大的空间。

二里头的第一次社会变革是建筑风格和青铜礼器等器物的变革。

在二、三期交替之际，3号、5号宫殿被推倒。空旷的建筑工地闲置了十来年，取而代之的是矮小简陋的房子和填满废弃物的灰坑。统治者以全新的建筑理念，对城市进行了规划。一改前期"外围无围墙、多进院落、院内有贵族墓葬"的宫室风格，演变为"城垣围绕、单体大型建筑、院内不再有贵族墓葬"更加规范的宫室风格，至三期晚段，以1号、2号基址为核心的东、西两大宫殿群拔地而起。

与此同时，青铜铸造技术也出现了大飞跃，开启了青铜礼器的时代。坚固的铜爵取代脆弱易碎的酒礼器陶爵，成为贵族们最喜欢的饮器。贵族期冀自己死后能在另一个世界继续醉生梦死，生前使用过的铜爵也取代陶爵，与绿松石镶嵌器一道，构成了墓葬中第一等级的器物组合。

酒礼器为什么在二里头的祭祀礼器中占据核心地位？在早期的周人观念中，酒是天帝命令酿造的"圣水"，因而提倡戒酒，以敬畏天帝。如周康王时期的大盂鼎铭文中有"叡酒无敢酖，有紫蒸祀无敢醻，故天翼临"（《殷周金文集成》2837）。紫就是祭天之时的燎祭，这句话的意思是说喝酒不能过度，在燎祭天帝时有所节制，所以受到上天的庇护。清华简《厚父》中也说"酒非食，惟神之飨"。可见，酒在古代祭祀礼仪中扮演一个相当中心性的角色，是供祖先、神祇享用的。[1]

青铜爵作为"天帝圣水"的承载体，在祭祀礼仪中发挥核心作用。二里头青铜礼器的制造始于三期，持续发展至四期结束。其中，三期发现青铜礼器5件，均为爵。四期发现青铜礼器7件，其中，爵有5件。青铜爵在祭祀礼仪中的重要性由此可见一斑。[2] 在二里头完整的随葬青铜器的墓葬中，如果只有一件青铜容器，那必定是青铜爵，如果有两件以上的青铜容器，其中必定有青铜爵，可见青铜爵在二里头晚期是青铜酒礼器中的核心之器，是贵族等级最基本的身份象征。[3] 商代，青铜爵仍是最重要的青铜礼器之一，后世的"爵位"一词，可能与青铜爵存在密切的关系。西周中期以后，青铜爵基本上消亡了，通常认为跟统治阶层的禁止酗酒相关，这在清华简《厚父》中也有所反映。

对二里头晚期（三、四期）墓葬出土的礼器进行研究，可以总结出一条规律：爵（包括青爵铜、陶爵）、盉（包括青爵盉、陶盉）组合，为男性专用；无爵、盉组合，而有豆、盆、罐或豆、盘、罐，为女性专用。[4]

除了青铜礼器，生活陶器中也出现了新的外来因素，主要是

---

[1] 张光直：《中国青铜时代》，生活·读书·新知三联书店，2013年，第286—287页。
[2] 司媛：《二里头、二里岗时代青铜礼容器的空间分布及意义》，中国社会科学院考古研究所、河南省夏文化研究中心编：《中原早期青铜时代——聚落与礼器专题研究》，科学出版社，2023年，第125—126页。
[3] 李志鹏：《二里头墓葬研究》，中国社会科学院考古研究所编：《中国早期青铜文化——二里头文化专题研究》，科学出版社，2008年，第56页。
[4] 朱凤瀚：《二里头文化晚期墓葬与二里岗下层文化墓葬的分析与比较——兼及二里头文化墓葬随葬器物组合的性别差异》，《中原文物》，2021年第2期。

两种三足类炊器，即北方族群使用的陶鬲和东方族群使用的陶甗。陶鬲均为夹砂灰陶，陶胎较厚，敞口，浅袋足、锥形实足根，是下七垣文化的典型器物；陶甗为夹砂红褐陶，陶胎较薄，外饰细篦纹，是海岱地区岳石文化的器物。食器中最常见的三足盘则日趋消失。外族炊器的出现，意味着二里头的居民成分更加复杂，这个早期国家即将迎来一场社会大变革，二、三期之际的变革只是暴风雨来临之前的乌云压顶而已。

下七垣文化是豫北冀南地区二里头文化时期的遗存，该文化的分布范围与商部族先世的活动范围有着相当程度的重合，年代在早商文化（二里岗文化）之前[1]，且内涵上也可被视为早商文化的前身，所以称为"先商文化"。下七垣文化和二里岗文化，均为商部族（或以商部族为主体）所创造的物质文化。下七垣文化的核心陶器中，炊器以深腹罐、鬲、甗为主。二里头二、三期之际，使用下七垣文化陶器的商部族开始南下，占领郑州地区，并与岳石文化的东夷结盟，从东面渐渐逼近二里头。为了应对东面的威胁，二里头王国修筑了大师姑和望京楼两座城址。

大师姑位于郑州西北郊，西距二里头约70千米，北倚邙山，紧靠黄河，与南面5千米处的东赵城构成掎角之势，牢牢地拱卫着洛汭之地，是防止商、夷联盟从东面进犯洛阳盆地的第一道屏障。大师姑城址被索河的河道分成东、西两个部分，大部分位于索河东岸。城垣外挖人工壕沟，东、西壕长600多米，南、北壕长900多米，总面积约51万平方米。城内仅发现1座大型房址，

---

[1] 商代早期的商文化，简称早商文化。1983年偃师商城发现以来，多数学者主张郑州商城、偃师商城始建和使用时期的商文化——二里岗文化就是早商文化，对早商文化的认识渐趋一致。见杨锡璋、高炜主编，中国社会科学院考古研究所编著：《中国考古学·夏商卷》，中国社会科学出版社，2003年，第170页。

其余的都是灰坑，与一般的聚落中心城址明显不同，城垣坚固、城壕环绕，军事防御功能突出。大师姑城垣最初建造于二里头二期偏晚阶段，此后不久，城池即遭废弃。在二里头三期经过了两次大规模的续建和修补，成为二里头王国东部边境一座坚固的堡垒。

史书中记载，夏商之际，郑州地区分布着众多的方国，与大师姑城址地望相近的有葛、韦、顾、戈和昆吾等。《诗经·商颂·长发》有"韦、顾既伐，昆吾、夏桀"，也就是说商汤先攻伐韦、顾，然后灭掉昆吾、夏桀。据考证，昆吾在今河南新郑附近。因而，推测大师姑城址可能是韦或顾所在。

大师姑城址以南50千米处是望京楼城址。望京楼城址位于河南新郑市区以北的望京楼水库东南，包括二里头文化、二里岗文化（早商）两个阶段的城址。二里岗期城址面积约37万平方米，其外侧是二里头期城址，两个阶段的城垣走向基本一致，由此判断二里岗期城址是建立在二里头期城址之上。外围护城河东接黄沟水，西连古溱水（黄水河），形成一个封闭性的防御圈。城址总面积约168万平方米。二里头期城址由外城和内城组成，外城未发现城垣，由一条人工壕沟与自然河流组成了水域外围防护圈。内城面积近40万平方米。城内布局大致是这样的：西南部有1座大型夯土台，控扼整座城池的制高点，应属于城防建筑或府库类建筑；大型夯土台北侧50米处有1座大型水池，水池西侧为1处房址；东部及中、南部分布着较为密集的灰坑或窖穴，及水井、灰沟等生活遗迹。城址周围附近有20余个聚落遗址。

望京楼是中心聚落，其性质明显与大师姑不同。许多遗址如唐户遗址自仰韶文化就已经存在，说明该区域人类居住的连续性。聚落拥有三个层次的遗址，应处在复杂酋邦社会，是二里头时期的一个"方国"。望京楼城址则是方国的都邑。出土的青铜器有鼎、鬲、爵、斝、觚、罍等，属于二里头文化的只有1件双柱青铜爵、2件青铜斝，其余均属于二里岗文化。青铜爵外形与二里头宫殿区出土的1件青铜爵相同，显示出望京楼与二里头之间的密切关系。青铜爵为二里头晚期最重要的酒礼器，是高等阶贵族使用的器物。青铜斝也是贵族常用的盛储或者温酒之器。它们的主人应是方国的统治者，与二里头王国结盟，或者效忠于二里头王国的王，并接受王的册封与赏赐。

有学者结合文献记载，推测望京楼二里头期城址或为文献中记载的夏代"昆吾之居"[1]。昆吾，己姓。据《国语·郑语》，己姓为祝融之后，夏代时己姓的方国除了昆吾，还有苏、顾、温、董等。根据邹衡的考证，昆吾的地望在新郑一带，与望京楼相符。昆吾与顾、韦并称为夏桀的"三蘖"，见于《诗经·商颂·长发》："苞有三蘖，莫遂莫达。九有有截，韦、顾既伐，昆吾、夏桀。""苞"，即本，意指树干；"蘖"，树干旁生的枝丫嫩芽。南宋朱熹《诗集传》注云："言一本生三蘖也，本则夏桀，蘖则韦也，顾也，昆吾也，皆桀之党也。"也就是说，昆吾、韦、顾是夏桀的三大死党。这当然是儒家贬斥夏桀的表述，实际上，昆吾、韦、顾是夏王朝东部的三大方国，构筑了抵御商、夷联盟西进的"铁三角"。

昆吾历史悠久，且以铸铜名世。《吕氏春秋·审分览·君守》载"皋陶作刑，昆吾作陶，夏鲧作城"，说明昆吾在传说中的鲧禹时代就已经存在了。昆吾不但善于制陶，而且此地铸铜业发达。《墨子·耕柱》中记载："昔者夏后开，使蜚廉折金于山川，而陶

---

1 张国硕：《望京楼夏代城址与昆吾之居》，《苏州大学学报（哲学社会科学版）》，2012年第1期。

铸之于昆吾。"夏后开就是夏后启，传说九鼎是启铸造的，铸就之地就在昆吾。由于昆吾精通铸铜之术，因而周代时昆吾又成为掌管冶铸业官员的专用称呼，如《逸周书·大聚解》有"乃召昆吾，冶而铭之金版，藏府而朔之"。望京楼遗址出土了一批二里头、二里岗时期的精致青铜器，除了爵、斝、觚、罍、鼎等5件青铜容器，还有1件青铜柄玉戈，也说明了该地区的铸铜业相当发达。望京楼的地望与文化内涵，似乎可与《墨子》《逸周书》中有关昆吾的记载互为佐证，但一定要说望京楼就是昆吾，仍需文字材料的确认，比如甲骨卜辞或西周青铜器铭文。

望京楼与大师姑两座固若金汤的城池，崛起于二里头二、三期之际，南北遥相呼应，矗立于二里头文化与二里岗文化、岳石文化的交界地带。正值二里头发生第一次社会变革，根据文献记载，那是一个波谲云诡、风云激荡的时代。冀南豫北地区的商部族势力在其首领成汤的率领下，不断地逼近二里头王国。作为洛阳盆地的两个东方门户，望京楼城址与大师姑城址将是历史上第一次天命转移或者夏亡商兴的见证者。

郑州地区的"二里岗革命"

成汤率领商众南下郑州地区之后，在郑州与偃师分别筑建了两座城市，与它们相关的文化遗存被称为"二里岗文化"。

郑州商城由外城、内城和宫城组成，其规模非常庞大，外城面积超过1200万平方米，相当于四个二里头城址，内城面积300万平方米，核心区（可能是宫城）面积约37万平方米。偃师商城西距二里头城址7千米，东距郑州商城83千米，也有三重城垣。其中，大城面积190多万平方米，呈刀把形，南部较窄似刀柄；小城呈长方形，面积86万平方米；宫城略呈方形，面积4.5万平方米,约为郑州商城宫城的八分之一。

郑州商城的始建年代,可能要稍早于偃师商城,但目前仍有争议。偃师商城是郑州商城之下的次级中心,加上周边地区的其他聚落,在华北地区形成一个高度军事化的国家型社会。考古学家在提到二里岗文化的政治复杂程度时,也称之为"二里岗国家"[1]。二里岗国家即早期商王朝的物质遗存,它的创建者毫无疑问就是被商部族尊崇为"高祖乙"的成汤。

成汤率商部族大军抵临郑州地区之后,首先在今黄委会青年公寓一带筑起夯土城墙,建立一座小城址,即后来的商朝第一座都城——亳。[2]成汤以此为基地,掀起了一场波澜壮阔的"二里岗革命",旨在推翻西边的二里头王国。大师姑与望京楼是拱卫二里头王国东疆的两个重镇,成汤大军要想进入洛阳盆地,这两座城址是必取之地。

考古发掘显示,在大师姑东城垣与城壕的二里头文化层中,包含很多破碎的夯土块,在南城垣与城壕的二里头文化层中,普遍包含有大量的红烧土颗粒、炭屑或者草木灰,[3]这是熊熊大火焚烧的遗迹。而破碎的夯土块则与城内建筑物遭受大规模的破坏有关。结合这一时期突然出现的鬲等外族器物,大师姑文化面貌发生质变,很可能是因为当时爆发过激烈的战斗。一场鏖战之后,大师姑城址被外族力量攻破,城中战火纷飞,唯一的一座大型建筑物也被夷为平地。攻陷大师姑的外族力量,显然是从北方南下、使用鬲的商部族。

---

1 刘莉、陈星灿:《中国考古学:旧石器时代晚期到早期青铜时代》,生活·读书·新知三联书店,2017年,第291页。
2 邹衡:《郑州商城即汤都亳说》,《文物》,1978年第2期。
3 郑州市文物考古研究所、荥阳市文物保护管理所:《河南荥阳大师姑遗址2002年度发掘简报》,《文物》,2004年第11期。

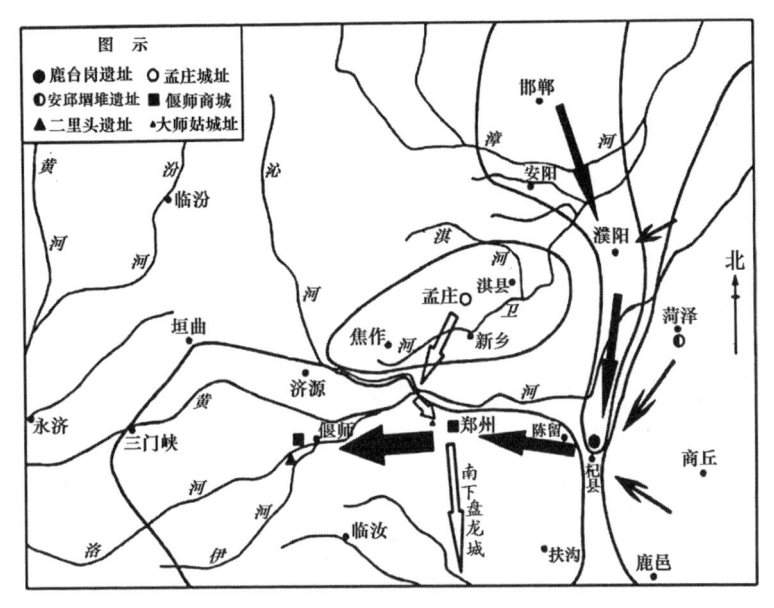

图61 下七垣文化（早商）南下路线示意图

在大师姑二里头时期的城垣与城壕之间，平行夹着一圈二里岗时期的大型环壕，说明大师姑城址在沦陷之后，商部族对其进行了重建，使之成为二里岗政权的一个重要据点。成汤的商部族占领大师姑后，二里头王国（或夏王朝）在洛汭之地的屏障尽失，通往洛阳盆地的门户豁然洞开。商族取道洛汭，沿着伊洛河谷，可直取二里头。

大师姑城址以南的望京楼是商族夺取的另一个重要目标。大师姑城二里头期城址里面套着二里岗期城址，二里岗期城址面积约37万平方米，护城河紧贴城垣，打破二里头期城址的夯土基槽。可见，二里头期城址被完全摧毁之后，其上建立了二里岗期城址。外城基本上沿用二里头时期人工壕沟与自然河流构筑的外围防护圈，内城则由二里头期城垣向里收缩，并在城垣外侧开挖护城河。二里岗城址发现3个城门,在东城墙上有2个城门,将东城墙三等分,南城墙上发现1个城门。其中,东一城门占地面积超过2000平方米,东城墙在城门处向内拐,形成凹字形,这是瓮城的雏形,具备强烈的军事防御色彩。城中还有道路、大型建筑物、祭祀坑等,说明商族将大师姑城址夷为平地之后,再度筑建,使之成为二里岗政权南部的军事重镇。

郑州商城的兴建,以及大师姑、望京楼两座二里头期城址的改建,标志着成汤的商族在郑州地区发动的二里岗革命业已成功,嵩山以东地区被纳入二里岗政权的势力范围。二里头王国的影响力退缩于嵩山以西的洛阳盆地之内。

在郑州地区二里岗革命的同时,二里头以东7千米处也崛起了一座偃师商城。根据出土陶器判断,偃师商城的建筑至迟不晚于二里头四期晚段,即公元前1520年之前。最初只是几座被环形夯土圈围绕的简陋宫殿,面积4万多平方米。偃师商城位于洛河北岸2千米处,附近一带地势平坦,最大高差仅为1米,东南有一个方圆1.5千米的湖泊。

偃师商城与二里头遗址尽管相距仅7千米,却分属于两种截然不同的考古学文化。首先是陶器群之间存在很大差异:炊器上,偃师商城以鬲为主,二里头则以深腹罐、圆腹罐为主;酒器上,偃师商城常见鬲式斝,二里头则没有鬲式斝;食器上,偃师商城以簋为主,二里头则以豆为主。其次是墓葬方面,偃师商城墓葬方向多北偏东,随葬炊器,尤其是鬲,二里头墓葬多北偏西,随葬酒器,没有鬲。最后是宫殿建筑方面,偃师商城均为南偏西,主殿三面环绕廊庑,二里头则是南偏东,主殿四面环绕廊庑。偃师商城凡与二里头不同者,往往与郑州的二里岗文化相合,所以学术界推定，偃师商城属于早商文化范畴。[1]偃师商城也就是商族建立的城市。

《墨子·非攻下》中有句话："汤焉敢奉率其众，是以乡有夏之境。"这里的"乡"不是"向"，意思同"国""所""居"。所以这句话可以理解为：汤在"有夏"境内即伊洛河流域建立据点。这个据点应指偃师商城。偃师商城最早的文化遗存中，一方面包含大量的二里头文化器物，另一方面仅有少量典型的早商文化器物。正是这些少量的早商文化器物，证明商部族已在此立足。

偃师商城与二里头之间并无任何地理障碍，古代步兵急行军一天三四十里，商军不到一个小时就可以掩杀而至，可收奇袭之效，极大地威胁到二里头王国的存续。偃师商城小城的布局特征表现出明显的军事目的。比如小城城墙的走向曲折，"东、北、西三面城墙皆有两处'Z'字形转角"，这种设计形态称为"马面"，可以减少防御死角，大量杀伤进攻之敌。但是，"小城城墙基础处理草率"，城墙基槽深度不足半米，实际上只是简单地在地面上稍作处理，而后草率地筑起城墙，缺乏精心的设计。[2]这说明，偃师商城的整个建造过程紧急而仓促，人力、物力皆没有做好充分的准备，几乎是在二里头王国王的眼皮底下迅速筑建起来的。不过，也有一种观点认为，偃师商城兴建于二里头都邑废弃之后，为监视"夏族遗民"而建。[3]

商族南下，以及郑州商城、偃师商城的兴建，摇撼了二里头王国，由此出现第二次社会变革。这次大变革是致命的，直接造

---

1 中国社会科学院考古研究所编著：《偃师商城（第一卷·下）》，科学出版社，2013年，第731—732页。
2 陈旭：《偃师商城小城的建筑年代与性质》，《中原文物》，2007年第2期。
3 李伯谦：《从〈偃师商城〉报告再看偃师商城的始建年代》，中国社会科学院考古研究所编，许宏主编：《夏商都邑与文化（二）："纪念二里头遗址发现55周年学术研讨会"论文集》，中国社会科学出版社，2014年，第125页。

成了二里头王国的覆灭。

第二次社会变革：二里头遗址的沉沦

二里头的第二次社会变革发生在二里头第四期早、晚段之间。在四期早段，二里头都邑的城市格局基本上没有什么变化，风平浪静，一切安好。到了四期晚段，突然间发生了天翻地覆般的剧变。

二里头工作队队长赵海涛将二里头四期晚段再细分成四个小阶段，然后详尽分析每个小阶段的变化。二里头四期（约公元前1560年—前1520年）早、晚段如果平分，晚段大致经历了20年，每个小阶段平均5年，不过实际的情况可能并非如此。

第一小阶段（约公元前1540年—前1535年），东部宫殿群（包括2、4、12号三座基址）、西部宫殿群（包括1、7、8、9号四座基址）仍在正常使用。二期之初形成的四条井字形主干道上，人照走，马车照跑。这个小阶段的最大变化是出现几座随葬青铜器、玉器的高等阶贵族墓葬，诸如宫殿区以北的ⅥKM3、ⅥM6、M9、M11，以及作坊区以西的ⅥM57等。

ⅥKM3位于1号宫殿以北550米处，规格很高，墓底铺满厚达5厘米的朱砂。随葬品相当丰富，共24件，分上下两层放置。朱砂上摆放着青铜爵、陶盉、青铜钺、青铜戈、石磬、玉柄形器各1件，以及一些排列整齐的绿松石片；朱砂层里摆放着玉璧戚、玉铲各1件，绿松石三角形饰2件，等等。ⅥM57墓底也铺设一层朱砂，有木质葬具。出土青铜器4件，包括青铜爵、青铜铃、青铜刀，以及崇龙器物青铜牌饰，玉器8件，包括玉刀、玉戈、月牙形玉器、玉柄形器，以及大量的小绿松石片，还有石铲，等等。ⅥM6、M9、M11三座墓葬都出土青铜器，随葬品很多，尤其是M11出土器物之丰，在这里尚属首次。M6与M9仅相距1米，附近还有4座墓葬，距离较近，应当属于同一个家族的集体墓葬，可见当时宗族血缘观念相当浓厚，聚族而居的现象非常普遍。其中，M6出土玉柄形饰、绿松石块、陶盉、青铜爵、绿松石串珠等；M9出土的青铜器有斝、爵，陶器有盉、罐、簋、大口尊等，漆器有漆觚；M11出土的青铜器包括爵、铃、牌饰，玉器包括圭、刀、戚璧、管状器，另外还有海贝、绿松石、漆盒，等等。这些高等级的贵族墓葬，随葬品以青铜器、玉器居多，尤其是2件崇龙器物——青铜牌饰，表明在第一小阶段，二里头的贵族统治较为稳定，秩序井然。

及至晚段第二小阶段（约公元前1535年—前1530年），一股可怕的毁灭性力量席卷全城，二里头都邑的支配者可能在大暴动降临之际仓皇逃走，整座城市由此陷入了失控状态。城市的毁灭往往伴随着骇人的破坏行为，如陶寺晚期的暴动中，城墙被扒毁，中期大墓和中型墓被捣毁，宫殿被破坏，观象台被平毁，灰坑中被残杀之人的骨与建筑垃圾、手工业垃圾和生活垃圾共存。二里头的毁灭情景，与陶寺相似。除宫城南部的绿松石器制造作坊和铸铜作坊之外，东、西两大宫殿群都受到严重破坏，一夜之间变成了废墟。首当其冲的是东部宫殿群的4号基址，东庑率先被推倒。而后4号基址的主殿与2号宫殿、宫城城垣，以及西部宫殿群的几座基址，几乎在同时间内遭到集体毁弃。一个出土有成组早商文化和岳石文化器物的灰坑，直接破坏了西部宫殿群的核心建筑——1号宫殿。这无意中暴露了破坏者的身份，即商、夷联盟。他们的破坏手段令人十分震惊，不是放火焚烧，而是直接在宫殿区的大型夯土建筑物旁边挖掘坑道，一直通往建筑物下面，掏空地面，然后将整座建筑物摧毁。

图62　二里头都邑祭祀区以西的非正常墓葬

在祭祀区以西的一座中型夯土基址南侧80余米处，发现2座非正常的墓葬，年代均属四期晚段。其中，东侧墓葬中仅见胸骨、脊椎和盆骨，上下肢都失踪了，随葬品包括圆腹罐、器盖、尊、盆和盆形鼎等的残片，西侧的墓主仅余胸骨至下肢骨部分，随葬品包括陶平底盆、豆和鼎各1件。这2座墓葬的墓主生前或被砍头，或被截肢，表明当时存在暴力现象。[1] 墓葬中都出土陶器，说明他们的身份虽然不高，但是拥有一定的财富，绝非奴隶，也就是说两座墓葬都不是殉葬墓。两座非正常墓葬与中型建筑物，以及随葬青铜容器的贵族墓同处一片区域，而且相距并不遥远，说

1　赵海涛：《二里头都邑布局和手工业考古的新收获》，《华夏考古》，2022年第6期。

明祭祀区的居民成分非常复杂，除了贵族、平民，还有社会中地位最低的奴隶。同样的惨况也出现在与ⅥM6比邻的M5中，墓主的胸骨上发现一枚长8厘米的铜箭头，箭头两翼圆铤已经深深射入骨骼里面，显然生前死于乱箭之中。M5出土陶鼎等器物，年代也属于四期晚段，甚至比M6、M9、M11更晚。因此，M5很可能与M6、M9、M11的墓主人同属于一个家族，被杀之后埋在一起。

考古学家认为，四期晚段第二小阶段发生的巨变应该是早商文化、岳石文化侵入二里头都邑，或即文献中记载的"商汤灭夏"的结果。[1] 商夷联盟的大规模破坏行为持续了好几年，整座城市满目疮痍，一片狼藉。

到了晚段第三小阶段（约公元前1530年—前1525年），在废墟之上兴建了几座新的建筑物，总算让残败不堪的二里头都邑恢复了一点生机。新出现的夯土基址是2号宫殿与1号巨型坑之间的6号基址，以及6号基址西南侧的11号基址，在作坊区北部原5号城墙南侧增修的3号城墙。新建的6号基址主殿之外没有围墙，与东、西两大宫殿群主殿位于围墙之内的建筑风格迥然有别，却与郑州商城、偃师商城主殿外无围垣的建筑格局相同。这似乎在提醒我们，6号基址的创建者很可能是二里岗政权的统治者。

另外，绿松石器制造作坊H290、H323也开始投入使用，铸铜作坊继续为贵族生产高等级的铜器。铸造技术更加精湛，出现斝、盉等较为复杂的青铜容器，以及青铜钺、青铜戈等武器。彼时，郑州商城和偃师商城还没有出现铸铜作坊，说明商族尚未掌握成熟的铸铜技术。这一小阶段出现了随葬青铜器的贵族墓葬，可见二里头遗址并未完全被抛弃，有贵族在全力维护着濒临全面

---

[1] 赵海涛：《二里头遗址二里头文化四期晚段遗存探析》，《南方文物》，2016年第4期。

溃散的社会秩序，但其实际掌控者应该是二里岗国家或者早商政权的统治者。

在二里头城址的最后时光——四期晚段第四小阶段（约公元前1525年—前1520年），此时偃师商城东北隅的青铜冶铸作坊已经建成。二里头似乎失去了存在的价值，于是一场大劫难再次降临了。二里头所有的基址、手工作坊，包括刚兴建不久的6号、11号基址，以及曾经躲过一劫的绿松石器制造作坊、铸铜作坊，全部遭到毁弃。唯一兴建的10号基址，出现在宫城南墙外的交通干道之上，基本上阻断了之前的交通，对整个城市格局造成严重的破坏。根据赵海涛的研究成果，四段晚期二里头遗址的使用及废弃情况如下表所示：

表29　二里头文化四期晚段二里头遗址的使用、废弃情况简表

具体遗存	二里头四期晚段（约公元前1540年—前1520年）			
	第一阶段	第二阶段	第三阶段	第四阶段
井字形道路	正常使用	废弃		
宫城	正常使用	废弃		
东部宫殿群	正常使用	废弃		
西部宫殿群	正常使用	废弃		
5号墙	正常使用	废弃		
铸铜作坊	正常使用	易主，继续使用	继续使用	废弃
绿松石H290			开始投入使用	废弃
绿松石H198	正常使用	废弃		

（续表）

具体遗存	二里头四期晚段（约前1540年—前1520年）			
	第一阶段	第二阶段	第三阶段	第四阶段
其他绿松石作坊	正常使用	易主，继续使用	继续使用	废弃
6号基址			兴建、使用	废弃
10号基址			兴建、使用	废弃
3号墙			兴建、使用	废弃
商、夷文化器物		突然成组出现	继续存在	继续存在

此后不久，二里头遗址陷入死一般的沉寂之中，彻底被废弃了，人烟稀少，逐渐沦为普通的聚落。而同一时期，环嵩山地区再也没有出现过其他的二里头文化遗址。在二里岗时期，二里头遗址面积大幅减少了九成，仅残剩30万平方米，不得不让步于190万平方米的偃师商城，完全失去伊洛河流域中心聚落的地位。二里头文化因某种突发事件——按照文献记载是"商汤革命"，在持续了230年之后，终于落下了帷幕，中原地区崛起了一个全新的青铜王朝——商王朝。

第二节　二里头崇龙文化的盛衰

绿松石龙形器：大祭司的祭天神物

《左传》云："国之大事，在祀与戎。"商汤革命或者二里头王国的覆灭无疑是对这句话的最好诠释。上古时期，宗教祭祀与战争是历史发展的两大主题。通过宗教祭祀，统治者可以昭示对神的世界和人世间享有独断权；通过战争，可以攫取更多的资源，诸如矿产、土地与人口，进而巩固与扩大自己的统治权力。二里头的贵族阶层正是通过"祀与戎"这两种手段，让二里头文化得到大范围的传播与发展，由此推动了第一个广域王权国家的形成。

张光直先生如是云，文明的发展离不开占有和分配从战争中掠夺来的各种稀缺资源。所有古代文明的考古发现——深壕环绕的城市中心、文字和青铜冶炼等都是这种手段的内涵。[1]也就是说，文明的本质就是资源占有与资源分配。在二里头，贵族们通过战争获取了稀有的资源，诸如铜、锡、铅、玉石、白色的陶土等，其中很大一部分用来制作宗教祭祀中的礼器。祀与戎在二里头获得了高度的统一。

这个王朝国家拥有统一的宗教信仰，即天崇拜。王通过隆重的祭天典礼，宣扬天帝的意志，从而把持了人与天之间的通道，并借此维护天帝授予的王权。二里头的天崇拜，承袭自大禹时代建立的酋邦联盟。这个酋邦联盟是个跨地域、跨族群的共同体，既有华夏也有东夷。华夏的天崇拜主要体现在崇龙文化中，东夷的天崇拜则体现在崇鸟文化中，两三百年之后，两者最终在二里头获得了深度的交融。因而，二里头的宗教信仰呈现出多元一体的特征。具体到礼器上，二里头时期已经抛弃了龙山时代祭天的"璧琮"礼器传统，取而代之的是反映天崇拜的三大"宫廷礼仪"用器，包括绿松石龙形器、镶嵌绿松石铜牌饰和龙形化的牙璋（玄圭）。

---

[1] 张光直著，明歌编译：《宗教祭祀与王权》，《华夏考古》，1996年第3期。

绿松石龙形器（编号02ⅤM3：5），出土于3号宫殿的M3中。M3年代为二里头二期晚段（公元前1640年前后），属于中型墓葬。墓主为成年男子，年龄在30至35岁之间。浑身被各种稀缺的自然资源包围。头顶排列着3件斗笠状白陶器，白陶器顶部各置放1颗穿孔的绿松石珠；头部东侧偏北有1件穿孔的玉鸟首饰，雕饰鸟翅，做工精致；头部近旁又有2颗较大的穿孔绿松石珠；颈部是海贝项链，由90余枚穿孔海贝组成，海贝可能来自遥远的海边；墓葬周围环绕着数量众多的漆器和陶器，漆器有觚、钵形器、带柄容器等，陶器有爵、盉、鼎等，随葬品总计37件/组。

最能彰显主人尊贵身份的是，肩部至髋骨处为1条通天灵物"龙"所拥揽。"龙"由2000多个绿松石碎片拼接而成，长64.5厘米，中部最宽处4厘米。

龙首较大，略呈四边梯形，浮雕隆起，左右对称。吻部略突出，两侧旁有向前伸出的卷曲弧线，似为龙须。额面中脊和鼻梁，由3节半圆形青、白玉柱组成。鼻端为蒜头状大绿松石，约为碎片的十倍大，硕大醒目。梭形眼，内嵌圆饼形白玉为眼球、绿松石片为眼角，似乎在凝视着主人的颈部和脸部，以表达龙与主人的亲密关系。

龙身呈长条波状，由西北向东南曲伏舒展。中部有脊线，向两侧下斜。绿松石片组成的菱形象征龙鳞，从龙颈到龙尾，共有12组依序排列。龙身中部置放有1件铜铃，铜铃内嵌玉质铃舌。铜铃表面附有一层红漆皮和纺织品印痕，陶寺遗址M3296也发现类似的铜铃，铜铃外侧也有明显的布痕，说明该类器物被布裹藏着，属于珍贵之物。陶寺铜铃在左股与腰部之间，二里头铜铃位置也在腰、手之处，两者应有继承、演变的关系。它们都是墓主生前所持之物，具有某种特殊的宗教内涵。这件铜铃也是二里头

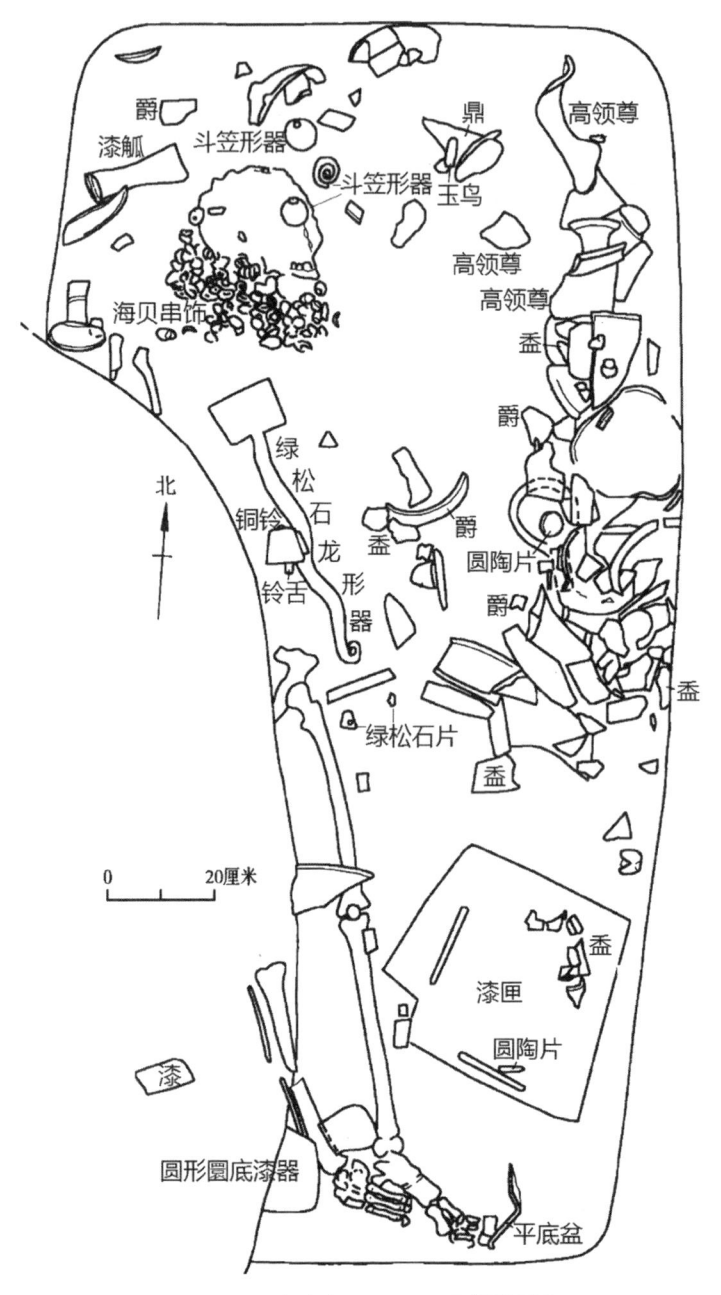

图63　二里头遗址2002 V M3底部平面图

文化最早的礼仪性青铜器。冯时认为，铜铃表面的纺织品痕迹或许就是常旗。常旗即令旗，系以铃，旨在令众。因而，龙身所附的铜铃不是乐器，而为令众之物。[1]

龙身接近尾部处渐渐隆起，龙尾倒钩内卷。在龙尾的3.6厘米之外，还有1条横向的绿松石条形带，长14.5厘米，宽2.1厘米，几乎与龙体垂直，从龙首至条形带全长70.2厘米。此绿松石条形带的上部有两排长方形绿松石片，一排横列，另一排纵列，平行嵌合而成。绿松石条形带的下部则是连续的云纹，似在向世人展示龙腾飞于云彩之上。绿松石条形带与龙体之间有红色漆痕相连。整个龙形器及其近旁，发现多处红色漆痕。据此推测，绿松石条形带与龙体应是用某种黏合剂镶嵌在木板之类的承托物上的，只是黏合剂和承托物已经腐烂无存。

绿松石由含水的铜、铝、磷、铁等合成，成分的多寡影响绿松石的色质，铜多则偏蓝，铁多则偏绿。绿松石矿脉属于次生矿脉，通常浅薄而小，很少在地表30米以下，只需要小竖井和坑道就可以开采，所以出现的时间比青铜要早。山东海岱地区自大汶口文化中期，就以酷好绿松石而闻名。大汶口遗址M4出土的镶嵌绿松石骨雕筒，材质雅美、工艺精湛。山东临朐西朱封遗址和日照两城镇遗址的龙山文化高等级贵族墓，均发现大量精美的绿松石饰品。如西朱封M202出土4件绿松石坠饰、18件绿松石串饰，以及多达980余件的绿松石薄片，其中有1件带圆孔，M203也有5件绿松石坠饰、95片绿松石片[2]；两城镇遗址M33出土1件镶嵌绿

---

[1] 冯时：《文明以止：上古的天文、思想与制度》，中国社会科学出版社，2018年，第357—380页。
[2] 中国社会科学院考古研究所山东工作队：《山东临朐朱封龙山文化墓葬》，《考古》，1990年第7期。

松石器（编号M33：38），年代约公元前2250年—前2000年，由210多片绿松石片组成。可见，二里头文化佩绿松石饰品的传统来自海岱地区的东夷文化。

这件神奇的绿松石龙形器应当是二里头宫殿区南部的绿松石器作坊主制作的。在绿松石器作坊遗迹H290中出土了大量的绿松石碎块，大部分为绿松石饰物毛坯和废料，经过统计共有3999件。采用红外光谱对二里头出土的样品进行产地识别，发现样品与湖北十堰郧阳区的云盖寺矿点采集到的绿松石样品非常相似。也就是说，云盖寺绿松石矿可能是二里头绿松石的来源之一。也有学者利用铅和锶同位素比值法进行测试，结果表明陕西洛南河口绿松石矿遗址应是绿松石的原料产地之一。[1]河口绿松石矿遗址是迄今年代最早的绿松石矿，也是中原周边唯一发现的早期绿松石矿遗址。云盖寺矿点在二里头西南310千米处，河口与二里头相距218千米，从路程运输的便利情况来看，河口绿松石矿遗址更近。两个矿点都远离伊洛河地区，不过，二里头贵族获取绿松石原料的途径有所不同，对于河口遗址可能以贸易往来的方式，而对于云盖寺矿点则依赖军事扩张与掠夺。

二里头的贵族们不惜耗费大量人力、物力，对来之不易的绿松石矿进行加工、切片，最后拼装成一件美轮美奂的龙形器，这是因为龙是中原地区华夏部族崇祀的通天灵物，也是天崇拜的象征符号。M3墓主拥有丰富、稀有的佩戴物和器皿，而且集合多元文化于一体，足以说明其身份必然不凡。那么绿松石龙形器的主人应是何种身份？

---

[1] a任佳、叶晓红、王妍等：《二里头遗址绿松石的红外光谱产地识别》，《光谱学与光谱分析》，2015年第10期。b先怡衡、梁云、樊静怡等：《洛南河口遗址出产绿松石产地特征研究》，《第四纪研究》，2021年第1期。

图64 二里头遗址绿松石龙形器

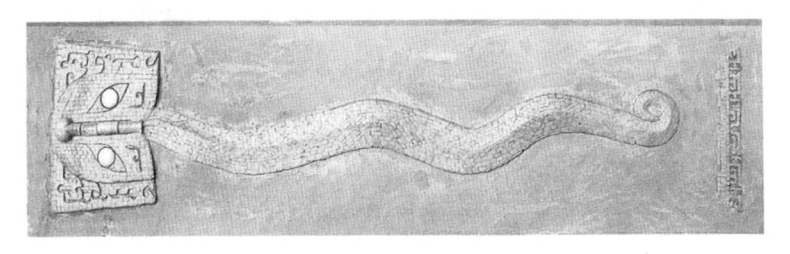

▲仿制复原的绿松石龙形器

▲绿松石龙形器头部原物　　　　▲仿制复原的绿松石龙形器头部

图65 二里头遗址绿松石龙形器复原图

学者们提出了多种看法。有的推测墓主人是宗庙管理人、祭祖活动的参与者。绿松石龙代表"龙牌",持有者在祭祖仪式上边颂扬先祖的功德,边手持龙牌翩翩起舞。持有者应长期与神鬼打交道,垄断了与先祖沟通的权力,由此受到夏王的器重与赏识,故而被允许死后继续拥有龙牌[1]。也有的推测M3主人生前是有养龙特殊技能的贵族，不属于王族成员，而这个善于养龙的贵族就是传说中夏王孔甲时期的"御龙氏"[2]。

宗庙管理人一般负责看护先公先王的灵位，并保管先公先王的遗物，儒家文献《周礼》称之为"守祧"。根据《周礼·春官宗伯》中的"奄八人、女祧每庙二人、奚四人"，守庙者由奄人（阉人）充任，说明守庙者的地位较为低贱。二里头时期比周代早六七百年，地位也不会高出多少。3号基址的M3，从规格上看，属于迄今所知二里头都邑中最高等级的墓葬之一，当时只有具备尊崇身份者才可以入葬，似乎与守祧的卑贱地位不相符合。纵然受到夏王的赏识，埋葬在宫殿区也是不合常理的。

"御龙氏"见于《左传·昭公二十九年》。相传帝尧的后裔刘累向豢龙氏学习"扰龙"之术，向夏王孔甲进献鲜美的龙肉，由此颇得孔甲的欢心，被赐封为"御龙氏"。扰龙应该就是驯养扬子鳄，战国时期有蟠螭豢龙纹卣，现藏日本，其颈部十分罕见地模印四幅古人豢龙的珍奇图像：一只鳄形龙被一个人拿着鞭子驱赶[3]。说明当时盛行驯养扬子鳄，因而成为青铜器上的纹饰母题。孔甲扰龙的传说很可能产生于战国时期，年代较晚，可信度低，当然这个猜想也十分勉强。

有学者认为，二里头文化墓葬中，头向北的人群为姒姓夏部

---

1 杜金鹏：《中国龙，华夏魂——试论偃师二里头遗址"龙文物"》，杜金鹏、许宏主编：《二里头遗址与二里头文化研究：中国·二里头遗址与二里头文化国际学术研讨会论文集》，科学出版社，2006年，第102—104页。

2 a.朱乃诚：《二里头文化"龙"遗存研究》，《中原文物》，2006年第4期；b.蔡运章：《绿松石龙图案与夏部族的图腾崇拜》，杜金鹏、许宏主编：《二里头遗址与二里头文化研究：中国·二里头遗址与二里头文化国际学术研讨会论文集》，科学出版社，2006年，第139—141页。

3 ［日］梅原末治：《战国式铜器の研究》，京都：同朋舍出版，1984年，第42—43页、图版77。

图66　蟠螭夒龙纹卣（器形）　　图67　蟠螭夒龙纹卣（夒龙纹）

族，他们占据伊洛流域北部居中位置，并控制洛阳盆地东部出口；头向南的人群为彭姓或己姓部族，他们占据洛阳盆地东侧的外围屏障。[1]《礼记·檀弓下》中云："葬于北方北首，三代之达礼也，之幽之故也。"头向北就是朝向天帝的居所北天极，夏人的这种葬俗显然与上古时期盛行的天极观念或者天崇拜有关。M3墓主的头向北，其族属更应该是夏后氏。由此排除了御龙氏的可能性。

从墓葬规格来看，M3主人浑身上下披挂各种稀有矿产的制品，头顶佩戴精致的鸟形玉饰，身体被绿松石龙拥揽，集华夏与东夷的通天灵物——龙、鸟于一体，可以说是华夏与东夷的精神共主，地位必定十分尊崇，最有可能是代表王研究与观测天空，并司掌祭天礼仪、与天帝沟通的大祭司。拥揽M3墓主的绿松石龙形器所蕴藏的观天及通天内涵，可以说明这一点。

---

[1] 梁云、李盼盼：《从二里头文化的人群构成看夏文化概念》，《中原文化研究》，2023年第4期。

M3墓主生前使用龙形器的方式应该是龙头朝下竖置，只不过下葬摆放时龙头与主人的头向一致。这跟濮阳西水坡M45中的蚌塑龙有异曲同工之妙，均为头朝北方、尾朝南方，表达的都是助主人魂灵升天，或者都代表天象，与北斗崇拜息息相关，象征北斗神。[1]而绿松石龙尾部附近的条形带代表地平线，描摹了苍龙星象跃地而出的独特天象，这在传世文献中被称为"升龙"或"登龙"。它既是上古帝王观象授时的标准天象，也是天子舆服的特有图像。[2]因此，M3墓主生前很可能是负责天文观测、记录天象、垄断观象授时的知识，并借此掌控祭天大权的大祭司，是夏后氏贵族集团中一位举足轻重的宫廷权臣，生前已经跻身于二里头王国的权力核心圈，死后方能拥有入葬宫殿区中心的殊遇。

绿松石铜牌饰：龙遗存与祭天礼器

以龙为核心的天崇拜，始终主宰着二里头王国的思想领域。其中，3号宫殿中M3的绿松石龙形器是最具代表性的崇龙遗存。从器形特征来看，绿松石龙形器与新砦遗址陶器盖T1H24：1所绘的兽面纹如出一辙，存在前后演变关系。尤其是梭形眼和蒜头形鼻，更是两者之间有承继关系的证据。除了绿松石龙形器，其他的崇龙遗存也大量出土，但仅限于二里头遗址，说明龙是二里头都邑专有的标志物，是早期国家王权统治的象征符号。目前所见二里头的崇龙遗存大约有几十处，一些龙遗存的出土情况如下表所示：

---

1 顾问、胡继忠：《论二里头文化与夏家店下层文化中的龙、蛇》，杜金鹏、许宏主编：《二里头遗址与二里头文化研究：中国·二里头遗址与二里头文化国际学术研讨会论文集》，科学出版社，2006年，第161页。
2 冯时：《文明以止：上古的天文、思想与制度》，中国社会科学出版社，2018年，第357—380页。

表30　二里头遗址所见的龙遗存举要

发现时间	发现地点	标本编号	相关内容
1992年	Ⅲ区	92ⅢH1	泥质灰陶透底器，绘有三条小龙
1992年	Ⅲ区	92ⅢH2	泥质灰陶透底器，绘有六条小龙
1983年	Ⅳ区	83ⅣH20：1	陶方鼎范，绘有龙与太阳纹
1963年	Ⅳ区铸铜遗址	T17②：4	陶器残片，绘有一组蟠龙
1960年	Ⅴ区1号宫殿	T14④C：19	残陶片，绘有正面龙首
1963年	Ⅴ区1号宫殿	T210④B：3	残陶片龙纹，绘有龙与蝉
1963年	Ⅴ区	T212③B：1	残陶片，绘有龙爪
1965年	Ⅴ区	T212⑤：1	陶透底器，绘龙兔，龙一首双身
1959年	Ⅴ区2号宫殿	T107③：2	残陶片，绘有龙龟
2003年	Ⅴ区	ⅤG14：16	陶盆，绘有龙与鱼
2002年	Ⅴ区	ⅤG10①：63	残陶片，绘有龙首
1994年	Ⅸ区	ⅨH13	陶塑龙首
1987年	Ⅵ区57号墓	ⅥM57：4	镶嵌绿松石铜牌饰
1984年	Ⅵ区11号墓	ⅥM11：7	镶嵌绿松石铜牌饰
1981年	Ⅴ区4号墓	ⅤM4：5	镶嵌绿松石铜牌饰
不详	采集而来	采：26	绘有变形兽面纹（可能是龙纹）

比较有特色的，如龙兔组合，位于透底器T212⑤：1上。透底器颇为奇特，器壁较厚，小口长颈，口部与底部对应位置有一

图68 二里头文化镶嵌绿松石铜牌饰（VM4:5）　图69 二里头文化镶嵌绿松石铜牌饰（ⅥM57:4）　图70 二里头文化镶嵌绿松石铜牌饰（ⅥM11:7）

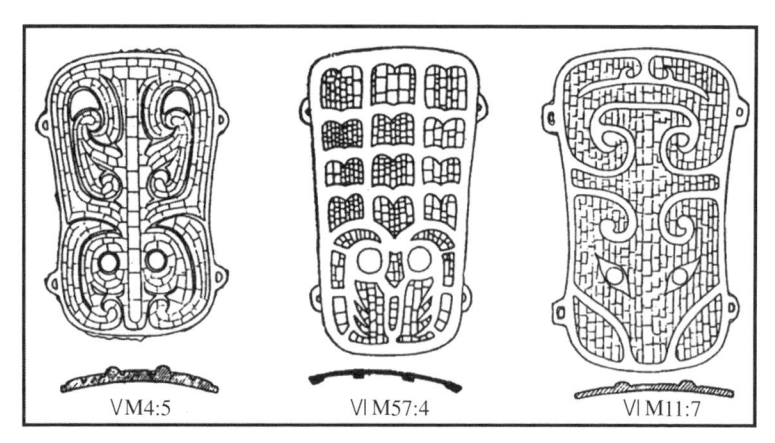

图71 二里头遗址出土的镶嵌绿松石铜牌饰平面图

圆孔，其并非实用的容器，属于祭祀礼器。该透底器上的龙形象为一首双身，无角，有棱形眼，尖喙，额头间有菱形。龙首附近则饰云雷纹。在龙体上有对称小兔，仰卧，四足朝上，该纹饰构图有"飞龙在天,腾云驾雾,指探月宫之意境"[1]。龙与太阳光芒,绘在陶方鼎83 Ⅳ H20:1上。鼎一侧饰有太阳纹,另一侧是兽面纹。鼎内壁刻龙首,龙嘴大张,尖牙利齿,前肢粗短有利爪。再如,"多龙聚会",绘于陶透底器92 Ⅲ H1上,器壁有菱形纹饰,上塑三条小龙,三角形龙首向上。另一件陶透底器92 Ⅲ H2更绘有六条栩栩如生的小龙。

青铜器中的崇龙遗存,最重要的是镶嵌绿松石的青铜牌饰。推测青铜牌饰的制作工艺和程序是:在青铜牌的承托物(木板之类)上,先用某种黏合剂粘贴麻绳或纺织品,再按顺序把已切好的绿松石嵌片逐一粘贴在承托物上。

从考古发掘来看,镶嵌铜牌饰应起源于山东海岱地区。两城镇遗址M33发现的镶嵌绿松石器,可能是二里头绿松石龙形器和镶嵌铜牌饰的祖形。两城镇镶嵌绿松石器由210多片绿松石片拼接而成,它们集中分布于一个长约24厘米、宽约5厘米的小范围之内。这些绿松石片的拼接手法与二里头绿松石龙形器一模一样——使用某种黏合剂,镶嵌在木板之类的承托物上。两城镇镶嵌绿松石器呈现出一定的形状,要表达的可能是某种图案或者形象,因年代久远,承托物腐烂无踪,绿松石片散落在墓主左侧腕部及以上,呈长环状密集分布,已经失去了它的本来面目。考古人员参照红山文化和石家河文化的鹰或鸟形玉器,发现两城镇的镶嵌绿松石器可以复原为一个鸟形物。[2] 鸟是东夷的祭天灵物,出

---

1 杜金鹏:《中国龙,华夏魂——试论偃师二里头遗址"龙文物"》,杜金鹏、许宏主编:《二里头遗址与二里头文化研究:中国·二里头遗址与二里头文化国际学术研讨会论文集》,科学出版社,2006年,第102—104页。
2 科杰夫、栾丰实:《两城镇遗址绿松石的使用及仪式重要性研究》,山东大学文化遗产研究院、章丘市文广新局编著,栾丰实、王芬、董豫主编:《龙山文化与早期文明——第22届国际历史科学大会章丘卫星会议文集》,文物出版社,2017年,第77—89页。

土时镶嵌绿松石器位于墓主左手腕之上，应该是墓主生前佩戴在手腕的宗教礼器。

绿松石器镶嵌技术西传之后，融入中原文化，由此在二里头出现了2000多片绿松石片拼接而成的大型龙形器。再之后产生了镶嵌绿松石铜牌饰，出土时通常放置在墓主人的胸上，说明是佩戴在胸前的。龙形器和青铜牌饰蕴含着相同的宗教内涵，都属于与天帝沟通的灵物。

目前，发现的镶嵌铜牌饰共16件，其中，二里头出土3件、三星堆出土3件、甘肃天水博物馆收藏1件。另有9件流落到国外去，包括美国萨克勒美术馆收藏3件，美国著名的中国文物收藏家保罗·辛格医生（Dr. Paul Singer）私藏1件，美国檀香山艺术学院1967年购入1件，日本滋贺博物馆收藏1件，犹太裔古董巨头朱塞佩·埃斯肯纳齐（Giuseppe Eskenazi）分别于1991年、1997年各展出1件，2003年美国纽约斯洛克莫顿艺术馆（Throckmorton Fine Art）公开展览1件，但被疑为赝品。

李学勤先生最早对铜牌饰进行研究，认为这些铜牌饰上的纹饰很像透底器T212⑤：1陶片上绘刻的双身龙纹的头部，龙身作对剖式的展开，实质上也是龙，因而属于龙崇拜的遗珍。[1]王青先生将其中的10件铜牌饰分为A、B、C三种类型。A型眼上为弯月眉及T形冠，眼下有口部的弯弧线；B型弯月眉较宽，眼以下有鼻和须的纹饰，眉以上为鳞甲纹；C型眼为多层，眼以上也为多层几何形纹饰。[2]

其他六件铜牌饰未划分型式，其中埃斯肯纳齐1997年展的铜

---

[1] 李学勤：《论二里头文化的饕餮纹铜饰》，《当代学者自选文库：李学勤卷》，安徽教育出版社，1999年，第262页。

[2] 王青：《镶嵌铜牌饰的初步研究》，《文物》，2004年第5期。

牌饰，与萨克勒美术馆第1件相似，或可归入A型。萨克勒美术馆第3件，其形制和纹饰都比较怪异，李学勤先生认为与二里头文化四期"相去不远"。美国檀香山艺术学院藏品也属于二里头四期。甘肃天水博物馆藏品与二里头ⅥM11：7相近，推断在二里头四期，也可归入A型。三星堆高骈出土的铜牌饰，年代争议颇多，暂列二里头四期。斯洛克莫顿艺术馆2003展的铜牌饰，其纹饰和铸造上存在不少疑点，真实性值得怀疑。如下表：

表31　迄今所见的镶嵌铜牌饰简表

分类	特征	器物	年代	尺寸（厘米）
A型	圆形眼	二里头ⅤM4：5	二里头三期	长14.2、宽9.8
	梭形眼	萨克勒美术馆第1件	二里头三期	长17.2、宽11.3
		二里头ⅥM11：7	二里头四期	长16.5、宽11
		保罗·辛格藏品	二里头四期	长14
		埃斯肯纳齐藏品中1991年展品	二里头四期	长15.5
B型	圆形眼	二里头ⅥM57：4	二里头四期	长15.9、宽8.9
	梭形眼	日本滋贺博物馆藏		长15、宽8.5
C型	圆形眼	三星堆真武87GSZJ：36	早商时期	长13.8、宽5.2
		三星堆真武87GSZJ：16	早商时期	长14、宽4.9
	梭形眼	萨克勒美术馆第2件	二里头四期	长15.9、宽9.8

（续表）

分类	特征	器物	年代	尺寸（厘米）
其他		埃斯肯纳齐藏品1999展	二里头三期	长14.8
		萨克勒美术馆第3件		长26.6、宽12.2
		美国檀香山艺术学院藏品	二里头四期	长16.5、宽8.16
		甘肃天永博物馆藏品	二里头四期	长15、宽10
		三星堆高骈出土	二里头四期	长12.3、宽5
		斯洛克莫顿艺术馆2003展		

有学者根据铜牌饰的年代以及形态，试图去梳理铜牌饰的演变过程。由于铜牌饰的年代说法不一，无法准确判断，因而出现了好几种结论。但是基本上，镶嵌铜牌饰是二里头三期以后盛行的器物。

按照青铜牌饰兽面的眼睛来区分，大体上的演变规律是由二里头三期的圆形眼，演变为二里头四期的梭形眼（或臣字眼）。圆形眼如二里头出土的ⅤM4：5青铜牌饰及ⅥM57：4青铜牌饰。ⅤM4：5青铜牌饰兽面的头部有圆目、大耳、短鼻，下肢粗壮且背侧有对称的卷云纹饰。ⅥM57：4兽面的头部也是圆目、大耳、小鼻，但是巨口大张，尖牙利齿，狰狞可怕，背部饰有12片鳞状斑纹。梭形眼如二里头出土的ⅥM11：7青铜牌饰，兽面长脸，上颚扁平，双目呈梭形或者"臣"字形，目上方有弯月形的双眉。有学者认为，ⅥM11：7青铜牌饰实际上代表身披鳞甲的双体龙。[1]

圆形眼与梭形眼所对应的动物，也有争论。或说圆形眼代表

---

[1] 王青：《二里头遗址出土镶嵌绿松石牌饰的初步研究》，中国社会科学院考古研究所编，许宏主编：《夏商都邑与文化（二）："纪念二里头遗址发现55周年学术研讨会"论文集》，中国社会科学出版社，2014年，第254页。

龙目，梭形眼代表虎目，也有人持相反的看法。或说两种眼睛都是龙目，只不过有雌雄阴阳之分。如殷商时期的山东益都苏埠屯1号大墓有2件青铜钺，平放在墓室北壁。青铜钺都透雕张口怒目的人面形，其中，一件体扁，目为"臣"字形，另一件体瘦长，目为圆形。[1]眼睛上的差异，是远古文化艺术品上二元对立观念的重要表现。[2]李学勤先生曾经说过：青铜牌饰的兽面均为饕餮面，饕餮面实际上表达的都是龙的形象。所以并不存在虎目与龙目之争，青铜牌饰均为"龙"遗存。

　　镶嵌绿松石的铜牌饰是最能体现华夏与东夷人文交流的器物之一。据文献记载，华夏与东夷的文化融合主要通过军事征服或强迫手段进行。如《左传·襄公四年》云东夷首领后羿"因夏民以代夏政"，《后汉书·西羌传》载称"及后相即位，乃征畎夷，七年然后来宾。至于后泄，始加爵命，由是服从"。不过从铜牌饰可以发现，两者之间的人文交流已经深入精神文化内核，是长期共同发展与积累的结果，绝非几次强迫性的征服就能够达到的。二里头ⅥM11：7铜牌饰兽面戴的是T形冠，ⅤM4：5铜牌饰戴的是高耸的介形冠，这两者与花地嘴H144陶瓮朱砂绘神兽面纹、两城镇玉圭上的神祖面纹及台北故宫博物院所藏的玉圭神像非常相似，描绘的都是东夷神祇句芒。说明二里头的青铜牌饰融合了东夷文化的传统，将东夷的始祖神祇纳入夏后氏的龙崇拜文化系统之中。这反映了华夏与东夷的文化大融合，二里头是多元一体的王朝国家。

　　综合以上两小节的讨论，随葬绿松石龙形器、铜牌饰或青铜

1　a.山东省博物馆：《山东益都苏埠屯第一号奴隶殉葬墓》，《考古》，1972年第8期；b.《文物》，1972年1期第90页图二二。
2　汤惠生、田旭东：《原始文化中的二元逻辑与史前考古艺术形象》，《考古》，2001年第5期。

铃的墓主，形成一个垄断祭祀天帝、鬼神等宗教礼仪的祭司集团，他们与其他贵族身份有所不同，是维系二里头王国的精神纽带，尤其大祭司是王的国师，备受尊崇，因而死后葬于宫殿区之内。这些随葬祭天礼器的墓葬皆为北向墓，墓主应属姒姓夏后氏贵族。他们的社会地位非常高，控制着二里头王国的宗教祭祀活动。

表32　二里头祭司集团与其他高级贵族随葬器物对比

身份		随葬的祭天礼器	埋葬位置
祭司阶层	大祭司	绿松石龙形器、青铜铃	宫殿区内
	祭司	铜牌饰、青铜铃、玉璧戚	宫城外的祭祀区内
其他高级贵族		没有祭天礼器。随葬玉钺、牙璋、青铜爵、青铜盉	

牙璋：龙形化与传播

作为二里头王国宗教祭祀的核心礼器——牙璋或者玄圭，它的命运也跟二里头遗址一样，在二里头文化衰落之后从中原地区全面消退，随即扩散到南方各地去。

牙璋从山东海岱流传到中原地区之后，成了大禹膺受天命的象征物、夷夏联盟天崇拜的符号，与夏后氏崇祀的灵物——龙紧密地联结在一起。故而有人断言："龙很可能一开始就爬上了牙璋的阑。"[1] 阑即牙璋的扉牙，由若干个突出的列齿组成。其形状实乃"兽首与兽身组合成兽的整体"[2]，而所谓"兽"指的就是龙。目前

---

1 浙江省文物考古研究所所长方向明未公开刊出的论文《浅议牙璋的形制和使用》，浙江省文物考古研究所"浙江考古"微信公众号2021年5月12日首发。
2 邓淑苹：《牙璋探索——大汶口文化至二里头期》，《南方文物》，2021年第1期。

所见,龙山晚期至商代殷墟时期,较有代表性的牙璋如下表所示:

表33 龙山文化时期至商代殷墟时期的代表性牙璋简表

出土地点	牙璋	大致年代	备注
花地嘴遗址	T17H40:1	公元前1850—前1750年	墨玉牙璋
商洛东龙山遗址	M83:1	公元前1750—前1680年	
二里头遗址	ⅢKM6:8	公元前1610—前1560年	
二里头遗址	1980ⅤM3:4	公元前1610—前1560年	青灰色
二里头遗址	1980ⅤM3:5	公元前1610—前1560年	青灰色
淅川下王岗遗址	T23②A:29	公元前1610—前1560年	残半玉牙璋
二里头遗址	1975ⅦKM7:5	公元前1560—前1520年	灰白色
望京楼遗址	编号不详	公元前1560—前1520年	浅灰青色闪玉
杨庄遗址	编号不详	公元前1500—前1400年	淡青色
郑州商城东城墙	编号不详	公元前1500—前1400年	黑青色玉
许昌大路陈村	编号不详	公元前1500—前1400年	淡青色玉
殷墟妇好墓	M5:579	公元前1250—前1200年	残断牙璋

花地嘴牙璋是迄今所见中原地区最早的牙璋,形态较为原始,带有明显的山东海岱牙璋的痕迹。

东龙山牙璋出土于陕西商洛东龙山遗址M83,该遗址地处长江支流丹江流域,与二里头遗址相距大约300千米,年代在新砦期之后,二里头二期之前。M83除了牙璋,还有3件玉石璧、1件玉戚(钺)、1件石圭(钺)等较高等级的玉石器物。牙璋放置在墓主左臂外，刃部朝头，突出的扉牙或者阑，已经不是花地嘴那种原始、简单的形状，非常接近龙首的侧面。从这时候开始，牙璋的阑就变成了龙的形象，被赋予天命的象征意义。M83的玉石璧也是上古时期的祭天礼器，墓主的身份有可能是主持祭祀仪礼的祭司。

到了二里头时期，牙璋因被加持了龙的"神力"，由武器工具类器物转变为宗教祭祀中的核心礼器，与绿松石龙形器、镶嵌绿松石铜牌饰，并列为二里头王国宫廷礼仪的三大标志性器物。

迄今为止，二里头遗址共发现四件牙璋，有两件出土于1号宫殿东北约350米处的M3。M3底部铺设一层厚2至3厘米的朱砂，有木质葬具。第一件牙璋（编号ⅤM3：4）置放于主人的胸前，通体磨光，柄部与器身一侧各钻一个圆孔，器身侧的圆孔嵌一枚圆形绿松石片。牙璋两面磨刃，刃部内凹，阑部均有突出的扉牙，长54厘米，宽14.8厘米，是二里头四件牙璋中形体最为硕大的一件。第二件（编号ⅤM3：5）置于主人下肢部位，外形与第一件相似，只不过体形略小，器身无钻孔。M3所出的两件牙璋都位于墓室的中央部位，跟主人身体紧密接触，墓室的两侧是陶爵、陶盉、玉钺、绿松石管等器物，牙璋的位置与3号宫殿中M3的绿松石龙形器相仿，可见牙璋与绿松石龙形器都受到主人的注重，属于宗教祭祀中的核心礼器。

这两件牙璋阑部的龙首形象比东龙山牙璋更加鲜明、具体化，如第一件牙璋阑部扉牙是龙的侧面形象，后阑即龙首，呈长方形状，龙首中间位置有一对小列齿，前方张嘴。龙体由两组成对的小列齿构成，小列齿明显矮于龙首。最后的阑状部位，很可能就

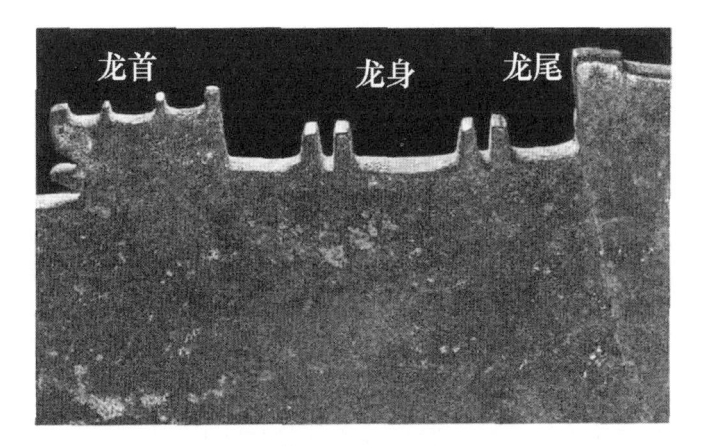

图72　二里头牙璋（ⅤM3：4）

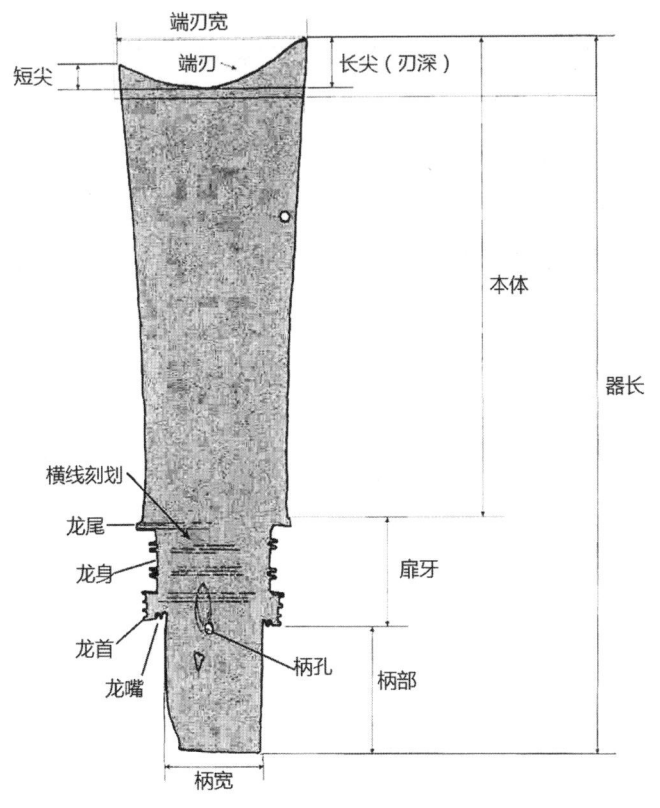

图73　二里头牙璋ⅤM3：4细部名称

第十二章　夏商剧变：二里头王国的崩溃

是龙尾。[1]一条远古时代的飞龙形象,由此栩栩如生地展现在世人面前。

二里头时期,除了二里头都邑的四件牙璋,南阳盆地淅川下王岗、新郑望京楼也各自出土一件。淅川下王岗是大禹南征三苗时的必经之地,大禹扫荡盘踞于此的三苗势力之后,南阳盆地重新回到中原地区华夏部族的怀抱之中。望京楼城址则是二里头王国的结盟方国,有学者认为是史书上的昆吾。这两个地方发现二里头宗教祭祀的核心礼器,说明它们与二里头政权的关系极为密切,很可能接受二里头政权的册封,是二里头至关重要的东、南方屏障。同时也说明,当时虽然出现了以二里头都邑为中心的王朝国家,但是仍旧存在众多的方国(包括异姓酋邦或者部落),它们的内部事务高度自治。因此,二里头的王通过颁赐牙璋或玄圭,强化与这些方国的联系,达成统治秩序上的平衡。二里头政权由此成为中原地区政治、宗教、文化的领导核心。

牙璋的制作在二里头四期达到高峰,此时的形制最复杂,阑部的突出扉牙呈密集型分布。如牙璋ⅦKM7:5,弧斜首,体形狭长,阴刻细如发丝的平行直弦纹,器形繁缛,分为上下两个部分,上阑两侧各凸出一个齿牙,上阑以上的器身也各凸出两组共四个齿牙,下阑两侧横出十余个齿牙。在上、下阑之间的两侧还有三组共六个齿牙,左右两侧总共四十余个齿牙排列密集,而且工整,显示出极高的制作工艺水平。该牙璋与铜爵、玉钺、七孔玉刀(编号ⅦKM7:3)等共出土于一座墓葬,反映了它们都是由实用型的武器,演变成象征性的祭祀礼器的。

及至二里岗早商、殷墟晚商时期,中原地区基本上不再制造

---

1 邓聪、王方:《二里头牙璋(ⅤM3:4)在南中国的波及——中国早期国家政治制度起源和扩散》,《中国国家博物馆馆刊》,2015年第5期。

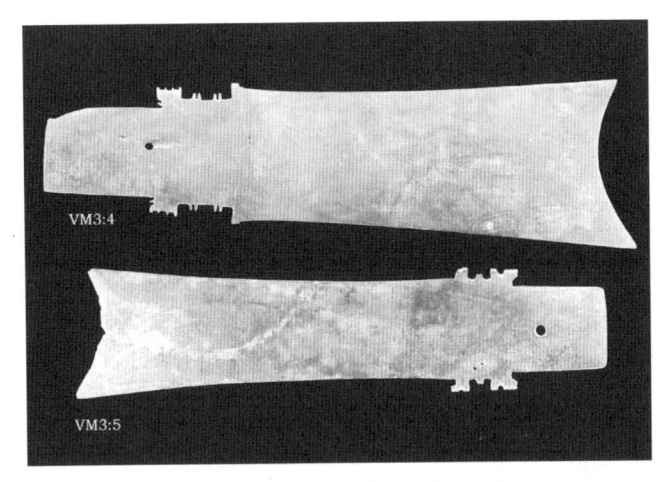

图74　二里头ⅤM3出土的龙形牙璋

牙璋。迄今所发现的商代牙璋均属于二里头时期牙璋的改制品，大都残缺不全。如殷墟妇好墓出土的牙璋M5：579，利用残断牙璋的前半部，改制成玉铲形器。这说明，随着二里头政权的覆灭，牙璋的制作工艺在环嵩山地区已经失传，新生的商王朝对它弃如敝屣，将二里头宗教祭祀的核心礼器裁切、加工成其他类型的玉器。这显然是对二里头宗教信仰的抛弃或者蔑视。

　　故国灭亡，家园残破不堪，崇祀的圣物遭到无情的践踏，令二里头的贵族们灰心丧气。他们不愿意向新政权臣服，于是携带祭天的各种器物，踏上了流浪之路。牙璋也紧跟着二里头贵族的迁徙，扩散到中原之外的其他地区去。他们的后裔继续走向远方，足迹遍及黄河上下、大江南北、东南沿海，乃至于遥远的珠江流域和北部湾地区，在东亚地区形成一个地域极为辽阔的牙璋政治文化圈。牙璋的传播路线大致有三条：

　　西路，由环嵩山地区经陇东、陇南，穿越岷江上游走廊，南下成都平原，在三星堆文化中大放异彩，这成为不幸中的万幸。

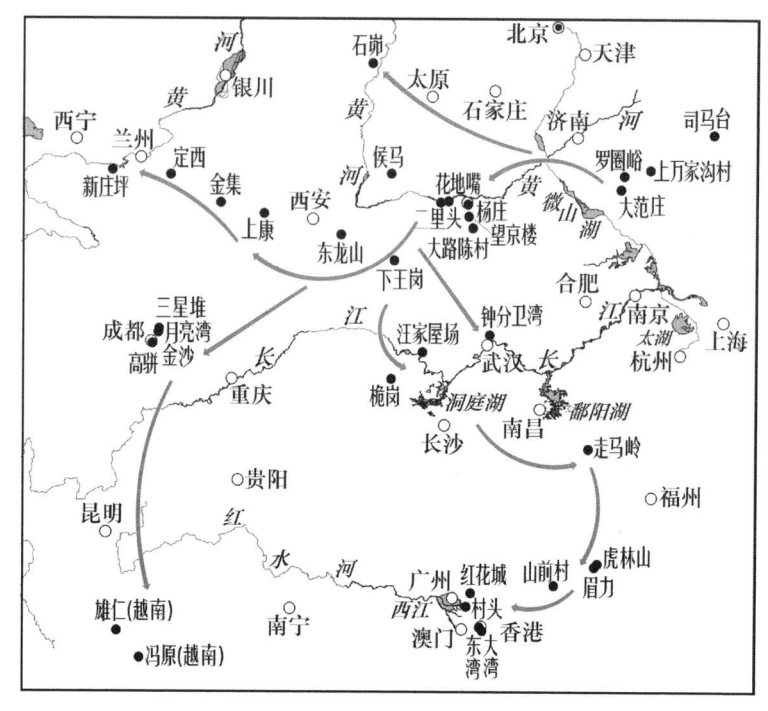

图75　牙璋分布范围图

三星堆古国不但继承了二里头政权的牙璋祭祀传统，而且不断地扩展牙璋的功能，使之成为三星堆文化的祭祀重器。三星堆2号祭祀坑出土一座跪坐的青铜执璋小人像（编号K2③：325），两手平伸执璋；另有一座小型青铜立人像（编号K2③：292-2），双臂前伸，双手相握。发掘者根据立人手中的长方形孔隙，推测所持的是牙璋之类的器物[1]。三星堆文化甚至出现了铜质、金箔材质的牙璋，将牙璋的制作工艺及形制演进推向巅峰。继三星堆之后，成都金沙遗址出土的大型石质牙璋竟有66件，数量十分惊人。再

1　四川省文物考古研究所编：《三星堆祭祀坑》，文物出版社，1999年，第235页。

之后，牙璋由成都平原继续南下，传播到北部湾包括珠江三角洲与越南北部红河三角洲，如香港南丫岛大湾遗址发现商代时期的牙璋，增城红花林遗址也采集到1件小型牙璋，越北地区的永富省冯原、佳唐村雄仁等地共发现8件牙璋。

南路，由环嵩山地区经南阳盆地，到达长江中游江汉平原，继而南下湖南地区，如荆州沙市区汪家屋场遗址出土2件牙璋。

东路，由环嵩山地区，穿过淮河文化走廊，经安徽传播到福建西北部，如在光泽走马岭遗址发现了牙璋，而后抵达福建东南沿海地区，漳州虎林山遗址出土2件石质牙璋。

这些地方出土的牙璋延续了二里头时期的龙形特征：龙的前颌由小而大，上颌边缘由前后两个列齿构成，中部为凹弧面，龙嘴均为张口式，龙体两侧各由两组成对的小列齿组成，等等。它们形制和工艺技术相似，具有技术和样式上整齐划一的标准。可见，二里头王国衰亡之后，其崇天的标志物之一牙璋并没有随之立即消失，反而在长江以南的广袤地区不断地繁衍、扩散，文化影响力甚至波及东南亚地区。二里头的宗教祭祀以及宫廷礼制，对其他地区早期国家的起源与发展影响之巨大，则远远超乎世人的想象。

二里头文化龙崇拜的式微

伴随着二里头王国的覆灭与早商政权（二里岗文化）的建立，环嵩山地区更换主人，二里头文化中繁盛的龙崇拜也逐渐趋于衰落。

二里头遗址中发现数量众多的龙遗存，证明了龙在当时信仰崇拜中的重要性，是二里头王国的"魂魄"。但是通过观察崇龙遗存的外形特征，我们可以发现，在二里头四期，社会关于龙的

图76 二里头遗址出土龙纹陶范

观念明显趋于淡薄，暗示着龙在宗教祭祀中的地位大大下降。比如二里头二期，绿松石龙形器活灵活现，惟妙惟肖；三期的龙遗存也不乏形象生动者，如T210④B：3残陶片上的龙与蝉龙，T212③B：1残陶片上的龙爪；但是到了二里头四期，龙的图像高度抽象化，如ⅥM57：4、ⅥM11：7两件青铜牌饰，比三期的ⅤM4：5青铜牌饰更加简约，很难一下子就辨识出来。表明当时人们对崇祀的圣物不再那么情有独钟，在心理上已经渐渐疏远了。

而且，崇龙遗存在二里头都邑的宫殿与贵族墓葬区中随处可见，但是取代二里头的早商遗址中，已经不见任何与龙相关的遗物了。

早商时期（或二里岗时期）最重要的两座都邑——偃师商城和郑州商城，迄今发现数百座二里岗文化墓葬。郑州地区年代最早的商文化遗存——河务局6号墓葬，位于郑州商城宫殿区内，为3人合葬，居中的2号骨架为主人，骨骼粗壮，浑身上下撒满朱砂，颈部挂一串由93枚海贝和1件绿松石饰组成的项链。其余2具为人殉，出土青铜器含鬲、盉、戈，及玉柄形器等142件，其中青铜鬲（编号M6：1）是目前所见年代最早的青铜鬲，说明墓主身份是商人贵族，6号墓葬属于中型的贵族墓葬。墓葬的相对位置及规模，与出土绿松石龙形器的二里头3号宫殿中M3相仿，但是河务局M6没有发现龙遗存。与二里头遗址咫尺相隔的偃师商城发现早商墓葬近百座，如随葬青铜铃的1988 Ⅳ T6M1伴出绿松石牌饰、漆器等，这一现象也见于二里头遗址，均属于贵族墓葬。[1]研究发现早商贵族墓葬中殉狗比例很高，但是，没有一座墓葬中可以看到与崇龙文化相关的痕迹。这意味着二里头王国崇祀的"圣灵"——龙，已经在早商时期消失得无影无踪了。

另外，二里头的陶礼器或者青铜礼器上，龙纹是最重要的纹饰。二里头铸铜作坊区出土一件陶范（编号83 Ⅳ H20：1），内阴刻龙纹，张牙舞爪。该陶范为铸造圆形器的残范，根据已出土的爵、鼎、斝进行判断，可能为铸鼎的陶范，从残留的陶片推测铸出来的圆形青铜鼎直径约为17厘米。[2]透底器是二里头专用的祭祀礼器，目前发现三件与龙有关的透底器。祭祀区出土的两件灰陶透底器，其中一件92 Ⅲ H1立体雕塑三条小龙，另一件92 Ⅲ H2立体雕塑六条小龙，小龙均呈昂首游动状。宫殿区出土一件绘有龙、兔组合的透底器T212⑤：1。龙的形象为一首双身，用粗阴线刻画。这些祭祀礼器渗透着强烈的龙崇拜或天崇拜色彩。

宏观来看，二里岗时期也盛行天崇拜，商族对帝或者天帝的

1　a.郜向平：《商系墓葬研究》，科学出版社，2011年，第112页；b.桑栎、陈国梁：《偃师商城几种丧葬习俗的探讨》，《考古》，2017年第4期。
2　廉海萍、谭德睿、郑光：《二里头遗址铸铜技术研究》，《考古学报》，2011年第4期。

信仰也是起源于对北天极的崇拜，甲骨文中的"帝"字具体描绘出当时观测到的北天极附近的真实天象。[1]郑州商城出土一批祭天仪式中使用的玉礼器，包括8件玉璧、1件玉璇玑、1件玉琮、7件玉璜。其中，玉琮（编号C5T61①：37）用粗白色玉雕琢而成，内圆外方，射部呈圆筒状，形似圆形榫口。[2]龙山时期，玉琮被先民们视为具备神性的灵物，它是祭天的礼玉，或者沟通上天的媒介和宇宙观的象征。二里头时期已经不用玉琮和玉璧祭天了，玉琮却在早商时期被重新使用，体现出二者在天崇拜上的差异。二里头的青铜器如鼎、爵、斝、盉、壶等，都纳入早商文化的礼器系统。早商遗址中也出土奇异的祭祀礼器透底器。但是，商族舍弃二里头的青铜盉，并新创了青铜斝。对此，孔子在《论语·为政篇》中总结说："殷因于夏礼，所损益，可知也。"孔子认为殷商之前有夏，殷商对夏朝礼制的继承，也有所损益，这大体上符合二里头至早商之间的礼器变化情况。

"殷因于夏礼"，早商时期虽然沿袭了二里头的青铜礼器，但是精神信仰和宗教祭祀是一个族群的灵魂和脊梁，二者在这方面存在显著的差异。商族未直接承续二里头王国的崇龙传统，龙不再被尊奉为天崇拜礼仪中的核心灵物。因而，在早商时期的祭祀礼器上，没有发现鲜活生动的龙纹，取而代之的是面貌狰狞的饕餮纹。

饕餮纹也叫"兽面纹"，其特征据马承源先生的概括，有以下的要素：

> 以中间鼻梁为基准线，两边为对称的目纹，目上往往有

---

1 ［美］班大为著，徐凤先译：《北极简史：附帝字的起源》，《中国上古史实揭秘——天文考古学研究》，上海古籍出版社，2008年，第353—355页。
2 宋爱平：《郑州商城出土商代玉器试析》，《中原文物》，2004年第5期。

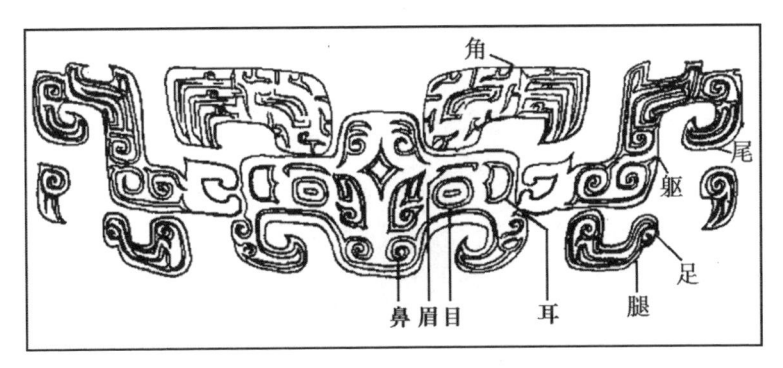

图77 饕餮纹构成示意图

眉,其侧有耳,下部两侧为兽口和兽腮,上部为额,额两侧有突出的兽角。在兽面纹的两侧,各有一段向上弯曲的体躯,体躯下部往往有兽足。所有的兽面纹,基本上脱离不了这个格局。所有的角形都是按照统一的特点塑造的。[1]

饕餮纹中大都出现张开的利爪,以及两侧对称左右展开的身躯或者兽尾,给人一种压抑、凄厉与恐怖之感。

饕餮纹与饕餮是两个不同的概念。饕餮是上古传说中的凶恶之人,最早见于《左传·文公十八年》:"缙云氏有不才子,贪于饮食,冒于货贿,侵欲崇侈,不可盈厌……天下之民以比三凶,谓之饕餮。"饕餮最早与青铜器纹饰联系起来是在《吕氏春秋·先识览·先识》中,云"周鼎著饕餮,有首无身,食人未咽,害及其身"。直到北宋时期,才将青铜器上的兽面纹称为"饕餮",吕大临的《考古图》中指出,"又癸鼎文(纹)作龙虎,中有兽面,盖饕餮之象";王黼的《宣和博古图》也用"饕餮"来描述商父乙

---

[1] 马承源:《商周青铜器纹饰综述》,《中国青铜器研究》,上海古籍出版社,2002年,第357—358页。

图 78　郑州商城"虎噬人"陶片

鼎、商子鼎，云"有腹著饕餮，而间以雷纹者，父乙鼎、父癸鼎之类是也"，商子鼎"三面为饕餮状"；等等。此后一直沿用至今。但铸刻在殷商青铜器上的饕餮，并非传说中的上古恶人，而是一种凶猛、贪残的野兽，它的原型很可能是牛首或者虎首。李泽厚认为"它是牛头纹。但此牛非凡牛，而是当时巫术宗教仪典中的圣牛"[1]；冯其庸则认为兽面纹是虎头的理想化的美术化[2]。

早商时期商族与虎的关系可以从郑州商城宫殿区出土的 1 件残陶片 C8T62③：29 中看出端倪。据推断该陶片为陶簋的腹部残

---

[1] 李泽厚：《美的历程》，人民文学出版社，2021 年，第 39 页。
[2] 冯其庸：《一个持续五千年的文化现象——良渚玉器上神人兽面图形的内涵及其衍变》，《中国文化》，1991 年第 2 期。

片，属于二里岗文化（早商时期）遗存。残陶片"左侧为一个刻有面、眼、鼻、口、耳的人头像，头下有颈，颈下有肩；在人头右侧刻有一只似作跪立状的侧面虎，口大张，目前视，作欲吞噬人头状"[1]。由于残陶片上准确地绘出了自然界中真实的虎形象，因而考古报告称之为"虎噬人"。这个形象恐怖的虎噬人图像很可能与饕餮纹有渊源关系。李学勤先生认为，"吞食象征自我与具有神性的动物的合一"，"虎食人"或"龙食人意味着人与神性的龙、虎的合一"。[2]据此，有虎噬人纹样的陶簋是二里岗政权的统治者祭祀天帝、神灵的宗教礼器。因此，饕餮纹不仅仅表达出王权的威严和血腥残暴，它的文化内涵更应当与宗教祭祀有关。

饕餮纹的"狰狞的美"，为青铜礼器增添了几分有威慑力、令人恐惧的色彩。在祭祀礼仪中，巫师或者祭司能够通过神秘的饕餮纹，跟天帝、神鬼沟通。当悚然诡异的饕餮纹与铿锵作响的青铜器聚合时，就赋予了人们一种对天帝、鬼神的虔诚情愫，给那些礼器的主人披上一层神圣的外衣，从而提升到对王权的宗教般崇拜。这正是统治者所希望达到的政治效果。饕餮纹在商、西周前期非常盛行，西周中期使用频率出现断崖式下降，西周晚期以后逐渐地消失了，取而代之的是龙纹或者夔龙纹。这反映了周人对二里头崇龙文化的继承与发扬，以及礼乐制度的兴起。

天崇拜与夏商周崇龙的历史轨迹

在《礼记·表记》中，孔子通过近距离的观察，对上古时期夏商周三代的宗教观念的进行了比较：

---

[1] 河南省文物考古研究所编著：《郑州商城——1953~1985年考古发掘报告》，文物出版社，2001年，第267页。
[2] 李学勤：《试论虎食人卣》，《李学勤集——追溯·考据·古文明》，黑龙江教育出版社，1989年，第119页。

夏道尊命，事鬼敬神而远之，近人而忠焉，先禄而后威，先赏而后罚，亲而不尊。其民之敝，蠢而愚，乔而野，朴而不文。殷人尊神，率民以事神，先鬼而后礼，先罚而后赏，尊而不亲。其民之敝，荡而不静，胜而无耻。周人尊礼尚施，事鬼敬神而远之，近人而忠焉，其赏罚用爵列，亲而不尊。其民之敝，利而巧，文而不惭，贼而蔽。

孔子说"夏道尊命"，这里的"命"，绝非单纯指君主的政令，亦非具有多重形而上内涵的哲学概念，更应该是时令或者天命。时令安排并规定农耕生产及社会生活，是传统天命观的早期形态。但是时令的颁行，必须由权力机构或者王权来完成，这就促成了夏代王权的产生。这虽然是春秋时期儒家对夏代宗教政治观念的论定，但由上述"命"的所指可知，孔子并未将合乎儒家道德标准的天命观——敬德保民、天德合一用于对"夏道"的阐释。因此，"夏道尊命"的本义应该指的是天崇拜，权贵阶层垄断对天的崇拜权和祭祀权，以天的名义统治世界，一如夏王朝的建立者启公然宣称的"今予惟恭行天之罚"。

目前考古学界内部的主流观点是：二里头文化是夏文化晚期的文化。二里头文化的天崇拜滥觞于六千年前的濮阳西水坡遗址，与北斗崇拜、龙崇拜有着极为密切的联系。其后北斗崇拜经由河洛地区的双槐树、青台遗址，在环嵩山地区不断地传承下去。及至二里头文化时期，北斗崇拜之风尤盛。二里头遗址出土的带扉牙玉器，诸如二里头四期的1件玉戈（编号ⅥM57：21），三四期的4件玉璧戚、5件玉璋、1件七孔玉刀（编号ⅦKM7：3）等，都与北斗七星或极星有关。[1]

因二里头王国的覆灭，中原地区的崇龙文化一度衰微下去。早商时期已经不再盛行龙崇拜了，这是因为商文化与二里头文化基本精神上的不同。二里头文化的核心观念就是尊天、崇祀天帝。商人虽然也祭祀"上帝"或者崇天，但是商人以祭祀祖先为根本。孔子指出："殷人尊神，率民以事神，先鬼而后礼，先罚而后赏。"这是说"商人尚鬼"。因此，商人的祭祀卜辞以祭祀祖灵（包括先公先王先妣）的卜辞数量最多，商代的祭祀也多牺牲，诸如牛、羊、豕、犬、人等。

殷商时期的青铜器纹饰也有龙，但那是夔龙，一种单脚龙形的怪兽，与二里头时期龙纹的张牙舞爪、栩栩如生，有着天壤之别。在《山海经·大荒东经》中，夔是外形似牛，"苍身而无角，一足"，声响如雷的怪兽。早商时期，在饕餮纹两侧经常出现两条蛇的纹样——单脚、头向下、口张开，两唇上卷或一上卷一内卷，并以云雷纹（由细或粗线条构成的连续的螺旋形）填充，作为饕餮纹辅助性的陪衬图案，这可能是夔龙纹的前身。

夔龙纹最早出现在小双桥遗址，属于白家庄时期（二里岗上层二期），年代约公元前1400年。从二里头时期到白家庄时期，相距大约120年，这一百多年间是崇龙遗存的空档期，在环嵩山地区罕见与龙相关的出土器物，崇龙现象基本上绝迹了。这是因为二里岗政权的统治者作为征服者，在意识形态领域很难兼容来自二里头的不同观念。

在殷商中后期，夔龙纹成为一种独立的纹饰，通常是长条身躯，一足或两足。夔龙在外形上具备龙的很多特征，所以它是龙

---

[1] 顾问、张松林：《二里头遗址所出玉器"牙璋"内涵研究——并新论圭、璋之别问题》，《殷都学刊》，2003年第3期。

的一种。殷商晚期的妇好墓中,龙的形象大量出现。从其中一件司母辛觥器盖面上雕塑的龙纹,"大头圆眼,钝角后伏,身尾较长,中脊作扉棱形"[1],可以看到熟悉的二里头绿松石龙形器影子。

西周时期,夔龙纹日益增多,形状由长条形演变为扭曲的S形,纹饰华丽。西周时期的夔龙纹与二里头的龙日趋相似,并逐渐超越饕餮纹,成为最主要的纹样,二里头的龙崇拜这才再次得到发扬与光大。这是因为周人与殷人在基本精神上又有很大的差异。孔子云:"周人尊礼尚施,事鬼敬神而远之。"可见周人最中心的观念不再是祭祀,而是礼乐制度。礼乐制度是以德为基本精神的,而德是天命的体现。因而,周人宣扬"以德受命",将有德视为受天命的依据。

周人为了巩固新生王朝,在"有夏之居"、天下之中,即洛阳盆地选址建设新邑,除了便捷的地理位置,更有政治因素、历史时空和宗教信仰上的考虑。周人继承二里头文化的天崇拜而摒弃殷商的"尚鬼"或者祖神祭祀,自称为"夏""有夏",毫不掩饰对夏王朝的推崇。究其原因是周人代殷之后,以史为鉴,意识到周与夏、殷是存在联系的。周人也试图从这种历史联系中找到灭殷的合法性,所以自称"夏",以示继承大禹的事业,从而证明自己受天命统治天下的合理性。在这样的文化心理驱使之下,周人沿袭了二里头时期的崇天观念,在宗教祭祀活动中祭天的功用随之凸显出来。二里头的崇龙文化也因之在西周时期盛行起来,龙逐渐成为华夏民族的精神象征。

华夏族的崇龙文化起源于上古时期的天文观测或者观象授时,跟北斗星象有关。龙的雏形产生,正值上古时期社会激烈变动和

---

[1] 中国社会科学院考古研究所编著:《殷墟妇好墓》,文物出版社,1980年,第59页。

史前文化大交汇的转折时期。龙被视为通天灵物，与观象授时一道，为二里头王国的权贵阶层所垄断。西周时期，国家制度逐渐完善，观象授时也逐渐淡出国家的权力中枢。负责天文观测的职官的地位骤然下降，因而东晋的天文学家虞喜在《志林》中感叹说："古者主天官者皆上公，自周至汉，其职转卑。"周秦以后，随着观象授时权力的式微，龙很可能在此时与北斗、极星脱钩，或二者之间的密切联系慢慢被世人淡忘。龙从天上坠入人间，演变成世俗王权的专属象征。北斗崇拜也在后世盛传，但是北斗在观念中则依旧高挂天上。这实质上反映出王权对神权取得了压倒性的优势。

神，或者"天帝""天"，是石器时代社会观念的滥觞。到了先秦时代，人的社会观念进入文明状态，这期间经历了一个漫长的时代，才完成从神权到王权的转换。夏、商就是其中的两个阶段。

殷商王朝的历史已被甲骨卜辞证实，而夏王朝仍然徜徉在宗教祭祀、历史、考古与神话之间，身上笼罩一层交织着多种色彩的厚纱，充满了神奇与想象。要完全揭开这层若隐若现的面纱，仍需走一段相当长的路。但是你信或者不信，它就在那里。我相信夏朝是客观存在的！以邹衡先生的话说，"夏文化不是没有发现，而是用什么方法去辨认它"[1]。

---

1 邹衡:《对当前夏文化讨论的一些看法——1979年5月在成都"中国先秦史学会成立大会"上的发言稿》,《夏商周考古学论文集（续集）》,科学出版社,1998年。

附 录

夏朝及商前期考古年代框架示意图

夏商周年表(公元前)	考古遗址分期年代(公元前)			公元前	考古遗址分期年代(公元前)	
-2070- 夏 禹 · · · · · · · · · · · 夏 履癸 -1600- 商 汤 · 前 · 期 · 盘庚 -1300- -1300-盘庚		王城岗遗址	二段 三段 四段	-2100- -2000- -1900-		河南龙山文化
	1850			-1800-		
	1750	新砦遗址		-1700-		
	一期 1680	二里头遗址		-1600-		
	二期 1610			-1500-	1510	郑州商城
	三期 1560				二里岗下层一期	
	1520 四期	偃师商城	一期		二里岗下层二期 1400	
			二期 1400	-1400-	1400 水井圆木 二里岗上层一期	
	1320		三期	-1300-	二里岗上层二期	
	1250		一期 殷			

学界对二里头文化性质的不同观点

学者	二里头文化性质	夏商界标
高天麟		二里头晚期相当于商汤西亳阶段
许顺湛	二里头上层为早商文化，下层为夏代文化	郑州商城是隞都
邹衡	一至四期皆为夏文化	二里头遗址是夏都，郑州商城为商都"亳"，即郑亳
郑光	一期为夏文化，二期以后为商文化	二里头遗址二期以后是商都亳，即西亳
殷玮璋、安金槐	一、二期为夏文化，三期以后为商文化	二里头遗址三期以后是商都亳，即西亳
孙华、田昌五	一、二、三期为夏文化，四期以后为商文化	二里头遗址是夏都，郑州商城为商都"亳"，即郑亳
杜金鹏	二里头四期早晚段之间为夏商文化分界	偃师商城的出现作为夏商文化界标
孙庆伟	二里头文化的持续繁华有利于一至四期为夏文化的观点	考古材料有利于夏商分界在二里头四期与二里岗下层之间的判断
赵海涛		二里头四期晚段第二阶段的陶器变化或即商汤灭夏的结果

清华简《厚父》原文[1]

〖□□□□〗王监劼(嘉)绩(绩),敳(问)前文人之龏(恭)明惪(德)。

王若曰:"厚父!遹(遹)敳(闻)禹〖敷土,随山刊木,奠高山大〗川,乃降之民,建顕(夏)邦。启隹(惟)后,帝亦弗巩(鞏)启之经惪(德),少命咎繇(繇)下,为之卿事,兹咸又(有)神,能臵(格)于上,智(知)天之畏(威)戈(哉),敳(问)民之若否,隹(惟)天乃永保顕(夏)邑。才(在)顕(夏)之剖(哲)王,廼严寅畏皇天上帝之命,朝夕肄(肆)祀,不盘于庚(康),以庶民隹(惟)政之龏(恭),天则弗臭(斁),永保顕(夏)邦,其才(在)寺(时)后(后)王之卿(享)或(国),聿(肆)祀三后,永敍(叙)才(在)服,隹(惟)女(如)台(台)?"

厚父拜└(拜手)頴=(稽首),曰:"者鲁,天子!古天降下民,埶(设)万邦,复(作)之君,复(作)之帀(师),隹(惟)曰其勋(助)上帝腼(乱)下民。之匿(慝)王乃渴(竭)魏(失)其命,弗甬(用)先剖(哲)王孔甲之典刑,真(颠)復(覆)氒(厥)惪(德),涌(沉)湎于非彝,天廼(乃)弗若(赦),乃述(坠)氒(厥)命,亡氒(厥)邦。隹(惟)寺(时)下民淮(鸿)帝之子,咸天之臣民。廼弗悠(慎)氒(厥)

---

[1] 引自《清华大学藏战国竹简(伍)》(下册),中西书局,2015年,句读略有调整。

惪（德），用叙才（在）服。"

王曰："钦之弋（哉），厚父！惟寺（时）余经念乃高且（祖）克宪（宪）皇天之政工（功），廼虔秉乓（厥）德，俊（作）辟事三后。緖（肆）女（如）其若龟篅（筮）之言亦勿可逋（专）改。兹少（小）人之惪（德），隹（惟）女（如）㕣（台）？"

厚父曰："於（呜）虖（呼），天子！天命不可漗，斯民心难测。民弋（式）克共（恭）心芍（敬）愄（畏），畏不羕（祥），娱（保）教明惪（德），怒（慎）祂（肆）祀，隹（惟）所役之司民，启之民其亡欯（谅）。廼弗畏不羕（祥），亡㬎（显）于民，亦隹（惟）歇（祸）之卣（攸）及，隹（惟）司民之所取。今民莫不曰：'余娱（保）季（教）明惪（德），亦鲜克以诲（谋）。'曰民心隹（惟）本，乓（厥）俊（作）隹（惟）枼枼（叶），引（矧）其能丁良于㫃（友）人，廼洹（宣）弔（淑）乓（厥）心。若山乓（厥）高，若水乓（厥）冎（深），女（如）玉之才（在）石，女（如）丹之才（在）朱，廼是隹（惟）人。曰：'天龛（监）司民，厥衒（徵）女（如）右（友）之服于人。'民弋（式）克芍（敬）惪（德），母（毋）湛于酉（酒）。民曰：'隹（惟）酉（酒）甬（用）祂（肆）祀，亦隹（惟）酉（酒）甬（用）庚（康）乐。'曰酉（酒）非飤（食），隹（惟）神之卿（飨）。民亦隹（惟）酉（酒）甬（用）散（败）畏（威）义（仪），亦隹（惟）酉（酒）甬（用）悥（恒）瘨（狂）。"

参考文献

Timothy Earle：*How Chiefs Come to Power*. Stanford：Stanford University Press 1997.

徐振韬、蒋窈窕：《五星聚合与夏商周年代研究》，世界图书出版公司，2006。

夏商周断代工程专家组编著：《夏商周断代工程1996—2000年阶段成果报告·简本》，世界图书出版公司，2000。

夏商周断代工程专家组编著：《夏商周断代工程报告》，科学出版社，2022。

李广宇、何玉囡、张健等：《夏商周时期的天象和月相》，世界图书出版公司，2007。

河南省文物考古研究所编著：《禹州瓦店》，世界图书出版公司，2004。

李勇：《月龄历谱与夏商周年代》，世界图书出版公司，2004。

刘次沅、马莉萍：《中国历史日食典》，世界图书出版公司，2006。

安金槐：《安金槐考古文集》，中州古籍出版社，1999。

中国社会科学院考古研究所、安徽省蚌埠市博物馆编著：《蚌埠禹会村》，科学出版社，2013。

易建平：《部落联盟与酋邦——民主·专制·国家：起源问题比较研究》，社会科学文献出版社，2004。

李学勤：《出土简帛与古史再建》，经济科学出版社，2017。

栾丰实：《大汶口文化——从原始到文明》，山东文艺出版社，2004。

山东省文物管理处、济南市博物馆编:《大汶口　新石器时代墓葬发掘报告》,文物出版社,1974。

李学勤:《当代学者自选文库:李学勤卷》,安徽教育出版社,1999。

吕烈丹:《稻作与史前文化演变》,科学出版社,2013。

河南省文物研究所、中国历史博物馆考古部编:《登封王城岗与阳城》,文物出版社,1992。

夏正楷编著:《第四纪环境学》,北京大学出版社,1997。

栾丰实:《东夷考古》,山东大学出版社,1996。

王迅:《东夷文化与淮夷文化研究》,北京大学出版社,1994。

中国社会科学院考古研究所编著:《二里头（1999~2006）》,文物出版社,2014。

中国社会科学院考古研究所编著,许宏、袁靖主编:《二里头考古六十年》,中国社会科学出版社,2019。

段天璟:《二里头文化时期的中国》,社会科学文献出版社,2014。

[美]摩尔根著,杨东莼、马雍、马巨译:《古代社会》,商务印书馆,1971。

王国维:《观堂集林》,中华书局,1959。

徐峰:《过渡带:两淮地区早期社会进程》,上海古籍出版社,2020。

[美]埃尔曼·塞维斯著,龚辛、郭璐莎、陈力子译,陈淳审校:《国家与文明的起源:文化演进的过程》,上海古籍出版社,2019。

河南省文物考古学会编:《河南文物考古论集》,河南人民出版社,1996。

何介钧:《湖南先秦考古学研究》,岳麓书社,1996。

葛剑雄:《黄河与中华文明》,中华书局,2020。

高天麟:《黄河流域史前·夏商考古》,社会科学文献出版社,2018。

拱玉书译注:《吉尔伽美什史诗》,商务印书馆,2021。

湖北省文物考古研究所编:《纪念石家河遗址考古发掘60年学术研

讨会论文集》，科学出版社，2019。

北京大学中国考古学研究中心编：《聚落演变与早期文明》，文物出版社，2015。

［美］戈登·威利著，谢银玲、曹小燕、黄家豪等译，陈淳审校：《聚落与历史重建——秘鲁维鲁河谷的史前聚落形态》，上海古籍出版社，2018。

苏秉琦主编：《考古学文化论集》，文物出版社，1989。

杜勇主编：《叩问三代文明：中国出土文献与上古史国际学术研讨会论文集》，中国社会科学出版社，2014。

辛德勇：《历史的空间与空间的历史》，北京师范大学出版社，2005。

［美］杨晓能著，唐际根、孙亚冰译：《另一种古史：青铜器纹饰、图形文字与图像铭文的解读》，生活·读书·新知三联书店，2008。

河南省文物考古学会等编：《论裴李岗文化》，科学出版社，2010。

张学海：《龙山文化》，文物出版社，2006。

北京大学考古文博学院编著：《洛阳王湾——考古发掘报告》，北京大学出版社，2002。

吕思勉：《先秦史》，上海古籍出版社，1982。

张光直著，郭净译：《美术、神话与祭祀》，辽宁教育出版社，2002。

张光直：《中国青铜时代》，生活·读书·新知三联书店，2013。

中国社会科学院考古研究所编著：《蒙城尉迟寺——皖北新石器时代聚落遗存的发掘与研究》，科学出版社，2001。

中国社会科学院考古研究所、安徽省蒙城县文化局编著：《蒙城尉迟寺（第二部）》，科学出版社，2007。

李学勤、艾兰编著：《欧洲所藏中国青铜器遗珠》，文物出版社，1995。

湖北省博物馆编：《盘龙城——长江中游的青铜文明》，文物出版社，2007。

李友谋：《裴李岗文化》，文物出版社，2003。

甘肃省文物考古研究所编著：《秦安大地湾——新石器时代遗址发掘报告（下）》，文物出版社，2006。

李锐：《人物、文本、年代：出土文献与先秦古书年代学探索》，中国人民大学出版社，2017。

俞绍宏、张青松编著：《上海博物馆藏战国楚简集释》，社会科学文献出版社，2019。

许永杰：《三水集：许永杰考古文存》，科学出版社，2021。

张利军：《商周服制与早期国家管理模式》，上海古籍出版社，2020。

林甸甸：《上古天学知识及文献研究》，北京师范大学出版社，2016。

张弛：《社会权力的起源——中国史前葬仪中的社会与观念》，文物出版社，2015。

王星光：《生态环境变迁与夏代的兴起探索》，科学出版社，2004。

李学勤：《失落的文明》，上海文艺出版社，1997。

尤玉柱：《史前考古埋藏学概论》，文物出版社，1989。

周有光：《世界文字发展史》，上海教育出版社，1997。

湖北省荆州博物馆、湖北省文物考古研究所石家河考古队、北京大学考古学系：《肖家屋脊：天门石家河考古发掘报告之一》，文物出版社，1999。

郭静云：《天神与天地之道：巫觋信仰与传统思想渊源》，上海古籍出版社，2016。

李伯谦：《文明探源与三代考古论集》，文物出版社，2011。

陈淳：《文明与早期国家探源——中外理论、方法与研究之比较》，上海书店出版社，2007。

［俄］B.A.伊斯特林著，左少兴译：《文字的产生和发展》，北京大学出版社，2002。

中国科学院考古研究所、陕西省西安半坡博物馆编：《西安半坡：原始氏族公社聚落遗址》，文物出版社，1963。

中国社会科学院考古研究所编，许宏主编：《夏商都邑与文化（一）："夏商都邑考古暨纪念偃师商城发现30周年国际学术研讨会"论文集》，中国社会科学出版社，2014。

中国社会科学院考古研究所编，许宏主编：《夏商都邑与文化（二）："纪念二里头遗址发现55周年学术研讨会"论文集》，中国社会科学出版社，2014。

宋镇豪：《夏商社会生活史》，中国社会科学出版社，1994。

晁福林：《夏商西周史丛考》，商务印书馆，2018。

韩金秋：《夏商西周中原的北方系青铜器研究》，上海古籍出版社，2015。

郭静云：《夏商周：从神话到史实》，上海古籍出版社，2013。

井中伟、王立新编著：《夏商周考古学》，科学出版社，2013。

邹衡：《夏商周考古学论文集》，文物出版社，1980。

邹衡：《夏商周考古学论文集（续集）》，科学出版社，1998。

李学勤：《夏商周年代学札记》，辽宁大学出版社，1999。

李学勤：《夏商周文明研究》，商务印书馆，2015。

方燕明：《夏商考古探索文集》，科学出版社，2021。

郑杰祥：《夏史初探》，中州古籍出版社，1988。

詹子庆：《夏史与夏代文明》，上海科学技术文献出版社，2007。

河南省考古学会、河南省博物馆编：《夏文化论文选集》，中州古籍出版社，1985。

中国先秦史学会、洛阳市第二文物工作队编：《夏文化研究论集》，中华书局，1996。

唐嘉弘主编：《先秦史论集——徐中舒教授九十诞辰纪念论文集》，中州古籍出版社，1989。

中国社会科学院考古研究所、山西省临汾市文物局编著：《襄汾陶寺：1978~1985年考古发掘报告》，文物出版社，2015。

解希恭主编：《襄汾陶寺遗址研究》，科学出版社，2007。

李锐：《新出简帛的学术探索》，北京师范大学出版社，2010。

北京大学震旦古代文明研究中心、郑州市文物考古研究院：《新密新砦——1999~2000年田野考古发掘报告》，文物出版社，2008。

郭伟民：《新石器时代澧阳平原与汉东地区的文化和社会》，文物出版社，2010。

郑杰祥：《新石器文化与夏代文明》，凤凰出版社，2005。

中国社会科学院考古研究所编著：《新中国的考古发现和研究》，文物出版社，1984。

河南省文物考古研究所编著：《郑州商城——1953~1985年考古发掘报告》，文物出版社，2001。

任式楠、吴耀利主编，中国社会科学院考古研究所编著：《中国考古学·新石器时代卷》，中国社会科学出版社，2010。

杨锡璋、高炜主编，中国社会科学院考古研究所编著：《中国考古学·夏商卷》，中国社会科学出版社，2003。

杨宽：《杨宽古史论文选集》，上海人民出版社，2003。

河南省文物考古研究所：《郾城郝家台》，大象出版社，2012。

中国社会科学院考古研究所编著：《偃师二里头：1959年~1978年考古发掘报告》，中国大百科全书出版社，1999。

严文明：《仰韶文化研究》，文物出版社，1989。

陈泳超：《尧舜传说研究》，南京师范大学出版社，2000。

中国社会科学院考古研究所编著：《殷墟妇好墓》，文物出版社，1980。

王纯纯：《由彼及此——关于早期"神"的图文研究》，山东美术出版社，2012。

董琦：《虞夏时期的中原》，科学出版社，2000。

许顺湛:《豫晋陕史前聚落研究》,中州古籍出版社,2012。

杨晶、蒋卫东执行主编:《玉魂国魄——中国古代玉器与传统文化学术讨论会文集(五)》,浙江古籍出版社,2012。

[英]A.R.拉德克利夫-布朗著,潘蛟、王贤海、刘文远等译,潘蛟校:《原始社会的结构与功能》,中央民族大学出版社,1999。

北京大学震旦古代文明研究中心、河南省文物考古研究所、河北省文物研究所等编:《早期夏文化与先商文化研究论文集》,科学出版社,2012。

韩建业:《早期中国——中国文化圈的形成和发展》,上海古籍出版社,2015。

张海:《中原核心区文明起源研究》,上海古籍出版社,2021。

中国社会科学院考古研究所编:《中国早期青铜文化——二里头文化专题研究》,科学出版社,2008。

袁广阔:《中原古代文明研究——袁广阔学术论文集》,人民出版社,2019。

陈剩勇:《中国第一王朝的崛起——中华文明和国家起源之谜破译》,湖南人民出版社,1994。

裘锡圭:《中国出土古文献十讲》,复旦大学出版社,2004。

王震中:《中国古代国家的起源与王权的形成》,中国社会科学出版社,2013。

丁季华、龚若栋、章义和等编著:《中国古代文明起源》,上海科学技术文献出版社,2007。

刘远晴:《中国古代青铜器整理与研究·中国早期铜器卷》,科学出版社,2020。

徐旭生:《中国古史的传说时代(增订本)》,文物出版社,1985。

刘莉、陈星灿:《中国考古学:旧石器时代晚期到早期青铜时代》,生活·读书·新知三联书店,2017。

孙庆伟：《鼏宅禹迹：夏代信史的考古学重建》，生活·读书·新知三联书店，2018。

冯时：《中国古代的天文与人文》，中国社会科学出版社，2006。

冯时：《文明以止：上古的天文、思想与制度》，中国社会科学出版社，2018。

冯时：《中国天文考古学》，社会科学文献出版社，2001。

[澳大利亚]刘莉著，陈星灿、乔玉、马萧林等译：《中国新石器时代：迈向早期国家之路》，文物出版社，2007。

中国社会科学院考古研究所、中澳美伊洛河流域联合考古队编著：《洛阳盆地中东部先秦时期遗址：1997—2007年区域系统考古调查报告》，科学出版社，2019。

刘起釪：《古史续辨》，中国社会科学出版社，1991。

靳松安：《河洛与海岱地区考古学文化的交流与融合》，科学出版社，2006。

南京博物院编著：《花厅——新石器时代墓地发掘报告》，文物出版社，2003。

王伟光名誉主编，王巍主编：《中国考古学百年史（1921—2021）》，中国社会科学出版社，2021。

马承源：《中国青铜器研究》，上海古籍出版社，2002。

裴安平：《中国史前聚落群聚形态研究》，中华书局，2014。

中国社会科学院考古研究所编著：《中国社会科学院考古研究所考古博物馆洛阳分馆》，文化艺术出版社，1998。

吴慧：《中国历代粮食亩产研究（增订再版）》，中国农业出版社，2016。

韩茂莉：《中国历史地理十五讲》，北京大学出版社，2015。

中国青铜器全集编辑委员会编：《中国青铜器全集1：夏、商1》，文物出版社，1996。

袁珂:《中国神话传说——从盘古到秦始皇》,人民文学出版社,1998。

袁珂:《中国神话史》,上海文艺出版社,1988。

马世之:《中国史前古城》,湖北教育出版社,2003。

陈星灿:《中国史前考古学史研究(1895~1949)》,生活·读书·新知三联书店,1997。

俞为洁:《中国史前植物考古——史前人文植物散论》,社会科学文献出版社,2010。

故宫博物院编,杨晶主编:《中国陶鬲谱系研究》,故宫出版社,2014。

王震中:《中国文明起源的比较研究》,中国社会科学出版社,2013。

苏秉琦:《中国文明起源新探》,生活·读书·新知三联书店,2019。

安志敏:《中国新石器时代论集》,文物出版社,1982。

袁靖主编:《中国新石器时代至青铜时代生业研究》,复旦大学出版社,2019。

谢维扬:《中国早期国家》,浙江人民出版社,1995。

李玉洁主编:《中国早期国家性质——中国古代王权和专制主义研究》,河南大学出版社,1999。

裴安平:《中国的家庭、私有制、文明、国家和城市的起源》,上海古籍出版社,2019。

王东平:《中华文明起源和民族问题的论辩》,百花洲文艺出版社,2004。

科技部社会发展科技司、国家文物局博物馆与社会文物司编:《中华文明探源工程文集·环境卷(Ⅰ)》,科学出版社,2009。

科技部社会发展科技司、国家文物局博物馆与社会文物司编:《中华文明探源工程文集·技术与经济卷(Ⅰ)》,科学出版社,2009。

科技部社会发展科技司、国家文物局博物馆与社会文物司编:《中华文明探源工程文集·社会与精神文化卷（Ⅰ）》，科学出版社，2009。

王玉哲：《中华远古史》，上海人民出版社，2019。

高江涛：《中原地区文明化进程的考古学研究》，社会科学文献出版社，2009。

韩国河、张松林主编：《中原地区文明化进程学术研讨会文集》，科学出版社，2006。

中国社会科学院考古研究所、河南省夏文化研究中心编：《中原早期青铜时代——聚落与礼器专题研究》，科学出版社，2023。

张富祥：《〈竹书纪年〉与夏商周年代研究》，中华书局，2013。

李学勤：《走出疑古时代》，长春出版社，2007。

孙庆伟：《追迹三代》，上海古籍出版社，2015。

许宏：《最早的中国》，科学出版社，2009。

顾颉刚：《顾颉刚全集》，中华书局，2010。

后　记

2023年是顾颉刚（1893—1980）先生诞辰130周年，本书为向顾颉刚先生致敬而作！

顾颉刚是近代"古史辨派"的开山祖师。一百年前，顾颉刚在《读书杂志》上发表《与钱玄同先生论古史书》，提出"层累地造成的中国古史"观，在当时的学术界掀起了巨大波澜，由此引发史学观念的一次大革新。"层累地造成的中国古史"是中国现代史学肇建之时的产物，此后现代史学在这个新锐观点的推动之下，不断获得了完善与发展。

"层累地造成的中国古史"的核心观点是疑古，具体说来，就是怀疑商周之前的历史，怀疑禹的客观存在，认为禹是神话中的人物。时至今日，中国的考古学尽管繁荣发展，但是仍然没有找到直接的证据来证明禹是个历史人物，他曾经在登封五渡河旁侧的高地上走来走去，甚至连夏朝这个拥有大量文献记载的王朝，也无法坐实。顾颉刚一百年前提出来的难题，至今仍然没有确切的答案。

一个将近五百年的王朝，发生过多少精彩的故事，大禹治水、涂山会盟、少康中兴、孔甲扰龙、商汤伐桀……竟然如同虚空幻境，缥缈无踪，这怎么可能？

带着这么一个大疑问，我完成了这部作品。

书中所依据的历史材料，都是二十多年来不断地搜集和整理的。附录中列出了现当代学者的一百七八十种参考文献,实际上远不止这些,还有很多古籍和期刊论文(参考的论文上千篇,由于精力有限,没有将其一一罗列出来)。也就是说,这本书的酝酿与完成,前前后后经历了漫长的二十多年,耗费了我大量的精力。人生如白驹过隙,能有几个二十年?二十多年前,我刚走上工作岗位,朝气蓬勃,充满活力。经历了人生几回起落之后,到如今两鬓开始发白,形容渐已枯槁。节假日则窝在家中,敲打着老旧的键盘,才有这本书。

言归正传,这本书试图回应一百年前顾颉刚先生的疑问,禹不是下凡天神,而是真真切切活在人世间的历史人物。四千多年前,在那个气候剧变频繁的年代,每一次电闪雷鸣过后就是大雨如注,山洪暴发,摧林毁木,江河横溢,先民们的家园变为一片汪洋。我们的大禹栉风沐雨,头戴斗笠,在狂暴的风雨之中挥舞着"随山浚川"的耒耜,带领众人开沟挖渠……

《左传·昭公元年》中是如此称颂禹的丰功伟绩:"美哉禹功!明德远矣。微禹,吾其鱼乎!"——没有禹,我们早成鱼虾了,哪来今天的幸福生活!这是对大禹历史功绩的最高赞赏。

禹无疑是远古时代的一位英雄,他开辟了中华文明史的新纪元,为夏王朝的诞生奠定基础。

在传世典籍中,多处谈及禹的事迹,《尚书》《左传》《国语》《史记》等等。如《左传·襄公四年》:"芒芒禹迹,画为九州。"又如《左传·庄公十一年》:"禹、汤罪己,其兴也悖焉;桀、纣罪人,其亡也忽焉。"说明在春秋战国时期,世人的认知中,禹和桀为一个朝代的前后两个君主,一兴一亡。禹和桀的关系就如同于商汤和纣的关系。出土的青铜器铭文以及大量的简帛材料,出现了有关禹治水的记载,这些都能够跟传世文献互证,并没有出现颠覆性的说法。可见，流传下来的古籍对大禹的记载不失偏颇，而且基本上是可信的。

我们今天乘坐飞机，通过电子设备所阅读的先秦典籍，就是两三千年前古人在竹木简上写下来的。时代在飞跃发展，日新月异，但是历史的传承千年不变。因而，我们没有理由去怀疑大禹的真实存在。只不过当时尚未出现成熟的文字系统，禹治水惊天地泣鬼神的场景，仅能够靠口耳相传，留给子孙后代一些依稀可见的历史记忆。我们要尽一切可能去复原这些传承已久的历史记忆，而不是试图将其全部抹去。

夏王朝的历史也是如此。

在缺乏确切文字材料的情况之下，考古学家通常是这样看待传说中的夏王朝的。安阳殷墟出土的甲骨卜辞基本证实了《史记·殷本纪》中的商王世系，那么《夏本纪》中的夏朝君主世系，也应该不是司马迁杜撰的。郑州商城是商王朝的第一个都城——亳都，那么亳都以前的考古学文化自然有可能就是夏文化。七十多年来相继发现的河南龙山文化晚期遗存、新砦期遗存以及二里头文化，其年代与分布范围，与根据文献推定的夏朝存续时间、夏族活动的地域基本一致。所以说，夏文化的确已经找到了。

不过，由于二里头文化与夏文化尚缺乏文字材料之类的必要联结，彼此无法浑然一体。因而考古学家只能无奈地说，二里头文化"极有可能"是夏文化，夏王朝的存在是"大概率的"，二里头遗址"有可能"是夏都斟鄩。这也是巧妇难为无米之炊的遗憾吧。

对于普通人来说，考古学上的那些专业术语，比如遗址分期、层位关系、典型单位、陶器组合，等等，这些物质文化方面的东西，实在太难理解了。但是精神文化方面，比如宗教祭祀、崇拜信仰等等，可能更容易把握。那么夏族的精神层面与商族或其他族群相比，有哪些独特之处？这需要通过不同材料，加以探讨，并深入了解。这也是本书的题旨所在，着重于从精神领域去管窥蠡测传说中的夏王朝。

笔者从大学毕业以来就一直在探讨上古夏商周三代的相关历史。本书总结了自己多年来关于三代历史的探索成果，以考古材料为基础，综合出土和传世文献资料，力图对夏王朝的客观存在作出合理的解释。但是笔者学识浅薄，要想很好地解决一百年前顾颉刚先生提出的难题，根本就是不可能的事。书中的错误之处在所难免，恳请诸位朋友多多见谅与指正。

在本书即将出版之际，我衷心感谢广西师范大学出版社张洁、吴楠楠二位老师，以及有劳模美誉的蒋正春老师，正是她们的支持与帮助，才让本书能有一个与大家见面的机会。

柯胜雨
2024年3月31日

大学问，广西师范大学出版社学术图书出版品牌，以"始于问而终于明"为理念，以"守望学术的视界"为宗旨，致力于以文史哲为主体的学术图书出版，倡导以问题意识为核心，弘扬学术情怀与人文精神。品牌名取自王阳明的作品《〈大学〉问》，亦以展现学术研究与大学出版社的初心使命。我们希望：以学术出版推进学术研究，关怀历史与现实；以营销宣传推广学术研究，沟通中国与世界。

截至目前，大学问品牌已推出《现代中国的形成（1600—1949）》《中华帝国晚期的性、法律与社会》等100余种图书，涵盖思想、文化、历史、政治、法学、社会、经济等人文社会科学领域的学术作品，力图在普及大众的同时，保证其文化内蕴。

"大学问"品牌书目

大学问·学术名家作品系列

朱孝远《学史之道》
朱孝远《宗教改革与德国近代化道路》
池田知久《问道：〈老子〉思想细读》
赵冬梅《大宋之变，1063—1086》
黄宗智《中国的新型正义体系：实践与理论》
黄宗智《中国的新型小农经济：实践与理论》
黄宗智《中国的新型非正规经济：实践与理论》
夏明方《文明的"双相"：灾害与历史的缠绕》
王向远《宏观比较文学19讲》
张闻玉《铜器历日研究》
张闻玉《西周王年论稿》
谢天佑《专制主义统治下的臣民心理》
王向远《比较文学系谱学》
王向远《比较文学构造论》
刘彦君　廖　奔《中外戏剧史（第三版）》
干春松《儒学的近代转型》
王瑞来《士人走向民间：宋元变革与社会转型》
罗家祥《朋党之争与北宋政治》
萧　瀚《熙丰残照：北宋中期的改革》

大学问·国文名师课系列

龚鹏程《文心雕龙讲记》

张闻玉《古代天文历法讲座》

刘　强《四书通讲》

刘　强《论语新识》

王兆鹏《唐宋词小讲》

徐晋如《国文课：中国文脉十五讲》

胡大雷《岁月忽已晚：古诗十九首里的东汉世情》

龚　斌《魏晋清谈史》

大学问·明清以来文史研究系列

周绚隆《易代：侯岐曾和他的亲友们（修订本）》

巫仁恕《劫后"天堂"：抗战沦陷后的苏州城市生活》

台静农《亡明讲史》

张艺曦《结社的艺术：16—18世纪东亚世界的文人社集》

何冠彪《生与死：明季士大夫的抉择》

李孝悌《恋恋红尘：明清江南的城市、欲望和生活》

李孝悌《琐言赘语：明清以来的文化、城市与启蒙》

孙竞昊《经营地方：明清时期济宁的士绅与社会》

范金民《明清江南商业的发展》

方志远《明代国家权力结构及运行机制》

严志雄《钱谦益的诗文、生命与身后名》

严志雄《钱谦益〈病榻消寒杂咏〉论释》

全汉昇《明清经济史讲稿》

陈宝良《清承明制：明清国家治理与社会变迁》

王庆成《太平天国的历史和思想》

冯贤亮《明清江南的环境变动与社会控制》

郭松义《伦理与生活：清代的婚姻与社会》

大学问·哲思系列

罗伯特·S.韦斯特曼《哥白尼问题：占星预言、怀疑主义与天体秩序》

罗伯特·斯特恩《黑格尔的〈精神现象学〉》
A.D.史密斯《胡塞尔与〈笛卡尔式的沉思〉》
约翰·利皮特《克尔凯郭尔的〈恐惧与颤栗〉》
迈克尔·莫里斯《维特根斯坦与〈逻辑哲学论〉》
M.麦金《维特根斯坦的〈哲学研究〉》
G·哈特费尔德《笛卡尔的〈第一哲学的沉思〉》
罗杰·F.库克《后电影视觉：运动影像媒介与观众的共同进化》
苏珊·沃尔夫《生活中的意义》
王　浩《从数学到哲学》
布鲁诺·拉图尔 尼古拉·张《栖居于大地之上》
何　涛《西方认识论史》
罗伯特·凯恩《当代自由意志导论》
维克多·库马尔　里奇蒙·坎贝尔《超越猿类：人类道德心理进化史》
许　煜《在机器的边界思考》
A.马尔霍尔《海德格尔的〈存在与时间〉》
提摩太·C.坎贝尔《生命的尺度：从海德格尔到阿甘本的技术和生命政治》

大学问·名人传记与思想系列

孙德鹏《乡下人：沈从文与近代中国（1902—1947）》
黄克武《笔醒山河：中国近代启蒙人严复》
黄克武《文字奇功：梁启超与中国学术思想的现代诠释》
王　锐《革命儒生：章太炎传》
保罗·约翰逊《苏格拉底：我们的同时代人》
方志远《何处不归鸿：苏轼传》
章开沅《凡人琐事：我的回忆》
区志坚《昌明国粹：柳诒徵及其弟子之学术》

大学问·实践社会科学系列

胡宗绮《意欲何为：清代以来刑事法律中的意图谱系》
黄宗智《实践社会科学研究指南》
黄宗智《国家与社会的二元合一》
黄宗智《华北的小农经济与社会变迁》

黄宗智《长江三角洲的小农家庭与乡村发展》
白德瑞《爪牙：清代县衙的书吏与差役》
赵刘洋《妇女、家庭与法律实践：清代以来的法律社会史》
李怀印《现代中国的形成（1600—1949）》
苏成捷《中华帝国晚期的性、法律与社会》
黄宗智《实践社会科学的方法、理论与前瞻》
黄宗智 周黎安《黄宗智对话周黎安：实践社会科学》
黄宗智《实践与理论：中国社会经济史与法律史研究》
黄宗智《经验与理论：中国社会经济与法律的实践历史研究》
黄宗智《清代的法律、社会与文化：民法的表达与实践》
黄宗智《法典、习俗与司法实践：清代与民国的比较》
黄宗智《过去和现在：中国民事法律实践的探索》
黄宗智《超越左右：实践历史与中国农村的发展》
白　凯《中国的妇女与财产（960—1949）》
陈美凤《法庭上的妇女：晚清民国的婚姻与一夫一妻制》

大学问·法律史系列
田　雷《继往以为序章：中国宪法的制度展开》
北鬼三郎《大清宪法案》
寺田浩明《清代传统法秩序》
蔡　斐《1903：上海苏报案与清末司法转型》
秦　涛《洞穴公案：中华法系的思想实验》
柯　岚《命若朝霜：〈红楼梦〉里的法律、社会与女性》

大学问·桂子山史学丛书
张固也《先秦诸子与简帛研究》
田　彤《生产关系、社会结构与阶级：民国时期劳资关系研究》
承红磊《"社会"的发现：晚清民初"社会"概念研究》
宋亦箫《古史中的神话：夏商周祖先神话溯源》

大学问·中国女性史研究系列
游鉴明《运动场内外：近代江南的女子体育（1895—1937）》

大学问·中国城市史研究系列

关文斌《亦官亦商：明清时期天津的盐商与社会》

李来福《晚清中国城市的水与电：生活在天津的丹麦人，1860—1912》

贺 萧《天津工人：1900—1949》

其他重点单品

郑荣华《城市的兴衰：基于经济、社会、制度的逻辑》

郑荣华《经济的兴衰：基于地缘经济、城市增长、产业转型的研究》

拉里·西登托普《发明个体：人在古典时代与中世纪的地位》

玛吉·伯格等《慢教授》

菲利普·范·帕里斯等《全民基本收入：实现自由社会与健全经济的方案》

王 锐《中国现代思想史十讲》

王 锐《韶响难追：近代的思想、学术与社会》

简·赫斯菲尔德《十扇窗：伟大的诗歌如何改变世界》

屈小玲《晚清西南社会与近代变迁：法国人来华考察笔记研究（1892—1910）》

徐鼎鼎《春秋时期齐、卫、晋、秦交通路线考论》

苏俊林《身份与秩序：走马楼吴简中的孙吴基层社会》

周玉波《庶民之声：近现代民歌与社会文化嬗递》

蔡万进等《里耶秦简编年考证（第一卷）》

张 城《文明与革命：中国道路的内生性逻辑》

洪朝辉《适度经济学导论》

李竞恒《爱有差等：先秦儒家与华夏制度文明的构建》

傅 正《从东方到中亚——19世纪的英俄"冷战"（1821—1907）》

俞 江《〈周官〉与周制：东亚早期的疆域国家》

马嘉鸿《批判的武器：罗莎·卢森堡与同时代思想者的论争》

李怀印《中国的现代化：1850年以来的历史轨迹》

葛希芝《中国"马达"："小资本主义"一千年（960—1949）》